Ernst Tiemeyer

Das große WORD 4.0 Buch

Ernst Tiemeyer

Das große WORD 4.0 Buch

Eine praxisgerechte Beschreibung
aller Anwendungsmöglichkeiten
für den anspruchsvollen Benutzer

Friedr. Vieweg & Sohn   Braunschweig/Wiesbaden

Der Verlag Vieweg ist ein Unternehmen der Verlagsgruppe Bertelsmann.

Buchbinderische Verarbeitung: Hunke & Schröder, Iserlohn

ISBN 978-3-528-04676-7   ISBN 978-3-663-06856-3 (eBook)
DOI 10.1007/978-3-663-06856-3

Vorwort des Verfassers

Textverarbeitung zählt zu den Hauptanwendungsgebieten für den Personal Computer. Die relativ geringen Anschaffungskosten, der hohe Funktionsumfang sowie die zunehmende Vereinfachung der Bedienung haben zur Folge, daß für viele Arbeitsplätze in Büro und Verwaltung eine Nutzung naheliegt. Dies gilt in erster Linie für das Sekretariat, aber auch für viele Sachbearbeiter, Fachkräfte und Freiberufler, die die "Produktivität" ihrer eigenen Arbeit steigern wollen.

Das Programm MS-Word nimmt eine marktführende Stellung bei den Verkaufszahlen für PC-Textverarbeitung ein. Es verfügt über einen hohen Funktionsumfang und zeichnet sich durch einfache Bedienung und vielseitige Einsatzmöglichkeiten aus. Ob Briefe, Berichte, Serientexte, Referate - immer verhilft Word zu einer schnellen und sauberen Lösung.

Das vorliegende Buch gibt Ihnen einen umfassenden Einblick in die verschiedenen Anwendungen. Es wendet sich an alle, die sich intensiv mit den vielfältigen Möglichkeiten des Textverarbeitungsprogramms MS-Word vertraut machen wollen. Mit ausgewählten Textbeispielen können Sie sich Schritt für Schritt grundlegende Befehle und Funktionen eines modernen Textverarbeitungsprogramms erarbeiten. Wesentliche Abläufe werden dabei in Checklisten dokumentiert, so daß später ein schnelles Nachschlagen für ausgewählte Problemfälle möglich ist.

Das vorliegende Buch kann sowohl zum Selbststudium als auch in Aus- und Weiterbildungsmaßnahmen genutzt werden. Für Schulungszwecke steht neben der beigefügten Lerndiskette als Ergänzung ein umfangreiches Trainerhandbuch mit Informationsfolien und Arbeitstransparenten bereit.

Dem Auszubildenden wird das Buch helfen, sich systematisch mit dieser Thematik auseinanderzusetzen (Hinweis: Aufbau und Inhalt des Buches entsprechen den Empfehlungen, die vom Deutschen Industrie- und Handelstag in einem Lehrgangskonzept "Textverarbeitung für Auszubildende" festgelegt wurden). Soweit diese Thematik bereits Eingang in Lehrpläne allgemein- und berufsbildender Schulen gefunden hat, dürfte sich dieses Werk sicherlich ebenfalls als eine nützliche Grundlage anbieten. Auch im Rahmen der Fort- und Weiterbildung kann das Buch wertvolle Hilfen leisten.

Das Werk wurde in engem Kontakt mit der betrieblichen Praxis entwickelt. Besonderer Dank gebührt dabei der BASF Ludwigshafen und hier besonders Herrn R. Wittenberg, der mit großem Engagement die Voraussetzungen für den Erfolg dieser Arbeit gelegt hat.

Es sei außerdem darauf hingewiesen, daß für das Tabellenkalkulationsprogramm Multiplan und das Graphikprogramm Chart vergleichbare Werke erarbeitet wurden. Und nun viel Spaß und Erfolg beim Lesen des Buches und bei der Arbeit am PC.

Dinslaken, im August 1988   Dipl.-Hdl. Ernst Tiemeyer

Geleitwort

Der Bürobereich hat insbesondere in den letzten Jahren einen tiefgreifenden Bedeutungswandel erfahren. Tiefgreifend und beeindruckend waren und sind dabei solche Veränderungen, die durch technologische Fortschritte und organisatorische Maßnahmen verursacht werden.

Allgemein zeigt sich heute ein Trend zur Integration der Informationsverarbeitung und zur Dezentralisation des Technologieeinsatzes und der Aufgabenerfüllung. Typisches Endgerät am Büroarbeitsplatz ist bereits vielfach und künftig verstärkt der Personal Computer, da dieser eine multifunktionale Einsatzmöglichkeit bietet und somit sowohl dem Aspekt der Wirtschaftlichkeit als auch dem Wunsch der Beschäftigten nach vielfältigen Aufgabeninhalten gerecht wird.

Um den aus den "Neuen Technologien" resultierenden neuen Anforderungen gerecht zu werden, sollte jeder kaufmännisch Tätige über ein ausreichendes Hintergrundwissen verfügen und - je nach Einsatzfeld - in der Lage sein, die verschiedenen "Benutzerwerkzeuge" des Personal Computing (Textverarbeitung, Tabellenkalkulation, Graphik, Datenbanken) zu nutzen.

Bereits frühzeitig wurden in unserem Unternehmen Überlegungen angestellt, wie unsere Auszubildenden und andere betroffene Mitarbeiter optimal auf diese neuen Anforderungen vorbereitet werden können. Eine Betrachtung der Ist-Situation der beruflichen Bildung vor vier Jahren zeigte, daß viele Auszubildende und Angestellte in Büro und Verwaltung nur unzureichend auf die aktuellen und künftigen Anforderungen vorbereitet werden. Im Unterricht, in Lehrplänen und in den Prüfungen kam das Thema "Neue Technologien" lediglich am Rande vor. Pädagogisch aufbereitetes Lehr- und Lernmaterial fehlte nahezu vollkommen.

Aus dieser Mangelsituation haben wir in der BASF die Konsequenz gezogen und ein Projekt initiiert, in dem zunächst für das Aufgabenfeld der Textverarbeitung eine praktische Umsetzung der neuen technologischen Möglichkeiten mit den Zielgruppen Bürogehilfin, Bürokaufmann und Fremdsprachensekretärin erprobt wurde. Übereinstimmung bestand sowohl bei Pädagogen und betrieblichen Praktikern darin, daß die Schulung an einem PC mit dem Textverarbeitungsprogramm MS-Word stattfinden sollte.

In enger Abstimmung mit betroffenen Fachlehrern sowie im Erfahrungsaustausch mit der betrieblichen Praxis wurden anschließend die Ziele und Inhalte definiert, denen die Schulung in moderner Textverarbeitung am PC entsprechen sollte. Eingeflossen sind die Ergebnisse in eine Lehrgangsempfehlung "Textverarbeitung für Auszubildende" des Deutschen Industrie- und Handelstages, wo ich Mitglied eines entsprechendes Arbeitskreises war.

Die Ergebnisse dieser Überlegungen wurden in dem 1986 erstmalig erschienenen, von Herrn Tiemeyer verfaßten Buch berücksichtigt. Das Gesamtwerk (einschließlich der Trainer-Materialien) wurde in unserer betrieblichen Bildungsarbeit mit großem Erfolg erprobt und ist mittlerweile zu einem festen Bestandteil der Aus- und Fortbildung geworden. In Verbindung mit den verfügbaren Lerndisketten, dem parallel entwickelten Arbeitsbuch sowie darauf aufbauenden Informationsfolien und Arbeitstransparenten verfügen wir über ein umfassendes Medienverbundsystem und damit über die notwendige Grundlage zur Sicherstellung erfolgreicher Schulungsmaßnahmen in der Aus- und Fortbildung.

Die Weiterentwicklung der Software hat nun eine völlige Neubearbeitung und Erweiterung des Buches notwendig gemacht. Hierbei sind viele Erfahrungen eingeschlossen. Allen Beteiligten, die an dem Zustandekommen der Konzeption sowie des vorliegenden Werkes mitgewirkt haben - insbesondere Herrn Dipl.-Hdl. E. Tiemeyer - gilt mein herzlicher Dank.

Reimer Wittenberg
Dipl.-Betriebswirt
Leiter der Kaufmännische Berufsbildung
BASF Aktiengesellschaft, 6700 Ludwigshafen/Rhein im August 1988

Hinweise zur Arbeit mit dem Buch

Das Ihnen vorliegende Lehr- und Übungsbuch ist in neun Kapitel gegliedert. Um dem Benutzer eine systematische Orientierung in dem Gebiet TEXTVERARBEITUNG zu geben, wurde eine Strukturierung des Buches nach den grundlegenden Textverarbeitungsaufgaben vorgenommen (Grundlage ist also nicht - wie in vielen unsystematischen Büchern üblich - der Befehlsaufbau eines bestimmten Programms): Texterfassung und -speicherung, Text-Überarbeitung, Textgestaltung, Druckausgabe, Schreiben von Tabellen, Erstellen von Bausteintexten und Serienbriefen sowie die Integration mit anderen Benutzerwerkzeugen (z. B. Tabellenkalkulationsprogrammen).

In den einzelnen Kapiteln wird in jedem Teilabschnitt zunächst die grundsätzliche Bedeutung der jeweiligen Funktion erläutert. Daran schließt sich die Beschreibung der Lösung dieser Funktion mit dem Textverarbeitungsprogramm MS-Word an. Grundlage hierfür sind jeweils konkrete Textbeispiele, die sinnvollerweise durch praktische Arbeit am Personal Computer nachvollzogen werden. Um das Buch optimal zu nutzen, sollten Sie auch die zu diesem Lehrbuch erhältliche Lerndiskette erwerben. Hierauf sind alle Übungstexte gespeichert, die diesem Buch zugrunde liegen.

Als Unterstützung für das spätere Nachschlagen enthält das Buch zahlreiche Checklisten und Ablaufschaubilder zu der Anwendung der grundlegenden Funktionen. Am Ende eines jeden Kapitels finden Sie schließlich verschiedene Übungsaufgaben zur Vertiefung. Für den Fall, daß Sie erhebliche Probleme bei der Lösung haben sowie zur Kontrolle, können Sie die Lösungshinweis im Anhang des Buches heranziehen.

Und nun viel Spaß beim Lesen des Buches und bei der Arbeit am PC. Wir sind sicher, daß Sie am Ende einen weiteren Einstieg in die Anwendung einer neuen Technologie gefunden haben, die Ihnen bei Ihrer beruflichen Tätigkeit heute und künftig von enormem Nutzen sein dürfte.

Inhaltsverzeichnis

Hinweise zur Arbeit mit dem Buch

Das Ihnen vorliegende Lehr- und Übungsbuch ist in 13 Kapitel gegliedert. Maßstab für die Strukturierung des Buches ist eine Orientierung an den typischen Textverarbeitungsaufgaben und nicht - wie in vielen unsystematischen Büchern üblich - der reine Befehlsaufbau eines spezifischen Programms. Auf diese Weise sollen Sie in die Lage versetzt werden, von Ihren konkreten Anwendungsproblemen ausgehend, gezielt Lösungen mit dem Textverarbeitungsprogramm Word realisieren zu können.

In den einzelnen Kapiteln wird in jedem Teilabschnitt zunächst von einem konkreten Textbeispiel ausgegangen. Dieses Beispiel bildet die Grundlage für die Beschreibung von Lösungen mit dem Textverarbeitungsprogramm WORD. Es empfiehlt sich, die einzelnen Beispiele durch praktische Arbeit am Personal Computer nachzuvollziehen. Als Hilfe zum Einprägen und für ein späteres Nachschlagen enthält das Buch zahlreiche Checklisten, Strukturübersichten und Ablaufschaubilder zu der Anwendung der grundlegenden Funktionen.

Beachten Sie für die Nutzung des Buches außerdem folgende Hinweise:

- Um das Buch optimal nutzen zu können, bietet es Zeitvorteile, wenn Sie über die zu diesem Lehrbuch erhältliche Lerndiskette verfügen. Hierauf sind alle Übungstexte gespeichert, die diesem Buch zugrunde liegen.

- Am Ende eines jeden Kapitels finden Sie verschiedene Übungsaufgaben zur Vertiefung. Für den Fall, daß Sie erhebliche Probleme bei der Lösung haben, sowie zur Kontrolle können Sie die Lösungshinweise im Anhang des Buches heranziehen.

- Die Bezeichnung der Funktionstasten orientiert sich an der klassischen PC-Tastatur. Sofern Sie über eine andere Tastatur verfügen, mag folgende Aufstellung hilfreich sein:

Gewählte Bezeichnungen	Alternativen
<RETURN>	<ENTER> <NEXT>
<RÜCKTASTE>	<BACK> <BACKSPACE> <BKSP>
<ESC>	<ESCAPE> <Eing lösch> <Unterbr>
<INS>	<Einfügen> <Einfg. Zeile> <INSERT>
<DEL>	<Entf.> <Löschen> <DELETE>
<Ctrl>	<Control> <Strg>

<HOME>   <Pos 1> <Position 1>
<UMSCHALT>   <Shift> <UMSCHALTEN>
<PgUp>   <Bild + Pfeil oben>
<PgDn>   <Bild + Pfeil unten>
<Caps Lock>   <Groß/Klein>
<ALT>   <Alt> <Sonderzeichen>

Vorbemerkung: Besondere Leistungsmerkmale und Hardwarevoraussetzungen zur Nutzung von MS-Word

MS-Word zählt zu den führenden Textverarbeitungsprogrammen für den Personal Computer. Es wurde erstmalig 1984 von der Firma Microsoft mit deutscher Bedienerführung angeboten und seitdem laufend verbessert, indem zusätzliche Funktionen eingebaut und die Leistungsfähigkeit bestimmter Funktionen verbessert wurden. Die aktuelle Version, die diesem Buch zugrundeliegt, ist die Version Word 4.

Neben den gängigen Textverarbeitungsfunktionen weist das Programm MS-Word folgende funktionale Besonderheiten auf:

Erfassungs- und Speicherungsfunktionen

- Individualisierung der Bildschirmdarstellung
- Unterbreitung von Silbentrennvorschlägen (ab Version 2);
- integrierte Gliederungsfunktion (ab Version 3);
- automatisches Erstellen von Indizes/Inhaltsverzeichnissen;
- Formularerfassung (ab Version 4);
- gezieltes Verwalten und Wiederfinden von Dateien (ab Version 4).

Gestaltungsfunktionen

- vielfältige Auszeichnungsfunktionen mit Anzeige am Bildschirm;
- Möglichkeit der Spaltenverarbeitung;
- Fußnotenverwaltung;
- Umrahmung von Absätzen (ab Version 4);
- Möglichkeit des Linienzeichnens (ab Version 4).

Überarbeitungsfunktionen

- unmittelbare Text-Justierung;
- Rechtschreibprüfprogramm (ab Version 3);
- Anzeige von Korrekturkennungen (ab Version 4).

Druckausgabefunktionen

- Druck im Hintergrund;
- Anwahl verschiedener Drucker;
- Abspeicherung und Abruf von Druckformatvorlagen.

Standardtextfunktionen

- Anlage von Bausteinbibliotheken;
- Zusammenführung von Textbausteinen;
- Serienbriefschreibung (mit Abfragen bzw. Selektionen);
- . Erstellen von Adreßetiketten (ab Version 4).

Integrationsfunktionen

- Verarbeitung von Standard-ASCII-Dateien;
- Netzwerkfähigkeit (ab Version 2);
- aktualisierte Übernahme von Tabellen;
- Einbezug von Graphikdateien beim Druck (ab Version 4).

Funktionen zur Erleichterung der Bedienung

- Maussteuerung;
- Arbeiten mit Makros (ab Version 4);
- Rückgängigmachen von Befehlsoperationen (UNDO-Funktion);
- Arbeiten mit der Fenstertechnik (gleichzeitig mehrere Texte).

Um das Textverarbeitungsprogramm MS-Word nutzen zu können, wird grundsätzlich ein Personal Computer benötigt, der unter dem Standardbetriebssystem MS-DOS arbeitet. Minimalkonfiguration ist ein PC mit

- einem internen Speicher von 256 KByte (ab Version 3; bei der Version 2 sind 192 KByte erforderlich);
- mindestens zwei Diskettenlaufwerke (3,5", 5,25" oder ein Festplattenlaufwerk);
- ein 80-Spalten Bildschirm (monochrom oder farbig).

Optional können ein Drucker sowie zur Beschleunigung des Arbeitens eine Maus (als Busmaus oder serielle Maus) angeschlossen werden. Vorteilhaft ist außerdem ein graphikfähiger Bildschirm, der z. B. die Anzeige von Auszeichnungen wie Fettdruck und Kursivschrift ermöglicht.

Word 4.0 bietet die volle Unterstützung der MCGA-, VGA- und des hochauflösenden Adapters 8514/A der neuen PS/2-Serie mit Bildschirmdarstellungen bis zu 60 Zeilen x 80 Zeichen.

1 Aufbau und Handling des Programms MS-Word (Einrichten und Starten, Bildschirmaufbau, Befehlshandling)

1.1 Einrichten des Programms

Das Einrichten des Programms ist in jedem Fall dann erforderlich, wenn Sie das erste Mal mit dem Programm Word auf Ihrem Computer arbeiten. Auf diese Weise erreichen Sie, daß das Programm den Erfordernissen der von Ihnen verwendeten Hardware angepaßt ist.

Darüber hinaus kann es aber auch später wieder erforderlich werden, das Installationsprogramm aufzurufen. Dies gilt z. B. für den Fall, daß andere oder zusätzliche Hardwareelemente installiert werden (z. B. ein anderer Drucker oder eine Maus).

Für das Einrichten des Programms sollten Sie zunächst sämtliche Disketten bereitlegen, die mit dem Programm ausgeliefert werden. Je nachdem, ob Sie ein System mit 5,25"- oder 3,5"- Diskettenlaufwerken haben, verfügen Sie über 11 bzw. 6 Disketten. Dies sind im einzelnen:

- eine Programmdiskette (mit den Word-Programmdateien);
- eine Hilfsprogrammdiskette (mit Dateien zur Programminstallation, speziellen Hilfetexten sowie vorgegebenen Druckformatvorlagen, Textbausteinen und Makros);
- zwei Disketten zur Rechtschreibprüfung mit dem Rechtschreibprogramm sowie dem Standard-Wörterbuch (für Systeme im 3,5"-Format befinden diese sich auf einer Diskette);
- drei Disketten mit Druckertreibern zur Anpassung an die verschiedenen Druckertypen (für Systeme im 3,5"-Format befinden sich diese auf einer Diskette);
- vier bzw. zwei Disketten mit dem Lernprogramm Tastatur und Maus.

Jetzt können Sie mit dem Einrichten beginnen, indem Sie das sog. SETUP-Programm ablaufen lassen. Zu diesem Zweck legen Sie bitte die Hilfsprogrammdiskette in das Laufwerk A, und gehen Sie dann in folgenden Schritten vor:

a) Aufruf des Programms durch Eingabe: A:setup <RETURN>

b) Folgen der Anweisungen auf dem Bildschirm

Die Anweisungen, die auf dem Bildschirm zur Durchführung der Installation erscheinen, erfolgen in Form der sog. Menütechnik und sind im allgemeinen recht gut verständlich. Deshalb kann an dieser Stelle auf eine nähere Erläuterung der Installationsschritte verzichtet werden.

Sofern die Installation des Programms abgeschlossen ist, können Sie unmittelbar die Arbeit mit dem Textverarbeitungsprogramm aufnehmen.

Musteraufgabe 1-1:   Programmstart und Programmhandling

a)   Starten Sie das Programm Word im Graphikmodus.

b)   Geben Sie folgenden Text ein:

> Endlich ist es soweit. Das leidige Arbeiten mit einer Schreibmaschine hat ein Ende. Nun kann ich endlich mit meinem Computer Texte komfortabel erstellen und gestalten.

c)   Wechseln Sie in den Befehlsbereich und wählen Sie den Befehl ÜBERTRAGEN OPTIONEN in allen möglichen Varianten.

d)   Wählen Sie nun einmal den Befehl ZUSÄTZE und setzen Sie im ersten Befehlsfeld die Option "Sonderzeichen sichtbar:" auf "Alle". Gehen Sie dann mit dem Befehlszeiger zum Befehlsfeld "Farbe Menü:" und geben Sie die Menüziffer 1 ein. Führen Sie nun den Befehl mit der Taste <RETURN> aus.

e)   Wählen Sie erneut den Befehl ZUSÄTZE und stellen Sie die in Teilaufgabe d) veränderten Optionen wieder auf den Ausgangszustand. Ändern Sie die Menüfarbe aber in diesem Fall nicht durch Eingabe der Ziffer, sondern durch eine Auswahl in der "Angebotsliste".

f)   Löschen Sie den Bildschirm, um einen neuen Text erfassen zu können.

Hinweis: Die Musteraufgaben des Buches werden Sie alle ohne Schwierigkeiten lösen können, wenn Sie den jeweils sich anschließenden Ausführungen folgen. Sie helfen dabei, die Arbeit mit Word ausgehend von praxisnahen Problemstellungen zielsicher zu erlernen.

1.2 Starten des Programms

Es gibt mehrere Möglichkeiten, das Programm Word zu starten. Grundsätzliche Voraussetzung ist, daß das Betriebssystem DOS aktiviert wurde und die Eingabeaufforderung erscheint; z. B.

-    A> beim Starten von der Diskette bzw.

-    C> beim Starten von der Festplatte.

Je nachdem, welche Variante gegeben ist, ist ein unterschiedliches Vorgehen angezeigt.

a) Verwendung eines Computers mit zwei Diskettenlaufwerken

Ist das Betriebssystem geladen und erscheint die Eingabeaufforderung A>, können Sie den Start in folgenden Teilschritten realisieren:

- Einlegen der Word-Programmdiskette in Laufwerk A

- Einlegen einer formatierten Arbeitsdiskette in Laufwerk B (für das Speichern der erstellten Texte)

- Eingabe des Wortes "Word" über Tastatur und Betätigen der Taste <RETURN> zwecks Befehlsausführung.

Anschließend wird das Textprogramm geladen, und es erscheint die Ausgangsbildschirmmaske für das Arbeiten mit dem Textprogramm. Ein Text ist in diesem Fall noch nicht geladen.

b) Starten des Programms von der Festplatte

Haben Sie das Programm auf der Festplatte in einem bestimmten Unterverzeichnis (z. B. \WORD4) installiert, muß nach Anzeige der DOS-Eingabeaufforderung C> wie folgt vorgegangen werden:

- Aufruf des Unterverzeichnisses durch Eingabe "cd..Word4" und Betätigen der Taste <RETURN>

- Eingabe des Wortes "Word" über Tastatur und Betätigen der Taste <RETURN> zwecks Befehlsausführung.

Computer mit zwei Diskettenlaufwerken	Computer mit Word auf der Festplatte
1. MS-DOS starten (DOS in A, Computer einschalten)	1. Computer einschalten
	2. Arbeitsdiskette in Diskettenlaufwerk einlegen
2. Wenn A> erscheint: - Word-Programmdiskette in A - formatierte Arbeitsdiskette in B	3. a) Start vom Hauptverzeichnis: Word ⏎
3. "Word" eingeben und Befehl mit <RETURN> bestätigen	3. b) Start nach Verzweigung in das definierte Unterverzeichnis: cd.. Word4 ⏎ Word ⏎

Ergebnis: Word wird geladen und es erscheint die Ausgangsmaske des Textprogramms (20 Texteingabezeilen und das Hauptmenü)

Varianten: - Verwendung einer selbststartenden Diskette
            - Starten mit einem Ausgangsmenü für Anwenderprogramme (bei entsprechender Festplattenorganisation)

Bild 1-1: Starten des Programms

Anschließend wird - ebenso wie im Fall a) - das Textprogramm geladen, und es erscheint die Ausgangsbildschirmmaske für das Arbeiten mit dem Textprogramm.

Einen Überblick über die generelle Vorgehensweise beim Starten des Programms gibt Ihnen Bild 1-1.

Das Einrichten einer selbststartenden Diskette erfolgt unter Nutzung der bekannten DOS-Befehle FORMAT/S (bei eingelegter DOS-Diskette) und COPY *.* (bei eingelegter WORD-Programmdiskette) auf eine Leerdiskette. Dies hat bei Arbeiten mit Diskettenlaufwerken den Vorteil, daß Sie für den Programmstart nur eine Diskette verwenden müssen. Auf dieser Diskette befinden sich dann sowohl das Programm WORD als auch das DOS-Betriebssystem. Wegen nicht ausreichender Speicherkapazität ist dies jedoch nicht möglich bei Verwendung von 360K-Disketten, sondern nur bei Disketten mit einer Speicherkapazität von 720 K, 1,2 MB oder 1,4 MB.

Unabhängig davon, welches Computersystem installiert ist, gibt es noch weitere Alternativen für das Starten des Programms. Dies veranschaulicht die Zusammenstellung in Bild 1-2.

Optionen	Eingabe über Tastatur
1) Starten und Laden eines Textes (z. B. Datei "UEBUNG.TXT")	Word UEBUNG
2) Starten und Laden des zuletzt bearbeiteten Textes	Word/L
3) Starten mit kleinerer Zeichengröße und mehr Textzeilen	Word/H
4) Starten in der Betriebsart "Text"	Word/C
5) Starten in der Betriebsart "Graphik"	Word/G

Bild 1-2: Besondere Alternativen des Programmstarts

Die Übersicht zeigt, daß verschiedene Eingabeergänzungen (sog. Umschaltcodes) notwendig sind, um bestimmte Optionen beim Starten des Programms zu realisieren. Soweit sinnvoll, können Sie diese auch in Kombination verwenden.

Die letzten beiden Optionen bieten Ihnen die Möglichkeit, in verschiedenen Betriebsarten zu arbeiten. Dies gilt allerdings nur dann, wenn eine Graphikkarte installiert ist (sonst gilt immer die Betriebsart "Text").

Der wesentliche Vorteil der Betriebsart "Text" ist die höhere Geschwindigkeit des Arbeitens. Allerdings werden Textauszeichnungen (wie z. B. "Fett", "Unterstrichen" oder "Hochgestellt") nicht voll wiedergegeben. Lediglich bei Farbmonitoren erfolgt eine farbliche Hervorhebung. Anders ist es in der Betriebsart "Graphik"; hier erscheinen die Auszeichnungen auf dem Bildschirm in ähnlicher Form wie im gedruckten Text.

Grundsätzlich bleibt die letzte Einstellung beim Verlassen des Programms gespeichert, so daß sie beim nächsten Aufruf erhalten bleibt. Während der Arbeit kann zwischen Text- und Graphikmodus gewechselt werden; möglich ist dies z. B. durch Betätigen der Tastenkombination <ALT> + <F9>.

Zur Lösung der Teilaufgabe a) der Musteraufgabe 1-1 können Sie nun entsprechend Ihrer Computer-Ausstattung vorgehen. Unter Umständen muß - sofern Sie sich im Textmodus befinden - eine Umschaltung mit der Tastenkombination <ALT> + <F9> vorgenommen werden.

1.3 Grundaufbau der Bildschirmmaske

Ist der Programmstart fehlerfrei verlaufen, dann können Sie unmittelbar den gewünschten Text eingeben. Beim erstmaligen Arbeiten mit dem Programm empfiehlt es sich allerdings, sich zunächst einmal mit dem Grundprinzip der Arbeitsweise vertraut zu machen und sich die auf dem Bildschirm erscheinende Ausgangsmaske einmal genauer anzusehen.

Der wesentliche Unterschied zum Arbeiten mit einer Schreibmaschine besteht darin, daß hier zwischen Text- und Befehlseingaben zu unterscheiden ist. Der eingegebene Text wird dabei nicht sofort auf Papier niedergeschrieben (wie bei einer Schreibmaschine), sondern erscheint zunächst auf dem Bildschirm. Über bestimmte Befehle können nun an diesem Text verschiedene Bearbeitungen vorgenommen werden.

Die Ausgangsmaske, die nach dem Programmstart auf dem Bildschirm Ihres Computers erscheint, wird in Bild 1-3 dargestellt.

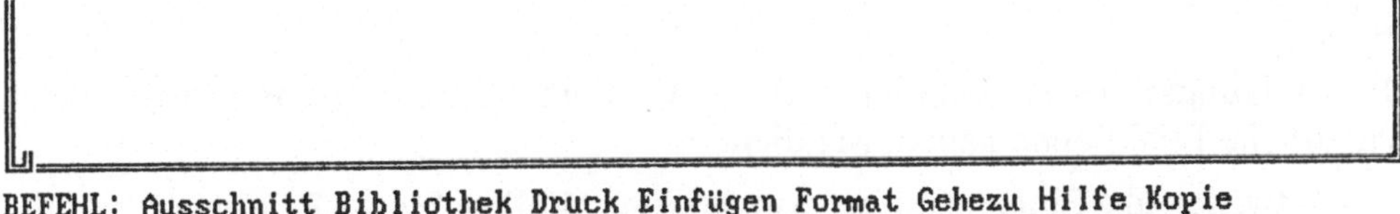

Bild 1-3: Bildschirmmaske nach dem Programmstart

Bei näherer Betrachtung der Bildschirmanzeige wird deutlich, daß das Textprogramm den Bildschirm in zwei Hauptbereiche unterteilt: Textbereich und Befehlsbereich.

Der Textbereich

Im Textbereich werden die Zeilen angezeigt, die für die Erfassung und Überarbeitung von Texten verfügbar sind. Im Normalfall können 20 Zeilen auf dem Bildschirm dargestellt werden, soweit keine andere Einstellung vorgenommen wird. Die Position zur Aufnahme von Zeichen im Textbereich wird durch einen Lichtpunkt (Cursor) gekennzeichnet:█. Nach dem Start befindet sich der Lichtpunkt in der linken obere Ecke des Textbereichs; unterlegt ist er von einer rautenförmigen Marke, die grundsätzlich das Ende eines Textes angibt (= sog. Endemarke).

Texte, die eingegeben werden, erscheinen unmittelbar in diesem Bereich des Bildschirms. Führen Sie nun die in der Teilaufgabe b) gewünschte Texteingabe durch. Beachten Sie dabei die Erfassungsregel, daß keine Zeilenschaltung vorzunehmen ist (Fehlerkorrektur mit der Rücktaste).

Der Befehlsbereich

Die unteren vier Zeilen des Bildschirms stellen den Befehlsbereich dar. Um aus dem Textbereich in den Befehlsbereich zu gelangen, müssen Sie zunächst die Taste <ESC> (Escape-Taste = Unterbrechen) betätigen. Dann ist das erste Befehlswort markiert.

Bestandteile des Befehlsbereiches sind im einzelnen

a) zwei Zeilen zur Angabe von Menübefehlen

b) eine Meldungszeile

c) eine Statuszeile

zu a)
Grundlage für die Befehlsausführung ist bei MS-Word zunächst einmal die Menütechnik. Nach dem Programmstart erscheint im Befehlsbereich eine Zusammenstellung von 16 verschiedenen Grund-Befehlsworten. Abhängig vom jeweiligen Anwendungszweck können Sie nun einen beliebigen Befehl wählen.

zu b)

Die Meldungszeile als zweitletzte Zeile auf dem Bildschirm kann zwei unterschiedliche Funktionen haben: Sie dient

-       entweder als Eingabeaufforderungszeile. Wollen Sie z. B. einen Text löschen, der in dieser Form noch nicht gespeichert wurde, werden Sie vorher aufgefordert, mit <N> zu bestätigen, daß Sie den Text nicht speichern wollen. In der Meldungszeile steht dann die entsprechende Aufforderung.

- oder als Fehlermeldungszeile. Lösen Sie z. B. einen Druckbefehl aus, ohne vorher den Drucker einzuschalten, dann erscheint in der Meldungszeile kurz die Fehlermeldung: "Der Drucker ist nicht betriebsbereit!".

zu c)
Die letzte Bildschirmzeile, die Statuszeile, zeigt den momentanen Zustand bei der Bearbeitung an. Im einzelnen gibt Sie Ihnen Auskunft über

- die Seiten- und Spaltenposition des Cursors. Dies gilt im Hauptmenü für die Texterfassung. Dies ändert sich, wenn Sie im Menü MUSTER mit Druckformaten arbeiten (dann erscheint als erstes das Wort MUSTER) oder wenn Sie die Gliederungsfunktion nutzen;

- den Inhalt des "Papierkorbes" (in Klammern); der Papierkorb stellt einen Zwischenspeicher für die vorübergehende Textaufbewahrung dar (etwa zum Kopieren von Textabschnitten). Angegeben werden die ersten und die letzten Zeichen des zwischengespeicherten Textes (unter Umständen ergänzt durch Symbole; z. B. das Steuerzeichen für Absatzende u. a.);

- die Hilfeaufruf-Möglichkeiten (für das Arbeiten mit der Maus erscheint ein ?, das anzusteuern ist);

- den Zustand der Arretierungstasten (Feststelltasten); für das Schreiben von Großbuchen gibt es z. B. die Taste <Caps Lock>; wird diese Taste betätigt, dann erscheint in der Statuszeile zur Information der Code UA (= Umschaltungsarretierung). Weitere Arretierungstasten und -codes werden später erläutert;

- der Hinweis auf den Programmnamen "Microsoft Word".

1.4 Arbeiten im Befehlsbereich (Befehlshandling)

Wir wollen nun das Arbeiten im Befehlsbereich näher kennenlernen. Um mit einem Textprogramm einen bestimmten Vorgang (z. B. das Drucken oder Speichern eines Textes) bewirken zu können, muß der dafür vorgesehene Befehl ausgelöst werden. Zu diesem Zweck gelangen Sie in den Befehlsbereich durch Betätigen der Taste <ESC>.

1.4.1 Auslösen von Befehlen

Durch Auslösen eines Befehls können Sie den Computer zur Durchführung von bestimmten Operationen veranlassen. Der Befehlsumfang des Programms MS-Word ist außerordentlich umfangreich. Allerdings reicht bereits die Kenntnis einiger weniger Befehle aus, um einfache Texte erfassen und ausgeben zu können.

Im vorhergehenden Abschnitt wurde bereits erwähnt, daß im Hauptbefehlsmenü 16 Befehlsworte zur Verfügung stehen. In der Regel erscheinen nach Auslösung eines Befehls wiederum verschiedene Befehlsworte (ein sog. Untermenü) oder Befehlsfelder, die - je nach Zielsetzung - auszuwählen bzw. auszufüllen sind.

Beispiel: Wollen Sie einen gerade erfaßten Text auf einer Diskette speichern, dann müssen Sie zunächst den Befehl ÜBERTRAGEN wählen. Danach erscheinen verschiedene Unterbefehle wie LADEN, SPEICHERN, BILD-SCHIRMLÖSCHEN usw., aus denen Sie die entsprechende Auswahl vornehmen können. Einen Überblick über die in MS-Word verfügbaren Untermenüs sowie die wesentlichen Befehlsfelder finden Sie im Anhang dieses Buches.

Im einzelnen bestehen folgende Möglichkeiten der Befehlsauslösung:

a)   Positionieren des im Menü hell unterlegten Befehlszeigers auf das gewünschte Befehlswort mit der <Leertaste>, der <Rücktaste> oder einer <Pfeiltaste> und Betätigen der Taste <RETURN>. Für die Version WORD4 ist dann eine hilfreiche Neuerung interessant: das jeweils markierte Befehlswort wird in der Meldungszeile unter dem Menü kurz erläutert.

b)   Eingabe des Großbuchstabens des gewünschten Befehlswortes; in der Regel ist das der erste Buchstabe (z. B. der Buchstabe <D>, wenn Sie den Befehl DRUCK auslösen wollen). Da nur noch eine bestimmte Buchstabenfolge eingegeben werden muß, können Befehle sehr schnell ausgelöst werden, wenn man die wichtigsten Menüpunkte im Kopf hat.

c)   Betätigen einer bestimmten Funktionstaste bzw. Tastenkombination. Dies gilt allerdings nur für bestimmte Befehle (z. B. für das Speichern oder Drucken eines Textes). Insbesondere dem Fachmann und regelmäßigen Anwender des Programms soll diese Option helfen, die Arbeit mit dem Programm zu beschleunigen.

d)   Anklicken des Befehlswortes mit der Maus (sofern vorhanden und installiert). Diese Variante, die nur wenige Textprogramme bieten, hat unter Umständen erhebliche Zeitvorteile, setzt aber eine entsprechende Ausstattung Ihres PC voraus. Zunächst muß mit dem Mauszeiger das gewünschte Befehlswort angesteuert werden; für die Auslösung des Befehls ist die linke Maustaste zu betätigen.

Mitunter erscheinen nach Wahl eines Befehls weitere Unterbefehle. Sie können in ähnlicher Form gewählt werden. Im folgenden wird in den Checklisten, die die Abfolge bei der Befehlswahl verdeutlichen, im wesentlichen die Variante b) zugrunde gelegt.

Sie sollten nun - soweit möglich - sämtliche Varianten einmal am Beispiel der Befehlsfolge ÜBERTRAGEN OPTIONEN austesten (Hinweis: die Variante c) ist bei diesem Befehl nicht möglich). Bei Anwendung in den drei anderen Fällen muß sich auf dem Bildschirm jeweils die in Bild 1-4 abgebildete Darstellung im Befehlsbereich ergeben.

```
ÜBERTRAGEN OPTIONEN Laufwerk/Inhaltsverzeichnis:  B:\

Geben Sie bitte das Laufwerk oder Verzeichnis ein!
Se1 Sp1           ()                                        Microsoft Word
```

Bild 1-4: Befehlsbereichszeile für ÜBERTRAGEN OPTIONEN

1.4.2 Ausfüllen von Befehlsfeldern

Häufig erwartet der Computer für den Vollzug eines bestimmten Vorganges noch weitere Informationen von dem Bediener. Zu diesem Zweck erscheinen dann sog. Befehlsfelder, die entsprechend der Zielsetzung auszufüllen sind. Dabei kann zwischen

- offenen Befehlsfeldern (in einem Texteingabefeld ist eine Antwort frei einzugeben) und

- Antwortmenüs (es kann eine vorgegebene Antwort gewählt werden) unterschieden werden. Die jeweils aktive Einstellung wird durch runde Klammern angezeigt.

Um den Unterschied zwischen den beiden Arten von Befehlsfeldern zu verdeutlichen, sollten Sie entsprechend der Aufgabenstellung des Ausgangsbeispiels nun einmal den Befehl ZUSÄTZE wählen. Nach Eingabe der Tastenfolge <ESC> <Z> ergibt sich die in Bild 1-5 abgebildete Darstellung im Befehlsbereich.

```
ZUSÄTZE Sonderzeichen sichtbar: Nein Teilweise Alle
  Darstellungsform: Druckbild(Normal)        Hauptbefehlsmenü sichtbar:(Ja)Nein
  Farbe Menü: 1            Warnton aus: Ja(Nein)          Bildschirm: Graphik(Text)
  Ausschnittsrahmen:(Ja)Nein                    Zeilennummern: Ja(Nein)
  Zeitformat: 12(24)    Dezimaltrennzeichen: .(,)  Abstand Tabstopps: 1,25 cm
  Maßeinheit: Zoll(Cm)10er-Teilung 12er-Teilung Punkt   Linienzeichen: (‖)
  Kurzinformation:(Ja)Nein                      Geschwindigkeit: 3
  Rechtschreibung: A:\
Wählen Sie bitte eine Option!
Se1 Sp1           ()                                        Microsoft Word
```

Bild 1-5: Befehlsbereichszeile beim Befehl ZUSÄTZE

Es erscheinen also mehrere Befehlsfelder, die unterschiedlich zu handhaben sind:

- Befehlsfeld "Sonderzeichen sichtbar:" (Nein) Teilweise Alle. Dies ist ein Befehlsfeld mit einem Antwortmenü, in dem eine vorgegebene Antwort auszuwählen ist. Die im Regelfall in Betracht kommende Möglichkeit ist hell unterlegt und braucht nur bestätigt zu werden, falls Sie diese akzeptieren. Andernfalls ist die nächste Antwort mit der Leertaste oder die vorstehende Anwortvorgabe mit der Rücktaste "anzuspringen". Im Beispielfall betätigen Sie bitte zweimal die Leertaste, um die Option "Alle" auszuwählen. Gehen Sie dann übungshalber zum nächsten gewünschten Befehlsfeld "Farbe Menü:" mit der Pfeiltaste oder der TAB-Taste.

- Befehlsfeld "Farbe Menü:". Hierbei handelt es sich um ein offenes Befehlsfeld, da die entsprechende Antwort in einem Feld frei eingegeben werden muß; zur Lösung der Aufgabe können Sie nun direkt die Ziffer 1 eingeben und den Befehl dann ausführen. Oft enthält die Meldungszeile einen Hinweis auf die Art der erwarteten Antwort.

Letztlich sei noch darauf hingewiesen, daß es auch offene Befehlsfelder gibt, in denen man aus einer Liste von Optionen auswählen kann. Dies gilt für das soeben gewählte Befehlsfeld "Farbe Menü:". Dann gehen Sie wie folgt vor:

Reihenfolge der Bearbeitung	Tastenfolge
1. Funktionstaste <F1> betätigen	<F1>
2. Gewünschte Option ansteuern	<Richtungstaste>
3a.Befehl ausführen oder	<RETURN>
3b.Nächstes Befehlsfeld ansteuern	<TAB>

Einen zusammenfassenden Überblick über die Behandlung von Befehlsfeldern enthält Bild 1-6.

Wie wird ein Befehl vom Textprogramm ausgeführt?

Zur Ausführung eines Befehls muß der Computer eine ausdrückliche Aufforderung erhalten. Dies geschieht durch Betätigen der RETURN-Taste. Nach Auslösen eines Befehls kehrt WORD meist unmittelbar in den Textbereich zurück.

Möchte man selbst aus dem Befehlsbereich wieder in den Textbereich zurückkehren, muß die Taste <ESC> betätigt werden.

Neben der sofortigen Befehlsausführung sind allerdings auch noch zwei andere Reaktionen des Computers denkbar:

a) Angabe einer Fehlermeldung. Wählen Sie z. B. den Befehl DRUCK DRUCKER (Eingabe <D> und <D>) und lassen Sie den Drucker ausgeschaltet, dann erscheint in der Meldungszeile auf dem Bildschirm ein Fehlerhinweis.

Ausfüllen von Befehlsfeldern

I.　Anwahl von Befehlsfeldern

　　- nächstes Befehlsfeld anspringen (Vorwärtssprung):
　　　　　　　TAB-Taste
　　　　　　　oder Pfeiltaste rechts 

　　- vorheriges Befehlsfeld anspringen:
　　　　　　　Tastenkombination Umschalt-TAB
　　　　　　　oder Pfeiltaste links

II.　Ausfüllen von Befehlsfeldern

(A) offenes Befehlsfeld	(B) Antwortmenü
- entsprechende Antwort im Texteingabefeld eingeben (Hinweise zur Art der erwarteten Antwort enthält u. U. die Meldungszeile) - Auswahl aus einer Liste mit <F1> und Richtungstasten	die gewünschte Alternative kann ausgewählt werden • Wahl der nächsten Antwort (Vorwärtssprung): Leertaste betätigen • Wahl der vorherigen Antwort (Rückwärtssprung): RÜCK-Taste betätigen

Bild 1-6: Befehlsfelderbehandlung

b)　Verlangen einer ausdrücklichen Bestätigung. Ein typisches Beispiel hierfür ist das Löschen. Um ein unbeabsichtigtes Löschen eines noch nicht gespeicherten Textes zu vermeiden, verlangt das Textprogramm eine ausdrückliche Bestätigung. Nach Eingabe von <J> (für Ja) oder <N> (für Nein) erfolgt dann die Ausführung. Möchte man allerdings den Befehl zurücknehmen, ist die Taste <ESC> zu betätigen.

Wir wollen nun die Befehlsausführung am Beispiel des Befehls ÜBERTRAGEN BILDSCHIRMLÖSCHEN AUSSCHNITT kennenlernen. Wählen Sie einmal diesen Befehl (Betätigen der Tastenfolge <ESC>, <Ü>, <B>) und führen Sie den Befehl mit <RETURN> aus. Dann erscheint die Abfrage, ob gespeichert werden soll; betätigen Sie nun die Taste <N> (für Nein), steht der Bildschirm für eine erneute Texteingabe zur Verfügung.

Abschließend noch folgender Hinweis: Wollen Sie mehrfach hintereinander den gleichen Befehl ausführen, ist dies auf einfache Weise möglich. Betätigen Sie hierzu lediglich die Funktionstaste <F4>.

Musteraufgabe 1-2:   Nutzung der Hilfefunktion und des Lernprogramms

a)   Wählen Sie den Befehl HILFE, lesen Sie die ersten beiden Seiten des Hilfetextes und blättern Sie im Hilfetext.

b)   Rufen Sie anschließend das Register des Hilfetextes auf und wählen Sie den Informationstext zum Begriff "Befehle" aus.

c)   Gehen Sie anschließend in den Textbereich zurück.

d)   Wählen Sie nun einmal den Befehl SUCHEN. Es erscheinen jetzt Befehlsfelder, deren Bedeutung Sie nicht unmittelbar kennen. Um hierüber eine erste Information zu erhalten, fordern Sie bitte die "kontextsensitive" Hilfe an.

e)   Kehren Sie abschließend wieder in den Texteingabebereich zurück.

f)   Rufen Sie das WORD-Lernprogramm auf und wählen Sie eine für Sie interessante Lektion im Menü "Rationelles Arbeiten mit Word" aus.

1.5 Nutzung der Hilfefunktion

Insbesondere in der Anfangsphase des Arbeitens mit einem Textprogramm oder nach einer längeren Unterbrechungsphase kann es vorkommen, daß Sie nicht mehr genau wissen, welche Eingaben zur weiteren Befehlsrealisierung notwendig sind. In diesem Fall hilft Ihnen das Textprogramm häufig unmittelbar weiter, ohne daß Sie im Handbuch nachschlagen müssen. Eingebaut ist nämlich ein sog. elektronischer Ratgeber (auch Hilfetext genannt). Sie haben grundsätzlich zwei Möglichkeiten den Hilfetext am Bildschirm aufzurufen:

a) allgemeiner Aufruf und Suche in einem Register oder

b) befehlsorientierter Aufruf.

Allgemeiner Aufruf des Hilfsmenüs

Wollen Sie allgemeine Hinweise haben, dann können Sie über das Hauptbefehlsmenü den Befehl HILFE wählen (Betätigen der Tastenfolge <ESC> <H>). Es erscheint danach die erste Seite des Hilfetextes und das Hilfe-Befehlsmenü, das Ihnen die Anwahl von bestimmten Optionen ermöglicht. Im einzelnen ergibt sich nach der Befehlswahl eine Bildschirmdarstellung wie im Bild 1-7.

```
HILFE                                              Seite 1 von 2 12:35:38

SIE KÖNNEN HILFE AUF ZWEI VERSCHIEDENE ARTEN ANFORDERN:

1. Wenn Sie diese erste Hilfe-Seite sehen möchten, drücken
   Sie UNTERBRECHEN und H.
2. Wenn Sie Hilfe zu einem markierten Befehl anfordern möchten,
   drücken Sie gleichzeitig ALT und ?.
   Falls Sie mit einer Druckformatvorlage arbeiten, halten Sie
   die ALT-Taste nieder und drücken X und danach ?.




  ┌─────────────────────────────────────────────────────────────────┐
  ║ Zu Beginn jeder Seite der Soforthilfe finden Sie den Titel des jeweiligen ║
  ║ Hilfe-Themas und die Anzahl der Seiten zu diesem Thema.          ║
  ║                                                                   ║
  ║ Lernprogramm: Anfordern von Sofort-Hilfe                         ║
  ║ Handbuch: Kapitel 6, "Anfordern von Hilfe"                       ║
  └─────────────────────────────────────────────────────────────────┘

HILFE: Wiederaufnahme Nächste-Seite Vorhergehende-Seite
        Grundbegriffe Register Lernprogramm
Kehrt an die Stelle zurück, von der aus die Hilfe-Funktion aufgerufen wurde
Se1 Sp1              ()                   ?                    Microsoft Word
```

Bild 1-7: Der Hilfe-Bildschirm

Grundsätzlich ist jede Seite des Hilfe-Textes so aufgebaut, daß am Beginn der jeweilige Titel des Hilfe-Themas angegeben wird (hier der Titel "Hilfe") sowie auf die Anzahl der zu diesem Thema verfügbaren Seiten hingewiesen wird. Im Beispielfall stehen zwei Seiten zur Verfügung (Anzeige "Seite 1 von 2").

Die Bedeutung der Angaben im unteren Befehlsmenü wird auf der nächsten Seite des Hilfe-Textes erklärt. Diese können Sie durch Betätigen der Taste <N> (für Nächste Seite) erreichen. In diesem Fall ergibt sich folgende Bildschirmdarstellung:

```
HILFE                                           Seite 2 von 2 12:58:28

Die einzelnen Hilfe-Befehle finden Sie am unteren Bildschirmrand.

DRÜCKEN SIE:     UM:
   W          Die Arbeit an Ihrem Text wiederaufzunehmen
   N          Die nächste Hilfe-Seite einzusehen
   V          Die vorhergehende Hilfe-Seite einzusehen
   G          Näheres über die Grundlagen der Sofort-Hilfe zu erfahren
              - Sie befinden sich gerade auf dieser Seite
   R          Den Register der Hilfe-Themen einzusehen
   L L        Die der jeweiligen Hilfe-Seite entsprechende Lektion
              aus dem Lernprogramm einzusehen
   L R        Das Register sämtlicher Lernprogramm-Lektionen einzusehen
```

```
HILFE: Wiederaufnahme Nächste-Seite Vorhergehende-Seite
       Grundbegriffe Register Lernprogramm
Kehrt an die Stelle zurück, von der aus die Hilfe-Funktion aufgerufen wurde
Se1 Sp1              ()                   ?                    Microsoft Word
```

Bild 1-8: Erläuterung des Hilfe-Menüs

Im einzelnen haben die nach Wahl des Hilfe-Menüs erscheinenden Unterbe-
fehlsfelder folgende Bedeutung:

Befehl	Bedeutung
Wiederaufnahme	ermöglicht den Rücksprung in den Ursprungstext
Nächste-Seite	zeigt die nächste Bildschirmseite des Hilfetextes
Vorhergehende-Seite	zeigt die vorhergehende Bildschirmseite des Hilfetextes
Grundbegriffe	generelle Erläuterung zum Programm und Anfordern von Soforthilfe
Register	listet 29 Begriffe auf, zu denen eine Hilfe-Information angefordert werden kann
Lernprogramm	ermöglicht eine Direktanwendung des Lernprogramms im Hilfemenü

Wir wollen nun das Arbeiten mit dem Register etwas genauer kennenlernen. Es bietet die Möglichkeit, gezielt Informationen zu bestimmten Themen anzufordern, die in diesem Register enthalten sind. Zur Lösung der Teilaufgabe b) wählen Sie bitte einmal das Register des Hilfemenüs an (Betätigen der Taste <R>). In diesem Fall ergibt sich die Bildschirmdarstellung von Bild 1-9.

```
HILFE                                        Seite 1 von 2 12:57:23

SIE KÖNNEN HILFE AUF ZWEI VERSCHIEDENE ARTEN ANFORDERN:

  1. Wenn Sie diese erste Hilfe-Seite sehen möchten, drücken
     Sie UNTERBRECHEN und H.
  2. Wenn Sie Hilfe zu einem markierten Befehl anfordern möchten,
     drücken Sie gleichzeitig ALT und ?.
     Falls Sie mit einer Druckformatvorlage arbeiten, halten Sie
     die ALT-Taste nieder und drücken X und danach ?.
```

```
HILFE REGISTER: Datei-Manager        Makros          Speichern
Absätze         Drucken              Markieren       Tabstopps/Tabellen
Ausschnitte     Druckformatvorlagen  Maus            Tastatur
Befehle         Einzüge              Rechtschreibung Textbausteine
Bereiche        Fußnoten             Seitennummern   Texteingabe
Bibliothek      Gliederung           Seitenränder    Zeichenformatierung
Bildschirm      Kopf/Fußzeilen       Serienbriefe
Datei-Formate   Laden                Spalten
Suchen von Dateien in Unterverzeichnissen; ansehen der Kurzinformationen
Se1 Sp1              ()                   ?              Microsoft Word
```

Bild 1-9: Register des Hilfemenüs

Steuern Sie nun den Begriff "Befehle" mit der Richtungstaste an, und bestätigen Sie die Wahl mit der Taste <RETURN>. Ergebnis ist dann eine gezielte Information zur Befehlswahl.

Um nun wieder in den Textbereich zurückzukehren, müssen Sie entweder die Taste <ESC> oder die Taste <W> (für Wiederaufnahme) betätigen.

Aufruf im Befehlsbereich (befehlsorientierter Aufruf)

Häufig weiß man bei Auslösung eines Befehls (z. B. des Befehls SUCHEN) nicht mehr die genaue Handhabung. Dann können Sie spezielle Hilfen zu diesem Befehl erhalten, indem Sie diesen Befehl zunächst markieren und danach die Tastenkombination <ALT>+<?> betätigen (sog. Hilfe-Tasten). Danach erscheinen dann spezielle, auf diesen Befehl bezogene Informationen, wie Bild 1-10 zeigt.

```
╔═══════════════════════════════════════════════════════════════════════╗
║ SUCHEN                                           Seite 1 von   13:02:58 ║
║                                                                         ║
║ UM NACH EINEM TEXTABSCHNITT ZU SUCHEN:                                  ║
║                                                                         ║
║ 1. Wählen Sie Suchen.                                                   ║
║ 2. Schreiben Sie in das Befehlsfeld "Suchbegriff:" den Textabschnitt,   ║
║    nach dem Sie suchen möchten.                                         ║
║ 3. Wählen Sie im Befehlsfeld "Richtung:" Nach-oben, um in Richtung Text-║
║    anfang oder Nach-unten, um in Richtung Textende zu suchen.           ║
║ 4. Drücken Sie RETURN.                                                  ║
║                                                                         ║
║ UM DEN SUCHVORGANG ZU WIEDERHOLEN:                                      ║
║                                                                         ║
║ 1. Drücken Sie UMSCHALTEN+F4.                                           ║
║                                                                         ║
║                                                                         ║
║                                                                         ║
║ Lernprogramm: Suchen und Ersetzen                                       ║
║ Handbuch: Kapitel 18, "Suchen und Ersetzen"                             ║
╚═══════════════════════════════════════════════════════════════════════╝
HILFE:  Wiederaufnahme Nächste-Seite Vorhergehende-Seite
        Grundbegriffe Register Lernprogramm
Kehrt an die Stelle zurück, von der aus die Hilfe-Funktion aufgerufen wurde
Se1 Sp1         ()                   ?                        Microsoft Word
```

Bild 1-10: Kontextsensitive Hilfe

Wenn Sie nach Lesen des Hilfetextes wieder zum ursprünglichen Text zurückkehren wollen, haben Sie ebenfalls zwei Alternativen: Entweder Sie wählen den
Befehl WIEDERAUFNAHME aus dem Hilfemenü (Eingabe <W>), oder Sie
betätigen die ESC-Taste.

Hinweis: Bei Verwendung eines PS/2 Systems müssen Sie die Tastenkombination
<ALT> + <Trennstrich> betätigen, um die Hilfefunktion gezielt aufzurufen.

1.6 Arbeiten mit dem Word-Lernprogramm

Zur Programmlieferung gehören - wie bereits beim Einrichten des Programms
deutlich wurde - verschiedene Lernprogrammdisketten. Damit bietet sich die
Möglichkeit, interaktiv am Computer im Selbststudium Grundfunktionen des
Arbeitens mit dem Programm zu erlernen.

Das generelle Starten des Lernprogramms hängt wiederum im Detail davon ab,
über welches Computersystem Sie verfügen:

a)   Verfügen Sie über einen Computer mit Diskettenlaufwerken, legen Sie
     bitte zunächst die Lernprogrammdiskette in das Laufwerk A ein. Geben
     Sie anschließend neben dem Bereitschaftszeichens des Betriebssystems das
     Wort "Lernen" ein und drücken Sie die Taste <RETURN>.

b)   Ist das Lernprogramm auf der Festplatte installiert, müssen Sie sich im Programmverzeichnis befinden und dann das Wort "Lernen" eingeben und die Taste <RETURN> betätigen.

Nach Aufruf des Lernprogramms sollten Sie sich exakt an die vorgegebenen Anweisungen halten. Grundsätzlich wird Ihnen dann ein Menü angeboten, das Ihnen drei Haupt-Lektionen mit folgenden Überschriften anbietet:

1)   Die Grundlagen; hier wird erklärt, wie bei der Texterstellung und -überarbeitung mit dem Programm generell vorzugehen ist.

2)   Rationelles Arbeiten mit Word; in diesen Lektionen können Sie erlernen, wie grundlegende Arbeiten der Textverarbeitung mit Word rationell durchgeführt werden können.

3)   Spezielle Textverarbeitungsaufgaben; erarbeitet werden in diesen Lektionen verschiedene besondere Funktionen der Textverarbeitung mit Word.

Die Lektionen können der Reihe nach durchgearbeitet werden. Andererseits können Sie aber auch gezielt ein bestimmtes Thema wählen, das gerade für Sie von Interesse ist. Rufen Sie nun einmal zur Lösung der Aufgabe das Menü "Rationelles Arbeiten mit Word" auf. Die Menütechnik erlaubt Ihnen jetzt eine selektive Auswahl von Lektionen. Wählen Sie z. B. die Lektion "Arbeiten mit Textbausteinen". Das Ergebnis muß dann dem in Bild 1-11 dargestellten Bildschirmausschnitt entsprechen.

```
Arbeiten mit Textbausteinen                                    Übersicht



                        Arbeiten mit Textbausteinen



            In dieser Lektion lernen Sie:

                    wie Sie einen Textteil, den Sie später noch einmal
                    verwenden möchten, in einen Textbaustein kopieren,

                    wie Sie einen Textteil von einem Textbaustein in
                    Ihr Schriftstück einfügen,

                    wie Sie einen Textbaustein auf einer Diskette speichern,
                    um ihn später wieder zu verwenden.


            Zeit zum Durcharbeiten der Lektion:  4 bis 8 Minuten


CONTROL: CTRL-Taste                                        Weiter: LEERTASTE
```

Bild 1-11: Lernprogramm-Lektion (Ausschnitt)

Jede Lektion des Lernprogramms ist ähnlich aufgebaut; grundsätzlich sind zu unterscheiden:

- Übersicht: Angabe der folgenden Lerninhalte und Lernziele;

- Arbeitsschritte: zeigt die Lösung in Teilschritten;

- Übung: zur Anwendung des Gelesenen;

- Zusammenfassung: faßt die Lektionsinformationen zusammen.

Für das Bewegen im Lernprogramm selbst werden entsprechende Informationen in einer Anzeige am rechten unteren Bildschirmrand gegeben. Grundsätzlich müssen Sie entweder die Leertaste oder die Tastenkombination <ALT> + <Leertaste> betätigen, um eine Seite weiterzublättern. In vielen Fällen könen Sie darüber hinaus durch Drücken der <CTRL>-Taste ein Menü aufrufen, das besondere Optionen anbietet (z. B. QUITT für ein vorzeitiges Verlassen des Lernprogramms).

Einen Überblick über die Handhabung von Lernprogramm-Lektionen gibt Ihnen die Zusammenstellung in Bild 1-12.

I. Aufbau

   - Auswahl einer Lektion erfolgt menügesteuert
   - Innerhalb einer Lektion sind zu unterscheiden:

     1) Übersicht: Angabe der Lerninhalte und
                            Lernziele
     2) Arbeitsschritte: zeigt die Lösung in
                            Teilschritten

     3) Übung: Anwendung des Gelesenen

     4) Zusammenfassung

II. Steuerung des Ablaufs

   Vgl. Statuszeile; Möglichkeiten sind
   <Leertaste>
   <Alt> + <Leertaste> sowie

   CTRL-Kombinationen:

   <H>   Hinweise
   <Q>   Quitt (=Verlassen des Lernprogramms)
   <V>   vorherige Seite
   <R>   Sprung in das Lernprogramm-Register
   <M>   Rückkehr zum Menü
   <Ü>   Beginn der nächsten Übung

Bild 1-12: Handhabung von Lernprogramm-Lektionen

1.7 Zusammenfassung

o   Für das Einrichten des Programms MS-Word müssen Sie das SETUP-Programm aufrufen, das sich auf der mitgelieferten Hilfsprogrammdiskette befindet.

o   Die Art des Programmstarts hängt im wesentlichen davon ab, ob das Programm auf einer Festplatte installiert ist oder ob lediglich mit Diskettenlaufwerken gearbeitet wird. Darüber hinaus gibt es noch verschiedene Optionen, die durch sog. Umschaltcodes realisiert werden können (z. B. WORD/G für Starten im Graphikmodus).

o   Die Bildschirmmaske, die nach dem Programmstart erscheint, besteht aus zwei Hauptbereichen: dem Text- und dem Befehlsbereich. Der Textbereich umfaßt im allgemeinen 20 Zeilen und dient zur Anzeige des gerade in Bearbeitung befindlichen Textabschnittes. Der Befehlsbereich enthält 4 Zeilen; und zwar zwei Zeilen zur Angabe von Menübefehlen (16 Grund-Befehlsworte), eine Meldungszeile (u. a. für Fehlermeldungen) sowie eine Statuszeile.

o   Die Auswahl von Befehlsworten kann grundsätzlich auf vier Arten erfolgen:

   a)   durch Eingabe des Großbuchstabens des Befehlswortes;

   b)   durch Positionieren des Befehlszeigers auf das gewünschte Befehlswort und Betätigen der RETURN-Taste;

   c)   durch Ansteuern und Anklicken mit der Maus oder

   d)   durch Betätigen einer Funktionstasten-Kombination.

o   Nach Auswahl von Befehlsworten erscheinen im allgemeinen weitere Unter-Befehlsmenüs sowie u. U. Befehlsfelder, die entsprechend auszufüllen sind.

o   Bei offenen Befehlsfeldern ist ein geeigneter Antworttext einzugeben; handelt es sich um Antwortmenüs, kann eine vorgegebene Antwort gewählt werden.

o   Zur Ausführung eines Befehls muß die RETURN-Taste betätigt werden. Wird danach der Befehl nicht sofort ausgeführt, dann erscheint entweder eine Fehlermeldung, oder der Computer verlangt eine ausdrückliche Bestätigung vom Bediener.

o   Sofern Sie bei dem Arbeiten mit dem Programm einmal nicht mehr weiter wissen, können Sie die Hilfe-Funktion nutzen. Diese kann entweder allgemein aufgerufen werden (Wahl des Befehls HILFE im Hauptmenü) oder gezielt in bezug auf einen bestimmten Befehl durch Betätigen der Tastenkombination <ALT> + <?> (sog. kontextsensitive Hilfsfunktion).

o   Für das Selbststudium steht ein Lernprogramm zur Verfügung, das Sie durch Eingabe des Textes "Lernen" im Betriebssystem-Modus aufrufen können.

1.8 Übungsaufgaben

Übungsaufgabe 1-1:   Programmstart und Bildschirmaufbau

a) Um MS-Word zu starten, stehen Ihnen verschiedene besondere Möglich-
    keiten zur Verfügung. Ergänzen Sie die folgende Checkliste durch Eintra-
    gung der Tastenkombinationen:

Ziel	Eingaben/zu betätigende Tasten
Starten des Programms ohne Besonderheiten	
Starten des Programms und Laden der Datei "Text1"	
Starten im Graphikmodus	
Starten mit kleinerer Zeichengröße	

b) Starten Sie WORD unter Angabe der Option, daß die zuletzt bearbeitete
    Datei geladen wird.

c) Nach dem Start muß der zuletzt bearbeitete Text auf dem Bildschirm er-
    scheinen. Ergänzen Sie zu den folgenden Beschreibungen die entsprechen-
    den Grundbegriffe:

Beschreibung	Begriff
- Positionszeichen zur Textaufnahme	
- oberer Hauptbereich des Bildschirms	
- Hinweiszeile für Fehlermeldungen	
- unterste Bildschirmzeile	
- rautenförmige Marke auf dem Bildschirm	

a) MS-Word bietet grundsätzlich verschiedene Möglichkeiten der Befehlswahl. Ziel soll es einmal sein, den Befehl ÜBERTRAGEN BILD
    SCHIRMLÖSCHEN GESAMT auszulösen. Tragen Sie in der folgenden
    Übersicht die Möglichkeiten (stichwortartig) ein:

    1) ___________________________________

    2) ___________________________________

    3) ___________________________________

b) Geben Sie Ihren Namen in Großschreibung ein, indem Sie eine Umschaltungsarretierung vornehmen.

c) Wählen Sie die Befehlsfolge ÜBERTRAGEN SPEICHERN, und fordern
    Sie danach eine befehlsorientierte Hilfeinformation an.

d) Gehen Sie wieder in den Textbereich zurück, und wählen Sie erneut den
    Befehl ÜBERTRAGEN SPEICHERN. Geben Sie an, durch welche Taste/Tastenkombination Sie

    1. in den Befehlsbereich gelangen

    2. in das nächste Befehlsfeld springen können

    3. im Befehlsfeld "Formatiert:" ändern können

    4. in das vorherige Befehlsfeld zurückspringen können

    5. die Befehlsausführung abbrechen können.

Führen Sie abschließend die einzelnen Teilschritte an Ihrem Computer aus.

2 Erfassen, Speichern und Drucken von Fließtexten

Textverarbeitung mit dem PC umfaßt zunächst folgende Grundarbeiten:

1. Erfassen von Texten: Von Texterfassung wird dann gesprochen, wenn Texte am PC eingegeben werden. Die Texte werden dann zunächst in jedem Fall im Hauptspeicher festgehalten.

2. Speichern von Texten auf externen Speichermedien: Wird der Text später noch einmal benötigt (etwa zum Zweck der Überarbeitung), dann muß dieser auf einem externen Speicher festgehalten werden (auf einer Diskette oder - falls vorhanden und sinnvoll - auf der Festplatte).

3. Abrufen von gespeicherten Texten: Umgekehrt müssen bereits gespeicherte Texte bei Bedarf wieder aufgerufen werden können. In diesem Fall werden die Texte vom externen Speichermedium wieder in den Hauptspeicher übertragen (sog. Laden von Texten).

4. Druckausgabe: Besondere Bedeutung kommt schließlich der Druckausgabe zu. Sie bereitet in der Praxis nicht selten die größten Probleme, stellt aber letztlich das Ergebnis der Arbeit mit dem Textprogramm dar.

Wie die verschiedenen Teilaufgaben im Detail abzuwickeln sind, das hängt von der gestalterischen Lösung der Bedienerführung im jeweils eingesetzten Textprogramm ab. Im folgenden Abschnitt wird Ihnen die Vorgehensweise bei der Anwendung dieser Funktionen im Textverarbeitungsprogramm MS-Word gezeigt. Außerdem wird darauf eingegangen, wie vorhandene Texte gemischt werden können und wie sinnvollerweise die Arbeit mit dem Programm beendet wird.

Musteraufgabe 2-1:   Erfassen, Speichern und Drucken von Fließtexten

a) Erfassen Sie folgenden Text:

PC-Textverarbeitungsprogramme stellen dem Benutzer alle wesentlichen Textfunktionen zur Verfügung. Hierzu zählen das Erfassen, das Speichern und das Drucken von Texten.

Ca. 80 % der Fehler bei der Texteingabe werden unmittelbar entdeckt. Von Vorteil ist deshalb die Nutzung von Geräten der Textverarbeitung, die eine komfortable Sofortkorrektur ermöglichen. Hierzu zählen z. B. das Löschen, Einfügen und Überschreiben von Zeichen.

> In der beruflichen Praxis entstehen viele Texte außerdem nicht
> selten in mehreren Arbeitsschritten. An der "Roh-Fassung" werden
> vom Autor Korrekturen, Einfügungen, Umformatierungen und Kürzungen
> vorgenommen, die im dann folgenden Arbeitsgang in den Text
> eingearbeitet werden müssen. Im Rahmen der nachträglichen
> Überarbeitung eines Textes sind häufig auch größere Textteile zu
> löschen oder einzufügen. Dies ist meist problemlos mit wenigen
> Arbeitsschritten möglich.
>
> Umfangreiche Möglichkeiten stehen in der Regel auch für die
> Textgestaltung zur Verfügung. So können z. B. mit fast allen
> Textprogrammen Überschriften zentriert und ein Text im Blocksatz
> geschrieben werden. Um bestimmte Textteile hervorzuheben, ist
> außerdem eine gezielte Auszeichnung (Fettdruck, Kursivschrift,
> Unterstreichen) möglich.

b)　　Speichern Sie den erfaßten Text auf Ihrer Arbeitsdiskette unter dem Dateinamen "Text01".

c)　　Erstellen Sie einen Ausdruck des erfaßten Textes.

2.1 Erfassen von Fließtexten (Texteingabe und Sofortkorrektur)

Grundsätzlich können Sie unmittelbar nach dem Programmstart mit der Texteingabe beginnen. Die eingegebenen Zeichen werden dabei unmittelbar an der
Stelle aufgenommen, wo sich jeweils der Cursor befindet. Nach dem Start steht
dieser in der linken oberen Ecke des Bildschirms. Sobald ein Zeichen eingegeben wird, erscheint dieses auf dem Bildschirm - gleichzeitig bewegt sich die
Schreibmarke um eine Position nach rechts.

Fehler, die Sie bereits bei der Texteingabe bemerken, können Sie mit einem
Textprogramm unmittelbar korrigieren (z. B. zuviel eingegebene Zeichen löschen oder vergessene Zeichen einfügen). Welche Regeln bezüglich der Texteingabe beachtet werden sollten und wie die Sofortkorrektur mit MS-WORD
erfolgt, das sollen Sie im folgenden Kapitel kennenlernen.

2.1.1　　Vorgehensweise bei der Texteingabe

Während der Texteingabe kann die Tastatur des Personal-Computers grundsätzlich wie eine Schreibmaschinentastatur genutzt werden. Dennoch sind wesentliche Unterschiede - etwa bei der Zeilenschaltung - festzustellen. Im einzelnen sollten folgende Grundsätze berücksichtigt werden:

a)　　Die Umschaltung in die nächste Zeile sollte im allgemeinen nicht "von
Hand" realisiert werden. Im Gegensatz zur herkömmlichen Schreibmaschine (wo am Ende einer jeden Zeile eine Zeilenschaltung durch Tastendruck vorzunehmen ist) wird der Zeilenwechsel bei Computersystemen
automatisch vorgenommen. Der Text ist deshalb als Fließtext einzugeben,
was z. B. den Vorteil hat, daß Sie weiterschreiben können, ohne auf das

Zeilenende achten zu müssen. Paßt ein Wort nicht mehr in eine Zeile, dann wird dies vom Textprogramm automatisch in die nächste Zeile geschoben, sobald der rechte Zeilenrand überschritten wird (sog. automatischer Zeilenumbruch). Natürlich kann eine Zeile auch ausdrücklich beendet werden, bevor der rechte Rand erreicht ist. Zu diesem Zweck ist die Tastenkombination <UMSCHALT> + <RETURN> zu betätigen.

b) Betätigen Sie für das Erzeugen eines Absatzes die <RETURN>-Taste. In diesem Fall wird automatisch eine Absatzmarke in den Text eingefügt. Diese Absatzmarke, die Sie sich bei Bedarf über den Befehl ZUSÄTZE anzeigen lassen können, ermöglicht es Ihnen, später eine gezielte Gestaltung eines Absatzes vorzunehmen (z. B. hinsichtlich von Einrückungen und Zeilenabständen). In der Regel sollte die Taste <RETURN> bei der Absatzschaltung zweimal betätigt werden, da auf diese Weise eine zusätzliche Leerzeile zwischen den Absätzen eines Textes eingefügt werden kann.

c) Grundsätzlich sollten Sie den Seitenumbruch automatisch durch das Computersystem vornehmen lasssen. Im Gegensatz zur Schreibmaschine brauchen Sie beim Arbeiten mit dem Textprogramm WORD nicht mehr darauf zu achten, wann das Seitenende erreicht ist, da das Programm einen automatischen Seitenumbruch vornimmt. Wollen Sie allerdings vorzeitig eine neue Seite beginnen - weil z. B. ein bestimmtes Kapitel eines längeren Textes beendet wurde -, dann können Sie dies natürlich auch realisieren: Betätigen Sie zu diesem Zweck die Tastenkombination <CTRL> + <UMSCHALT> + <RETURN>.

Einen Überblick über die Regeln bei der Texterfassung gibt Bild 2-1.

1) Beginn einer neuen Zeile:
- **prinzipiell automatischer Zeilenumbruch (gemäß gesetzter Randstellung)**
- **manuell mit <Umschalt> + <RETURN>**

Absätze

2) Beginn eines neuen Absatzes:
- **Betätigen der Taste <RETURN>**
- **sinnvoll: Einfügen einer zusätzlichen Leerzeile**

3) Beginn einer neuen Seite:
- **automatischer Seitenumbruch (gemäß festgelegter Bereichsformate)**
- **manuell mit <Ctrl> + <Umschalt> + <RETURN>**

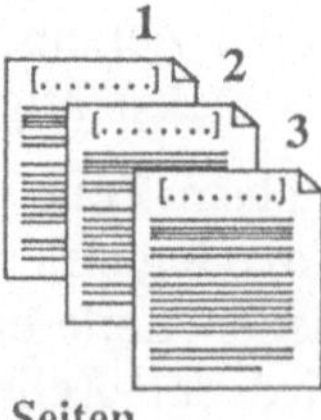

Seiten

Bild 2-1: Regeln zur Texterfassung

Abschließend noch folgender Hinweis: Grundsätzlich wird auf dem Bildschirm der gerade in Bearbeitung befindliche Textteil angezeigt. Erreichen Sie im Rahmen der Texterfassung das untere Ende des Bildschirmausschnittes (es wurden mehr als 20 Bildschirmzeilen eingegeben), wird der auf dem Bildschirm befindliche Text um eine oder um mehrere Zeilen nach oben verschoben.

In der Musteraufgabe 2-1 müssen im Rahmen der Texterfassung lediglich Absatzschaltungen vorgenommen werden. Ein Seitenumbruch entfällt, da der Text nicht über eine Seite A4 hinausragt. Beginnen Sie nun mit der Texteingabe am Bildschirm gemäß Musteraufgabe 2-1.

2.1.2   Vornahme von Sofortkorrekturen

Es wurde schon erwähnt, daß viele Eingabefehler bereits unmittelbar bei der Texterfassung bemerkt werden. Textprogramme für Personal Computer bieten Ihnen die Möglichkeit, diese Fehler sofort oder im Anschluß an die Texteingabe problemlos zu korrigieren. Bei nachträglicher Änderung ist es dann notwendig, die Korrekturstellen mit dem Cursor (über die Richtungstasten) gezielt anzusteuern.

Im Rahmen der Sofortkorrektur ergeben sich im allgemeinen drei typische Varianten zeichenweiser Änderungen:

a)   Löschen von Zeichen. Hier gibt es zwei Möglichkeiten:

    a1) Betätigen der <RÜCKTASTE>; dies bietet sich an, wenn Sie erkennen, daß das zuletzt eingegebene Zeichen falsch war. Die Rücktaste bewirkt, daß die links vom Lichtpunkt stehenden Zeichen gelöscht werden.
    a2) Betätigen der Löschtaste (Taste <DEL>). Sie empfiehlt sich, wenn Sie ein beliebiges Zeichen im vorhergehenden Text löschen wollen. Mit dieser Taste wird das Zeichen, auf dem der Lichtpunkt steht, gelöscht. Die rechts davon stehenden Zeichen werden nach links geschoben.

b)   Einfügen von Zeichen; grundsätzlich befinden Sie sich beim Textprogramm MS-Word im Einfügemodus. Dies bedeutet, daß Sie an einer beliebigen Stelle im vorhergehenden Text Zeichen problemlos einfügen können. Die rechts vom Cursor stehenden Zeichen werden dann nach rechts verschoben, damit Platz für neue Zeichen geschaffen wird.

c)   Überschreiben von Zeichen; haben Sie ein oder mehrere falsche Zeichen eingegeben, so ist es möglich, diese einfach durch neue Zeichen zu überschreiben. In den Überschreibmodus gelangen Sie durch Betätigen der Funktionstaste <F5> (in der Statuszeile erscheint dann der Tastaturzustandscode "ÜB"). Es empfiehlt sich, nach Beenden des Überschreibens wieder in den Einfügemodus zurückzukehren (erfolgt durch wiederholtes Betätigen von <F5>).

Zeilenweise Änderungen sind ebenfalls mitunter notwendig. Hierzu zählen das nachträgliche Löschen von Zeilen bzw. das nachträgliche Einfügen von Zeilen.

Um eine Leerzeile zu löschen, müssen Sie sich lediglich auf die Zeile positionieren und dann die Löschtaste betätigen. Das nachträgliche Einfügen einer Zeile erfolgt durch Positionieren des Cursors auf das Ende der vorhergehenden Zeile und anschließendes Betätigen der Taste <RETURN>.

Einen Überblick über die Möglichkeiten der Sofortkorrektur und ihre Realisierung gibt Bild 2-2.

Zielsetzung (Was?)	Vorgehensweise Wie?

1) Löschen von Zeichen
   a) letzte Eingaben
   b) beliebiges Zeichen im Text
	<Rücktaste> betätigen
	- Zeichen ansteuern
	- Löschtaste betätigen (<DEL>)

2) Einfügen von Zeichen	- Einfügeposition ansteuern - Zeichen eingeben
3) Überschreiben von Zeichen	- Überschreibposition ansteuern - Überschreibmodus wählen (<F5>) - Text eingeben - Überschreibmodus ausschalten (<F5>)
4) Löschen von Leerzeilen	- Zeile ansteuern - Löschtaste (<DEL>) betätigen
5) Einfügen von Leerzeilen	- Zeilenende der vorhergehenden Zeile ansteuern - Taste <RETURN> betätigen

Bild 2-2: Vorgehen bei der Sofortkorrektur

Testen Sie nun einmal die Möglichkeiten der Sofortkorrektur anhand des soeben erfaßten Textes aus. Betätigen Sie z. B. - wenn Sie am Textende stehen - mehrfach hintereinander die Rücktaste. Sie sehen dann, daß alle links davon stehenden Zeichen unmittelbar gelöscht werden. Um Löschungen wieder rückgängig zu machen, bietet WORD eine interessante Funktion. Durch Wahl des Befehls RÜCKGÄNGIG (Betätigen der Tastenfolge <ESC> <R>) können Sie jede letzte Befehlsauslösung wieder auf den Ursprungszustand bringen. Testen Sie dies einmal aus, so daß sich der ursprüngliche Text wieder ergibt. Wenn Sie nun die Taste <END> betätigen, steht der Cursor wieder am Zeilenende.

Fahren Sie jetzt einmal mit dem Cursor das Zeichen F des Wortes Fettdruck an, das sich in der zweitletzten Zeile des Textes befindet. Schreiben Sie nun das Wort "Kapitälchen", dann sehen Sie, daß dieses Wort unmittelbar an der Cursorposition eingefügt wird. Heben Sie auch diese Einfügung mit dem Befehl RÜCKGÄNGIG wieder auf.

Steuern Sie abschließend den Cursor auf das Zeichen K des Wortes Kursivschrift und wählen Sie den Überschreibmodus durch Betätigen der Taste <F5>. Schreiben Sie nun das Wort "Doppelt Unterstrichen", so sehen Sie, daß jetzt die vorhergehenden Zeichen gelöscht werden und ein Überschreiben erfolgt. Heben Sie auch hier das Überschreiben mit dem Befehl RÜCKGÄNGIG wieder auf.

2.2 Speicherung von Texten auf externen Speichermedien

Bei der Texteingabe werden die Texte im internen Speicher des Computers aufbewahrt. Dieser Speicher weist allerdings nur eine begrenzte Kapazität auf; hinzu kommt, daß der Inhalt gelöscht wird, wenn Sie den Computer ausschalten.

Wird ein erfaßter oder überarbeiteter Text später wieder benötigt, dann ist eine Speicherung auf einem Datenträger (Externspeicher wie Diskette oder Magnetplatte) erforderlich. Darüber hinaus empfiehlt sich auch während des Arbeitens an einem Text in bestimmten Abständen eine externe Speicherung, um ein Verlorengehen des Textes (etwa durch Stromausfall) zu verhindern (allgemeiner Tip: ungefähr alle 30 Minuten abspeichern). Unter Umständen können Sie auch zur Speicherung ausdrücklich aufgefordert werden (wenn etwa die Speicherkapazität der Diskette erschöpft ist). In der Meldungszelle erscheint dann der Hinweis "Bitte speichern".

Speichern auf einen externen Datenträger bedeutet, daß der Inhalt des internen Speichers auf die Diskette "kopiert" wird. Dieser Vorgang wird mit Bild 2-3 veranschaulicht.

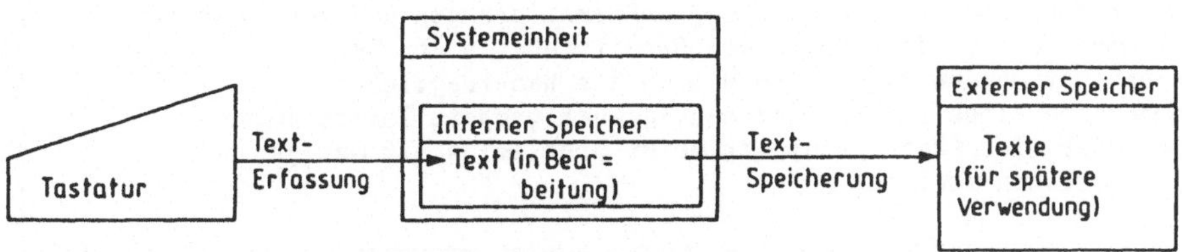

Bild 2-3: Speichervorgang auf Externspeicher

2.2.1 Bestimmen des Laufwerkes

Um auf dem richtigen Speichermedium abzuspeichern, muß unter Umständen vorher das Laufwerk und auch das zutreffende Inhaltsverzeichnis festgelegt werden. Insbesondere für den Fall, daß eine größere Anzahl von Texten verwaltet werden muß, sollten Sie vorher genau überlegen, auf welchem der verfügbaren Datenträger und unter welchem Dateinamen die jeweils erfaßten Texte gespeichert werden sollen.

Grundsätzlich stehen für die Speicherung von Texten zwei Möglichkeiten zur Wahl:

a) Speicherung auf einer gesonderten Arbeitsdiskette. Denken Sie dabei daran, daß fabrikneue Disketten zunächst formatiert werden müssen!

b) Speicherung auf der Festplatte. Verfügt Ihr Computer über eine Festplatte, dann können Sie diese für die Speicherung der erstellten Texte verwenden. Allerdings empfiehlt es sich aus Sicherheitsgründen, auch hier regelmäßig die Dateien zusätzlich auf eine Diskette zu übertragen.

Die Ausführungen machen deutlich, daß mitunter ein Wechseln des Laufwerkes notwendig ist. Eine Änderung des angesprochenen Laufwerkes können Sie in WORD mit dem Befehl ÜBERTRAGEN OPTIONEN vornehmen. Nach Eingabe der Tastenfolge <Ü> <O> ergibt sich folgendes Bild.

```
=[·········1·········2·········3·········4·········5·········6·····] 11:28:54
 PC-Textverarbeitungsprogramme stellen dem Benutzer alle
 wesentlichen Textfunktionen zur Verfügung. Hierzu zählen das
 Erfassen, das Speichern und das Drucken von Texten.

 Ca. 80 % der Fehler bei der Texteingabe werden unmittelbar
 entdeckt. Von Vorteil ist deshalb die Nutzung von Geräten der
 Textverarbeitung, die eine komfortable Sofortkorrektur
 ermöglichen. Hierzu zählen z. B. das Löschen, Einfügen und
 Überschreiben von Zeichen.

 In der beruflichen Praxis entstehen viele Texte außerdem nicht
 selten in mehreren Arbeitsschritten. An der "Roh-Fassung" werden
 vom Autor Korrekturen, Einfügungen, Umformatierungen und Kürzungen
 vorgenommen, die im dann folgenden Arbeitsgang in den Text
 eingearbeitet werden müssen. Im Rahmen der nachträglichen
 Überarbeitung eines Textes sind häufig auch größere Textteile zu
 löschen oder einzufügen. Dies ist meist problemlos mit wenigen
 Arbeitsschritten möglich.

                                                        =TEXT01.TXT=
ÜBERTRAGEN OPTIONEN Laufwerk/Inhaltsverzeichnis: C:\WORD

Geben Sie bitte das Laufwerk oder Verzeichnis ein!
Se1 Sp1          ()                                    Microsoft Word
```

Bild 2-4: Bildschirmdarstellung zur Laufwerksdefinition

Es erscheint also das Befehlsfeld "Laufwerk/Inhaltsverzeichnis:". Im Beispiel-fall ist das Programm auf der Festplatte installiert, so daß als Angabe in diesem Feld das Laufwerk und der Suchpfad angegeben werden (Laufwerk C und Suchpfad WORD). Nach Eingabe der Buchstabenkennzeichnung für das ge-wünschten Laufwerk (z. B. <b> <:>) ist der Befehl auszuführen. Es erfolgt dann eine Rückkehr in das ursprüngliche Bildschirmmenü.

Einen Überblick über die Vorgehensweise beim Festlegen des Laufwerkes und des Inhaltsverzeichnisses gibt die in Bild 2-5 wiedergegebene Checkliste.

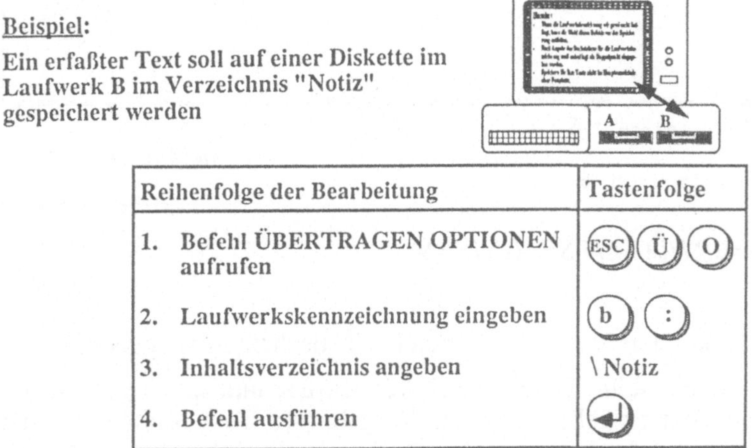

Beispiel:

Ein erfaßter Text soll auf einer Diskette im Laufwerk B im Verzeichnis "Notiz" gespeichert werden

Reihenfolge der Bearbeitung	Tastenfolge
1. Befehl ÜBERTRAGEN OPTIONEN aufrufen	(ESC) (Ü) (O)
2. Laufwerkskennzeichnung eingeben	(b) (:)
3. Inhaltsverzeichnis angeben	\Notiz
4. Befehl ausführen	(↵)

Bild 2-5: Festlegen von Laufwerk und Inhaltsverzeichnis

Im Zusammenhang mit der Laufwerkkennzeichnung empfiehlt sich die Beach-tung folgender Hinweise:

- Bei Computern mit zwei Diskettenlaufwerken muß für Arbeitsdateien die Diskette im Laufwerk B verwendet werden. Soll eine Speicherung auf der Festplatte erfolgen, so ist das Laufwerk C zu wählen.

- Wenn die Laufwerksbezeichnung wie gewünscht festliegt, kann die Wahl dieses Befehls vor der Speicherung entfallen.

- Nach Angabe des Buchstabens für die Laufwerksbezeichnung muß unbe-dingt ein Doppelpunkt eingegeben werden. Andernfalls erscheint nach der Befehlsausführung der Meldung: "Das eingegebene Laufwerk oder Ver-zeichnis ist ungültig".

- Speichern Sie Ihre Texte nicht im Hauptverzeichnis einer Festplatte. Es bietet sich an, für die Word-Texte ein zuvor über DOS erstelltes Unter-In-haltsverzeichnis anzulegen. In diesem Fall geben Sie nach Wahl des Be-fehls ÜBERTRAGEN OPTIONEN im Feld "Laufwerk/Inhaltsverzeich-nis:" zunächst das Laufwerk an und dann durch einen "Backslash" getrennt den Namen des Inhaltsverzeichnisses (zum Beispiel: c:\WORD\ BERICHTE).

2.2.2   Speichern neu erfaßter Texte

Nachdem feststeht, wo der Text gespeichert werden soll, können Sie den Befehl zum Speichern aufrufen und die Speicherung vornehmen. Ein gerade erfaßter oder überarbeiteter Text wird mit dem Befehl ÜBERTRAGEN SPEICHERN auf einer Diskette oder Platte gesichert.

Nach Wahl des Befehls ergibt sich folgender Bildschirm:

```
ÜBERTRAGEN SPEICHERN Dateiname: █
                                                    Formatiert:(Ja)Nein
Geben Sie bitte den Dateinamen ein!
Se1 Sp1            ()                                Microsoft Word
```

Bild 2-6: Befehl ÜBERTRAGEN SPEICHERN

Für das Abspeichern können Sie nun in folgenden Teilschritten vorgehen:

a)   Im "offenen" Befehlsfeld "Dateiname:" können Sie nun einen geeigneten Namen für den Text eingeben. Bei der Vergabe des Text-Namens sollten Sie darauf achten, daß eine sinnvolle Beziehung zum Inhalt des Textes hergestellt wird. Um später nicht mit schwer erschließbaren Abkürzungen arbeiten zu müssen, ist es außerdem von Vorteil, wenn möglichst lange Namen vergeben werden können. Möglich sind im Betriebssystem MS-DOS jedoch maximal nur acht Zeichen (keine Leerzeichen, keine Sonderzeichen und deutsche Umlaute). Bei der Speicherung wird dann noch automatisch die Erweiterung .TXT hinzugefügt.

b)   Zuweilen soll ein Text nicht mit den Formatierungsmerkmalen abgespeichert werden. In diesem Fall müssen Sie auch noch das nächste Befehlsfeld "Formatiert:" anspringen, das standardmäßig auf die Option "Ja" eingestellt ist und hier die gewünschte Änderung vornehmen.

c)   Auslösen des Befehls mit der Taste <RETURN>. Beim ersten Abspeichern eines erfaßten Textes erscheinen dann zunächst verschiedene Eingabefelder, in die charakteristische Kurzinformationen zu dem jeweiligen Text eingegeben werden können. Dieser sog. Datei-Manager soll an einer anderen Stelle des Buches ausführlicher behandelt werden (vgl. Abschnitt 9.1 "Dateimanagement").

d)   Erneutes Betätigen der Taste <RETURN>, um damit ein Abspeichern des Textes zu bewirken. Diese Notwendigkeit entfällt, wenn die Option Dateimanager dadurch ausgestellt wird, daß im Befehl ZUSÄTZE das Befehlsfeld "Kurzinformation:" auf Nein eingestellt wird.

Führen Sie nun die Speicherung des soeben erfaßten Textes auf dem gewünschten Datenträger (Diskette oder Festplatte) durch, indem Sie den Text mit
dem vorgegebenen Namen versehen. Im einzelnen ergibt sich für die Lösung
der Beispielaufgabe folgender Ablauf:

Reihenfolge der Bearbeitung	Tastenfolge
1. Befehl ÜBERTRAGEN SPEICHERN wählen	<ESC> <Ü> <S>
2. Dateinamen eingeben	Text01
3. Befehl ausführen	<RETURN>
4. Kurzinformation evtl. ausfüllen	
5. Befehl ausführen	<RETURN>

Der Text wird anschließend auf dem Datenträger gespeichert, wobei in der
Meldungszeile die Gesamtzahl der im Text befindlichen Zeichen angezeigt
wird. Außerdem wird der vergebene Textname einschließlich der Erweiterung
am rechten unteren Rand des Textbereiches angezeigt (im Beispiel erscheint die
Anzeige "TEXT01.TXT").

2.2.3   Speichern von überarbeiteten Texten

Wollen Sie einen überarbeiteten Text wieder abspeichern, so gehen Sie grundsätzlich genauso vor, wie im vorherigen Abschnitt beschrieben. Eine Besonderheit ergibt sich jedoch bei der Vergabe des Dateinamens, da nun der zuvor vergebene Name erscheint. Jetzt haben Sie die Wahl zwischen zwei Möglichkeiten:

a)   Eingabe eines neuen Textnamens; in diesem Fall wird der Text unter dem
     neuen Namen gespeichert; der alte Text bleibt weiter mit dem ursprünglichen Textnamen erhalten.

b)   Beibehaltung des alten Textnamens; diese Variante sollten Sie dann wählen, wenn Sie die alte Fassung des Textes nicht mehr benötigen. Die alte
     Fassung ist in diesem Fall nicht mehr als normal aufrufbarer Text vorhanden; aus Sicherheitsgründen wird sie jedoch noch in einer Datei mit der
     Dateinamensergänzung "SIK" (SIK für Sicherungskopie) aufbewahrt.
     Diese kann später - sofern Platzbedarf besteht - allerdings gesondert gelöscht werden.

Der Zusammenhang sei an einem Anwendungsbeispiel erläutert: Angenommen,
auf einer Diskette befinden sich drei verschiedene Textdateien mit den folgenden Namen: Text1, Angebot1 und Angebot2. Der Text "Angebot1" wird in den
internen Speicher geladen und überarbeitet. Die Speicherung des Textes kann
nun auf zwei Varianten stattfinden:

a)   Es wird ein neuer Name (z. B. "Angebot3") vergeben. Das Inhaltsverzeichnis der Diskette hat dann folgendes Aussehen.

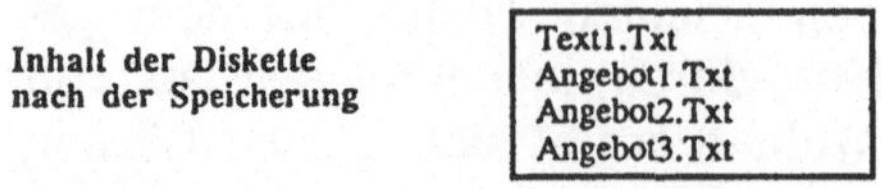

Inhalt der Diskette
nach der Speicherung

> Text1.Txt
> Angebot1.Txt
> Angebot2.Txt
> Angebot3.Txt

Bild 2-7: Speicherinhalt nach Vergabe eines neuen Namens

b)   Der alte Textname "Angebot1" wird beibehalten. Dies bedeutet, daß das Inhaltsverzeichnis der Diskette wie folgt aussieht:

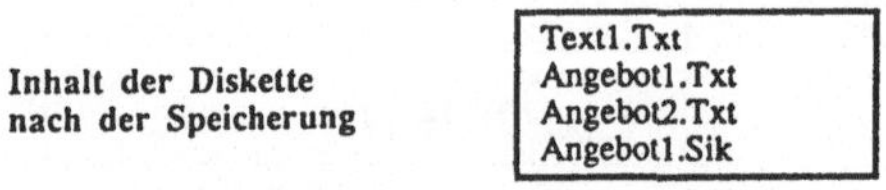

Inhalt der Diskette
nach der Speicherung

> Text1.Txt
> Angebot1.Txt
> Angebot2.Txt
> Angebot1.Sik

Bild 2-8: Speicherinhalt nach Beibehaltung des alten Namens

Einen Überblick über die Vorgehensweise für die Textspeicherung gibt Ihnen Bild 2-9.

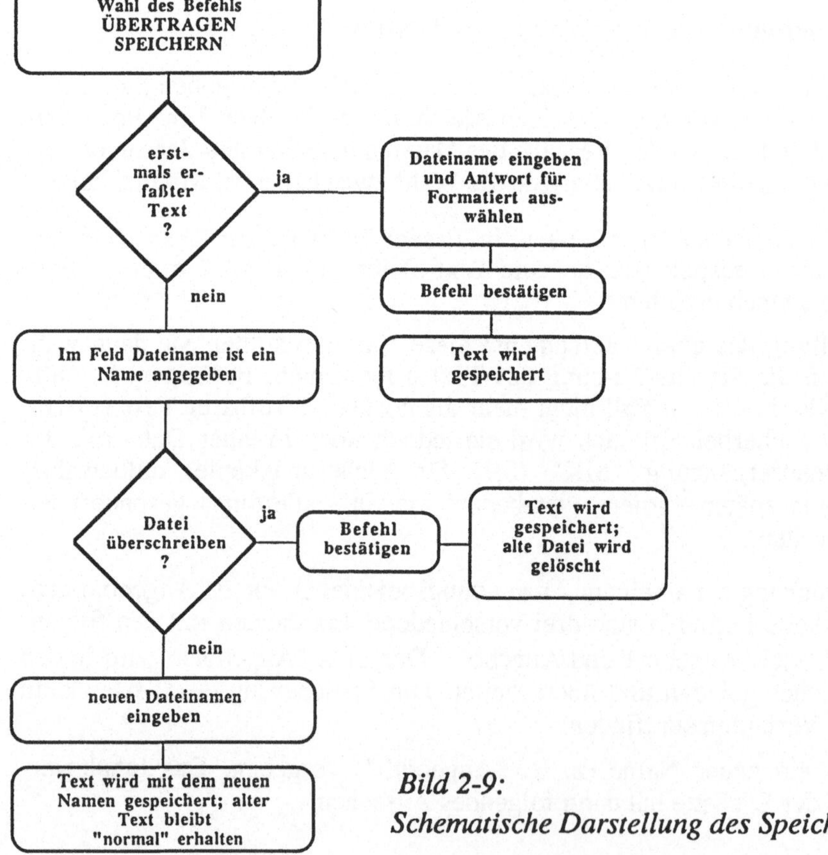

Bild 2-9:
Schematische Darstellung des Speichervorgangs

2.3 Druckausgabe eines fertiggestellten Textes

Eine Ausgabe auf dem angeschlossenen Drucker erfolgt in der Regel dann, wenn die unmittelbar festgestellten Eingabefehler korrigiert sind. Zu diesem Zweck ist zunächst aus dem Hauptmenü der Befehl DRUCK (Tastenfolge <ESC> und <D>) zu wählen. Danach erscheint das folgende Untermenü.

```
=[·········1·········2·········3·········4·········5·········6·····] 12:44:32
 PC-Textverarbeitungsprogramme stellen dem Benutzer alle
 wesentlichen Textfunktionen zur Verfügung. Hierzu zählen das
 Erfassen, das Speichern und das Drucken von Texten.

 Ca. 80 % der Fehler bei der Texteingabe werden unmittelbar
 entdeckt. Von Vorteil ist deshalb die Nutzung von Geräten der
 Textverarbeitung, die eine komfortable Sofortkorrektur
 ermöglichen. Hierzu zählen z. B. das Löschen, Einfügen und
 Überschreiben von Zeichen.

 In der beruflichen Praxis entstehen viele Texte außerdem nicht
 selten in mehreren Arbeitsschritten. An der "Roh-Fassung" werden
 vom Autor Korrekturen, Einfügungen, Umformatierungen und Kürzungen
 vorgenommen, die im dann folgenden Arbeitsgang in den Text
 eingearbeitet werden müssen. Im Rahmen der nachträglichen
 Überarbeitung eines Textes sind häufig auch größere Textteile zu
 löschen oder einzufügen. Dies ist meist problemlos mit wenigen
 Arbeitsschritten möglich.

                                                         =TEXT01.TXT=
DRUCK: Drucker Serienbrief soFort Platte/Diskette Optionen
       Warteschlange Umbruch-Seite Textbaustein
Druckt die Datei im aktiven Ausschnitt
Se1 Sp1          (t)                                      Microsoft Word
```

Bild 2-10: Untermenü des Befehls DRUCK

Die erscheinenden Unterbefehle sollen hier nicht alle im Detail erläutert werden (siehe hierzu ausführlich das Kapitel 11 dieses Buches). Im folgenden sollen vielmehr nur die wichtigsten Vorkehrungen für das Drucken sowie die Auslösung des Druckvorganges behandelt werden.

2.3.1 Vorüberlegungen zum Drucken

Bevor Sie den Druckbefehl auslösen, sollten Sie sich vergewissern, daß auch alle Einstellungen für die Druckausgabe korrekt vorgenommen wurden. Dies betrifft insbesondere die Frage des angeschlossenen Druckers. Wählen Sie zu diesem Zweck bei erstmaliger Nutzung - und sofern Unsicherheit besteht - den Befehl DRUCK OPTIONEN. Das entsprechende Bildschirmmenü sehen Sie in Bild 2-11.

```
==[·········1·········2·········3·········4·····[····5·········6·····] 12:49:46
   PC-Textverarbeitungsprogramme stellen dem Benutzer alle
   wesentlichen Textfunktionen zur Verfügung. Hierzu zählen das
   Erfassen, das Speichern und das Drucken von Texten.

   Ca. 80 % der Fehler bei der Texteingabe werden unmittelbar
   entdeckt. Von Vorteil ist deshalb die Nutzung von Geräten der
   Textverarbeitung, die eine komfortable Sofortkorrektur
   ermöglichen. Hierzu zählen z. B. das Löschen, Einfügen und
   Überschreiben von Zeichen.

   In der beruflichen Praxis entstehen viele Texte außerdem nicht
   selten in mehreren Arbeitsschritten. An der "Roh-Fassung" werden
   vom Autor Korrekturen, Einfügungen, Umformatierungen und Kürzungen
   vorgenommen, die im dann folgenden Arbeitsgang in den Text
   eingearbeitet werden müssen. Im Rahmen der nachträglichen
```

```
DRUCK OPTIONEN Drucker: IBMGRAPH          Druckeranschluß: LPT1:
   Exemplare: 1                           Konzept: Ja(Nein)
   Verborgener Text: Ja(Nein)             Kurzinformation: Ja(Nein)
   Umfang:(Alles)Markierung Seiten        Seitenzahlen:
   Absatzkontrolle:(Ja)Nein               Warteschlange: Ja(Nein)
   Vorschub: Seite(Endlos)Schacht1 Schacht2 Schacht3 Verschiedene
Geben Sie bitte einen Druckernamen ein oder wählen Sie einen mit F1!
Se1 Sp1           (t)                                    Microsoft Word
```

Bild 2-11: Bildschirmmenü DRUCK OPTIONEN

Bevor Sie erstmalig einen Ausdruck mit dem Textprogramm vornehmen können, muß bei Installation des Programms in jedem Fall der Drucker angegeben sein, den Sie benutzen wollen. Nach Wahl des Befehls DRUCK OPTIONEN können Sie diesen in den ersten beiden Befehlsfeldern wunschgemäß einstellen. Realisieren Sie dies in beiden Befehlsfeldern durch Betätigen der Funktionstaste <F1> sowie entsprechender Auswahl mit Richtungstasten.

Besondere Vorüberlegungen sind außerdem für den Fall erforderlich, daß ein Text mehrere Seiten umfaßt. Standardmäßig nimmt das Programm den Seitenumbruch selbständig vor. Eine wichtige Unterscheidung ist dabei, ob ein Druck auf Einzelblätter oder auf Endlospapier erfolgen soll. In diesem Fall müssen Sie beim Befehl DRUCK OPTIONEN (Eingabe <D> und <O>) eine entsprechende Auswahl im Befehlsfeld "Vorschub:" wählen:

- Endlos bei Endlosdruck;

- Seite bei Druck auf Einzelblätter.

Bei Einzeldruck erwartet das Programm dann jeweils eine Bestätigung, daß weitergedruckt werden kann (nachdem ein neues Blatt eingelegt wurde).

2.3.2   Auslösen des Druckvorganges

Sind die Vorüberlegungen und Prüfungen zum Drucken abgeschlossen, dann können Sie den im Hauptspeicher befindlichen Text unmittelbar mit dem Befehl

DRUCK DRUCKER auf dem angeschlossenen Drucker ausgeben (Hinweis: alternativ kann der Befehl auch durch Betätigen der Tastenkombination <CTRL> + <F8> realisiert werden). Die Seiten werden dann entsprechend der festgelegten Formate (festgelegte Ränder, Zeilen- und Zeichenabstände) automatisch umbrochen.

Im Normalfall wird der Druck nun entsprechend durchgeführt werden; d. h. der im Hauptspeicher befindliche Text wird in der gewünschten Form auf dem Drucker ausgegeben. Nach Beendigung des Druckvorganges erscheint dann in der Statuszeile die genaue Zeilenzahl des Textes.

Andernfalls sind zwei grundsätzliche Reaktionen des Computers nach Ausführung des Druckvorganges möglich:

a) Es ergibt sich keine Druckausgabe, sondern eine Fehlermeldung in der Meldungszeile. Im wesentlichen sind dann zwei Fehlerursachen denkbar:

1. Sie haben vergessen, den Drucker einzuschalten;

2. Der angeschlossene Drucker muß noch auf das Textprogramm abgestimmt werden.

b) Das Format der Druckausgabe ist unbefriedigend (z. B. unzureichender Zeilen- und Seitenumbruch). In diesem Fall müssen Sie über den Befehl FORMAT BEREICH eine entsprechende Anpassung vornehmen (schauen Sie hierzu in Kapitel 4.4 dieses Buches).

Bild 2-12 zeigt abschließend den Ablauf bei unmittelbarer Druckausgabe eines fertiggestellten Textes.

I. <u>Auslösung</u>:
    erfolgt druch Wahl des Befehls DRUCK DRUCKER
    a) mit der Tastenfolge <ESC> <D> <D>
oder
    b) durch Tastenkombination <Ctrl> + <F8>

II. <u>Voraussetzungen</u>

    -   zu druckender Text ist geladen
    -   Druckoptionen sind richtig eingestellt

Bild 2-12:

Realisierung des

Druckvorgangs

III. <u>Realisierung</u>

    -   Direktausgabe (in der Statuszeile wird am Schluß die genaue Zeilenzahl des Textes angezeigt)
    -   u. U. Fehlermeldung (falls Drucker nicht betriebsbereit)
    -   Druckvorgang kann mit <ESC> unterbrochen werden (bei unbefriedigender Druckausgabe)

Musteraufgabe 2-2:   Zusammenführen und Verwalten von Textdateien

a)   Erfassen Sie zunächst folgenden Text:

> Textverarbeitung hat sich zum Hauptanwendungsgebiet für den
> Personal Computer entwickelt. Dies ist im wesentlichen auf zwei
> Gründe zurückzuführen. Zum einen sind die anfallenden Kosten
> gering; zum anderen konnten Funktionsumfang und Komfort der
> Software in den letzten Jahren stetig verbessert werden. Hinzu
> kommen die vielfältigen Einsatzmöglichkeiten: So können neben
> Textverarbeitung mit dem PC noch weitere Aufgaben schnell und
> problemlos erledigt werden.

b)   Speichern Sie den erfaßten Text auf Ihrer Arbeitsdiskette unter dem Da-
      teinamen "Text02".

c)   Laden Sie anschließend den zuerst erfaßten Text mit dem Dateinamen
      "Text01" wieder in den Hauptspeicher.

d)   Die beiden erfaßten Texte sollen nun miteinander verknüpft werden, indem
      der "Text02" vor dem "Text01" plaziert wird. Speichern Sie das Ergebnis
      abschließend unter dem Dateinamen "Text03".

e)   Verlassen Sie anschließend das Programm.

2.4 Löschen des internen Speichers

Um einen neuen Text erfassen zu können, ist es unter Umständen (wenn zuvor
ein anderer Text bearbeitet wurde) notwendig, daß zunächst der Textbereich
wieder frei verfügbar gemacht werden muß. Dies ist im Beispielfall erforderlich, um - wie in Teilaufgabe a) von Musteraufgabe 2-2 vorgesehen - den neuen
Text erfassen zu können.

Das Löschen des internen Speichers bzw. einzelner Bildschirmausschnitte (bei
Arbeiten mit der Fenstertechnik) geschieht mit dem Befehl ÜBERTRAGEN
BILDSCHIRMLÖSCHEN. Nach Aktivierung dieses Befehls (durch Eingabe
der Tastenfolge <ESC> <Ü> <B>) ergibt sich ein Bildschirmmenü, wie in
Bild 2-13.

Die Darstellung zeigt, daß Sie die Wahl zwischen den zwei Befehlsfeldern
"Ausschnitt:" und "Gesamt:" haben:

1.   Befehlsfeld "Ausschnitt:"; bei Wahl dieser Variante wird die Datei im ak-
      tiven Textausschnitt aus dem internen Speicher gelöscht. In der Regel ar-
      beiten Sie nur mit einem Ausschnitt (auch Fenster genannt). Besondere
      Bedeutung kommt diesem Befehlsfeld zu, wenn Sie mit mehreren Aus-
      schnitten (Fenstern) gearbeitet haben und nur einzelne Fenster wieder ge-
      löscht werden sollen (vgl. Abschnitt 12.2 des Buches).

```
┌─[·········1·········2·········3·········4──────·5·········6·····] 13:14:35
│ ▌C-Textverarbeitungsprogramme stellen dem Benutzer alle
│ wesentlichen Textfunktionen zur Verfügung. Hierzu zählen das
│ Erfassen, das Speichern und das Drucken von Texten.
│
│ Ca. 80 % der Fehler bei der Texteingabe werden unmittelbar
│ entdeckt. Von Vorteil ist deshalb die Nutzung von Geräten der
│ Textverarbeitung, die eine komfortable Sofortkorrektur
│ ermöglichen. Hierzu zählen z. B. das Löschen, Einfügen und
│ Überschreiben von Zeichen.
│
│ In der beruflichen Praxis entstehen viele Texte außerdem nicht
│ selten in mehreren Arbeitsschritten. An der "Roh-Fassung" werden
│ vom Autor Korrekturen, Einfügungen, Umformatierungen und Kürzungen
│ vorgenommen, die im dann folgenden Arbeitsgang in den Text
│ eingearbeitet werden müssen. Im Rahmen der nachträglichen
│ Überarbeitung eines Textes sind häufig auch größere Textteile zu
│ löschen oder einzufügen. Dies ist meist problemlos mit wenigen
│ Arbeitsschritten möglich.
│                                                         ═TEXT01.TXT═
UBERTRAGEN BILDSCHIRMLÖSCHEN: ▐Ausschnitt▌ Gesamt

Löscht die Datei im aktiven Textausschnitt aus dem Arbeitsspeicher
Se1 Sp1              ()                            Microsoft Word
```

Bild 2-13: Menü zum Löschen des Bildschirms

2.   Befehlsfeld "Gesamt:"; mit der Wahl dieses Befehlsfeldes können Sie den
     gesamten Arbeitsspeicher auch dann löschen, wenn auf dem Bildschirm
     mehrere Fenster aktiviert waren.

In beiden Fällen ist es möglich (sofern der Text nicht gespeichert wurde), daß
Sie aufgefordert werden, den Datenverlust ausdrücklich zu bestätigen (Betätigen Sie <J> für Ja, wenn der Text doch gespeichert werden soll; ansonsten
<N> für Nein). Auf diese Weise soll ein unbeabsichtigtes Löschen eines Tex-
tes verhindert werden.

Einen Überblick über die Varianten gibt Bild 2-14.

Um die Texterfassung im Beispielfall vornehmen zu können, gehen Sie für das
Löschen des Bildschirms nach der Speicherung des alten Textes "Text01" sinnvollerweise folgendermaßen vor:

Reihenfolge der Bearbeitung	Tastenfolge
1. Wahl des Befehls ÜBERTRAGEN	<ESC> <Ü>
2. Wahl der Option BILDSCHIRMLÖSCHEN GESAMT	<B> <G>

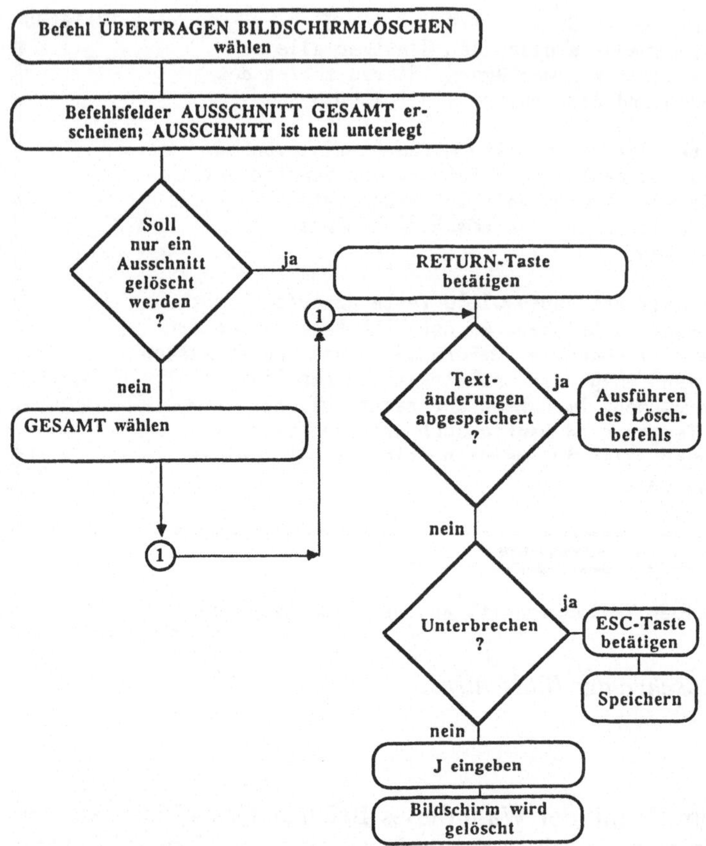

Bild 2-14: Schematische Darstellung des Bildschirmlöschens

Ein Auslösen mit der Taste <RETURN> ist nicht erforderlich. Sie können nun unmittelbar den gewünschten neuen Text eingeben. Haben Sie die Erfassung des Textes beendet, speichern Sie den Text auf Ihrer Arbeitsdiskette mit dem Befehl ÜBERTRAGEN SPEICHERN unter dem Dateinamen "Text02".

2.5 Aufruf von gespeicherten Texten (Laden eines Textes)

Soll ein bereits früher erfaßter Text überarbeitet werden, so muß dieser vom externen Speicher (der Diskette oder der Magnetplatte) in den Hauptspeicher übertragen werden. Dieses ist quasi eine Umkehrung des Vorganges beim Speichern. Der Vorgang des Ladens geschieht dabei in der Weise, daß der ausgewählte Text vom externen Speicher in den Hauptspeicher "kopiert" wird (auch nach dem Laden bleibt der Text auf der Diskette erhalten). Gleichzeitig erscheint der Textanfang (oder bei Texten mit weniger als 20 Zeilen der gesamte Text) auf dem Bildschirm.

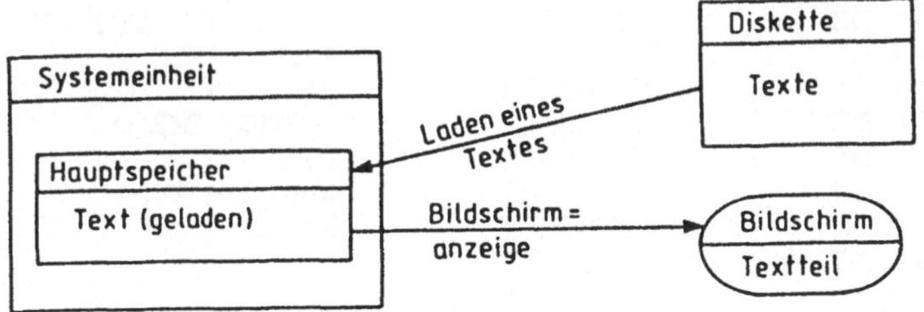

Bild 2-15: Laden eines Textes

Das Aufrufen von auf externen Speichern befindlichen Texten erfolgt bei MS-Word mit dem Befehl ÜBERTRAGEN LADEN (auslösbar durch die Tastenfolge <ESC> <Ü> <L> oder durch die Tastenkombination <CTRL> + <F7>). Nach dem Aufruf des Befehls erscheint das folgende Untermenü:

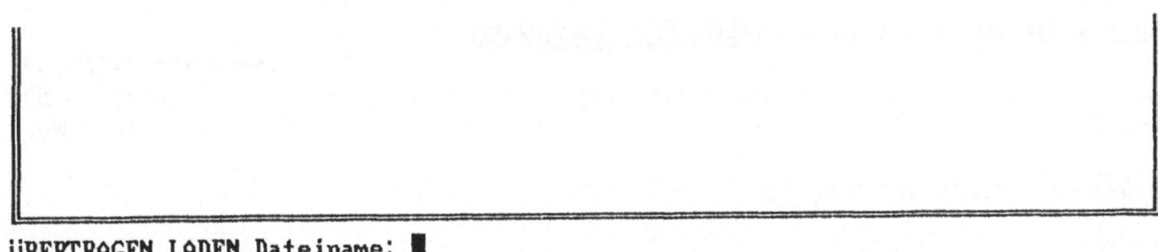

Bild 2-16: Untermenü ÜBERTRAGEN LADEN

Sie werden also zunächst aufgefordert, einen Dateinamen einzugeben. Nun haben Sie zwei Möglichkeiten:

1. Der Dateiname ist Ihnen bekannt. In diesem Fall können Sie den Namen unmittelbar über Tastatur eingeben (z. B. "TEXT01") und danach eine Auswahl im Befehlsfeld SCHREIBSCHUTZ (Ja/Nein) vornehmen. Die Alternative "Ja" sollten Sie nur dann wählen, wenn Sie den Text lediglich aus Kontrollgründen einsehen wollen, ohne Änderungen vorzunehmen.

2. Besteht Unsicherheit über den genauen Dateinamen, dann können Sie nach Betätigen der Funktionstaste <F1> mit einer Richtungstaste eine gezielte Auswahl vornehmen. In diesem Fall wird nach Betätigen von <F1> das Text-Namensverzeichnis (= alle vergebenen und auf der Diskette gespeicherten Text-Namen) angezeigt (Hinweis: es werden nur die Dateinamen angezeigt, die den Zusatz TXT für Textdatei enthalten). Über die Cursor-Tasten können Sie dann den gewünschten Text auswählen (der gewählte Text ist immer hell unterlegt). Beispiel für eine Bildschirmanzeige:

```
!!INFO!!.TXT      KAP2W4.TXT      MEIN.TXT        TEXT12.TXT 13:27:27
BASF.TXT          KAP3W4.TXT      RECH2.TXT       TEXT13.TXT
FORMULA1.TXT      KAP4W4.TXT      RECHNG.TXT      TEXT61.TXT
KAP10W4.TXT       KAP5W4.TXT      RECHT.TXT       VORWORT.TXT
KAP11W4.TXT       KAP6W4.TXT      TEST1.TXT       WEIN.TXT
KAP12W4.TXT       KAP7W4.TXT      TEXT01.TXT      WORD_DCA.TXT
KAP13W4.TXT       KAP8W4.TXT      TEXT02.TXT      ZWISCHEN.TXT
KAP1W4.TXT        KAP9W4.TXT      TEXT03.TXT
```

```
ÜBERTRAGEN LADEN Dateiname: !!INFO!!.TXT
                                              Schreibschutz: Ja(Nein)
Geben Sie bitte einen Dateinamen ein oder wählen Sie einen mit F1! (25118720 B)
Se1 Sp1              ()                                    Microsoft Word
```

Bild 2-17: Bildschirmanzeige bei Auswahl von Dateien

Ein Auslösen des Ladevorganges erfolgt in beiden Fällen durch Betätigen der
RETURN-Taste. Danach muß der aufgerufene Text auf dem Bildschirm er-
scheinen, wobei der Textumfang (= Zahl der gespeicherten Zeichen) in der
Meldungszeile angezeigt wird.

Zwei Ausnahmen sind grundsätzlich denkbar:

a)   Sie werden zuvor gefragt, ob Sie den am Bildschirm noch vorhandenen
     Text löschen wollen.

b)   Es wird kein Text angezeigt; stattdessen erfolgt die Abfrage, ob Sie eine
     neue Datei erstellen wollen. Grund hierfür kann sein, daß ein falscher Da-
     teiname eingegeben wurde.

2.6 Zusammenführen von Texten

Im Beispielfall sollen im Teilschritt d) die Texte "Text01" und "Text02" miteinander verknüpft werden. WORD stellt hierfür den Befehl ÜBERTRAGEN
ZUSAMMENFÜHREN zur Verfügung.

Zur Lösung der Aufgabe sind im einzelnen folgende Teilschritte erforderlich:

Reihenfolge der Bearbeitung	Tastenfolge
1. Einfügestelle im Ausgangstext ansteuern	<Richtungstaste>
2. Befehl ÜBERTRAGEN ZUSAMMENFÜHREN wählen	<ESC> <Ü> <Z>
3. Dateiname eingeben oder auswählen	Text02
4. Befehl ausführen	<RETURN>

Beachten Sie folgende Hinweise:

- Im Teilschritt 1 kann es sinnvoll sein, daß Sie zunächst mit der Taste <RETURN> eine Leerzeile in den Text einfügen.

- Im 3. Teilschritt ist es nicht erforderlich, die Dateierweiterung ".TXT" mit anzugeben, wenn Sie den Dateinamen eingeben.

- Wollen Sie im 3. Teilschritt den Dateinamen auswählen, müssen Sie zunächst die Funktionstaste <F1> betätigen und danach den gewünschten Dateinamen mit einer Richtungstaste ansteuern.

2.7 Dateipflege

Im Rahmen der Dateipflege kann das Löschen von Dateien sowie eine Veränderung von Dateinamen notwendig werden.

Für das Löschen von Dateien auf dem externen Speicher müssen Sie den Befehl ÜBERTRAGEN DATEILÖSCHEN wählen. Der notwendige Dateiname kann dann entweder eingegeben oder ausgewählt werden. Der Löschvorgang muß in jedem Fall ausdrücklich bestätigt werden, um zu verhindern, daß aus Versehen gelöscht wird.

Soll der bisherige Dateiname verändert werden, dann kann dies mit dem Befehl ÜBERTRAGEN UMBENENNEN erreicht werden, wenn sich der Text im internen Speicher befindet. Einen Überblick über die Vorgehensweise gibt die folgende Checkliste:

Reihenfolge der Bearbeitung	Tastenfolge
1. Datei laden, die umbenannt werden soll	<ESC> <Ü> <L> ..
2. Befehl ÜBERTRAGEN UMBENENNEN wählen	<ESC> <Ü> <U>
3. Neuen Dateinamen eingeben	....
4. Befehl ausführen	<RETURN>

Nach der Befehlsausführung wird die Datei mit dem alten Namen gelöscht und die Datei nun unter dem neuen Namen gespeichert.

2.8 Verlassen des Programms

Soll die Arbeit mit dem Textprogramm beendet werden, müssen Sie lediglich den Befehl QUITT aktivieren (Eingabe der Tastenfolge <ESC> <Q>). Eine ausdrückliche Bestätigung des Befehls mit der Taste <RETURN> ist nicht erforderlich. Sofern ein noch im Hauptspeicher befindlicher Text vorher gespeichert wurde, kehrt WORD unmittelbar in den Betriebssystem-Modus zurück (z. B. Anzeige von C:\Word> oder A>).

Haben Sie den im internen Speicher befindlichen Text noch nicht gespeichert, dann werden Sie nach Wahl des Befehls zunächst aufgefordert, sich zu entscheiden, ob Sie eine Speicherung vornehmen wollen (vgl. Sie den Hinweis in der Meldungszeile). Insgesamt stehen drei Reaktionsmöglichkeiten zur Wahl:

a)   Speicherung des Textes. Betätigen Sie zu diesem Zweck die Taste <J>. Die Datei wird dann unmittelbar gespeichert und Word kehrt zum Betriebssystem zurück.

b)   Verlassen des Programms, ohne den Text zu speichern. Betätigen Sie in diesem Fall die Taste <N>. Es erfolgt danach ebenfalls eine Rückkehr in den Betriebssystem-Modus.

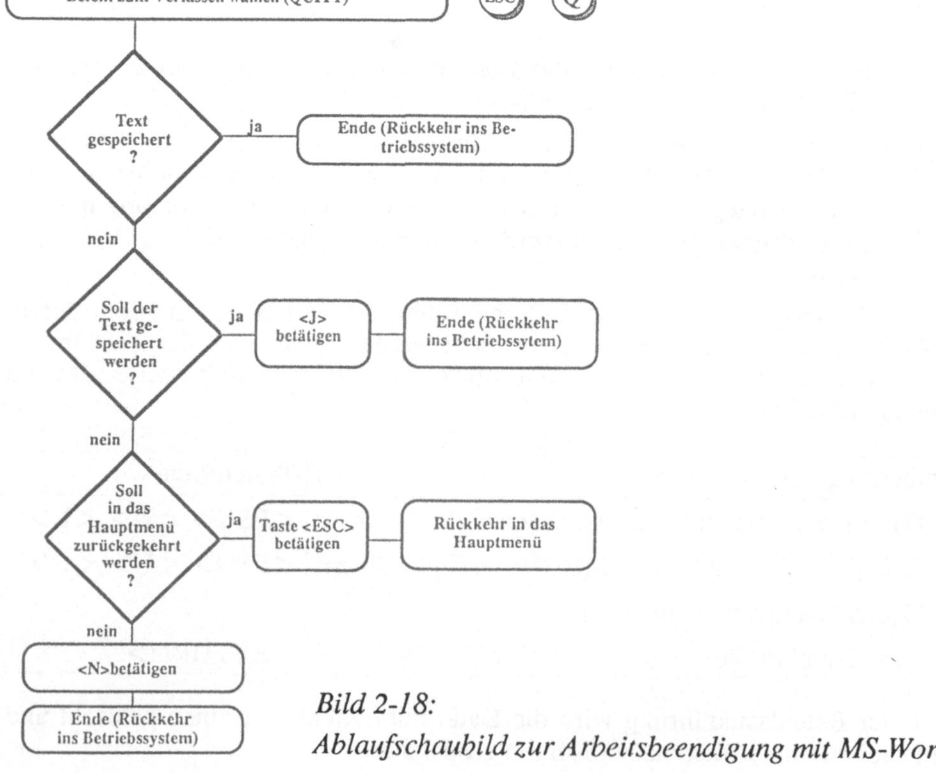

Bild 2-18:

Ablaufschaubild zur Arbeitsbeendigung mit MS-Word

c)   Weiterarbeiten im Text. Betätigen Sie dazu die Taste <ESC>. Die Arbeit mit dem Programm wird in diesem Fall nicht beendet, sondern es erfolgt eine Rückkehr in den gerade bearbeiteten Text.

Einen zusammenfassenden Überblick über das Beenden der Arbeit mit dem Programm gibt Bild 2-18.

2.9 Zusammenfassung

o   Bei der Erfassung von Fließtexten nimmt das Textverarbeitungsprogramm grundsätzlich einen automatischen Wortumbruch vor. Einen Absatz können Sie beginnen durch Drücken der RETURN-Taste; ein neuer Seitenumbruch ergibt sich nach Betätigen der Tastenkombination <CTRL>+<UMSCHALT>+<RETURN>.

o   Fehler, die bei der Texterfassung bemerkt werden, können unmittelbar korrigiert werden. Grundsätzlich befinden Sie sich dabei im Einfügemodus. In den Überschreibmodus gelangen Sie durch Betätigen der Funktionstaste <F5>.

o   Die Speicherung von Texten auf einem externen Speichermedium erfolgt mit dem Befehl ÜBERTRAGEN SPEICHERN. Bei neu erfaßten Texten muß in jedem Fall ein geeigneter Dateiname (max. 8 Zeichen) vergeben werden. Handelt es sich um eine Überarbeitung eines bereits gespeicherten Textes, so können Sie einen neuen Textnamen vergeben oder den alten Namen beibehalten.

o   Eine unmittelbare Druckausgabe erhalten Sie über den Befehl DRUCK DRUCKER. Wichtig ist dabei, daß der angeschlossene Drucker auf das Textprogramm abgestimmt ist und die vorliegenden Formatwerte übernommen werden können.

o   Den internen Speicher können Sie mit dem Befehl ÜBERTRAGEN BILD-SCHIRMLÖSCHEN löschen.

o   Für das Laden eines bereits gespeicherten Textes müssen Sie den Befehl ÜBERTRAGEN LADEN wählen und einen Dateinamen eingeben. Sofern der genaue Dateiname unbekannt ist, kann ein Text-Inhaltsverzeichnis angezeigt werden und hieraus unmittelbar ein Text ausgewählt werden.

o   Zur Dateipflege stehen die Befehle ÜBERTRAGEN DATEILÖSCHEN und ÜBERTRAGEN UMBENENNEN zur Verfügung.

o   Die Arbeit mit dem Textprogramm beenden Sie durch Auslösen des Befehls QUITT. Um ein unbeabsichtigtes Löschen von Texten zu vermeiden, ist eine entsprechende Sicherung eingebaut, wenn Sie das Programm verlassen wollen, ohne einen im Arbeitsspeicher befindlichen Text in der Form extern gespeichert zu haben.

2.10   Übungsaufgaben

Übungsaufgabe 2-1:   Texteingabe und Sofortkorrektur (Erfassen eines Fließtextes mit Absatzschaltung)

a)   Erfassen Sie folgenden Text unter Einsatz des Ihnen zur Verfügung stehenden Personal Computers (Beachten sie folgende Hinweise: Beschränken Sie sich darauf, den Text fortlaufend zu schreiben. Nehmen Sie also keine eigenen Worttrennungen am Zeilenende vor. Abgesehen von der Absatzfestlegung sollen gestalterische Maßnahmen nicht erfolgen. Bei der Erfassung entdeckte Fehler sind sofort zu korrigieren):

> Was muß die Sekretärin von der modernen Büro- und
> Informationstechnik wissen?
>
> Auswirkungen durch den Einsatz moderner Computersysteme ergeben
> sich zunehmend auch an den Sekretariatsplätzen, wo primär
> Assistenzfunktionen wahrgenommen werden (z. B. Terminplanung und -
> überwachung, Ablage und Archivierung, Abwicklung von Telefonaten,
> Postbearbeitung, Vorbereitung von Reisen und Konferenzen sowie die
> Betreuung von Besuchern).
>
> In der Regel sind diese Arbeitsplätze dezentral organisiert, d. h.
> es besteht eine feste Zuordnung zwischen Sachbearbeitern bzw.
> Führungskräften und ihrer Sekretärin. Nur im Ausnahmefall werden
> zentrale Service-Bereiche für "Verwaltungsassistenz" eingerichtet,
> die dann mehrere Abteilungen bedienen.
>
> Unter dem Einfluß der neuen Informations- und
> Kommunikationstechnologien im Büro sollten Sie allerdings heute
> davon ausgehen, daß sich der Aufgabenbereich der
> Verwaltungssekretärin in den nächsten Jahren enorm wandeln wird.
> In Zukunft wird eine Sekretärin sinnvollerweise vermehrt autonom
> tätig sein und sehr stark kommunikative Aufgaben wahrnehmen.

b)   Speichern Sie den Text unter dem Dateinamen "UEBUNG20" auf Ihrer Arbeitsdiskette!

c)   Erstellen Sie abschließend einen fehlerfreien Ausdruck!

Übungsaufgabe 2-2:   Texteingabe und Mischen von Textdateien

a)   Erfassen Sie zunächst folgenden Text unter Einsatz des Ihnen zur Verfügung stehenden Personal Computers (erkannte Fehler sind sofort zu korrigieren, abgesehen von der Absatzfestlegung sollen gestalterische Maßnahmen nicht erfolgen):

> Neue Chancen durch intensive Schulung
>
> Die Einführung neuer Techniken führt häufig nicht zu den erhofften Wirkungen. Vielfach werden die neuen Möglichkeiten nicht im wünschenswerten Umfang genutzt. Uninformiertheit aber auch emotionale Abwehrhaltungen können in der betrieblichen Praxis zu ernsthaften Barrieren für einen erfolgreichen Einsatz von Computersystemen werden.
>
> Diese Probleme lassen sich vermeiden durch eine intensive Schulung, in der die Neuerungen erläutert und eingeordnet werden.
>
> Sollen betriebliche Schulungsmaßnahmen erfolgreich sein, dann ist es von Vorteil und häufig sogar unbedingt notwendig, diese auf genau definierte Zielgruppen zuzuschneiden. Dabei können Sie im wesentlichen drei typische Zielgruppen unterscheiden:
>
> o Sachbearbeiter
> o Sekretärinnen
> o Fach- und Führungskräfte

b) Fügen Sie nun den in der Übungsaufgabe 2-1 erfaßten Text mit dem Dateinamen "UEBUNG20" am Textende an.

c) Speichern Sie die Datei auf Ihrer Arbeitsdiskette unter dem Dateinamen "UEBUNG21".

d) Erstellen Sie abschließend einen fehlerfreien Ausdruck.

Übungsaufgabe 2-3:   Nutzung von Funktionstasten

a) Viele Eingabefehler werden bereits unmittelbar bei der Erfassung entdeckt. Um diese sofort korrigieren zu können, stehen Ihnen drei typische Funktionstasten zur Verfügung. Tragen Sie in der folgenden Übersicht die zugehörigen Tastenbezeichnungen ein:

Befehle	Funktionstasten
1. Löschen des zuletzt eingegebenen Zeichens	
2. Löschen eines gerade angesteuerten Zeichens	
3. Übergang in den Überschreib-Modus	
4. Rückkehr zum Einfüge-Modus	

b) Welche Tastenfolgen oder Tastenkombinationen sind zur Auslösung folgender Befehle zu betätigen:

1. Speichern eines Textes unter dem bisherigen Dateinamen

2. Drucken eines im Hauptspeicher befindlichen Textes

3. Laden eines Textes

Übungsaufgabe 2-4:   Vorgehensweise bei der Dateiverwaltung

a) Das Speichern eines Textes erfolgt bei MS-Word über den Befehl ÜBER-
    TRAGEN SPEICHERN. Dazu sind entsprechende Tasten in einer be-
    stimmten Abfolge zu betätigen. Tragen Sie in der folgenden Zusammen-
    stellung der Teilschritte die jeweiligen Bedienereingaben ein, die notwen-
    dig sind, um die Teilschritte durchzuführen und die genannte Reaktion des
    Computers zu bewirken (Annahme: Sie wollen einen gerade erfaßten Text
    unter dem Namen "Leistung" speichern):

Reihenfolge der Bearbeitung	Tastenfolge
1. Befehl ÜBERTRAGEN SPEICHERN wählen	
2. Dateinamen eingeben	
3. Befehl ausführen	

b) Das Laden eines auf dem externen Speicher festgehaltenen Textes erfolgt
    mit dem Befehl ÜBERTRAGEN LADEN. Tragen Sie in der folgenden
    Checkliste die notwendigen Tastatureingaben ein, die ein Laden eines
    Textes bewirken, indem eine Auswahl aus dem Inhaltsverzeichnis erfolgt.

Reihenfolge der Bearbeitung	Tastenfolge
1. Befehl ÜBERTRAGEN LADEN wählen	
2. Dateinamen auswählen	
3. Befehl ausführen	

Übungsaufgabe 2-5:   Befehlsauswahl bei Grundarbeiten in Word

Geben Sie die jeweiligen Befehlsfolgen zur Auslösung folgender Optionen an:

a) Verändern des für Zugriff bzw. Speicherung gültigen Laufwerkes/
    Inhaltsverzeichnisses

b) Auswahl eines angeschlossenen Druckers

c) Auslösen des Druckbefehls

d) Löschen des internen Speichers

e) Mischen von zwei Textdateien

3 Überarbeiten von Texten

In der Praxis stellt sich häufig die Notwendigkeit, eine nachträgliche Überarbeitung an einem Text vornehmen zu müssen. So kann etwa das Korrekturlesen eines ausgedruckten Textes ergeben, daß verschiedene Tippfehler "auszumerzen" sind: Zeichen, Wörter, Sätze oder Absätze, die vergessen wurden, sind einzufügen; umgekehrt müssen bestimmte Zeichen oder Zeichenfolgen gelöscht werden. Diese nachträgliche Schreibfehlerkorrektur kann i. d. R. in gleicher Weise vorgenommen werden wie die bereits erläuterte Sofortkorrektur. Ergänzend bieten Textprogramme - insbesondere für umfangreiche Texte - weitere Funktionen, die die Korrekturarbeiten erleichtern (z. B. die Funktion "Suchen und Ersetzen" oder die Möglichkeit der Rechtschreibprüfung).

In der beruflichen Praxis entstehen viele Texte außerdem nicht selten in mehreren Arbeitsschritten. Bei der erstmaligen Erfassung eines solchen Textes ergibt sich also lediglich eine vorläufige Fassung (auch "Roh-Fassung" genannnt). An dieser vorläufigen Fassung werden vom Autor Korrekturen, Einfügungen, Umformatierungen und Kürzungen vorgenommen, die im nachfolgenden Arbeitsgang in den Text eingearbeitet werden müssen. Auch die danach entstehende Fassung kann wieder vorläufig sein; dann wird eine erneute Überarbeitung notwendig.

Beispiele für überarbeitungsintensive Texte der betrieblichen Praxis sind umfangreiche Angebotsschreiben (vor allem in Unternehmen mit Einzel- oder Auftragsfertigung) und interne Berichte. Sie liegen außerdem dann vor, wenn mehrere Personen für einen Text verantwortlich sind oder verschiedene Stellen Änderungswünsche äußern: Das ist etwa der Fall bei gemeinschaftlich erarbeiteten Untersuchungsergebnissen oder bei wichtigen betrieblichen Richtlinien oder Regelungen, die in einem längeren Änderungs- und Genehmigungsverfahren mehrere Stellen durchlaufen müssen.

Wie ein solcher Text mit Überarbeitungshinweisen (Korrekturzeichen laut Duden) aussehen kann, zeigt Bild 3-1.

Musteraufgabe 3-1:   Bildlauf, Markieren und Löschen von Textteilen

a)   Laden Sie die Datei "Text03.TXT", die sich auf Ihrer Arbeitsdiskette befindet und folgendes Aussehen hat:

> Textverarbeitung hat sich zum Hauptanwendungsgebiet für den
> Personal Computer entwickelt. Dies ist im wesentlichen auf zwei
> Gründe zurückzuführen. Zum einen sind die anfallenden Kosten

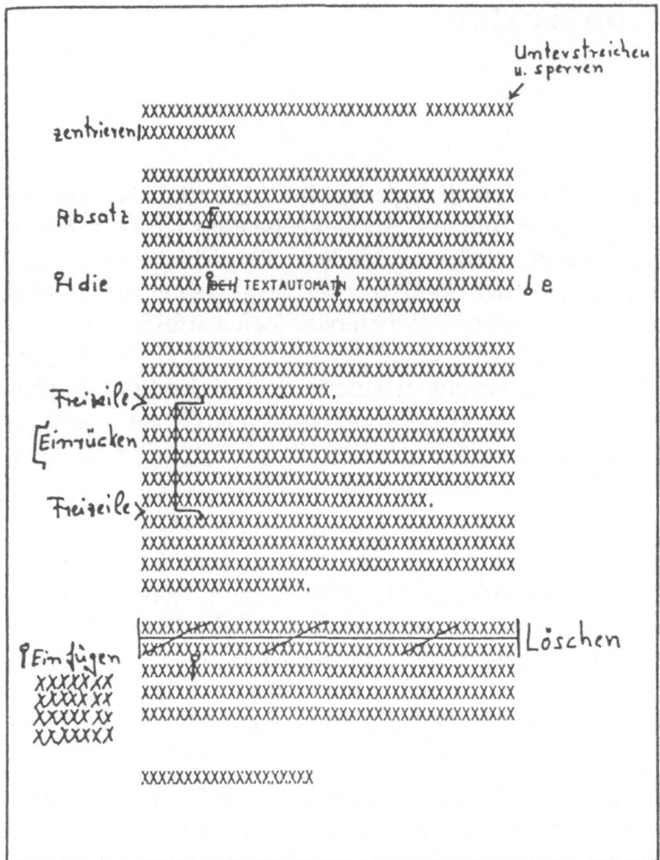

Bild 3-1: Schematische Darstellung eines zu überarbeitenden Textes

gering; zum anderen konnten Funktionsumfang und Komfort der
Software in den letzten Jahren stetig verbessert werden. Hinzu
kommen die vielfältigen Einsatzmöglichkeiten: So können neben
Textverarbeitung mit dem PC noch weitere Aufgaben schnell und
problemlos erledigt werden.

PC-Textverarbeitungsprogramme stellen dem Benutzer alle
wesentlichen Textfunktionen zur Verfügung. Hierzu zählen das
Erfassen, das Speichern und das Drucken von Texten.

Ca. 80 % der Fehler bei der Texteingabe werden unmittelbar
entdeckt. Von Vorteil ist deshalb die Nutzung von Geräten der
Textverarbeitung, die eine komfortable Sofortkorrektur
ermöglichen. Hierzu zählen z. B. das Löschen, Einfügen und
Überschreiben von Zeichen.

In der beruflichen Praxis entstehen viele Texte außerdem nicht
selten in mehreren Arbeitsschritten. An der "Roh-Fassung" werden
vom Autor Korrekturen, Einfügungen, Umformatierungen und Kürzungen
vorgenommen, die im dann folgenden Arbeitsgang in den Text

eingearbeitet werden müssen. Im Rahmen der nachträglichen
Überarbeitung eines Textes sind häufig auch größere Textteile zu
löschen oder einzufügen. Dies ist meist problemlos mit wenigen
Arbeitsschritten möglich.

Umfangreiche Möglichkeiten stehen in der Regel auch für die
Textgestaltung zur Verfügung. So können z. B. mit fast allen
Textprogrammen Überschriften zentriert und ein Text im Blocksatz
geschrieben werden. Um bestimmte Textteile hervorzuheben, ist
außerdem eine gezielte Auszeichnung (Fettdruck, Kursivschrift,
Unterstreichen) möglich.

b)   Führen Sie im einzelnen folgende Cursor-Bewegungen im Text durch (=
     Anwendung sog. Bildlauf-Funktionen):

     - Blättern Sie bildschirmseitenweise an das Textende;

     - Bewegen Sie sich nun unmittelbar zurück an den Textanfang;

     - Bewegen Sie den Cursor in die zweite Zeile des 1. Absatzes;

     - Steuern Sie das 1. Zeichen der Zeile an;

     - Bewegen Sie abschließend den Cursor auf das Ende der Zeile.

c)   Führen Sie im folgenden die gewünschten Markierungsaktivitäten der
     Reihe nach durch:

     - Wort "Funktionsumfang" in der vierten Zeile

     - Wortfolge "Funktionsumfang und Komfort"

     - erster Satz des zweiten Absatzes

     - Zeile 4 des ersten Absatzes

       den gesamten ersten Absatz.

d)   Wiederholen Sie die Markierungen der Teilaufgabe c) und löschen Sie die
     markierten Textteile. Verlassen Sie danach das Programm, ohne eine Spei-
     cherung vorzunehmen.

3.1 Bildlauf im Text

Wird ein gespeicherter Text auf den Bildschirm für Überarbeitungszwecke abgerufen, so ist die Lichtmarke (der Cursor) auf den Textanfang plaziert. Um die
notwendigen Überarbeitungen vornehmen zu können, muß also noch die jeweils
erforderliche Arbeitsposition aufgesucht und angesteuert werden.

Im einfachsten Fall wird der Cursor mit einer der vier Richtungstasten an die
gewünschte Arbeitsposition auf dem Bildschirm bewegt. Dies ist allerdings insbesondere bei längeren Texten relativ aufwendig. Hinzu kommt, daß nur Text-
ausschnitte auf dem Bildschirm sichtbar sind (z. B. max. 20 Zeilen). Und wenn
etwa Texte im Querformat erfaßt werden, dann bleiben die über die normale
Zeilenbreite (80 Zeichen) hinausragenden Textteile unsichtbar.

Um auch den nicht direkt auf dem Bildschirm sichtbaren Text schnell und komfortabel bearbeiten zu können, muß der Text deshalb über die Bildschirmfläche seitlich sowie auf und ab verschiebbar sein: man nennt diese Bildlauffunktionen, die durch spezielle Tasten ausgelöst werden, horizontales und vertikales Rollen (engl.: scrolling).

Soll ein Text nach unten (zum Ende) oder nach oben (zum Anfang) bewegt werden, so bieten Textprogramme hierfür einen unterschiedlichen Komfort. Möglich ist etwa ein zeilen-, absatz- und seitenweises Verschieben des Textes. Im einzelnen stehen in MS-Word für die Anwendung des Bildlaufes verschiedene Varianten zur Verfügung, wobei für das Auslösen die in Bild 3-2 angegebenen Tasten oder Tastenkombinationen zu betätigen sind.

Bildlaufoptionen	Tasten/Tastenkomb.

1) Zeichenweises Bewegen
   - nach links
   - nach rechts
	←
	 →

2) Zeilenweises Bewegen
   - nach unten
   - nach oben
	↓
	 ↑

3) Wortweises Bewegen
   - Anfang des nächsten Wortes
   - Anfang des vorhergehenden
     Wortes
	Ctrl + →
	 Ctrl + ←

4) Absatzweises Bewegen
   - Anfang des aktiven Absatzes
   - Anfang des nächsten Absatzes
	Ctrl + ↑
	 Ctrl + ↓

5) Bewegen auf einer
   Bildschirmseite
   - Zeilenanfang
   - Zeilenende
   - oberer Bildschirmrand
   - unterer Bildschirmrand
	Home
	 End
	 Ctrl + Home
	 Ctrl + End

6) Blättern im Text
   (ausschnittweise)
   - Bildschirmseite nach unten
   - Bildschirmseite nach oben
   - Textende
   - Textanfang
   - Ausschnitt wechseln
	PgDn
	 PgUp
	 Ctrl + PgDn
	 Ctrl + PgUp
	 F1

Bild 3-2: Tastaturfunktionen für den Bildlauf im Text

Zur Lösung der Teilaufgabe b) von Musteraufgabe 3-1 ist also zunächst die Taste <PgDn> mehrfach zu betätigen. Um dann an den Textanfang zurückkehren zu können, müssen Sie die Tastenkombination <Ctrl>+<PgUp> drücken. Danach ist der Cursor mit der Richtungstaste in die zweite Zeile des 1. Absatzes zu positionieren. An den Zeilenanfang gelangen Sie schließlich mit der Taste <HOME>, an das Zeilenende mit der Taste <END>.

3.2 Markieren von Textstellen

Eine typische Aufgabe im Rahmen der Text-Überarbeitung besteht darin, bestimmte Textstellen (Zeichen, Worte, Sätze, Absätze) zu löschen, einzufügen, zu kopieren oder neu zu formatieren. Möglich wird dies durch das Auslösen der entsprechenden Befehle. Voraussetzung hierzu ist allerdings, daß Sie die entsprechenden Textstellen genau markieren.

Um bestimmte Wortteile, Worte, Sätze oder Absätze markieren zu können, müssen Sie diese Textstellen zunächst mit dem Cursor ansteuern; danach können Sie dann die gewünschte Markierungsfunktion (z. B. Markieren eines Absatzes) aufrufen. Realisiert wird das Markieren über bestimmte Funktionstasten. Das Ergebnis wird dabei auf dem Bildschirm angezeigt: das bzw. die markierten Zeichen werden "hell" hervorgehoben.

Die Möglichkeiten der Textmarkierung durch Betätigen bestimmter Tasten/Tastenkombinationen zeigt Bild 3-3.

Varianten	Tasten/Tastenkomb.

1) Wort markieren
   - rechtes Wort
   - linkes Wort
	F8
	F7

2) Satz markieren
   - nächsten Satz
   - vorherigen Satz
	⇧ + F8
	⇧ + F7

3) Absatz markieren
   - nächsten Absatz
   - vorheriger Absatz
	F10
	F9

4) Zeile/Spalte markieren
   - aktive Zeile
   - Spaltenmarkierung (ein/aus)
	⇧ + F9
	⇧ + F6

5) größere Textbereiche markieren
   - Markierung erweitern (ein/aus)
   - gesamten Text markieren
	F6
	⇧ + F10

Bild 3-3: Tastenbelegung zur Markierung von Textstellen

Natürlich kann es auch sinnvoll sein, mehrere aufeinanderfolgende Zeichen, Wörter, Sätze oder Absätze zu markieren. In diesem Fall muß nach der ersten Markierung die Funktionstaste <F6> (=Erweiterungstaste) betätigt werden (es erscheint der Hinweis "ER" in der Statuszeile); anschließend können die nächsten Zeichen, Wörter, Sätze oder Absätze angesteuert werden.

Wollen Sie eine Markierung wieder aufheben (etwa weil Sie sich geirrt haben), dann betätigen Sie einfach eine Richtungstaste; die ursprünglich hervorgehobenen Zeichen erscheinen nun wieder in "normaler" Form (Voraussetzung: die Erweiterungsfunktion wurde durch nochmaliges Betätigen von <F6> wieder aufgehoben).

Um das Markieren von Worten und Textblöcken im praktischen Einsatz zu testen, können Sie nun die Teilaufgabe c) von Musteraufgabe 3-1 in Angriff nehmen. Im einzelnen sind folgende Vorgehensweisen notwendig:

- Ansteuern der 4. Zeile; Wortmarkierung mit <F8>;

- Betätigen der Erweiterungstaste <F6>; anschließend muß zweimal <F8> betätigt werden (zur Aufhebung der Markierung ist noch einmal <F6> zu drücken und dann eine beliebige Richtungstaste zu betätigen);

- Ansteuern eines beliebigen Zeichens im ersten Satz des zweiten Absatzes und Betätigen der Tastenkombination <UMSCHALT>+<F8>;

- Ansteuern eines Zeichens in der 4. Zeile des ersten Absatzes und Betätigen der Tastenkombination <UMSCHALT>+<F9>;

```
‖═[·········1·········2·········3·········4═══[·····5··········6·····] 15:46:01
 ┌────────────────────────────────────────────────────────────────────┐
 │Textverarbeitung hat sich zum Hauptanwendungsgebiet für den          │
 │Personal Computer entwickelt. Dies ist im wesentlichen auf zwei       │
 │Gründe zurückzuführen. Zum einen sind die anfallenden Kosten          │
 │gering; zum anderen konnten Funktionsumfang und Komfort der           │
 │Software in den letzten Jahren stetig verbessert werden. Hinzu        │
 │kommen die vielfältigen Einsatzmöglichkeiten: So können neben         │
 │Textverarbeitung mit dem PC noch weitere Aufgaben schnell und         │
 │problemlos erledigt werden.                                           │

 PC-Textverarbeitungsprogramme stellen dem Benutzer alle
 wesentlichen Textfunktionen zur Verfügung. Hierzu zählen das
 Erfassen, das Speichern und das Drucken von Texten.

 Ca. 80 % der Fehler bei der Texteingabe werden unmittelbar
 entdeckt. Von Vorteil ist deshalb die Nutzung von Geräten der
 Textverarbeitung, die eine komfortable Sofortkorrektur
 ermöglichen. Hierzu zählen z. B. das Löschen, Einfügen und
 Überschreiben von Zeichen.

 ═══════════════════════════════════════════════════════════TEXT03.TXT═╝
BEFEHL: Ausschnitt Bibliothek Druck Einfügen Format Gehezu Hilfe Kopie
        Löschen Muster Quitt Rückgängig Suchen Übertragen Wechseln Zusätze
Bearbeiten Sie bitte Ihren Text oder unterbrechen Sie zum Hauptbefehlsmenü!
Se1 Sp28        (Den·Zus...3-4:¶)                            Microsoft Word
```

Bild 3-4: Beispiel einer Absatzmarkierung

- Ansteuern eines Zeichens im ersten Absatz und Betätigen der Funktionstaste <F10>.

Die Bildschirmdarstellung nach Markieren des ersten Absatzes zeigt für den Beispielfall Bild 3-4.

3.3 Löschen von Textteilen

Mit dem Textprogramm WORD können Sie Text beliebiger Länge im nachhinein problemlos löschen. Dies können einzelne Zeichen oder Wortteile, aber auch ganze Sätze, Zeilen, Absätze oder Seiten sein.

Sollen größere Textteile aufgrund der Überarbeitung durch den Autor gelöscht werden, so müssen diese zunächst - wie im vorhergehenden Abschnitt beschrieben - markiert werden. Das Löschen (engl.: delete) kann anschließend durch Betätigen der DEL-Taste (=Löschtaste) bewirkt werden. Die angegebenen Text-Portionen werden in diesem Fall vom Programm in einem Zug "geschluckt".

Generell gilt somit folgende Checkliste für das Löschen von Textteilen:

Reihenfolge der Bearbeitung	Tastenfolge
1. Ausgangsstelle im Text ansteuern	<Richtungstasten>
2. Markierungsfunktion aufrufen (z. B.)	<F8> oder andere
3. Markierung erweitern (unter Umständen)	<F6> <Richtungstaste>
4. Löschtaste betätigen	<DEL>

Gelöschte Textabschnitte werden zunächst in einem Zwischenspeicher aufbewahrt. Löschbefehle können deshalb auch wieder aufgehoben gemacht werden. Dazu ist der Befehl RÜCKGÄNGIG zu wählen. Würde jedoch im 4. Teilschritt die Tastenkombination <UMSCHALT>+<DEL> gedrückt, dann wird ein markierter Textabschnitt endgültig gelöscht.

Zur Lösung der Beispielaufgabe müssen Sie nun lediglich in gleicher Form die Markierung realisieren, wie im vorhergehenden Abschnitt beschrieben, und anschließend jeweils die Löschtaste <DEL> betätigen.

Musteraufgabe 3-2:   Kopieren und Verschieben von Textblöcken

a)   Erfassen Sie folgenden Text und speichern Sie diesen unter dem Dateinamen "Text30":

> Die Deutsche Bundespost hat Teletex 1982 als erste Postverwaltung
> der Welt mit internationalem Standard eingeführt. Zwischenzeitlich
> sind eine Vielzahl weiterer Länder gefolgt; gleichzeitig wurden
> erste Verbindungen auf europäischer und interkontinentaler Ebene
> aufgenommen.

> Die Nutzung von Teletex dürfte insbesondere für viele Sekretariate
> erhebliche Vorteile bringen, da sie die Möglichkeit bietet, Texte
> in dem üblichen Schriftbild binnen Sekunden an andere Teilnehmer
> zu übertragen. Damit ergeben sich enorme Vorteile gegenüber Telex.

b)   Löschen Sie den Bildschirm und erfassen Sie zunächst folgenden Text.
     Speichern Sie den Text unter dem Dateinamen "Text31":

"Die neuen Dienste der Textkommunikation werden sicherlich zu erheblichen
Veränderungen am Arbeitsplatz beitragen. Bildschirmtext empfiehlt sich für
alle Arbeitsplätze, die einen erheblichen Bedarf an aktuellen Informationen haben. Telefax ist z. B. ein Dienst, der die orginalgetreue Übermittlung von
schriftlichen Vorlagen ermöglicht."

c)   Kopieren Sie nun die 2. Absatzes des Textes "Text30" in den soeben er-
     faßten Text. Eingefügt werden soll der 2. Absatz zwischen den beiden Sät-
     zen der Datei "Text31", so daß sich folgender Text ergibt:

> Die neuen Dienste der Textkommunikation werden sicherlich zu erheblichen
> Veränderungen am Arbeitsplatz beitragen. Die Nutzung von Teletex dürfte
> insbesondere für viele Sekretariate erhebliche Vorteile bringen, da sie die
> Möglichkeit bietet, Texte in dem üblichen Schriftbild binnen Sekunden an
> andere Teilnehmer zu übertragen. Damit ergeben sich enorme Vorteile
> gegenüber Telex.
> Bildschirmtext empfiehlt sich für alle Arbeitsplätze, die einen erheblichen
> Bedarf an aktuellen Informationen haben.Telefax ist z. B. ein Dienst, der die
> originalgetreue Übermittlung von schriftlichen Vorlagen ermöglicht.

d)   Tauschen Sie im zuletzt erstellten Text den letzten und vorletzten Satz.
     Speichern Sie abschließend den Text unter dem Dateinamen "Text32".

3.4 Kopieren und Verschieben von Textabschnitten

Ein weiterer wichtiger Anwendungsfall der beruflichen Praxis besteht darin,
daß vorhandene Textabschnitte wieder verwendet werden können. In diesem
Fall ist die Möglichkeit des gezielten Kopierens von Textabschnitten von Nutzen. Darüber hinaus kommt es häufig vor, daß die Reihenfolge von Textabschnitten nachträglich geändert werden soll.

3.4.1 Arbeiten mit dem Zwischenspeicher

Textabschnitte, die kopiert bzw. umgestellt werden sollen, werden zunächst in
einen Zwischenspeicher (im Textprogramm WORD "Papierkorb" genannt)
übertragen. Nur so ist gewährleistet, daß man einen Textteil an einer Stelle im
Text entfernen kann und dann an einer anderen Stelle wieder einfügen kann.

Für das Arbeiten mit dem Zwischenspeicher sind somit folgende Varianten interessant:

a)   Übertragen eines Textabschnittes in den Papierkorb:
Um einen Textabschnitt für die spätere Wiederverwendung in den Papierkorb zu übertragen, muß dieser zunächst markiert werden. Dann gibt es zwei grundsätzliche Möglichkeiten, einen Textabschnitt in den Papierkorb zu übertragen: durch Kopieren und durch Löschen. Um einen markierten Textabschnitt in den Papierkorb zu kopieren, müssen Sie den Befehl KOPIE auslösen oder die Tastenkombination <ALT>+<F3> betätigen. Um einen markierten Textabschnitt zu löschen und in den Papierkorb zu übertragen, müssen Sie die Löschtaste <DEL> betätigen.

b)   Einfügen eines Textabschnittes aus dem Papierkorb:
Der Inhalt des Papierkorbes wird in der Statuszeile des Bildschirms in Klammern durch Angabe der ersten bzw. letzten Zeichen kenntlich gemacht. Es ist nun möglich, diesen Inhalt an einer beliebigen Stelle des Textes einzufügen. Dazu müssen Sie den Cursor auf die Einfügestelle positionieren und lediglich die Einfügetaste <INS> betätigen.

Im Zwischenspeicher kann ein beliebig langer Text aufbewahrt werden. Sobald ein neuer Text in den Papierkorb übertragen wird, erfolgt ein Überschreiben des alten Inhaltes.

Den Zusammenhang beim Arbeiten mit dem Zwischenspeicher "Papierkorb" veranschaulicht im Überblick Bild 3-5.

Abschließend noch folgende Hinweise: Mitunter möchte man auch einen Text löschen, ohne den Inhalt des Papierkorbes zu löschen. Auch dieses unwiderrufliche Löschen von Textabschnitten ist wie bereits erläutert mit der Tastenkombination <UMSCHALT>+<DEL> möglich. Darüber hinaus bleibt auch bei

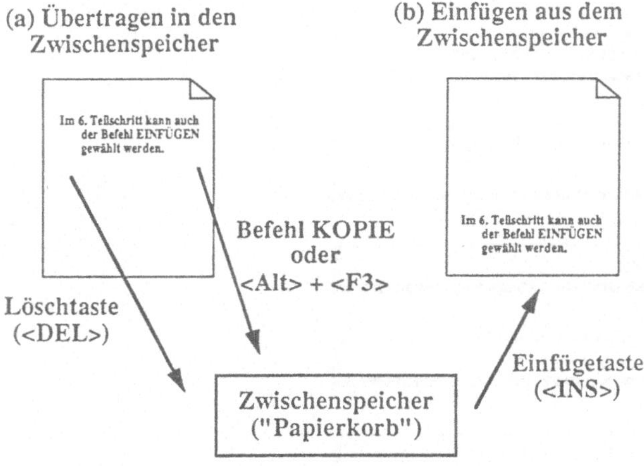

Bild 3-5: Anwendung des Zwischenspeichers

Anwendung der <Rücktaste> für das Löschen von Zeichen der Inhalt des Papierkorbes unangetastet.

3.4.2 Kopieren von Textabschnitten

Das Kopieren von Textabschnitten kann sowohl innerhalb eines Textes erfolgen (wenn sich Abschnitte wiederholen) als auch zwischen verschiedenen Texten. Der erste Fall ist einfacher zu realisieren, da nicht zwischen verschiedenen Textdateien gewechselt werden muß.

Dies ist der Fall, wenn größere Textteile aus einem anderen Text in dem gerade in Bearbeitung befindlichen Text übernommen werden sollen. Um ein Einfügen bereits gespeicherter Textabschnitte vornehmen zu können, bietet der Befehl KOPIE wesentliche Erleichterungen. Die auf diese Weise zwischengespeicherten Texte können dann an eine beliebige andere Textposition eingefügt werden.

Sollen nachträglich in einem Text größere Einfügungen vorgenommen werden, dann ist dies bei fast allen Textprogrammen problemlos möglich. Positiv ist bei MS-Word die Tatsache, daß der vorhandene Folgetext während des Einfügens auf dem Bildschirm sichtbar bleibt und innerhalb eines Absatzes automatisch der notwendige neue Zeilenumbruch erfolgt.

Generell ist folgendes Vorgehen notwendig, um das Kopieren von Textblöcken zu realisieren. Als erstes müssen Sie den Textabschnitt, den Sie kopieren wollen, genau bestimmen (markieren). Dieser Text/Textabschnitt, der an anderer Stelle verwendet werden soll, ist dann in einen Zwischenspeicher (bei MS-Word "Papierkorb" genannt) zu übertragen. Anschließend ist in dem Text, in dem die Einfügung vorgenommen werden soll, die Einfügestelle zu markieren und der Text/Textabschnitt aus dem Zwischenspeicher zu übernehmen. Die generelle Vorgehensweise beim Kopieren von Textblöcken zeigt die folgende Übersicht:

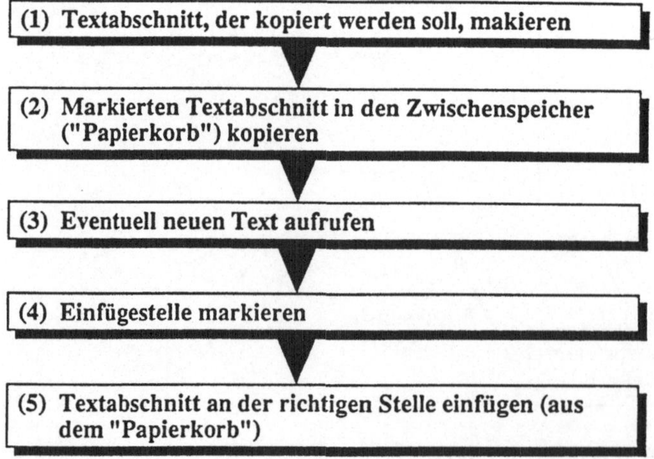

Bild 3-6: Schematische Darstellung des Kopierens von Textblöcken

Nachdem Sie die beiden Texte ("Text30" und "Text31") erfaßt und gespeichert haben, müssen Sie zur Lösung der Teilaufgabe c) von Musteraufgabe 3-2 zunächst die Datei "Text30.TXT" mit dem Befehl ÜBERTRAGEN LADEN wieder in den Hauptspeicher laden. Steuern Sie danach den 2. Absatz an und markieren Sie diesen durch Betätigen der Funktionstaste <F10>.

Lösen Sie dann den Befehl KOPIE aus, um den Textabschnitt im "Papierkorb" zwischenzuspeichern (Eingabe der Tastenfolge <ESC>, <K>, <RETURN> oder durch Betätigen der Tastenkombination <ALT>+<F3>). Nun können Sie mit dem Befehl ÜBERTRAGEN LADEN den Text aufrufen, in dem der markierte Textteil verwendet soll (= "Text31"). Steuern Sie in diesem Text die gewünschte Einfügestelle an und betätigen Sie dann die Einfügetaste (Taste <INS>). Ergebnis muß dann der gewünschte Text sein.

Für eine künftige Orientierung benutzen Sie zweckmäßigerweise die Darstellung in Bild 3-7. Die Vorgehensweise zum Kopieren von Textteilen ist dort in Checklistenform dargestellt.

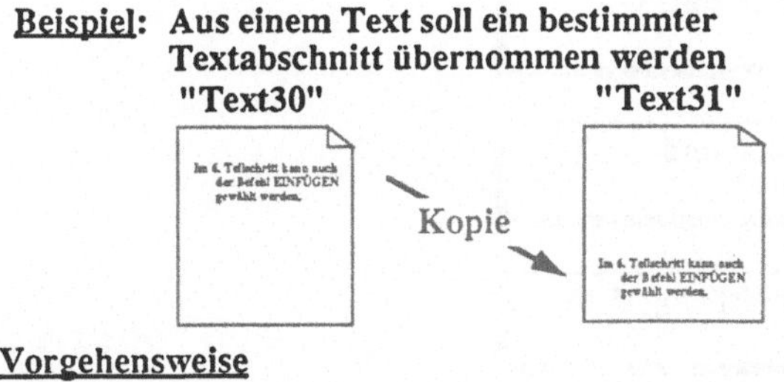

Vorgehensweise

Reihenfolge der Bearbeitung	Tastenfolge
1. Textabschnitt markieren	F7 - F10
2. Befehl KOPIE wählen	ESC K
3. Befehl ausführen	⏎
4. Neuen Text laden (u. U.)	ESC Ü L ..... ⏎
5. Einfügestelle ansteuern	↓ → ↑ ←
6. Einfügetaste drücken	INS

Bild 3-7: Checkliste für das Kopieren von Textblöcken

3.4.3 Verschieben/Vertauschen von Textblöcken

Die Überarbeitung eines Textes kann ergeben, daß Satzteile, Sätze oder ganze Absätze in ihrer Reihenfolge anders anzuordnen sind, also miteinander vertauscht werden müssen. Manchmal müssen solche Textabschnitte (Textblöcke) auch innerhalb einer Seite nach oben/unten oder seitlich frei verschoben werden können - besonders, wenn es sich um gestalterisch anspruchsvolle Texte handelt. Diese Textblockbewegungen setzen zweierlei voraus:

- das Markieren von Anfang und Ende des Textblocks

- das Zwischenspeichern verschiedener Blöcke.

Wollen Sie mit dem Textprogramm MS-Word einen bestimmten Textabschnitt an eine andere Stelle im Text (vorher oder nachher) setzen, dann müssen Sie das in Bild 3-8 aufgezeigte Ablaufschema nachvollziehen, das vier Schritte umfaßt:

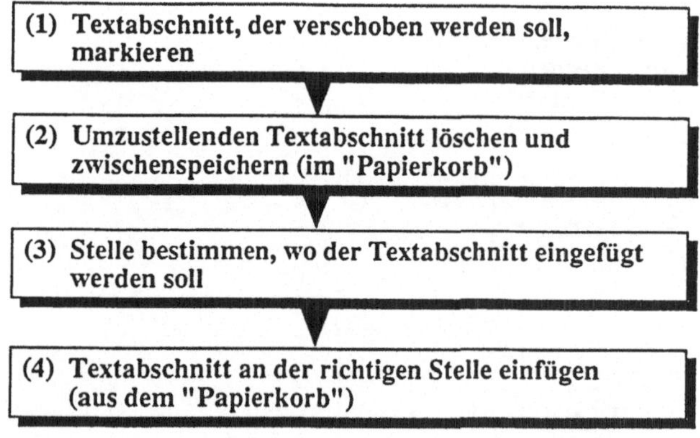

Bild 3-8: Ablaufschema zur Textverschiebung

Zur Lösung der Teilaufgabe d) müssen Sie zunächst den zweitletzten Satz des Textes ansteuern und dann den Satz mit der Tastenkombination <UMSCHALT> + <F8> markieren. Betätigen Sie anschließend die Löschtaste <DEL>, so daß ein Löschen des Textabschnittes am Bildschirm und eine Übertragung in den Zwischenspeicher (= Papierkorb) bewirkt wird. Bewegen Sie den Cursor dann an das Textende und fügen Sie den Satz durch Betätigen der Taste <INS> oder durch Wahl des Befehls EINFÜGEN ein.

Der fertige Text kann schließlich unter dem gewünschten Dateinamen "Text32" mit dem Befehl ÜBERTRAGEN SPEICHERN gespeichert werden.

Musteraufgabe 3-3:   Anwendung von Suchwortfunktion und der Funktion
                       "Suchen und Ersetzen"

a)   Erfassen Sie zunächst folgenden Text. Übernehmen Sie dabei auch die
     Fehler (Hinweis: Wörter mit den Wortteilen "interess" sind absichtlich mit
     doppeltem "r" geschrieben).

> Bei der Planung von Weiterbildungsseminaren besteht eine besondere
> Schwierigkeit darin, den unterschiedlichen Interessen und
> Erfahrungen der Teilnehmer gerecht zu werden. Dies gilt
> insbesondere dann, wenn es sich um eine äußerst heterogene
> Zielgruppe handelt. Bei größeren Kongressen ist es üblich, als
> Ergänzung zu den Vorträgen von allgemeinem Interesse spezielle
> Arbeitsgruppen anzubieten. So kann jeder Teilnehmer Themen
> auswählen, die ihn besonders interessieren.
>
> Darüber hinaus ist es vor allem bei mehrtägigen Veranstaltungen
> nicht unwichtig, ein interessantes Rahmenprogramm anzubieten.

b)   Wählen Sie den Befehl SUCHEN und steuern Sie jeweils nacheinander die
     falsch geschriebenen Wörter an, die den Wortteil "interress" beinhalten.

c)   Realisieren Sie über den Befehl WECHSELN einen Austausch in der
     Form, das nun sämtliche Wörter, in denen der falsch geschriebene Wort-
     teil "interress" vorkommt, automatisch angesteuert und mit Bestätigung
     korrigiert werden.

d)   Machen Sie den soeben realisierten Austausch wieder rückgängig und füh-
     ren Sie noch einmal den Befehl WECHSELN aus, indem Sie nun die Op-
     tion "ohne Bestätigung" wählen.

e)   Speichern Sie das Ergebnis auf Ihrer Arbeitsdiskette unter dem Datei-
     namen "Text33".

3.5 Suchen im Text (Suchwortfunktion)

Um Korrekturen (Einfügungen, Löschungen) am Bildschirm vornehmen zu
können, müssen Sie mit dem Cursor zunächst an die jeweilige Stelle fahren.
Das ist mitunter sehr aufwendig, wenn dies lediglich unter Einsatz der Richtungstasten erfolgt. Vor allem bei umfangreichen Texten, in denen jeweils
kleine Korrekturen vorzunehmen sind, kann die sog. Suchworteingabe von er-
heblichem Nutzen sein. In diesem Fall muß nur eine charakteristische Zeichenfolge - z. B. Korrekturwort-Anfang oder vorangehendes Wort - eingegeben
werden und schon ist es möglich, daß der Cursor unmittelbar die zu korrigie-
rende Position ansteuert.

Aus Kontrollgründen kann es darüber hinaus sinnvoll sein, sich zu vergewissern, ob ein bestimmter, im Text mehrfach vorkommender Ausdruck richtig
benutzt wurde oder nicht. Der Suchbefehl muß sich für solche Zwecke einfach
wiederholen lassen.

Zur Anwendung der Suchfunktion steht in WORD der Befehl SUCHEN zur Verfügung. Bei Wahl des Befehls ergeben sich folgende Befehlsfelder:

```
═[·········1·········2·········3·········4·········5·········6·····] 13:58:04
 Bei der Planung von Weiterbildungsseminaren besteht eine besondere
 Schwierigkeit darin, den unterschiedlichen Interessen und
 Erfahrungen der Teilnehmer gerecht zu werden. Dies gilt
 insbesondere dann, wenn es sich um eine äußerst heterogene
 Zielgruppe handelt. Bei größeren Kongressen ist es üblich, als
 Ergänzung zu den Vorträgen von allgemeinem Interesse spezielle
 Arbeitsgruppen anzubieten. So kann jeder Teilnehmer Themen
 auswählen, die ihn besonders interessieren.

 Darüber hinaus ist es vor allem bei mehrtägigen Veranstaltungen
 nicht unwichtig, ein interessantes Rahmenprogramm anzubieten.

 ◆




SUCHEN Suchbegriff: █
       Richtung: Nach-oben(Nach-unten)    Graphie: Ja(Nein)    Nur Wort: Ja(Nein)
Geben Sie bitte Text ein!
Se1 Sp1          (Bei·der...n.¶¶)    ?                          Microsoft Word
```

Bild 3-9: Befehlsfelder des Befehls SUCHEN

Bei der Anwendung der einzelnen Befehlsfelder ist folgendes zu beachten:

a) Im offenen Befehlsfeld "Suchbegriff:" müssen Sie den Ausdruck bzw. Wortteil eingeben, der gesucht werden soll (max. Länge von 40 Zeichen). Eingegeben werden können hier auch Sonderzeichen (z. B. Tabulatoren).

b) Das Suchen ist in zwei verschiedene Richtungen möglich. Wählen Sie im Befehlsfeld "Richtung:" die Antwort "Nach-unten", dann beginnt der Suchvorgang an der Stelle, wo sich gerade der Cursor befindet, und wird bis zum Textende hin durchgeführt. Umgekehrt bewirkt die Antwort "Nach-oben" ein Durchsuchen des Textes von der Markierung bis zum Textanfang. (Beachten Sie also: soll der gesamte Text durchsucht werden, sollten Sie den Cursor zunächst an den Textanfang oder das Textende bewegen).

c) Mit dem Befehlsfeld "Graphie:" können Sie festlegen, ob die Schreibweise (Groß-/Kleinschreibung) beim Suchvorgang berücksichtigt werden soll oder nicht. Bei Wahl der Antwort "Ja" wird das Suchwort nur dann gefunden, wenn die Schreibweise hinsichtlich Groß- und Kleinbuchstaben mit dem eingegebenen Begriff übereinstimmt. Umgekehrt wird bei "Nein" die Schreibweise des Suchbegriffs nicht berücksichtigt, d. h. es werden auch Begriffe gefunden, deren Zeichenfolge mit der des Suchbegriffs bezüglich der Groß-/Kleinschreibung nicht übereinstimmt.

d) Im Befehlsfeld "Nur Wort:" bedeutet die Wahl der Antwort "Ja", daß der eingegebene Suchbegriff nur als selbständiges alleinstehendes Wort erkannt wird. Mit der Antwort "Nein" besteht demgegenüber die Möglichkeit, Suchbegriffe auch als Teil eines größeren Wortes zu finden. Heißt der Suchbegriff z. B. "Teletex", dann wird nicht nur das Wort "Teletex" im Text gesucht und gefunden, sondern etwa auch Begriffe wie "Teletexdienst" oder "Teletexgerät".

Zur Lösung der Musteraufgabe 3-3 ist somit - nach Erfassung des Textes - folgendes Vorgehen erforderlich, um den falsch geschriebenen Wortteil zu finden:

Reihenfolge der Bearbeitung	Tastenfolge
1. Textanfang ansteuern	<CTRL> + <PgUp>
2. Befehl SUCHEN wählen	<ESC> <S>
3. Suchbegriff eingeben	interress
4. Prüfen und ggf. Ändern weiterer Optionen	......
5. Befehl ausführen	<RETURN>

Nach Ausführung des Befehls ist das Wort Interressen in der zweiten Zeile markiert. Soll der Suchbefehl wiederholt werden, dann brauchen Sie nur die Tastenkombination <UMSCHALT> + <F4> betätigen und schon wird die nächste Stelle gesucht und markiert, wo der Suchbegriff "interress" auftaucht.

3.6 Suchen und Ersetzen von Textteilen

Häufig in einem Text verwendete Wörter können sich nachträglich als fehlerhaft herausstellen - und sei es nur, weil keine durchgängig einheitliche Schreibweise gewahrt ist (z. B. Graphik/Grafik). Oft soll auch für einen fremdsprachlichen Ausdruck die eingedeutschte Version, für eine Abkürzung die ausführliche Fassung eingesetzt werden (nicht "i. d. R.", sondern "in der Regel"). Programme mit automatischer Such- und Ersetz-Funktion nehmen Ihnen das manuelle Durchforsten des Textes ab, so daß z. B. die Fehlersuche viel schneller erfolgt. Auch wird auf diese Weise sichergestellt, daß keiner der fraglichen Begriffe übersehen wird.

Im Programm MS-Word wird die Funktion "Suchen und Ersetzen" über den Befehl WECHSELN ausgelöst. Nach Wahl des Befehls erscheinen Befehlsfelder, wie in Bild 3-10 gezeigt. Die Bedeutung dieser Befehlsfelder wird in Bild 3-11 ausführlich erläutert.

```
==[ · · · · · · · · 1 · · · · · · · · 2 · · · · · · · · 3 · · · · · · · · 4 · · · · · · · · 5 · · · · · · · · 6 · · · · · ]  14:04:25
 Bei der Planung von Weiterbildungsseminaren besteht eine besondere
 Schwierigkeit darin, den unterschiedlichen Interessen und
 Erfahrungen der Teilnehmer gerecht zu werden. Dies gilt
 insbesondere dann, wenn es sich um eine äußerst heterogene
 Zielgruppe handelt. Bei größeren Kongressen ist es üblich, als
 Ergänzung zu den Vorträgen von allgemeinem Interesse spezielle
 Arbeitsgruppen anzubieten. So kann jeder Teilnehmer Themen
 auswählen, die ihn besonders interessieren.

 Darüber hinaus ist es vor allem bei mehrtägigen Veranstaltungen
 nicht unwichtig, ein interessantes Rahmenprogramm anzubieten.


 ◆




WECHSELN Ersetze: ■                    Durch:
 Mit Bestätigung:(Ja)Nein             Graphie: Ja(Nein)        Nur Wort: Ja(Nein)
Geben Sie bitte Text ein!
Se1 Sp1           (Bei·der...n.¶¶)    ?                         Microsoft Word
```

Bild 3-10: Befehlsfelder des Befehls WECHSELN

1) **Ersetze:**   - **Eingabe der gesuchten Wörter/**
                           Wortteile
                         - **max. Länge von 40 Zeichen**

2) **Durch:**   - **Ersatzbegriff für den Suchbegriff**
                           eingeben

3) **Mit Bestätigung:** - **"Ja" führt zur gesonderten Abfrage**
                           bei jedem gefundenen Suchbegriff
                         - **"Nein" ersetzt automatisch alle**
                           gefundenen Begriffe

4) **Graphie:**   - **Auswahl, ob Groß-/Kleinschreibung**
                           berücksichtigt werden soll
                         - **"Ja" setzt Übereinstimmung von**
                           Groß-/Kleinschreibung zur
                           erfolgreichen Suche voraus

5) **Nur Wort:**   - **Auswahl ermöglicht eine**
                           Wortunterscheidung
                         - **" Ja" erkennt den Suchbegriff nur**
                           als selbständiges alleinstehendes
                           Wort

Bild 3-11: Übersicht über die Eingabemöglichkeiten beim Befehl WECHSELN

```
 ═[·········1·········2·········3·········4═══[····5·········6····] 14:18:34
  Bei der Planung von Weiterbildungsseminaren besteht eine besondere
  Schwierigkeit darin, den unterschiedlichen Interessen und
  Erfahrungen der Teilnehmer gerecht zu werden. Dies gilt
  insbesondere dann, wenn es sich um eine äußerst heterogene
  Zielgruppe handelt. Bei größeren Kongressen ist es üblich, als
  Ergänzung zu den Vorträgen von allgemeinem Interesse spezielle
  Arbeitsgruppen anzubieten. So kann jeder Teilnehmer Themen
  auswählen, die ihn besonders interessieren.

  Darüber hinaus ist es vor allem bei mehrtägigen Veranstaltungen
  nicht unwichtig, ein interessantes Rahmenprogramm anzubieten.


  ◆




WECHSELN Ersetze: interress        Durch: interess
 Mit Bestätigung:(Ja)Nein          Graphie: Ja(Nein)        Nur Wort: Ja(Nein)
 Geben Sie bitte Text ein!
 Se1 Sp1          (Bei·der...n.¶¶)    ?              Microsoft Word
```

Bild 3-12: Anwendung des Befehls WECHSELN

Zur Lösung des Anwendungsbeispiels bietet sich die komfortable Problemlösung über die Funktion "Suchen und Ersetzen" an. Die Befehlsfelder, die nach Wahl des Befehls WECHSELN erscheinen, sind dann entsprechend den Angaben in Bild 3-12 auszufüllen.

Mit Ausnahme der Eintragungen in den Befehlsfeldern "Ersetze:" und "Durch:" sind also keine Änderungen gegenüber der Standardvorgabe notwendig. Im Befehlsfeld "Graphie:" muß die Antwort "Nein" gewählt werden, da sowohl Groß- als auch Kleinschreibung ersetzt werden soll. Die Wahl der Antwort "Nein" im Befehlsfeld "Nur Wort:" ist notwendig, weil der Fehler in verschiedenen Wortverbindungen auftauchen kann.

Nach Auslösung des Befehls springt der Cursor zunächst auf das erste Wort, das ersetzt werden soll. Sie werden nun gefragt, ob ein Wechsel stattfinden soll oder nicht. Soll gewechselt werden, ist der Buchstabe <J> zu drücken, bei Nein der Buchstabe <N>; mit <ESC> kann der gesamte Vorgang abgebrochen werden. Bei vollständiger Durchführung müßte sich nun der korrigierte Text ergeben und der Cursor an den Textanfang zurückkehren. Außerdem wird in der Meldungszeile angegeben, daß der Suchbegriff viermal ersetzt wurde.

Um die Teilaufgabe d) lösen zu können, wählen Sie bitte zunächst den Befehl RÜCKGÄNGIG. Dann müßte wieder der fehlerhafte Text auf dem Bildschirm erscheinen. Nun können Sie abermals den Befehl WECHSELN wählen. Hier

brauchen Sie lediglich im Befehlsfeld "Mit Bestätigung:" die Option auf "Nein"
einstellen, da alle Einstellungen noch vorhanden sind. Nach Auslösung des Befehls ergibt sich direkt der korrigierte Text. Außerdem wird in der Meldungszeile angegeben, daß der Suchbegriff viermal ersetzt wurde.
Folgende Checkliste zeigt zusammenfassend den Ablauf bei Anwendung des
Befehls WECHSELN:

Reihenfolge der Bearbeitung	Tastenfolge
1. Textanfang ansteuern	<CTRL> + <PgUp>
2. Befehl WECHSELN wählen	<ESC> <W>
3. Befehlsfeld "Ersetze:" ausfüllen	interress
4. Befehlsfeld "Durch:" ausfüllen	<TAB> interess
5. "Mit Bestätigung:" evtl. ändern	<TAB> <Leertaste>
6. Befehlsfeld "Graphie:" evtl. ändern	<TAB> <Leertaste>
7. Befehlsfeld "Nur Wort:" evtl. ändern	<TAB> <Leertaste>
8. Befehl ausführen	<RETURN>

Auch der Vorgang des Wechseln kann wiederholt werden. Zu diesem Zweck
können Sie zunächst den Suchvorgang mit der Tastenkombination
<UMSCHALT> + <F4> noch einmal auslösen; der Ersetzvorgang wird dann
mit der Funktionstaste <F4> wiederholt.

3.7 Korrekturkennung

Eine interessante Zusatzfunktion in WORD4 ist die Möglichkeit der Anzeige
von Korrekturkennungen. Diese ist vor allem dann eine wertvolle Unterstützung, wenn mehrere Personen an einem Dokument arbeiten oder man eigene Änderungen kennzeichnen möchte.

Bei Anwendung der Funktion können Sie bewirken, daß geänderte Textabschnitte (z. B. Einfügungen oder Löschungen) kenntlich gemacht werden. Dabei werden

-    eingefügte Texte in einem speziellen Zeichenformat dargestellt (z. B. Un-
     terstrichen oder in Großbuchstaben);

-    gelöschte Texte zunächst nur durchgestrichen dargestellt;

-    am Rand der Zeilen, in denen Änderungen vorgenommen wurden, Kor-
     rekturleisten erzeugt.

Auf diese Weise können also Änderungen zwischen zwei Versionen eines Textes leicht erkannt werden. Damit ergibt sich z. B. eine gute Diskussionsbasis,
wenn mehrere Personen an dem Zustandekommen eines Textes beteiligt sind.

Musteraufgabe 3-4:   Vornehmen und Verwenden von Korrekturkennungen

a)   Laden Sie den von Ihnen erstellten und auf der Arbeitsdiskette unter dem Dateinamen "Text01" befindlichen Text.

b)   Um Anregungen zu erhalten, geben Sie den Text annahmegemäß einer weiteren Person zur Überarbeitung. Diese bekommt den Text elektronisch und nimmt folgende Inhaltskorrekturen unter Nutzung der Funktion Korrekturkennung vor:

  - Einfügen des folgenden Textes am Ende des 2. Absatzes: In der Praxis muß häufig ein Text nachträglich bearbeitet werden. So kann etwa das Korrekturlesen ergeben, daß verschiedene Fehler auszumerzen sind. Eine wertvolle Hilfe ist in diesem Fall die Möglichkeit des Suchens und Ersetzens.

  - Löschen des 2. Satzes im 3. Absatz

  - Löschen des 2. Satzes im 4. Absatz.

c)   Nach Angabe der Korrekturvorschläge erhalten Sie nun den Text in elektronischen Form zurück und können jetzt endgültig entschieden, welche Vorschläge Sie übernehmen möchten. Im Beispielfall sollen der erste und der zweite Änderungsvorschlag übernommen werden, so daß sich als Ergebnis der folgende Text ergibt:

> PC-Textverarbeitungsprogramme stellen dem Benutzer alle wesentlichen Textfunktionen zur Verfügung. Hierzu zählen das Erfassen, das Speichern und das Drucken von Texten.
>
> Ca. 80 % der Fehler bei der Texteingabe werden unmittelbar entdeckt. Von Vorteil ist deshalb die Nutzung von Geräten der Textverarbeitung, die eine komfortable Sofortkorrektur ermöglichen. Hierzu zählen z. B. das Löschen, Einfügen und Überschreiben von Zeichen. In der Praxis muß häufig ein Text nachträglich bearbeitet werden. So kann etwa das Korrekturlesen ergeben, daß verschiedene Fehler auszumerzen sind. Eine wertvolle Hilfe ist in diesem Fall die Möglichkeit des Suchens und Ersetzens.
>
> In der beruflichen Praxis entstehen viele Texte außerdem nicht selten in mehreren Arbeitsschritten. Im Rahmen der nachträglichen Überarbeitung eines Textes sind häufig auch größere Textteile zu löschen oder einzufügen. Dies ist meist problemlos mit wenigen Arbeitsschritten möglich.
>
> Umfangreiche Möglichkeiten stehen in der Regel auch für die Textgestaltung zur Verfügung. So können z. B. mit fast allen Textprogrammen Überschriften zentriert und ein Text im Blocksatz geschrieben werden. Um bestimmte Textteile hervorzuheben, ist außerdem eine gezielte Auszeichnung (Fettdruck, Kursivschrift, Unterstreichen) möglich.

d)   Speichern Sie das Ergebnis unter dem Dateinamen "Text34" auf Ihrer Arbeitsdiskette.

3.7.1 Vornahme der Korrekturen unter Anzeige der Korrekturkennungen

Um die Korrekturvorschläge unmittelbar am Bildschirm vornehmen zu können, müssen Sie zunächst den zu überarbeitenden Text mit dem Befehl ÜBERTRA-GEN LADEN wählen (im Beispiel die Datei "Text01.TXT"). Anschließend muß die Funktion Korrekturkennung eingeschaltet werden.

Werden nun Korrekturen im Text vorgenommen (z. B. Einfügungen oder Löschungen), dann reagiert das Programm folgendermaßen: gelöschte Textteile werden auf dem Bildschirm durchgestrichen, Einfügungen werden fett, unterstrichen oder in Großbuchstaben dargestellt. Außerdem wird am Rand eine Korrekturmarkierung angebracht.

Zur Lösung der Musteraufgabe 3-4 aktivieren Sie bitte zunächst mit dem Befehl FORMAT ÜBERARBEITUNG OPTIONEN die Überarbeitungsfunktion. Stellen Sie anschließend die Korrekturleiste auf "Ja", und wählen Sie im Befehlsfeld "Einfügung" das gewünschte Format für die Einfügekorrektur. Im Beispielfall soll diese in Großbuchstaben dargestellt werden, so daß hierfür nach Ansteuern des Befehlsfeldes "Einfügung:" die <Leertaste> zu betätigen ist. Sorgen Sie außerdem dafür, daß am linken Rand eine Korrekturleiste erscheint. In Bild 3-13 wird die notwendige Einstellung in den Befehlsfeldern wiedergegeben.

```
[========[·········1·········2·········3·········4·········5·········6·····] 16:54:31
  PC-Textverarbeitungsprogramme stellen dem Benutzer alle
  wesentlichen Textfunktionen zur Verfügung. Hierzu zählen das
  Erfassen, das Speichern und das Drucken von Texten.

  Ca. 80 % der Fehler bei der Texteingabe werden unmittelbar
  entdeckt. Von Vorteil ist deshalb die Nutzung von Geräten der
  Textverarbeitung, die eine komfortable Sofortkorrektur
  ermöglichen. Hierzu zählen z. B. das Löschen, Einfügen und
  Überschreiben von Zeichen.

  In der beruflichen Praxis entstehen viele Texte außerdem nicht
  selten in mehreren Arbeitsschritten. An der "Roh-Fassung" werden
  vom Autor Korrekturen, Einfügungen, Umformatierungen und Kürzungen
  vorgenommen, die im dann folgenden Arbeitsgang in den Text
  eingearbeitet werden müssen. Im Rahmen der nachträglichen
  Überarbeitung eines Textes sind häufig auch größere Textteile zu
  löschen oder einzufügen. Dies ist meist problemlos mit wenigen

FORMAT ÜBERARBEITUNG OPTIONEN
Korrekturleiste:(Ja)Nein
Einfügung: Normal Fett Unterstrichen(Großbuchstaben)Doppelt-unterstrichen
Position der Korrekturleiste: Keine Links Rechts Abwechselnd
Wählen Sie bitte eine Option!
Se1 Sp1          ()                                          Microsoft Word
```

Bild 3-13: Voreinstellung der Korrekturkennung

Wenn Sie nun die Überarbeitung entsprechend der Vorlage vornehmen, dann ergibt sich der im folgenden dargestellte Text, der in dieser Form abschließend unter dem Dateinamen "Text34" zu speichern ist:

PC-Textverarbeitungsprogramme stellen dem Benutzer alle wesentlichen Textfunktionen zur Verfügung. Hierzu zählen das Erfassen, das Speichern und das Drucken von Texten.

Ca. 80 % der Fehler bei der Texteingabe werden unmittelbar entdeckt. Von Vorteil ist deshalb die Nutzung von Geräten der Textverarbeitung, die eine komfortable Sofortkorrektur ermöglichen. Hierzu zählen z. B. das Löschen, Einfügen und Überschreiben von Zeichen. In der Praxis muß häufig ein Text nachträglich bearbeitet werden. So kann etwa das Korrekturlesen ergeben, daß verschiedene Fehler auszumerzen sind. Eine wertvolle Hilfe ist in diesem Fall die Möglichkeit des Suchens und Ersetzens.

In der beruflichen Praxis entstehen viele Texte außerdem nicht selten in mehreren Arbeitsschritten. Im Rahmen der nachträglichen Überarbeitung eines Textes sind häufig auch größere Textteile zu löschen oder einzufügen. Dies ist meist problemlos mit wenigen Arbeitsschritten möglich.

Umfangreiche Möglichkeiten stehen in der Regel auch für die Textgestaltung zur Verfügung. So können z. B. mit fast allen Textprogrammen Überschriften zentriert und ein Text im Blocksatz geschrieben werden. Um bestimmte Textteile hervorzuheben, ist außerdem eine gezielte Auszeichnung (Fettdruck, Kursivschrift, Unterstreichen) möglich.

Der überarbeitete Text kann nun auch in dieser Form ausgedruckt werden. Dabei besteht die Wahl, ob und an welcher Position die Korrekturleisten ausgedruckt werden sollen.

Im einzelnen ergibt sich folgende Vorgehensweise:

Reihenfolge der Bearbeitung	Tastenfolge
1. Korrekturposition ansteuern	<Richtungstaste>
2. Befehl FORMAT wählen	<ESC> <F>
3. Option ÜBERARBEITUNG OPTIONEN wählen	<Ü> <O>
4. Korrekturleiste aktivieren	<J>
5. Befehlsfeld "Einfügung" ansteuern	<Richtungstaste>
6. Format für Einfügekorrektur wählen	2 x <Leertaste>
7. Befehlsfeld "Position" ansteuern	<TAB>
8. Druckoption wählen	<L>

9. Befehl ausführen	<RETURN>
10. Einfügen oder Löschen vornehmen	.. bzw. <DEL>
11. Befehl FORMAT wählen	<ESC> <F>
12. Option ÜBERARBEITUNG OPTIONEN wählen	<Ü> <O>
13. Korrekturleiste deaktivieren	<N>
14. Befehl ausführen	<RETURN>

3.7.2 Ausführung der Überarbeitungsvorschläge

Um zur endgültigen Fassung des Textes zu gelangen, können die Änderungen insgesamt oder einzeln übernommen oder gelöscht werden.

Der Autor hat nun die Möglichkeit, Überarbeitungsvorschläge aufzunehmen oder zu ignorieren.

Um die Korrekturanmerkungen schnell finden zu können, gibt es die Möglichkeit, den Befehl FORMAT ÜBERARBEITUNG SUCHEN zu wählen. Nach der Befehlswahl wird die erste überarbeitete Textfolge angesteuert. Das Ergebnis der Befehlsauslösung zeigt Bild 3-14.

```
=[··········1··········2··········3··········4·········5··········6·····] 17:31:35
  PC-Textverarbeitungsprogramme stellen dem Benutzer alle
  wesentlichen Textfunktionen zur Verfügung. Hierzu zählen das
  Erfassen, das Speichern und das Drucken von Texten.

  Ca. 80 % der Fehler bei der Texteingabe werden unmittelbar
  entdeckt. Von Vorteil ist deshalb die Nutzung von Geräten der
  Textverarbeitung, die eine komfortable Sofortkorrektur
  ermöglichen. Hierzu zählen z. B. das Löschen, Einfügen und
  Überschreiben von Zeichen. In der Praxis muß häufig ein text
  nachträglich bearbeitet werden. So kann etwa das Korrekturlesen
  ergeben, daß verschiedene Fehler auszumerzen sind. Eine wertvolle
  Hilfe ist in diesem Fall die Möglichkeit des Suchens und
  Ersetzens.

  In der beruflichen Praxis entstehen viele Texte außerdem nicht
  selten in mehreren Arbeitsschritten. An der ''Roh-Fassung'' werden
  vom Autor Korrekturen, Einfügungen, Umformatierungen und Kürzungen
  vorgenommen, die im dann folgenden Arbeitsgang in den Text
  eingearbeitet werden müssen. Im Rahmen der nachträglichen
                                                           =TEXT01.TXT=
FORMAT ÜBERARBEITUNG: Optionen Aufnehmen Rückgängig Suchen

Springt zum nächsten Teil des Textes mit einer markierten Änderung
Se1 Sp18            (An·der·...ssen.·)                    KM   Microsoft Word
```

Bild 3-14: Befehl FORMAT ÜBERARBEITUNG SUCHEN

Jetzt haben Sie zwei grundsätzliche Reaktionsmöglichkeiten:

a)   Aufnehmen von Überarbeitungsvorschlägen.
     Soll der Vorschlag übernommen werden, dann müssen Sie die Option
     AUFNEHMEN wählen (Betätigen der Taste <A>). Danach wird dann
     die Korrektur durchgeführt.

b)   Ignorieren eines Überarbeitungsvorschlages.
     Nach Wahl der Option FORMAT ÜBERARBEITUNG SUCHEN oder
     nach eigener Markierung ist die Option RÜCKGÄNGIG zu wählen.

Im Beispielfall sollen der erste und zweite Überarbeitungsvorschlag übernommen werden. Hier ist also die Option AUFNEHMEN zu wählen. Demgegenüber müssen Sie den dritten Korrekturvorschlag ignorieren. Ergebnis muß dann der gewünschte Text sein, der unter dem Dateinamen "Text34" zu speichern ist.

Abschließend folgender Hinweis: Soll der gesamte Text mit den Änderungen übernommen werden, so ist dies auf schnellere Weise möglich. Dazu muß der Text lediglich zuächst mit <UMSCHALT> + <F10> markiert werden. Danach ist der Befehl FORMAT ÜBERARBEITUNG AUFNEHMEN zu wählen.

3.8 Rechtschreibprüfung

Eine besondere Funktion, die auch für alle diejenigen von Nutzen ist, die in der Rechtschreibung sicher sind, ist die Möglichkeit, Texte mit dem Programm auf Orthographiefehler zu überprüfen. Insbesondere bei Texten, die man mehrfach überarbeitet hat und inhaltlich kennt, werden beim Korrekturlesen nicht selten Tipp- und Flüchtigkeitsfehler übersehen. Hier kann ein Rechtschreibprüfprogramm helfen, über das viele Textprogramme als Zusatzfunktion heute verfügen.

Auch das Textverarbeitungsprogramm MS-Word bietet die Möglichkeit, vorhandene Texte auf ihre Rechtschreibung zu prüfen und - sofern erforderlich - unmittelbar Korrekturen vorzunehmen. Grundlage für die Rechtschreibprüfung ist ein integriertes Rechtschreibprüfprogramm sowie der Zugriff auf ein entsprechendes Wörterbuch. Bei Aufruf der Funktion schaut das Programm dann nach, ob die Schreibweise der Wörter des Dokumentes mit der Schreibweise in dem elektronischen Wörterbuch übereinstimmt. Ist ein Wort nicht vorhanden, so wird dieses zunächst markiert, und der Anwender kann entscheiden, ob eine Korrektur erfolgen soll oder nicht.

Einen Überblick über die organisatorischen Grundlagen der Rechtschreibprüfung gibt Bild 3-15.

Um das Wörterbuch nicht zu sehr aufzublähen, stellt WORD einen Basiswortschatz in einem Standardwörterbuch zur Verfügung, das zwangläufig und sinnvollerweise über einen beschränkten Wortschatz verfügt. Der Benutzer

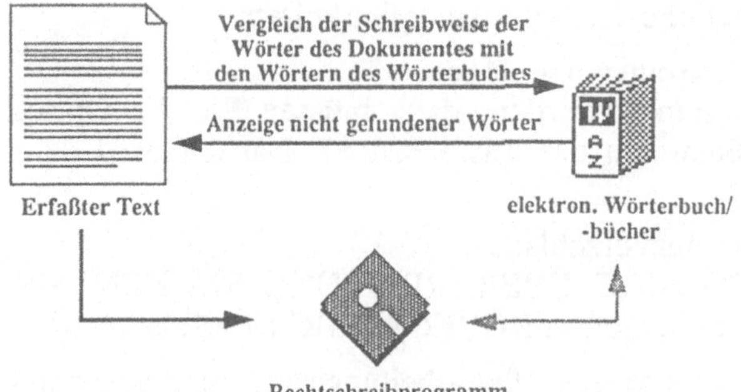

Bild 3-15: Organisatorische Grundlagen der Rechtschreibprüfung

kann das Wörterbuch jedoch selbst um eigene Wörter erweitern, so daß das Lexikon mit der Zeit immer mehr dem individuellen Wortschatz angepaßt ist.

Darüber hinaus gibt es ein fachspezifisches Wörterbuch. Dies ist von Nutzen, wenn man Texte aus verschiedenen Fachgebieten bearbeitet. Das Standardwörterbuch wird dann nicht zu umfangreich und behält eine akzeptable Geschwindigkeit.

Grundsätzlich verfügt Word über eine deutschsprachige Rechtschreibprüfung. Für fremdsprachlige Texte können eigene Wörterbücher erworben und in Word genutzt werden.

Musteraufgabe 3-5:   Rechtschreibprüfung

a)   Laden Sie den auf Ihrer Arbeitsdiskette unter dem Dateinamen "Text35" befindlichen, im folgenden wiedergegebenen Text (Hinweis: Sofern Sie nicht über die zu diesem Buch verfügbare Arbeitsdiskette verfügen, sollten Sie den Text zunächst mit den entsprechenden Fehlern erfassen):

Meine sehr geehrten Damen und Heren!

Ich freue mich, daß ich den Antrag erhalten habe, Sie im Namen der Geschäftslietung hier begrüßen zu dürfen und Ihnen zu danken, daß Sie der Einladung gefolgt sind, unser neues Nährmittelwerk in Gelsenkirchen zu besichtigen.

Mein besonderer Gruß und Dank aber gilt am heutigen Tage dem Vorsitzenden Ihres Fachverbandes, Herrn Dipl.-Kfm. Schneider. Herr Schneider hat uns im Auftrag Ihres Verbandes bei der Planung mit Rat und Tat zur Seite gestanden.

Sie haben unser Marktverhalten durch Tree und Anhänglichkeit anerkannt. Die gute Zusammenarbeit möchten wir auch für die Zukunft erhalten. Deshalb verpflichten wir uns, unsere Waren nur noch über den Fachhandel zu vertreiben.

Seien Sie nicht überrascht, wenn Sie jetzt unser neues Werk betreten. Ein Werk von heute kann nicht verglichen werden mit der

> Fabrik von früher. In hellen, vollklimmatisierten Räumen stehen
> einige Automaten, die von einem Techniker elektronisch gesteuert
> werden.
>
> Wir haben mit unserem Werk neue Maßstäbe gesetzt; möge der
> Runtgang das bestätigen.

b)   Rufen Sie das Rechtschreibprüfprogramm auf und wenden Sie die Prüf-
     funktion an.

c)   Nehmen Sie die Korrekturen in der Weise vor, daß für falsch erkannte
     Wörter zunächst eine Abfrage einer Vorschlagsliste erfolgt. Sofern kein
     geeignetes Wort vorgeschlagen wird, nehmen Sie bitte eine entsprechende
     Korrektur vor, ohne diese allerdings im Wörterbuch zu speichern. Sofern
     ein korrekt geschriebenes Wort moniert wird, ignorieren Sie den Korrek-
     turhinweis.

d)   Übernehmen Sie nach Beendigung der Rechtschreibprüfung die Korrektu-
     ren in den Text.

e)   Erstellen Sie einen fehlerfreien Ausdruck.

3.8.1 Ablauf der Rechtschreibprüfung

Um einen geladenen Text auf Rechtschreibfehler zu überprüfen, müssen Sie
zunächst den Befehl BIBLIOTHEK RECHTSCHREIBUNG wählen. Nach
Wahl des Befehls wird der Bildschirm in drei Bereiche aufgeteilt, und es erscheint folgendes Untermenü.

```
================================================= 17:43:12
┌──────────────────────────────────────────────────────┐
│                                                        │
│                                                        │
├──────────────────────────────────────────────────────┤
│                                                        │
│                                                        │
│                                                        │
│                                                        │
│                                                        │
│                                                        │
├──────────────────────────────────────────────────────┤
│                                                        │
│                                                        │
│                                                        │
└═══════════════════════════════════════════TEXT35.TXT══┘

BEFEHL: Wörterbuch Hilfe Nachschlagen Optionen Prüfen Quitt

Beginnt die Überprüfung des Texts, sucht und zeigt unbekannte Wörter
                                              Microsoft Spell
```

Bild 3-16: Befehl BIBLIOTHEK RECHTSCHREIBUNG

Wählen Sie im folgenden die Option PRÜFEN, dann wird das erste Wort angezeigt, das für das Programm unbekannt ist. Im Beispielfall ist das Wort "Heren"
nicht im Wörterbuch vorhanden, so daß dieses Wort zunächst hell unterlegt ist.

```
                                                                    ═══ 17:48:35
┌─────────────────────────────────────────────────────────────────────────┐
│                                                              Meine        │
│   ...                                                                     │
│      sehr geehrten Damen und ▐Heren▌!     Ich freue mich, daß ich d       │
│      en Antrag erhalten habe, Sie im Namen der Geschäftslietung h ...     │
│                                                                           │
├───────────────────────────────────────────────────────────────────────┤
│                                                                           │
│                                                                           │
│                                                                           │
│                                                                           │
│                                                                           │
├───────────────────────────────────────────────────────────────────────┤
│                                                                           │
│      ▐Heren▌   nicht  im  Wörterbuch  enthalten                           │
│                                                                           │
└───────────────────────────────────────────────────────────═TEXT35.TXT═┘
BEFEHL: Aufnehmen Korrektur Nachschlagen Hilfe ▐Ignorieren▌ Markieren Optionen
        Quitt Fortsetzen nächstes-Wort Vorhergehendes-Wort
Übergeht das markierte Wort und zeigt das nächste unbekannte Wort
Überprüfte Wörter: 6          Davon unbekannt: 1              Microsoft Spell
```

Bild 3-17: Optionen nach Wahl des Befehls PRÜFEN

Danach stehen vier Optionen zur Wahl (die anderen angezeigten Befehlsworte
dienen der Korrektursteuerung):

a)   Korrektur: Sie fordern damit das Programm zum Korrigieren des Wortes
     auf. Dabei wird entweder eine Liste von Korrekturmöglichkeiten ange-
     zeigt, oder es erscheint eine Aufforderung, das korrekte Wort selbst ein-
     zugeben.

b)   Ignorieren: das markierte Wort wird in diesem Fall übergangen und - so-
     fern vorhanden - das nächste falsch geschriebene Wort markiert. Diese
     Option bietet sich an, wenn ein richtig geschriebenes Wort moniert wird.

c)   Aufnehmen: ermöglicht die Aufnahme neuer Wörter in ein Wörterbuch.
     Dabei wird zwischen einem Benutzer- und Textwörterbuch unterschieden.
     Dies kann sinnvoll sein für Wörter, die richtig geschrieben worden sind,
     aber nicht im Wörterbuch gefunden wurden.

d)   Markieren: für eine spätere Korrektur wird eine entsprechende Wortmar-
     kierung vorgenommen.

Wählen Sie im Beispielfall zunächst für das Wort "Heren" die Option "Korrektur". In diesem Fall erscheint eine Wörterliste, aus der Sie ein geeignetes Wort auswählen können (Voraussetzung: Im Befehlsfeld "Korrekturvorschläge:" des Befehls BIBLIOTHEK RECHTSCHREIBUNG OPTIONEN ist die Variante "Auto" für automatisch eingestellt):

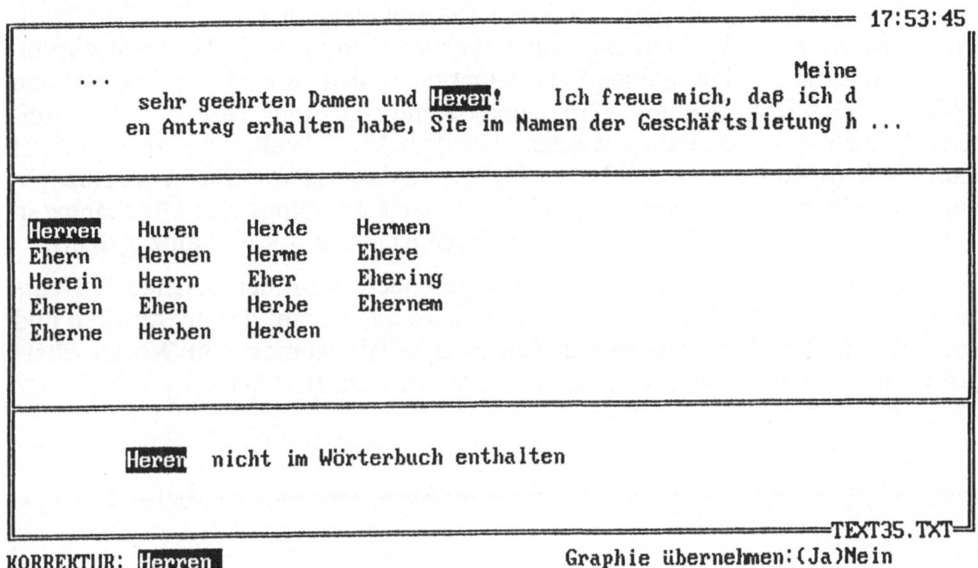

Bild 3-18: Korrekturbildschirm

Nach Bestätigen des Wortes "Herren" wird der Prüfvorgang fortgesetzt und das nächste Wort angezeigt, das nicht im Wörterbuch vorhanden ist. Im einzelnen werden im Beispieltext nun der Reihe nach noch folgende sieben Wörter angezeigt (nachdem zuvor eine entsprechende Option gewählt wurde):

- Geschäftslietung
- Nährmittelwerk
- Kfm.
- Marktverhalten
- Tree
- vollklimmatisierten
- Runtgang

Die Aufstellung macht deutlich, daß sowohl tatsächliche Fehler angezeigt werden als auch Wörter, die richtig geschrieben wurden.

So sind z. B. die Wörter "Nährmittelwerk", "Kfm." und "Marktverhalten"
richtig geschrieben. Da sie jedoch nicht im Wörterbuch vorhanden sind, werden Sie zunächst als falsch reklamiert. Soll eine Aufnahme in das Wörterbuch
erfolgen, so müßte zunächst die Option AUFNEHMEN gewählt werden. Im
folgenden sollten Sie sich jedoch bei Anzeige dieser Wörter zunächst mit der
Wahl die Option IGNORIEREN begnügen.

Bei Anzeige der übrigen Wörter "Geschäftslietung", "Tree", "vollklimmatisierten" und "Runtgang" handelt es sich um tatsächliche Rechtschreibfehler. In diesen Fällen müssen Sie die Option KORREKTUR wählen. Bei den
Wörtern "Geschäftslietung", "Tree" und "Runtgang" kann dann ein unterbreiteter Vorschlag übernommen werden. Bei dem Wort "vollklimmatisierten" ist
dagegen kein Korrekturvorschlag verfügbar, so daß das korrekte Wort einzugeben ist. Führen Sie dies entsprechend durch, ohne allerdings eine Übernahme in
das Wörterbuch zu bewirken (bei der Abfrage ist also ein <N> einzugeben).

Werden keine unbekannten Wörter mehr gefunden, wird der gesamte Prüfvorgang beendet. In der Meldungszeile wird dann die Anzahl der überprüften und
der unbekannten Wörter angezeigt (im Beispielfall wurden 160 Wörter überprüft, wovon 8 unbekannt waren). Das Ergebnis zeigt Bild 3-19.

Bild 3-19: Bildschirm nach durchgeführter Rechtschreibprüfung

Außerdem erfolgt eine Abfrage, ob die Änderungen in den Text übernommen werden sollen. Sie haben dann drei Optionen zur Wahl:

- Übernahme der Korrekturen: <J> betätigen

- keine Korrekturübernahme: <N> betätigen

- Rückkehr zum Rechtschreibmenü: <ESC> betätigen.

In den ersten beiden Fällen kehrt das Programm wieder in den Text zurück. Im ersten Fall müßte dann der Text im Regelfall fehlerfrei sein; es erfolgt die Meldung "Ich übernehme die Änderungen in die Datei".

Ergebnis muß der im folgenden wiedergegebene Text sein:

> Meine sehr geehrten Damen und Herren!
>
> Ich freue mich, daß ich den Antrag erhalten habe, Sie im Namen der Geschäftsleitung hier begrüßen zu dürfen und Ihnen zu danken, daß Sie der Einladung gefolgt sind, unser neues Nährmittelwerk in Gelsenkirchen zu besichtigen.
>
> Mein besonderer Gruß und Dank aber gilt am heutigen Tage dem Vorsitzenden Ihres Fachverbandes, Herrn Dipl.-Kfm. Schneider. Herr Schneider hat uns im Auftrag Ihres Verbandes bei der Planung mit Rat und Tat zur Seite gestanden.
>
> Sie haben unser Marktverhalten durch Treue und Anhänglichkeit anerkannt. Die gute Zusammenarbeit möchten wir auch für die Zukunft erhalten. Deshalb verpflichten wir uns, unsere Waren nur noch über den Fachhandel zu vertreiben.
>
> Seien Sie nicht überrascht, wenn Sie jetzt unser neues Werk betreten. Ein Werk von heute kann nicht verglichen werden mit der Fabrik von früher. In hellen, vollklimatisierten Räumen stehen einige Automaten, die von einem Techniker elektronisch gesteuert werden.
>
> Wir haben mit unserem Werk neue Maßstäbe gesetzt; möge der Rundgang das bestätigen.

Die Lösung der Musteraufgabe 3-5 macht deutlich, daß die Rechtschreibprüfung im Programm WORD interaktiv vorgenommen werden kann. Dies bedeutet, daß bei Aufruf der Prüfoption immer dann eine Unterbrechung erfolgt, wenn ein unbekanntes oder fehlerhaftes Wort gefunden wird. Der Bediener ist dann gefordert, eine Korrektur oder Markierung anzubringen oder den Hinweis zu ignorieren.

Das generelle Vorgehen zur Rechtschreibprüfung zeigt im Überblick die folgende Checkliste:

Reihenfolge der Bearbeitung	Tastenfolge
1. Befehl BIBLIOTHEK RECHT- SCHREIBUNG wählen	<ESC> <B> <R>
2. Unterbefehl PRÜFEN wählen	<P>
3. Option wählen	
a) Korrektur	<K> <Pfeiltaste> oder Eingabe
b) Aufnehmen	<A>
c) Ignorieren	<I>
d) Markieren	<M>
4. Nächste Option wählen	.....
5. Übernahme bestätigen	<J>

Beachten Sie außerdem folgende Hinweise:

-   Statt Wahl des Befehls BIBLIOTHEK RECHTSCHREIBUNG im ersten
    Teilschritt kann auch die Tastenkombination <ALT> + <F6> betätigt
    werden.

-   Nach Ausführung der Rechtschreibprüfung kehrt das Programm wieder an
    den Textanfang zurück.

3.8.2 Erweitern des Standard-Wörterbuches

Es wurde bereits erwähnt, daß Wörter, die bei der Prüfung dem System unbekannt waren, in das Standardwörterbuch übernommen werden können. Als
Standardwörterbuch wird hier das Wörterbuch zur Rechtschreibprüfung verstanden, das mit dem Programm auf einer Diskette geliefert wird.

In das Standard-Wörterbuch sollten Sie die Wörter aufnehmen, die in Texten,
die Sie erstellen, häufiger vorkommen. Die Aufnahme kann dabei

a) während der Prüfung eines Textes erfolgen oder

b) auf direktem Wege vorgenommen werden.

Der Fall a) wurde bereits im vorherigen Abschnitt angesprochen. Wenn Sie
Wörter auf direktem Wege aufnehmen wollen, müssen Sie die Wörter zunächst
am Bildschirm erfassen. Anschließend ist der Text zu speichern, der diese
Wörter enthält. Wählen Sie danach die Befehlsfolge BIBLIOTHEK RECHT-
SCHREIBUNG. Wählen Sie danach die Option AUFNEHMEN HAUPT. In
diesem Fall werden die Wörter geprüft, die nicht im Hauptwörterbuch vorhanden sind. Durch Betätigen der Taste <J> können Sie nun die Wörterbuchein-
träge bestätigen, die aufgenommen werden sollen.

3.8.3 Arbeiten mit Zusatz-Wörterbüchern

Word stellt für die Rechtschreibprüfung neben dem mitgelieferten Standard-Wörterbuch zwei weitere Optionen von Wörterbüchern zur Verfügung, die selbst aufgebaut werden können: Textwörterbücher oder Benutzerwörterbücher. Auf diese Weise kann vermieden werden, daß das Standard-Wörterbuch überlastet wird und damit die Rechtschreibprüfung bedeutend zeitintensiver wird. Gleichzeitig können Texte gezielter hinsichtlich Orthographiefehlern geprüft werden.

Angelegt werden Zusatz-Wörterbücher durch Wahl der Befehlsfolge BIBLIO-THEK RECHTSCHREIBUNG WÖRTERBUCH. Nun ist der Name des Wörterbuches frei einzugeben. Voraussetzung ist die Verfügbarkeit neu erfaßter oder geladender Texte/Wörter.

Anschließend müssen sie den Befehl PRÜFEN wählen und über die Option AUFNEHMEN festlegen, in welcher Art von Wörterbuch die als unbekannt angezeigten Wörter aufgenommen werden sollen.

Anwendung von Textwörterbüchern

Unter einem Textwörterbuch werden solche Wörterbücher verstanden, die für einen bestimmten Text erstellt werden können. Es ist interessant für die Texte, die sehr umfangreich sind und sich mit einem speziellen Thema befassen (z. B. Forschungsberichte).

Um ein Textwörterbuch zu erstellen muß der Berichtstext zunächst einen Dateinamen bekommen. Danach ist dann der Befehl BIBLIOTHEK RECHT-SCHREIBUNG zu wählen. Wenn Sie jetzt die Option WÖRTERBUCH wählen, können Sie den entsprechenden Namen für das Wörterbuch vergeben.

In einem Textwörterbuch sollten Sie nun die Wörter aufnehmen, die nur in einem bestimmten Text vorkommen. Beispiel: In einem Text zum Thema "Künstliche Intelligenz" können Wörter wie Inferenz oder Wissensbasis in einem solchen Wörterbuch gespeichert werden.

Textwörterbücher werden gemeinsam mit dem dazugehörigen Text gespeichert. Dabei ist der Dateiname derselbe; allerdings wird nun die Erweiterung .CMP angefügt. Der Aufruf des Wörterbuches zur Rechtschreibprüfung erfolgt durch Wahl des Befehls BIBLIOTHEK RECHTSCHREIBUNG und Wahl des Befehls WÖRTERBUCH. Nachdem hier der entsprechende Name eingegeben worden ist, kann der Befehl PRÜFEN gewählt werden.

Anwendung eines Benutzerwörterbuches

In einem Benutzerwörterbuch sollten Wörter aufgenommen werden, die einem bestimmten Fach-/Themengebiet zuzuordnen sind (z. B. Informatik oder Chemie). Es bietet sich auch an für die Aufnahme von Eigennamen.

Das Erstellen des Benutzerwörterbuches erfolgt in ähnlicher Form wie das Textwörterbuch. Im Rahmen der Option PRÜFEN AUFNEHMEN ist nun lediglich die Variante BENUTZER zu wählen.

Um einen Zugriff auf Benutzerwörterbücher zu ermöglichen, ist es erforderlich, daß Sie mit dem Befehl ZUSÄTZE im Befehlsfeld "Rechtschreibung:" den Suchpfad des Benutzerwörterbuches angegeben haben.

3.8.4 Einbinden eines anderen Rechtschreibprogramms

Insbesondere für den Fall, daß Sie viel mit fremdsprachigen Texten zu tun haben, kann es unter Umständen von Nutzen sein, ein anderes Rechtschreibprogramm (Programm einschließlich Wörterbuch) einzubinden. Dazu muß nach Installieren des Programms in einem gesonderten Verzeichnis auf der Festplatte lediglich eine entsprechende Umstellung über den Befehl ZUSÄTZE vorgenommen werden. Im einzelnen ist folgendes Vorgehen erforderlich:

Reihenfolge der Bearbeitung	Tastenfolge
1. Befehl ZUSÄTZE wählen	<ESC> <Z>
2. Befehlsfeld "Rechtschreibung:" ansteuern	<Richtungstaste>
3. Eingabe des Verzeichnisnamens	c:\spell
4. Befehl ausführen	<RETURN>

Wenn Sie nun den Befehl BIBLIOTHEK RECHTSCHREIBUNG wählen, würde das Programm auf das so definierte Rechtschreibprogramm zugreifen.

3.9 Zusammenfassung

o   Textprogramme bieten Ihnen bei der Überarbeitung von Texten erhebliche Unterstützungshilfen. Voraussetzung für eine zügige Überarbeitung sind Erleichterungen zur Cursor-Steuerung (sog. Bildlauf-Funktionen).

o   Das Markieren von Textstellen ist notwendig, um bestimmte Überarbeitungs-Funktionen komfortabel auslösen zu können. Neben dem Markieren von einzelnen Zeichen können Worte (mit der Funktionstaste <F7> oder <F8>), Sätze (Tastenkombinationen <UMSCHALT>+<F7> bzw. <UMSCHALT>+<F8>), Absätze (Taste <F9> oder <F10>) sowie der gesamte Text (<UMSCHALT>+<F10>) markiert werden.

o   Um Textteile komfortabel zu löschen, müssen Sie zunächst die Textteile markieren und dann die Löschtaste (Taste <DEL>) betätigen.

o   Der Befehl KOPIE bietet die Möglichkeit, Textteile aus einem anderen oder aus demselben Text schnell zu übernehmen.

o Sollen Textblöcke verschoben werden, so müssen diese zunächst markiert und dann im sog. Papierkorb zwischengespeichert werden. Anschließend kann der zwischengespeicherte Text an einer beliebigen Stelle eingefügt werden (mit der Taste <INS> oder dem Befehl EINFÜGEN).

o Der Befehl SUCHEN bietet sich an, um bestimmte Worte bzw. Textstellen schnell anzusteuern.

o Der Befehl WECHSELN ermöglicht ein schnelles Suchen und Ersetzen von Begriffen in einem Text; etwa wenn ein Name geändert werden soll oder ein bestimmtes Wort immer falsch geschrieben wurde.

o WORD bietet die Möglichkeit der Anzeige von Korrekturkennungen. Interessant ist diese Option, wenn mehrere Personen an der Entstehung eines Textes beteiligt sind. Wählen Sie zur Anwendung in diesem Fall den Befehl FORMAT ÜBERARBEITUNG.

o Der Befehl BIBLIOTHEK RECHTSCHREIBUNG bietet die Möglichkeit, einen gesamten Text oder bestimmte markierte Textteile auf Rechtschreibfehler zu überprüfen. Soweit erforderlich, lassen sich gefundene Fehler unmittelbar korrigieren. Dabei kann eine Liste von Vorschlägen angefordert werden.

o Die Rechtschreibprüfung erfolgt durch einen Vergleich mit einem gespeicherten Wörterbuch. Es können auch weitere Wörterbücher (etwa für unterschiedliche Sprachen) eingebunden werden.

3.10 Übungsaufgaben

Übungsaufgabe 3-1:   Löschen von Textteilen

a) Laden Sie den auf Ihrer Arbeitsdiskette befindlichen Text "UEBUNG30" und löschen Sie die überflüssigen Textteile (Zeichen, Wörter, Sätze, Absätze) gemäß der Vorlage.

Die Deutsche Bundespost hat Teletex 1982 als erste Postverwaltung der Welt mit internationalem Standard eingeführt. Zwischenzeitlich sind eine Vielzahl weiterer Länder gefolgt; gleichzeitig wurden erste Verbindungen auf europäischer und interkontinentaler Ebene aufgenommen. Allerdings gibt es auch in Industrieländern noch Ausnahmen; z. B. ist Frankreich bisher nicht beteiligt.

Die Nutzung von Teletex dürfte insbesondere für viele Sekretariate erhebliche Vorteile bringen. Teletex bietet die Möglichkeit, Texte in dem üblichen Schriftbild binnen Sekunden an andere Teilnehmer zu übertragen. Damit ergeben sich enorme Vorteile gegenüber Telex.

Voraussetzung zur Nutzung von Teletex ist, daß Sender und und
Empfänger über ein entsprechendes Endgerät verfügen. Teletex-
Endgeräte sind keine eigenständigen Anlagen, sondern elektronische
Speicherschreibmaschinen, Textautomaten oder EDV-Anlagen, die über
einen gesondertenn Kommunikationsteil verfügen, der den von der
Bundespost festgelegten Anforderungen für den Teletex-Dienst
genügt (sogenannter Teletex-Anschluß). Grundsätzlieh kommen also
versehiedene Typen von Endgeräten in Betraeht. Durch die Tatsache,
daß bereits mit kommunikationsfähigen Speicherschreibmaschinen die
Vorteile von Teletex genutzt werden können, bietet sich die
Anwendung dieses Dienstes bereits für kleinere Organisationen an.

b)   Erstellen Sie einen fehlerfreien Ausdruck.

Übungsaufgabe 3-2:   Löschen von Textteilen mit Einfügekorrektur

a)   Laden Sie den auf Ihrer Arbeitsdiskette gespeicherten Text "UEBUNG31"
      und führen Sie die nachfolgenden Inhaltskorrekturen durch:

Bewerbung

Sehr geehrte Damen und Herren,

ich beziehe mich auf Ihre Anzeige im Kölner Stadtanzeiger vom
23.02.88, mit der Sie einen Auszubildenden zum Industriekaufmann
suchen. Weil ich glaube, die gestellten Anforderungen zu erfüllen,
bewerbe ich mich um die ausgeschriebene Ausbildungsstelle.

Zur Zeit besuche ich die Zweijährige Höhere Handelsschule der
kaufmännischen Schule III in Köln-Lindenthal. Der Abschlußprüfung,
womit die eingeschränkte Fachhochschulreife nachgewiesen wird,
werde ich mich im Sommer 1988 unterziehen.

Im Unterricht gilt mein Interesse insbesondere den Fächern
Wirtschafts- und Soziallehre, Mathematik, sowie Rechnungswesen.
Meine Hobbies sind Fußball, Tisehtennis und Arbeiten mit einem
Heimcomputer.

Alles Nähere über meinen persönlichen Werdegang finden Sie in dem
beigefügten Lebenslauf. Außerdem habe ich ein Lichtbild sowie eine
Fotokopie des letzten Zwischenzeugnisses beigefügt.

Es würde mich sehr freuen, wenn Sie meine Bewerbung in die engere
Wahl zögen und ich mich bei Ihnen vorstellen dürfte.

Mit freundlichen Grüßen

Anlagen

b)   Speichern Sie den Text wiederum unter dem Namen "UEBUNG31".

c)   Erstellen Sie einen fehlerfreien Ausdruck.

Übungsaufgabe 3-3:   Arbeiten mit Textblöcken (Kopieren, Verschieben)

a)   Laden Sie den auf Ihrer Arbeitsdiskette befindlichen Text "UEBUNG32"
     und kopieren Sie den zweiten Absatz in den Zwischenspeicher:

> Die in den letzten Jahren laufende Verbesserung der Leistungen von
> Computersystemen hat die Grafikverarbeitung derzeit verstärkt in
> den Mittelpunkt der Diskussion von Wissenschaft und Praxis
> gerückt. So findet sich heute zunehmend die Möglichkeit der
> Grafikverarbeitung auch für Kleinrechner; gleichzeitig hat sich
> das Anwendungsspektrum der grafischen Datenverarbeitung
> ausgedehnt.
>
> Im Mittelpunkt der Anwendungen in Büro und Verwaltung steht die
> sog. Management-Grafik. Grundidee der Erstellung von Management-
> Grafik über Bürosysteme war die Feststellung, daß die von
> herkömmlichen Computerprogrammen dem Anwender bereitgestellten
> Daten lediglich in Form umfassender Listen vorliegen. Für die
> Wahrnehmung von Dispositions- und Präsentationsaufgaben ist es von
> Vorteil, wenn die Ergebnisse auf einen Blick übersehbar sind.
> Aufgabe der Management-Grafik ist deshalb die Verdichtung des im
> Computersystem gespeicherten Zahlenmaterials in übersichtliche
> Schaubilder (mögliche Darstellungsformen sind Säulendiagramme,
> Balkendiagramme, Kreisdiagramme sowie Linien- und
> Kurvendiagramme).

b)   Laden Sie nun die Datei "UEBUNG33":

> Die grafische Datenverarbeitung hat sich nur langsam entwickelt,
> obwohl sich bereits in den sechziger Jahren erste Ansätze finden.
> Als Pionieranwender gelten die Automobil- und Flugzeugindustrie,
> wo Bildschirmgeräte eingesetzt wurden, um im interaktiven Dialog
> mit dem Computer Grafiken für Entwurf und Konstruktion zu
> erstellen. Erforderlich hierfür waren allerdings Großanlagen mit
> hohen Speicherkapazitäten.

c)   Fügen Sie die im Zwischenspeicher befindliche Textkopie am Textende
     des geladenen Textes an.

d)   Eine spätere inhaltliche Überarbeitung des Textes ergibt nun, daß der
     letzte Satz des Textes verschoben werden soll. Setzen Sie diesen als zwei-
     ten Satz des 2. Absatzes.

e)   Erstellen Sie einen fehlerfreien Ausdruck.

Übungsaufgabe 3-4:   Suchen im Text

a)   Im folgenden Textbeispiel soll jeweils der Begriff "Teletex" gesucht wer-
     den. Erfassen Sie zunächst den Text oder laden Sie ihn von Ihrer Arbeits-
     diskette (auf der zu diesem Buch erhältlichen Arbeitsdiskette ist er unter
     dem Dateinamen "UEBUNG34" gespeichert):

Die Nutzung von Teletex bietet die Möglichkeit, die Teilfunktionen
Texterstellung und Textübertragung über ein Endgerät abzuwickeln,
ohne die von Telex bekannten Leistungseinschränkungen in Kauf
nehmen zu müssen.

Während beim Telex mit einem sehr beschränkten Zeichenvorrat
gearbeitet werden muß, der normale Geschäftskorrespondenz nur
unzulänglich wiederzugeben erlaubt, können Texte bei Teletex in
dem üblichen Schriftbild versandt und empfangen werden.

Teletex arbeitet im Speicher-zu-Speicher-Verkehr, das heißt, die
in Verbindung stehenden Geräte müssen über Speicher für ein- und
ausgehende Texte verfügen. Das ermöglicht die Nutzung größerer
Übertragungsgeschwindigkeiten.

Voraussetzung zur Nutzung von Teletex ist, daß Sender und
Empfänger über ein entsprechendes Endgerät verfügen. Teletex-
Endgeräte sind jedoch nicht unbedingt eigenständige Anlagen,
sondern elektronische Speicherschreibmaschinen, Textautomaten oder
DV-Anlagen, die über einen gesonderten Kommunikationsteil
verfügen, der den von der Bundespost festgelegten Anforderungen
für den Teletex-Dienst genügt (sogenannter Teletex-Anschluß).

b)   Führen Sie nun die Suche nach dem Begriff "Teletex" durch, nachdem Sie
     den Cursor an den Textanfang plaziert haben. Wiederholen Sie diesen
     Suchvorgang solange, bis sämtliche Wörter gefunden worden sind.

Übungsaufgabe 3-5:   Suchen und Ersetzen von Textteilen

a)   Laden Sie den auf Ihrer Arbeitsdiskette befindlichen Text "UEBUNG35"!

Lieber Herr Meier, meine Damen und Herren!

Wie Ihnen sicherlich schon bekannt ist, wird der bisherige Leiter
Ihrer Abteilung, Herr Meier, mit Wirkung vom 1. April seine
Tätigkeit hier beenden und die Leitung unseres Tochterwerks in
Bayern (Meiereistr. 5, 8000 München 1) übernehmen.

Herr Meier, Sie übernehmen zwar keine leichte, aber eine sehr
schöne und interessante Aufgabe. Sieben Jahre lang haben Sie hier
mit Erfolg diese Abteilung geführt; ein Zeitraum, in dem Sie nicht
nur Beachtliches für das Gesamtunternehmen zusammen mit Ihren hier
versammelten Mitarbeitern geleistet haben, sondern in dem es Ihnen
auch gelungen ist, diese Abteilung zu einem wirklichen Team zu
machen. Sie haben darüber hinaus auch inhaltlich viele neue
Maßstäbe gesetzt. Vieles, was in den letzten Jahren geschaffen
wurde, ist zu einem großen Teil Ihr Werk, lieber Herr Meier. Dies
muß einmal deutlich ausgesprochen werden - und dafür gebührt Ihnen
auch der Dank der Geschäftsleitung in ganz besonderem Maße.

Als die Grundsatzentscheidung, Herrn Meier nach Bayern zu
entsenden, gefallen war, mußte sich die Geschäftsleitung nach
einem geeigneten Nachfolger umsehen. Wir hoffen, eine Lösung

gefunden zu haben, von der wir uns eine Fortsetzung der positiven
Arbeit unter Herrn Meier versprechen können. Ich bitte Sie daher,
seinem Nachfolger das entsprechende Vertrauen entgegenzubringen.

b) In dem Text ist der Name "Meier" falsch geschrieben und der Doktortitel
    vergessen worden. Ersetzen Sie den Namen "Meier" durch "Dr. Maier"
    unter Anwendung des Befehls WECHSELN.

c) Erstellen Sie einen fehlerfreien Ausdruck und speichern Sie den korrigier-
    ten Text auf Ihrer Arbeitsdiskette unter dem bisherigen Dateinamen.

Übungsaufgabe 3-6:   Suchen und Ersetzen von Textteilen

a) Laden Sie den auf Ihrer Arbeitsdiskette befindlichen Text "UEBUNG36":

Der Bürobereich hat in den vergangenen Jahrzehnten und besonders
in den letzten Jahren einen tiefgreifenden und grundlegenden
Struktur- und Bedeutungswandel erfahren. Wenn Sie z. B. die
gegenwärtigen technologischen Möglichkeiten mit der Situation vor
fünf bis zehn Jahren vergleichen, dann wird dies unmittelbar
deutlich.

Besondere Entwicklungssprünge kennzeichnen die
Kommunikationstechnologien. So hat z. B. die Postverwaltung
verschiedene neue Netze und Dienste zur Verfügung gestellt.
Darüber hinaus werden Netze angeboten, um die verschiedenen Geräte
und Systeme im Büro eines Betriebes miteinander zu verbinden (sog.
Inhouse-Netze).

Im Bereich der Datenkommunikation finden sich neben den bewährten
Diensten neue Dienste wie z. B. Datex-L und Datex-P. Hinzu kommt
der Rechnerverbund über Bildschirmtext.

Für die Textkommunikation findet sich bereits seit Jahrzehnten der
Telexdienst als Möglichkeit der elektronischen Kommunikation. Wenn
allerdings Vergleiche mit neuen Diensten gezogen werden, so fallen
verschiedene Nachteile auf; z. B. der eingeschränkte Zeichenvorrat
und die hohe Übertragungsdauer. Einen wesentlichen Fortschritt
bringt hier Teletex. Betrachtet man die Vorteile dieses Dienstes,
so läßt sich leicht die künftige Bedeutung ermessen.

Beispielsweise müssen Sie kaum Einschränkungen mehr bezüglich des
Zeichenvorrates hinnehmen (sowohl Groß- als auch Kleinschreibung
sind möglich); auch ergibt sich eine enorme Verbesserung
hinsichtlich der Übertragungsgeschwindigkeit.

b) Der Text ist so zu überarbeiten, daß anstatt der Abkürzung "z. B." aus-
    führlich "zum Beispiel" eingesetzt wird.

c) Erstellen Sie einen fehlerfreien Ausdruck.

Übungsaufgabe 3-7:   Arbeiten mit Korrrekturkennung

a)   Laden Sie den auf Ihrer Arbeitsdiskette befindlichen Text mit dem Datei-
     namen "UEBUNG30" und führen Sie folgende Einfügungen bzw.
     Löschungen unter Verwendung der Funktion "Korrekturkennung" durch:
     - Löschen des letzten Satzes im ersten Absatz;
     - Einfügung im 2. Absatz nach Sekretariate: und Sachbearbeiter;
     - Löschen des letzten Satzes im Text.

> Die Deutsche Bundespost hat Teletex 1982 als erste Postverwaltung
> der Welt mit internationalem Standard eingeführt. Zwischenzeitlich
> sind eine Vielzahl weiterer Länder gefolgt; gleichzeitig wurden
> erste Verbindungen auf europäischer und interkontinentaler Ebene
> ° aufgenommen. ~~Allerdings gibt es auch in Industrieländern noch~~
> ° ~~Ausnahmen; z. B. ist Frankreich bisher nicht beteiligt.~~
>
> Die Nutzung von Teletex dürfte insbesondere für viele Sekretariate
> ° <u>und Sachbearbeiter</u> erhebliche Vorteile bringen. Teletex bietet die
> Möglichkeit, Texte in dem üblichen Schriftbild binnen Sekunden an
> andere Teilnehmer zu übertragen. Damit ergeben sich enorme
> Vorteile gegenüber Telex.
>
> ° Voraussetzung zur Nutzung von Teletex ist, daß Sender ~~und~~ und
> Empfänger über ein entsprechendes Endgerät verfügen. Teletex-
> Endgeräte sind keine eigenständigen Anlagen, sondern elektronische
> Speicherschreibmaschinen, Textautomaten oder EDV-Anlagen, die über
> ° einen gesonderten Kommunikationsteil verfügen, der den von der
> Bundespost festgelegten Anforderungen für den Teletex-Dienst
> genügt (sogenannter Teletex-Anschluß). Grundsätzlich kommen also
> ° verschiedene Typen von Endgeräten in Betracht. ~~Durch die Tatsache,~~
> ° ~~daß bereits mit kommunikationsfähigen Speicherschreibmaschinen die~~
> ° ~~Vorteile von Teletex genutzt werden können, bietet sich die~~
> ° ~~Anwendung dieses Dienstes bereits für kleinere Organisationen an.~~

b)   Führen Sie die Überarbeitung durch, indem Sie die ersten beiden Korrek-
     turvorschläge übernehmen. Der letzte Vorschlag soll dagegen ignoriert
     werden.

Übungsaufgabe 3-8:   Rechtschreibprüfung

a)   Laden Sie den auf Ihrer Arbeitsdiskette gespeicherten Text "UEBUNG38"
     und prüfen Sie den Text auf Rechtschreibfehler.

> Textverarbeitungsprogramme stellen dem Benutzer alle wesntlichen
> Textfunktionen zur Verfügung. Hierzu zählen das Erfasen, das
> Speichern und das Drucken von Texten.

Ca. 80 % der Fehler bei der Texteingabe werden unmitelbar entdeckt. Von Vorteil ist deshalb die Nutzung von Geräten der Textverarbeitung, die eine komfortable Sofortkorrektur ermöglichen. Hierzu zählen z. B. das Löschen, Einfügen und Überschreiben von Zeichen.

In der beruflichen Praxis entstehen viele Texte außerdem nicht selten in mehreren Arbeitsschriten. An der "Roh-Fassung" werden vom Autor Korrekturen, Einfügungen, Umformatierungen und Kürzungen vorgenommen, die im dann folgenden Arbeitsgang in den Text eingearbeitet werden müssen. Im Rahmen der nachträglichen Überarbeitung eines Teytes sind häufig auch größere Textteile zu löschen oder einzufügen. Dies ist meist problemlos möglich.

b) Nehmen Sie die Korrekturen in der Weise vor, daß für falsch erkannte Wörter zunächst eine Abfrage einer Vorschlagsliste erfolgt. Sofern kein geeignetes Wort vorgeschlagen wird, nehmen Sie bitte eine entsprechende Korrektur vor, ohne diese allerdings im Wörterbuch zu speichern. Sofern ein korrekt geschriebenes Wort moniert wird, ignorieren Sie den Korrekturhinweis.

c) Übernehmen Sie nach Beendigung der Rechtschreibprüfung die Korrekturen in den Text.

d) Erstellen Sie einen fehlerfreien Ausdruck.

4 Gestaltung von Texten (Formatieren)

Gegenüber herkömmlichen Schreibmaschinen liegt ein weiterer Vorteil des Arbeitens mit einem Textprogramm darin, daß nun eine Vielzahl zusätzlicher Gestaltungsmöglichkeiten verfügbar ist. Diese können meist direkt, aber auch im nachhinein schnell vorgenommen werden.

Um einen Text in eine gewünschte Form zu bringen, sind - je nach Gestaltungsanforderung - verschiedene Aktivitäten erforderlich. Dieses Ausrichten eines Textes an eine bestimmte Form wird allgemein als Formatieren bezeichnet.

Textverarbeitungsprogramme stellen für die Textgestaltung eine mehr oder weniger große Anzahl an Formatierungsbefehlen zur Verfügung. Diese bieten Ihnen meist folgende Gestaltungsmöglichkeiten:

- Auszeichnung von Wörtern oder auch umfassender Zeichenfolgen (z. B. in Fettdruck oder Kursivschrift);

- die Variation der Absatzgestaltung (z. B. Zeilenabstände, Zentrieren oder Anordnung im Blocksatz) und

- die gezielte Festlegung von Seitenrändern und Seitenlayout eines Textes (z. B. Randbreite, Position der Seitenangabe).

4.1 Formatierungsstrukturen

Um Texte richtig und innerhalb kurzer Zeit formatieren zu können, müssen Sie beachten, daß Texte programmtechnisch in verschiedenen Hierarchieebenen organisiert sind. Dies wurde bereits beim Markieren von Textstellen deutlich.

Im einzelnen sind folgende Textstrukturen zu unterscheiden:

- Zeichen (jedes darstellbare Zeichen; 256 Möglichkeiten);

- Wort (eine Folge von Zeichen, die durch ein Leerzeichen abgegrenzt werden);

- Zeile (eine Folge von Wörtern, vom rechten und linken Rand begrenzt);

- Absatz (eine Folge von Zeilen, begrenzt durch eine Leerzeile oder Seitenende);

- Seite (eine Folge von Zeilen oder Absätzen).

Im Textverarbeitungsprogramm Word müssen bezüglich der Textgestaltung drei Hierarchieebenen unterschieden werden, was durch Bild 4-1 deutlich wird.

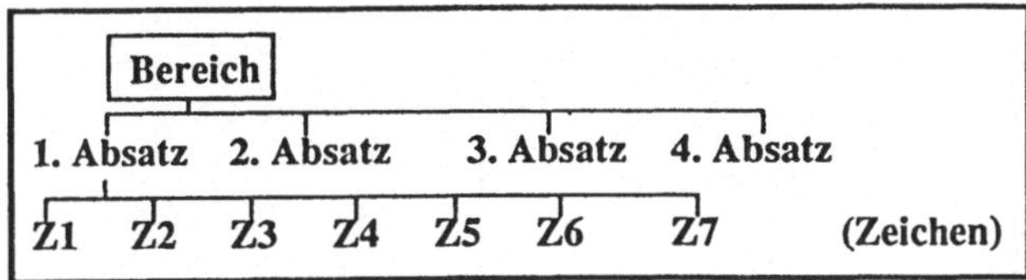

Bild 4-1: Hierarchieebenen von Textteilen

In den einzelnen Hierarchieebenen (Bereiche, Absätze, Zeichen) können nun jeweils besondere Optionen zur Textgestaltung realisiert werden. Programmtechnisch wird eine unterschiedliche Behandlung dadurch sichergestellt, daß entsprechende Kennmarken (siehe Bild 4-2) im Text bei der Erfassung automatisch gesetzt werden.

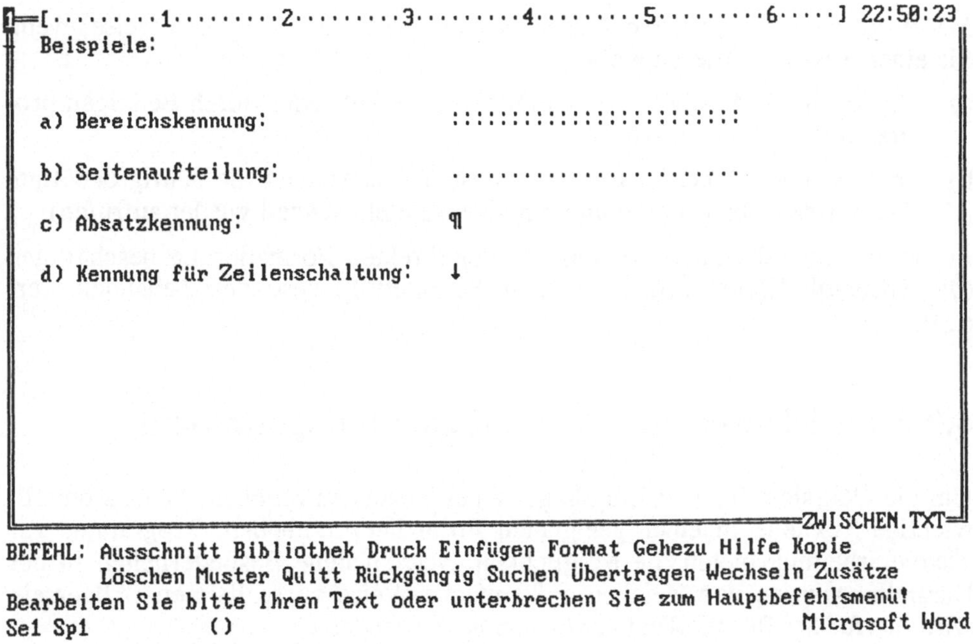

```
=[·········1·········2·········3·········4·····[····5·········6·····] 22:50:23
  Beispiele:


   a) Bereichskennung:            ::::::::::::::::::::::::

   b) Seitenaufteilung:           ......................

   c) Absatzkennung:              ¶

   d) Kennung für Zeilenschaltung:  ↓




                                                            =ZWISCHEN.TXT=
BEFEHL: Ausschnitt Bibliothek Druck Einfügen Format Gehezu Hilfe Kopie
        Löschen Muster Quitt Rückgängig Suchen Übertragen Wechseln Zusätze
Bearbeiten Sie bitte Ihren Text oder unterbrechen Sie zum Hauptbefehlsmenü!
Sel Sp1            ()                                        Microsoft Word
```

Bild 4-2: Kennmarken im Text

Im Regelfall sind die Kennmarken für den Benutzer nicht erkennbar. Sofern jedoch Bedarf besteht, können Sie sich über den Befehl "ZUSÄTZE Sonderzeichen sichtbar: (Alle)" die entsprechenden Steuerzeichen anzeigen lassen. In den genannten Hierarchieebenen lassen sich nun unterschiedliche Möglichkeiten der Textgestaltung nutzen. Die Bedeutung der einzelnen Ebenen wird in Bild 4-3 spezifiziert.

Hierarchieebene	Formatierungsbefehle
(1) Bereiche (durch Bereichs- marken gekennzeichnet)	legen das Seitenformat (z. B. Randbreite) fest
(2) Absätze (durch Absatz- marken gekennzeichnet)	beziehen sich auf die Fest- legung absatzspezifischer Merkmale (z. B. Zeilenab- stand)
(3) Zeichen	legen die Auszeichnung der Zeichen (z. B. Fettdruck, Unterstreichen) fest

Bild 4-3: Die Bedeutung der Formatierungsbefehle in den Hierarchieebenen

MS-Word bietet Ihnen verschiedene Möglichkeiten der Vorgehensweise, wenn Sie einen Text formatieren wollen:

a)   direkt (durch Auslösen eines FORMAT-Befehls oder durch Betätigen programmierter Tasten) oder

b)   indirekt über Druckformate (auf diese Weise können Sie häufig benötigte Textformate abspeichern und mit einem Befehl schnell wieder aufrufen).

In diesem Kapitel wollen wir uns mit der direkten Formatierung beschäftigen (die Thematik "Druckformate" soll in Abschnitt 13 gesondert behandelt werden).

4.2 Auszeichnung von Texten (Schriftbildgestaltung)

Um die Übersicht für den Empfänger eines Textes zu erhöhen, ist es sinnvoll, wichtige Textteile in einer geeigneten Form hervorzuheben. Programme zur Textverarbeitung bieten die Möglichkeit, verschiedene Besonderheiten in der Darstellungsweise von Zeichen auf einfache Weise zu realisieren. Allgemein wird hierfür der Begriff Textauszeichnung verwendet.

4.2.1 Möglichkeiten der Textauszeichnung

Um einen Überblick über die Möglichkeiten der Textauszeichnung zu erhalten, wählen Sie bitte zunächst einmal den Befehl FORMAT ZEICHEN (Tastenfolge <ESC> <F> <Z>). Ergebnis ist das Untermenü von Bild 4-4, das anzeigt, welche Möglichkeiten der Textauszeichnung in MS-Word zur Verfügung stehen.

Bild 4-4: Befehlsfelder des Befehls FORMAT ZEICHEN

Die angeführten Varianten bieten im einzelnen folgende Anwendungsmöglichkeiten:

-   **Fett**: Sollen bestimmte Wörter, Sätze oder Absätze hervorgehoben wer-
    den, können diese durch Fettdruck ausgezeichnet werden. Die Hervorhe-
    bung wird dabei dadurch erreicht, daß ein Doppeldruck von Zeichen er-
    folgt.

-   *Kursiv*: Die Zeichen erscheinen in diesem Fall in einer leicht schrägge-
    stellten Form. Beachten Sie allerdings, daß angeschlossene Drucker mit-
    unter nicht in der Lage sind, Kursivschrift darzustellen. Alternativ er-
    scheint dann meist der Unterstreichungsstrich.

-   <u>Unterstrichen</u>: Die Unterstreichung kann entweder einzelne Wörter oder
    auch ganze Sätze und Absätze umfassen. Infrage kommt sie vor allem für
    Überschriften und Schlüsselwörter eines Textes.

-   ~~Durchgestrichen~~: Die Anwendung dieser Auszeichnungsmöglichkeit
    kommt etwa dann in Betracht, wenn in einem Vertragstext bestimmte
    Vertragsbedingungen für ungültig erklärt werden und diese Textabschnitte
    besonders hervorgehoben werden sollen. Das Durchstreichen von erfaßten
    Textteilen kann darüber hinaus dann wichtig sein, wenn andere Personen,
    die einen Text weiterbearbeiten müssen (z. B. die Druckerei), spezielle
    Informationen zur Texterstellung erhalten sollen.

-   GROSSBUCHSTABEN: Auf diese Weise lassen sich z. B. im nachhinein bestimmte Schreibweisen ändern.

-   KAPITÄLCHEN: Bei dieser Hervorhebung wird die Zeichenfolge insgesamt in Großbuchstaben, aber in einem kleineren Schriftgrad dargestellt.

-   Doppelt unterstrichen: Anwendung und Wirkungsweise ist ähnlich dem Unterstreichen von Wörtern und Abschnitten.

-   Position Hochgestellt: Anwendungsgebiete sind etwa Fußnotendarstellung, die Kennzeichnung von Warenzeichen oder die Darstellung mathematischer Formeln.

-   Position Tiefgestellt: Typisches Anwendungsbeispiel ist die Darstellung von chemischen Formeln.

-   Schriftart: Hier handelt es sich um ein offenes Befehlsfeld. Soweit der installierte Drucker dies zuläßt, besteht die Möglichkeit, durch Zeichensatzumschaltung die Schriftart zu variieren. Der Name der Schriftart (z. B. Pica, Courier oder Elite) ist einzugeben oder auszuwählen.

-   Schriftgrad: In diesem offenen Befehlsfeld kann eine Variation der Schriftgröße erfolgen. Üblicherweise ist die Schriftart Pica sowie der Schriftgrad "12" eingestellt. Bei dieser Schriftart stehen dann für den Schriftgrad noch die Alternativen "8", "14" und "16" zur Wahl. Auch hier ist eine Eingabe oder Auswahl der Option möglich.

-   Verborgen: Mit dieser Option können Sie bestimmte Textteile unsichtbar machen. Dies kann z. B. sinnvoll sein, wenn man persönliche Anmerkungen in einen Text einfügen möchte. Notwendig ist die Anwendung dieser Formatierungsfunktion für das Erstellen von Formularen sowie für die Aufnahme von Textteilen in Index- bzw. Inhaltsverzeichnissen.

Grundsätzlich kann das Auszeichnen unmittelbar bei der Erfassung eines Textes oder im nachhinein erfolgen. Dabei ist es auch möglich, daß ein Zeichen oder ein Wort gleichzeitig durch mehrere Auszeichnungen hervorgehoben wird (z. B. Unterstrichen und Fettdruck).

Für den Benutzer ist es von Vorteil, wenn die genannten Schriftbildgestaltungsfunktionen in der Form realisiert sind, daß die Auszeichnungen (z. B. Fettdruck, Kursivschrift, Unterstreichen) am Bildschirm erkennbar sind, um so das Erscheinungsbild eines Textes vor dem Druck am Bildschirm überprüfen zu können. Voraussetzung hierzu ist ein graphikfähiger Bildschirm. Dies gilt etwa für die Anwendung von Hoch- und Tiefstellungen sowie die Wahlmöglichkeit von Schriftgraden.

Ein weiterer Einflußfaktor auf die Möglichkeiten der Schriftbildgestaltung ist die Art des angeschlossenen Druckers. Hiervon hängt ab, ob und wie die gewählten Auszeichnungen beim Drucken des Textes realisiert werden.

Musteraufgabe 4-1:   Auszeichnung von Texten

a) Folgender Textabschnitt soll bereits bei der Erfassung in der vorliegenden Form ausgezeichnet werden. Speichern Sie das Ergebnis unter dem Dateinamen "Text41":

"Weisheiten zur Entscheidungsproblematik"

Alles in der Welt kommt auf einen gescheiten Einfall und auf einen festen Entschluß an.

JOHANN WOLFGANG VON GOETHE

Wenige Menschen denken,
und doch wollen alle entscheiden.

FRIEDRICH DER GROSSE

b) Laden Sie zunächst den von Ihnen erstellten und unter dem Dateinamen "Text01.TXT" gespeicherten Text und zeichnen Sie diesen so aus, daß sich folgende Darstellung ergibt:

PC-TEXTVERARBEITUNGSPROGRAMME stellen dem Benutzer alle wesentlichen Textfunktionen zur Verfügung. Hierzu zählen **das Erfassen, das Speichern und das Drucken von Texten.**

Ca. 80 % der Fehler bei der Texteingabe werden unmittelbar entdeckt. Von Vorteil ist deshalb die Nutzung von Geräten der Textverarbeitung, die eine <u>komfortable Sofortkorrektur</u> ermöglichen. Hierzu zählen z. B. **das Löschen, Einfügen und Überschreiben von Zeichen.**

In der beruflichen Praxis entstehen viele Texte außerdem nicht selten in mehreren Arbeitsschritten. An der "Roh-Fassung" werden vom Autor **Korrekturen, Einfügungen, Umformatierungen und Kürzungen** vorgenommen, die im dann folgenden Arbeitsgang in den Text eingearbeitet werden müssen. Im Rahmen der <u>nachträglichen Überarbeitung eines Textes</u> sind häufig auch größere Textteile zu löschen oder einzufügen. Dies ist meist problemlos mit wenigen Arbeitsschritten möglich.

Umfangreiche Möglichkeiten stehen in der Regel auch für die Textgestaltung zur Verfügung. So können z. B. mit fast allen Textprogrammen **Überschriften zentriert und ein Text im Blocksatz** geschrieben werden. Um bestimmte Textteile hervorzuheben, ist außerdem eine **gezielte Auszeichnung** (Fettdruck, Kursivschrift, Unterstreichen) möglich.

4.2.2 Vorgehensweise bei der Textauszeichnung

Am Beispiel des Auszeichnens von Texten sollen Sie nun die verschiedenen Varianten der Vorgehensweise direkter Formatierung kennenlernen.

4.2.2.1 Auszeichnen über Befehlswahl

Zunächst sollen Sie die Aufgabe der Textauszeichnung über Befehlswahl lösen. Wählen Sie zu diesem Zweck einmal - nach Löschen des Bildschirms - direkt den Befehl FORMAT ZEICHEN, und stellen Sie die Optionen "Fett:" und "Unterstrichen:" auf "Ja". Führen Sie danach den Befehl aus, erscheint die Fehlermeldung "Ich kann die Endemarke nicht bearbeiten".

Um nun dennoch eine Problemlösung zu erreichen, nehmen Sie zunächst eine Zeilenschaltung vor, und positionieren Sie den Cursor dann auf die erste Zeile des Bildschirms. Wenn Sie jetzt den Befehl FORMAT ZEICHEN wählen und dann die Umstellungen in den Befehlsfeldern "Fett:" und "Unterstrichen:" vornehmen, erscheint keine Fehlermeldung mehr. Sie können den gewünschten Text eingeben, der dann in der gewählten Auszeichnung erscheint.

Nachdem Sie den Cursor auf die nächste Zeile gesetzt haben, müssen Sie erneut den Befehl FORMAT ZEICHEN wählen und diesen wieder auf die Normal-Einstellung setzen (Wahl der Option "Nein" in den Befehlsfeldern "Fett:" und "Unterstrichen:"). Jetzt können Sie den weiteren Text erfassen. Wenn Sie die Namen der Personen schreiben wollen, müssen Sie in beiden Fällen die Option "Kapitälchen" wählen.

Die generelle Vorgehensweise bei der unmittelbaren Auszeichnung von Texten zeigt folgende Checkliste:

Reihenfolge der Bearbeitung	Tastenfolge
1. Wahl des Befehls FORMAT ZEICHEN	<ESC> <F> <Z>
2. Ansteuern der gewünschten Option	<TAB>
3. Wahl der Auszeichnungsart	<Leertaste>
4. Befehl ausführen	<RETURN>
5. Schreiben des Textes	....

Immer dann, wenn eine Veränderung der Textauszeichnung erfolgen soll, müssen Sie zunächst erneut den Befehl FORMAT ZEICHEN aufrufen und die gewünschte Option bzw. die gewünschten Optionen einstellen. Danach kann dann die Texterfassung direkt erfolgen.

In Teil b) der Musteraufgabe 4-1 soll ein bereits vorhandener Text mit dem Befehl ÜBERTRAGEN LADEN aufgerufen und dann ausgezeichnet werden. Dazu müssen lediglich die gewünschten Wörter markiert werden und dann die Auszeichnung durch entsprechende Befehlswahl erfolgen.

Im Beispielfall müssen Sie zunächst mit der Funktionstaste <F8> das Wort "Textverarbeitungsprogramm" markieren. Wählen Sie dann den Befehl FOR-MAT ZEICHEN (Tastenfolge <ESC> <F> <Z>) und steuern Sie das Befehlsfeld "Großbuchstaben:" an, um dort mit der Leertaste die Option auf "Ja" einzustellen. Nach Ausführung des Befehls mit der Taste <RETURN> ist das Wort in der gewünschten Weise ausgezeichnet.

In ähnlicher Form sind die übrigen Textauszeichnungen vorzunehmen. Die generelle Vorgehensweise bei der nachträglichen Auszeichnung von Texten zeigt folgende Checkliste:

Reihenfolge der Bearbeitung	Tastenfolge
1. Wörter/Sätze/Absätze markieren	<F8> bis <F10>
2. Wahl des Befehls FORMAT ZEICHEN	<ESC> <F> <Z>
3. Ansteuern der gewünschten Option	<TAB>
4. Wahl der Auszeichnungsart	<Leertaste>
5. Befehl ausführen	<RETURN>

Sollen mehrere Auszeichnungen gleichzeitig erfolgen (z. B. Fettdruck und Unterstrichen), dann müssen die Teilschritte drei und vier entsprechend wiederholt werden.

Notwendig ist die Verwendung des Befehls FORMAT ZEICHEN in jedem Fall dann, wenn Sie Schriftgrad und Schriftart verändern wollen. Hierzu finden sich zwei sog. offene Befehlsfelder. Solange keine besondere Eintragung vorgenommen wird, entspricht die Schriftart der Standard-Auszeichnung Ihres Bildschirmgerätes und Ihres Druckers. Gängige Schriftarten sind Antiqua- und Groteskschriften (Pica und Elite als Schriftfamilien, Courier, Viktoria, Letter Gothic, Orator, Italic etc.).

Mit Angaben zum Schriftgrad haben Sie die Möglichkeit, die Schriftgröße zu variieren. Als Maßeinheit dient die von der Schreibmaschine her bekannte Schritt-Teilung (engl.: pitch); üblich sind 10 Zeichen bzw. 12 Zeichen pro Zoll.

4.2.2.2 Auszeichnen über Funktionstasten

Das Auszeichnen von Texten über die Wahl des Befehls FORMAT ZEICHEN ist mitunter recht umständlich. Eine erhebliche Zeitersparnis bringt in vielen Fällen die Anwendung der sog. Alt-Tastenkombinationen. Hiermit können Sie auf einfache Weise bei der Erfassung oder im nachhinein bestimmten Zeichen die gewünschten Auszeichnungsmerkmale zuordnen.

Wie die Anwendung erfolgt, können Sie am besten mit folgendem Beispiel testen (in Klammern stehen die jeweils zu betätigenden Tastenkombinationen):

(Alt+U)	<u>Das kann doch nicht wahr sein</u>	(Umschalt+Return)
(Alt+Leer)	Das kann doch nicht wahr sein	(Umschalt+Return)
(Alt+D)	<u>Das kann doch nicht wahr sein</u>	(Umschalt+Return)
(Alt+Leer, Alt+F)	**Diese Übung macht mir Spaß**	(Umschalt+Return)
(Alt+Leer, Alt+I)	*Diese Übung macht mir Spaß*	(Umschalt+Return)
(Alt+Leer, Alt+S)	~~Diese Übung macht mir Spaß~~	(Umschalt+Return)

(Alt+Leer, Alt+K)	WAS IST DENN DAS?	(Umschalt+Return)
(Alt+U)	<u>WAS IST DENN DAS?</u>	(Umschalt+Return)
(Alt+Leer)	H	
(Alt+T)	20	

Anhand dieser Übung wurde sicherlich deutlich, wie bei der direkten Auszeichnung über Funktionstasten vorzugehen ist:

- Zunächst müssen Sie die gewünschte Auszeichnung wählen (Formatierungstasten betätigen);

- Anschließend ist die jeweilige Zeichenfolge zu schreiben;

- Um wieder zum Standard-Zeichensatz zurückzukehren, müssen Sie die Tastenkombination <Alt> + <Leer> betätigen.

Die Bedeutung der einzelnen Formatierungstasten zur Auszeichnung wird in Bild 4-5 gezeigt.

Tastenkombinationen zur Textformatierung
(Überblick)

Auszeichnung	Formatierungstasten
- Unterstrichen	Alt + U
- Doppelt Unterstrichen	Alt + D
- Fettdruck	Alt + F
- Kursivschrift	Alt + I
- Durchgestrichen	Alt + S
- Kapitälchen	Alt + K
- Hochgestellt	Alt + H
- Tiefgestellt	Alt + T
- Verborgener Text	Alt + V
- Standard	Alt + Leertaste

Bild 4-5: Tastenkombinationen zur Textformatierung

Die wichtigsten Tastenkombinationen lassen sich leicht merken. Achten Sie auf den zugeordneten Buchstaben und die Bedeutung der Tastenkombination. Mit Ausnahme der Umstellung auf Großbuchstaben sowie der Variation von Schriftart und Schriftgröße können alle Auszeichnungen also auch über die Tastenkombinationen realisiert werden.

Wollen Sie einen Text im nachhinein über Formatierungstasten auszeichnen, so müssen Sie die entsprechende Zeichenfolge zunächst markieren. Danach können Sie dann die gewünschte Tastenkombination betätigen (Hinweis: Soll lediglich ein einzelnes Zeichen formatiert werden, dann müssen Sie die Formatierungstasten zweimal drücken. Dadurch soll verhindert werden, daß man Zeichen aus Versehen durch Verwechseln von Umschalt- und Alt-Taste formatiert).

Umgekehrt können Sie nachträglich auch eine gewählte Auszeichnung wieder löschen, indem Sie die Zeichenfolge markieren und dann die Tastenkombination <Alt> + <Leertaste> betätigen.

Wir wollen nun einmal die Teilaufgabe b) über Formatierungstasten lösen. Laden Sie dazu erneut den Text mit dem Dateinamen "Text01". Steuern Sie nun das erste Wort an, das in Fettschrift erscheinen soll (hier das Wort "Erfassen"). Erweitern Sie dann die Markierung in der Form, daß sämtliche Wörter, die in Fettschrift erscheinen sollen, markiert sind. Betätigen Sie dann die Tastenkombination <ALT> + <F>, so wird die gewünschte Auszeichnung in Fettschrift vorgenommen.

Einen abschließenden Überblick über die Varianten der Zeichenformatierung gibt Bild 4-6.

Varianten zur Realisierung der Zeichenformatierung

Zeitpunkt Art der Formatierung	bei der Erfassung	nachträglich

menüorientiert	- Befehl FORMAT
	  ZEICHEN
	- Text schreiben
		- Text markieren
		- Befehl FORMAT
		  ZEICHEN

mit Funktions-
tasten
	- Alt-Tastenkombi-
	  nation
	- Text schreiben
		- Text markieren
		- Alt-Tastenkombi-
		  nation

Bild 4-6: Varianten zur Realisierung der Zeichenformatierung

4.2.3 Arbeiten mit verstecktem Text

Eine besondere Option ist das Zeichenformat "Verborgen:". Durch diese Option können Sie variabel festlegen, ob bestimmte Textabschnitte auf dem Bildschirm bzw. beim Drucken ausgegeben werden sollen oder nicht.

Das Anwendungsfeld der Option "verborgener Text" ist viefältig. Sie bietet sich z. B. an, um Texte und Kommentare in einen Text einzufügen, die nicht für jedermann bestimmt sind. Bei Bedarf können diese Kommentare zum Dokument, Hinweise und Marginalien wieder ans "Tageslicht" geholt werden.

Wichtig ist das Arbeiten mit versteckten Texten insbesondere in Verbindung mit folgenden Anwendungen: Arbeiten mit Formularen (vgl. Kapitel 5); Einfügen von Tabellen und Graphiken in Texte (vgl. Kapitel 8); Arbeiten mit Indexeinträgen und Inhaltsverzeichnissen (vgl. Kapitel 9).

Für das Arbeiten mit verborgenem Text kommen im wesentlichen folgende Teilaktivitäten in Betracht:

a)   Formatzuweisung. Die Zuweisung des Formates erfolgt über den Befehl FORMAT ZEICHEN und Einstellen der Option im Befehlsfeld "Verborgen:". Alternativ kann auch die Tastenkombination <ALT> + <V> betätigt werden.

b)   Variation der Textanzeige. Über den Befehl AUSSCHNITT OPTIONEN können Sie im Befehlsfeld "Verborgener Text sichtbar:" festlegen, ob die verborgen formatierten Textabschnitte angezeigt werden sollen oder nicht. Verborgen formatierte Textabschnitte sind bei der Anzeige auf dem Bildschirm durch eine punktierte Unterstreichungslinie erkennbar.

c)   Variation des Ausdrucks verborgener Texte. Über den Befehl DRUCK OPTIONEN können Sie gezielt durch Einstellung im Befehlsfeld "Verborgener Text:" bestimmen, ob die verborgen formatierten Textteile ausgedruckt werden sollen oder nicht.

4.3 Gestaltung von Absätzen

Texte setzen sich aus einer Vielzahl von Absätzen zusammen. Programmtechnisch erfolgt eine Einteilung in Absätze durch Betätigen der Taste <RETURN> bei der Texterfassung. Dadurch wird - wie bereits dargestellt - eine Absatzkennmarke in den Text eingefügt.

Je nach Art der Texte, die erstellt werden sollen, werden mitunter höchst unterschiedliche Anforderungen an die Gestaltung der Absätze gestellt (z. B. Brieftexte in einzeiliger und Aktennotizen in anderthalbzeiliger Schreibweise). Mitunter besteht auch der Wunsch, innerhalb eines Textes eine Variation der Absatzgestaltung vorzunehmen (z. B. Einrückungen für bestimmte Absätze).

Besondere Bedeutung kommt bei der Gestaltung von Absätzen auch der Silbentrennung zu. Dies gilt vor allem für den Fall, daß Absätze im Blocksatz geschrieben werden sollen. Um diese Arbeit zu vereinfachen, stellen Textprogramme Hilfen zur Silbentrennung zur Verfügung.

Spezielle Einstellungen zur Absatzformatierung sind dann entbehrlich, wenn die vorgegebenen Standard-Absatzformate übernommen werden können. Standardmäßig werden in einem Absatz

- die Zeilen linksbündig angeordnet;

- Zeileneinzüge nicht vorgenommen;

- Zeilenabstände engzeilig realisiert;

- die Seitenwechsel bei jeder Zeile eines Absatzes in Abhängigkeit von der festgelegten Seitenlänge vorgenommen.

Darüber hinaus bietet WORD jedoch die Möglichkeit, eine Vielzahl von Änderungen individuell einzustellen (z. B. das Einstellen auf Blocksatz, das Einrükken bestimmter Absätze oder die Festlegung unterschiedlicher Zeilenabstände).

Sollen einem Text vom Standard-Absatz abweichende Formate zugeordnet werden, so stehen bei direkter Formatierung grundsätzlich zwei Alternativen in MS-Word zur Wahl:

a) Betätigen einer bestimmten, im Programm festgelegten Tastenkombination. Es handelt sich dabei um die Kombination der Alt-Taste mit einer bestimmten Taste, die in der Regel leicht zu merken ist, da hier eine Verbindung zum auslösbaren Befehl besteht (z. B. <Alt> + <B> für Blocksatz oder <Alt> + <2> für zweizeilig).

b) Veränderung der Vorgaben im Befehl FORMAT ABSATZ. Einen Überblick über die Befehlsfelder des Befehls FORMAT ABSATZ gibt Bild 4-7.

```
FORMAT ABSATZ Ausschließung: Links Zentriert Rechts Block
   Linker Einzug:            Erste Zeile:              Rechter Einzug:
   Zeilenabstand:            Anfangsabstand:              Endeabstand:
   Selbe Seite: Ja Nein      Nächster Absatz selbe Seite: Ja Nein
   Nebeneinander: Ja Nein
Wählen Sie bitte eine Option!
Se1 Sp1          ()                                    Microsoft Word
```

Bild 4-7: Befehlsfelder FORMAT ABSATZ

Die Befehlsfelder lassen sich im wesentlichen vier Komplexen zuordnen:

a)   Ausschließung; hiermit sind die verschiedenen Möglichkeiten der Anord-
     nung eines Absatzes (z. B. Blocksatz oder Zentrierung) angesprochen.

b)   Variation des Zeileneinzuges; alternativ können Einzüge links und rechts
     sowie ein Erstzeileneinzug (positiv oder negativ) erfolgen.

c)   Variation des Zeilen- und Absatzabstandes; die Befehlsfelder in der dritten
     Zeile des Befehlsmenüs ermöglichen eine entsprechende Festlegung durch
     Angabe des gewünschten Zeilenmaßes (zg = zeilig).

b)   Beeinflussung des Seitenumbruchs; über die Befehlsfelder "Selbe Seite:"
     und "Nächster Absatz selbe Seite:" können Sie z. B. sicherstellen, daß ein
     bestimmter Absatz beim Seitenumbruch nicht auseinandergerissen wird.

Sofern beim Ausfüllen von Befehlsfeldern des Befehls FORMAT Maße einzugeben sind, haben Sie die Wahl zwischen verschiedenen Maßeinheiten. Mögliche Maßeinheiten, die nach der jeweiligen Zahl (Ganzzahl oder Dezimal-
bruch) angegeben werden können, sind: Zoll, cm, p10 (10 Zeichen/Zoll), p12
(12 Zeichen/Zoll), pt (für Punkte, wobei 1 Zoll 72 Punkte entspricht) sowie zg
(für zeilig, etwa zur Angabe des Zeilenabstandes). Die im Befehlsfeld vom
Textprogramm gemachte Vorgabe ist davon abhängig, welche Maßeinheit im
Befehl ZUSÄTZE gewählt wurde (sollte die Vorgabe nicht Ihren Vorstellungen
entsprechen, so können Sie hier die gewünschte Änderung vornehmen).

Musteraufgabe 4-2:   Silbentrennung

a)   Erfassen Sie zunächst den folgenden Textabschnitt und speichern Sie das
     Ergebnis unter dem Dateinamen "Text42":

     Ausgereifte Textverarbeitungsprogramme für den PC bieten auch die
     Möglichkeit des Rechnens im Text. In diesem Fall können
     unmittelbar mit dem Programm im Text einfache Rechenoperationen
     problemlos durchgeführt werden (z. B. eine Addition oder
     Subtraktion von Zahlenkolonnen, die Multiplikation von Mengen- und
     Wertangaben oder das Errechnen von Prozentbeträgen). Eine
     besondere Erweiterung liegt dann vor, wenn die Rechenfunktionen
     programmiert werden können; dann lassen sich Textprogramme etwa
     auch für eine einfache Rechnungsschreibung nutzen.

b)   Führen Sie an geeigneten Stellen eine manuelle Trennung durch. Ergebnis
     sollte der im folgenden wiedergegebene Text sein, den Sie bitte unter dem
     Dateinamen "Text43" speichern:

     Ausgereifte Textverarbeitungsprogramme für den PC bieten auch die
     Möglichkeit des Rechnens im Text. In diesem Fall können unmittel-
     bar mit dem Programm im Text einfache Rechenoperationen problemlos
     durchgeführt werden (z. B. eine Addition oder Subtraktion von Zah-
     lenkolonnen, die Multiplikation von Mengen- und Wertangaben oder
     das Errechnen von Prozentbeträgen). Eine besondere Erweiterung
     liegt dann vor, wenn die Rechenfunktionen programmiert werden kön-

nen; dann lassen sich Textprogramme etwa auch für eine einfache Rechnungsschreibung nutzen.

c) Laden Sie nun die auf Ihrer Arbeitsdiskette befindliche Textdatei "Text02.TXT". Wenden Sie zur Silbentrennung die Funktion Trennhilfe einmal mit Bestätigung und zum anderen in einem automatischen Durchlauf an. Ergebnis muß dann in beiden Fällen der im folgenden dargestellte Text sein:

Textverarbeitung hat sich zum Hauptanwendungsgebiet für den Personal Computer entwickelt. Dies ist im wesentlichen auf zwei Gründe zurückzuführen. Zum einen sind die anfallenden Kosten gering; zum anderen konnten Funktionsumfang und Komfort der Software in den letzten Jahren stetig verbessert werden. Hinzu kommen die vielfältigen Einsatzmöglichkeiten: So können neben Textverarbeitung mit dem PC noch weitere Aufgaben schnell und problemlos erledigt werden.

4.3.1 Silbentrennung (Zeilenumbruch)

Üblich ist bei Textprogrammen ein automatischer Zeilenumbruch: Das letzte über den rechten Zeilenrand hinausreichende Wort - erkennbar an der vorangehenden Leerstelle - wird komplett in die nächste Erfassungszeile hinübergezogen.

Für englischsprachige Texte reicht der automatische Zeilenumbruch in der Regel aus, da die Wörter meist sehr kurz sind. In deutschen Texten entsteht aber oft ein unansehnlicher Flatterrand. Um zu erreichen, daß der rechte Rand eines Textes ein harmonisches Bild bietet, ist eine Silbentrennung von Wörtern deshalb vielfach unumgänglich.

Grundsätzlich bieten sich zwei Möglichkeiten, eine Silbentrennung zu organisieren. Einmal kann die Silbentrennung durch den Benutzer selbst entweder bei der Erfassung oder nachträglich vorgenommen werden (sog. manuelles Setzen von Trennstrichen).

Neben der Option für den Benutzer, individuell Trennstriche zu setzen, verfügen gute Textverarbeitungsprogramme andererseits auch über die Möglichkeit, Hilfen für die Silbentrennung zu geben. Dies ist vor allem für lange Texte sinnvoll, die noch häufig umformatiert werden. Allerdings ist ein Silbentrennprogramm nicht immer ganz zuverlässig. So werden bestimmte Ausnahmefälle nicht unbedingt berücksichtigt. Beispielsweise erfolgt nicht immer eine Korrektur bzw. Rücknahme einer ck-Trennung.

4.3.1.1 Setzen von Trennstrichen bei der Erfassung

Um die Silbentrennung vorzunehmen, gibt es bei MS-Word - wie bereits erwähnt - die Möglichkeit, selbst Trennstriche einzufügen. Dabei lassen sich drei Eingabealternativen unterscheiden:

a) wahlweise (vorgegebene) Trennstelle

b) gewöhnlicher Bindestrich

c) geschützter Bindestrich.

zu a)

Sofern Sie bei der Erfassung eines Textes am Zeilenende eine Silbentrennung vornehmen wollen sowie als Vorbeugung bei längeren Wörtern, sind sog. "weiche" Trennstriche zu setzen. Das Wirksamwerden der Trennung erfolgt je nach Position im Text; das Trennzeichen erscheint nur dann, wenn dies im Falle eines notwendigen Zeilenumbruchs sinnvoll ist. Diese Eingabe vorgegebener Trennstellen wird in MS-Word durch Betätigen der Tastenkombination <Ctrl> + <Bindestrich> realisiert. Diese Vorgehensweise lohnt sich bei außerordentlich langen Wörtern in Texten, für die künftig eine weitere Bearbeitung zu erwarten ist. (Hinweis: die vorgegebenen Trennstellen können auch wieder gelöscht werden, indem Sie den Befehl ZUSÄTZE SONDERZEICHEN SICHTBAR wählen und hier die Antwort "Alle" vorsehen; das Löschen erfolgt durch Markieren der Trennstelle und Betätigen der <Del>-Taste).

zu b)

Setzen Sie bei der Texterfassung am Zeilenende für die Worttrennung - ähnlich wie bei der Schreibmaschine - einen gewöhnlichen Bindestrich, so führt dies ebenfalls zu der gewünschten Worttrennung. Allerdings bietet sich dieses Vorgehen nicht für eine normale Silbentrennung an. Wenn der Text später Veränderungen erfährt (z. B. das Einfügen oder Löschen von Textabschnitten), sind nämlich zusätzliche Arbeiten notwendig, da die fest eingegebene Trennstelle auch nach Einfügungen und Löschungen erhalten bleibt, wenn sie in der Mitte einer Zeile (und nicht mehr am Textende) steht. Das Setzen eines normalen Bindestriches ist deshalb nur dann angebracht, wenn es sich tatsächlich um Bindestriche handelt (z. B. für zusammengehörige Wortgruppen).

zu c)

Neben dem gewöhnlichen Bindestrich, der im Bedarfsfall auch zum Zeilenumbruch führt, gibt es Verbindungen, wo grundsätzlich kein Zeilenwechsel vorgenommen werden soll (z. B. bei Doppelnamen oder dem Minuszeichen vor Zahlenangaben). Einen solchen geschützten Bindestrich können Sie über die Tastenkombination <CTRL> + <UMSCHALT> + <Bindestrich> realisieren.

Nach diesen Vorbemerkungen können Sie nun die Musteraufgabe 4-2 in Angriff nehmen. Erfassen Sie zunächst den Text gemäß Teilschritt a) und speichern Sie diesen unter dem gewünschten Dateinamen. Zur Aufgabenlösung in Teil b) sollten Sie an den drei vorgesehenen Trennstellen im Text jeweils einen weichen Trennstrich setzen (durch Betätigen der Tastenkombination <Ctrl> + <Bindestrich>). Ergebnis muß dann der gewünschte Text sein.

4.3.1.2 Nutzung der Trennhilfe-Funktion

Neben selbst vorgenommenen Silbentrennungen können die Silbentrennungen auch vom Programm vorgeschlagen oder automatisch vorgenommen werden. Die Ausführung der Silbentrennung bleibt im ersten Fall auch dann noch der Einschätzung des Bedieners überlassen.

Grundsätzlich kann die programmgestützte Silbentrennung

o im Zuge der Erfassung oder

o in einem nachträglichen Trenndurchlauf erfolgen.

Im ersten Fall wird der Bediener in dem Erfassungsfluß allerdings unter Umständen stark gehemmt, da ihm immer wieder Trennüberlegungen und -entscheidungen abverlangt werden.

Bei MS-Word findet sich die Möglichkeit, einen nachträglichen Durchlauf vorzunehmen. Das sollen Sie nun am Beispiel des Textes mit dem Dateinamen "Text02" testen. Laden Sie diesen Text und wählen Sie den Befehl BIBLIO-

THEK TRENNHILFE. Nach der Befehlsauslösung ergibt sich die in Bild 4-8 wiedergegebene Darstellung.

```
═[·········1·········2·········3·········4·········5·········6·····] 09:57:34
 Textverarbeitung hat sich zum Hauptanwendungsgebiet für den
 Personal Computer entwickelt. Dies ist im wesentlichen auf zwei
 Gründe zurückzuführen. Zum einen sind die anfallenden Kosten
 gering; zum anderen konnten Funktionsumfang und Komfort der
 Software in den letzten Jahren stetig verbessert werden. Hinzu
 kommen die vielfältigen Einsatzmöglichkeiten: So können neben
 Textverarbeitung mit dem PC noch weitere Aufgaben schnell und
 problemlos erledigt werden.
 ◆



                                                           ═TEXT02.TXT═
BIBLIOTHEK TRENNHILFE Trennvorschlag bestätigen: Ja Nein
                      Großbuchstaben:(Ja)Nein
Wählen Sie bitte eine Option!
Se1 Sp1          (→)                                       Microsoft Word
```

Bild 4-8: Befehl BIBLIOTHEK TRENNHILFE

Die Darstellung zeigt, daß Sie im ersten Befehlsfeld wählen können, ob Sie eine automatische Trennung realisieren wollen oder ob aus Sicherheitsgründen zunächst eine Abfrage mit Bestätigung erfolgen soll.

Im Beispielfall soll die Silbentrennung mit Bestätigung erfolgen, so daß im Befehlsfeld "Trennvorschlag bestätigen:" die Option "Ja" einzustellen ist.

Bei Ausführung des Befehls wird grundsätzlich der Text ab der aktuellen Position des Cursors bis zum Textende nach Trennmöglichkeiten untersucht. Es empfiehlt sich deshalb, den Cursor zunächst an den Anfang des Textes zu positionieren. Allerdings ist es auch möglich, nur einen bestimmten Textteil auf Trennmöglichkeiten zu prüfen; dazu ist lediglich eine Markierung des Teils erforderlich.

Die Wahl der Alternative "Ja" (bei Trennvorschlag bestätigen) hat zur Folge, daß am Bildschirm der jeweilige Zeilenwechsel angezeigt wird, der sich beim Druckvorgang ergeben würde. Das System gibt nun zunächst in der Statuszeile den Hinweis "Silbentrennung läuft.....". Danach markiert das System die erste mögliche Trennstelle, und es erscheint die Meldung: "Geben Sie J für Trennen ein, N für nicht oder benutzen Sie die Richtungstasten".

Im Beispielfall würde sich das Bild 4-9 ergeben.

```
=[·········1········2········3·········4····[···5·········6·····] 10:05:45
Textverarbeitung hat sich zum Hauptanwendungsgebiet für den
Personal Computer entwickelt. Dies ist im wesentlichen auf zwei
Gründe zurückzuführen. Zum einen sind die anfallenden Kosten
gering; zum anderen konnten Funktionsumfang und Komfort der
Software in den letzten Jahren stetig verbessert werden. Hinzu
kommen die vielfältigen Einsatzmöglichkeiten: So können neben
Textverarbeitung mit dem PC noch weitere Aufgaben schnell und
problemlos erledigt werden.
◆



                                                              TEXT02.TXT
BIBLIOTHEK TRENNHILFE Trennvorschlag bestätigen:(Ja)Nein
                      Großbuchstaben:(Ja)Nein
Geben Sie J für Trennen ein, N für nicht oder benutzen Sie die Richungstasten!
Se1 Sp6          (→)                                         Microsoft Word
```

Bild 4-9: Bestätigung von Silbentrennvorschlägen

Möglich sind also drei Reaktionen:

a)   Sie wollen an der Stelle trennen und müssen deshalb die Taste <J> betätigen;

b)   Sie wollen das Wort überhaupt nicht trennen und geben deshalb ein <N> ein;

c)   Sie drücken die Pfeiltaste "Nach links" und markieren sich selbst die gewünschte Trennstelle. Abschließend bestätigen Sie den Vorgang mit <J>.

Im Beispielfall kann der unterbreitete Trennvorschlag nach dem Buchstaben "o" bei Personal übernommen werden. Betätigen Sie deshalb die Taste <J>. Anschließend zeigt das System den nächsten Trennvorschlag an. Dieser Vorgang wiederholt sich bis zum Textende; hier wird dann in der Meldungszeile angegeben, wieviele Wörter getrennt wurden (im Beispielfall 3 Wörter). Danach kehrt das Programm wieder in den Texteingabemodus zurück. Wichtig ist, daß die Wirkungsweise der nun im Text vorhandenen Trennstriche dieselbe ist wie bei einem "weichen" Trennstrich.

Um den Vorgang nun einmal mit automatischer Silbentrennung durchzuführen, laden Sie bitte erneut den Text. Nach Wahl des Befehls BIBLIOTHEK TRENNHILFE kann der Befehl dann direkt mit <RETURN> ausgeführt werden, sofern im Feld "Trennvorschlag bestätigen:" die Option auf "Nein" eingestellt ist. Das System führt dann die Trennungen automatisch durch und macht am Ende die Vollzugsmeldung: "3 Wörter habe ich getrennt!".

4.3.1.3 Besonderheiten bei der Organisation des Zeilenwechsels

Da Leerschritte vom Textprogramm grundsätzlich als der Beginn eines neuen Wortes interpretiert werden, kann dies nicht selten zu Problemen führen, insbesondere wenn im Rahmen der Überarbeitung umfangreiche Einfügungen oder Löschungen vorgenommen wurden. So gibt es Wortgruppen, zwischen denen zwar ein Leerschritt gesetzt wird, die aber bei einem Zeilenwechsel oder Seitenumbruch nicht auseinandergerissen werden dürfen. Beispiele hierfür sind

o Firmennamen (wie "Chemica AG")

o akademische Namenszusätze (z. B. "Dr. H. Klein") und

o die Benennung von Zahlen (z. B. 50 km/h oder 500,00 DM).

Wichtig ist, daß das Textverarbeitungsprogramm für solche Fälle - neben dem herkömmlichen Leerschritt - über die Möglichkeit eines geschützten Leerschrittes verfügt. In MS-Word können Sie einen geschützten Wortzwischenraum sicherstellen, indem Sie statt der Leertaste zwischen den zusammengehörigen Wörtern die Tastenkombination <CTRL>+<Leertaste> betätigen. Das Textprogramm betrachtet in diesem Fall den Leerschritt als untrennbaren Bestandteil einer Wortgruppe.

Musteraufgabe 4-3:   Variation der Ausschließung

a)   Erfassen Sie folgenden kurzen Text, indem Sie die Absatzformatierung direkt während des Erfassungsvorganges vornehmen.

Mehr Wirtschaftlichkeit durch den PC

Mit dem Einsatz eines Personal-Computers in der Fachabteilung bietet sich die Chance zu einer Effizienzsteigerung der Büroarbeit. So ist beispielsweise eine enorme Entlastung bei aufwendigen Routinearbeiten denkbar.

Betriebliche Planungsarbeiten und die damit verbundenen Aufgaben der Berichterstattung können mit Hilfe von Kalkulationsprogrammen, Textverarbeitung und Graphiksoftware beschleunigt werden. Die Nutzung von Textverarbeitung in Verbindung mit Teletex und Electronic Mail kann zudem Verzögerungen in der schriftlichen Kommunikation vermindern helfen."

b)   Laden Sie den unter dem Dateinamen "Text01" gespeicherten Text und führen Sie zunächst eine automatische Silbentrennung durch. Formatieren Sie danach den Text im Blocksatz, so daß sich folgende Darstellung ergibt:

PC-Textverarbeitungsprogramme stellen dem Benutzer alle wesentli chen Textfunktionen zur Verfügung. Hierzu zählen das Erfassen, das Speichern und das Drucken von Texten.

Ca. 80 % der Fehler bei der Texteingabe werden unmittelbar ent deckt. Von Vorteil ist deshalb die Nutzung von Geräten der Text verarbeitung, die eine komfortable Sofortkorrektur ermöglichen. Hierzu zählen z. B. das Löschen, Einfügen und Überschreiben von Zeichen.

In der beruflichen Praxis entstehen viele Texte außerdem nicht selten in mehreren Arbeitsschritten. An der "Roh-Fassung" werden vom Autor Korrekturen, Einfügungen, Umformatierungen und Kürzungen vorgenommen, die im dann folgenden Arbeitsgang in den Text einge arbeitet werden müssen. Im Rahmen der nachträglichen Überarbeitung eines Textes sind häufig auch größere Textteile zu löschen oder einzufügen. Dies ist meist problemlos mit wenigen Arbeitsschritten möglich.

Umfangreiche Möglichkeiten stehen in der Regel auch für die Text gestaltung zur Verfügung. So können z. B. mit fast allen Textpro grammen Überschriften zentriert und ein Text im Blocksatz ge schrieben werden. Um bestimmte Textteile hervorzuheben, ist außer dem eine gezielte Auszeichnung (Fettdruck, Kursivschrift, Unter streichen) möglich.

4.3.2 Festlegen des Zeilenanfalls (sog. Ausschließung)

Ähnlich der Zeichenformatierung haben Sie auch bei der Absatzformatierung verschiedene Möglichkeiten der Vorgehensweise. So kann die Absatzformatierung sowohl direkt bei der Erfassung erfolgen als auch im nachhinein. Darüber hinaus haben Sie meist die Alternative, entweder den Befehl FORMAT AB-SATZ zu wählen oder bestimmte Funktionstasten zu betätigen, um bestimmte Absatzformate zu realisieren.

Grundsätzlich lassen sich vier verschiedene Formen der Zeilenanordnung unterscheiden:

a)	Linksbündig. Standardmäßig werden die Zeilen in einem Absatz linksbündig angeordnet. Unter Umständen ergibt sich am rechten Rand dann ein mehr oder weniger unansehnlicher Flatterrand.

b)	Zentriert. Bei Überschriften kann das Zentrieren von Zeilen in Betracht kommen. Der eingegebene oder markierte Text wird dann automatisch exakt in die Mitte zwischen einem vorher festgelegten linken und rechten Rand des Schriftstückes plaziert.

c)	Rechtsbündig. Das rechtsbündige Anordnen von Zeilen dürfte sicherlich die Ausnahme sein. Diese Funktion ist eigentlich nur im Rahmen von Tabulationen interessant.

d)	Blocksatz. Eine aus Büchern und Zeitungen bekannte Form der Zeilenanordnung ist der Blocksatz. Der Text wird in diesem Fall gleichzeitig an den linken und an den rechten Rand angeglichen (außer am Absatzende). Wo die Textzeichen zur Füllung einer Zeile nicht ausreichen, werden zusätzliche Leerstellen zwischen den Wörtern eingefügt.

In der Musteraufgabe 4-3 soll in der Teilaufgabe a) die Zeilenanordnung direkt bei der Erfassung des Textes vorgenommen werden. In diesem Fall ist vor dem Erfassen des Absatzes der Befehl FORMAT ABSATZ zu wählen und die gewünschte Formatierung einzustellen. Danach kann dann der Absatz geschrieben werden. Soll wieder auf ein anderes Format gewechselt werden, müssen Sie erneut über den Befehl FORMAT ABSATZ eine Umstellung vornehmen. Dies ist im Beispielfall nach Schreiben der Überschrift notwendig. Nehmen Sie eine Absatzschaltung vor und stellen Sie dann die Ausschließung auf Blocksatz. Nun können Sie die restlichen beiden Absätze unmittelbar im Blocksatz erfassen.

Um die Zeilenanordnung während der Erfassung von Texten zu verändern, ist im einzelnen folgendes Vorgehen notwendig:

Reihenfolge der Bearbeitung	Tastenfolge
1. Wahl des Befehls FORMAT ABSATZ	<ESC> <F> <A>
2. Wahl der Option (z. B. Zentrieren)	<Z>
3. Befehl ausführen	<RETURN>
4. Text schreiben	

In der Teilaufgabe b) sollen Sie den Zeilenanfall im nachhinein festlegen. Folgende Vorgehensweise ist dabei zu wählen:

o   Markieren des Absatzes. Um einen Absatz zu formatieren, reicht es aus, wenn Sie lediglich ein beliebiges Zeichen des Absatzes ansteuern (die Absatzformatierung gilt immer für den gesamten Absatz, in dem sich die Schreibmarke befindet). Soll jedoch mehreren Absätzen gleichzeitig ein bestimmtes Format zugeordnet werden, müssen Sie diese mit Hilfe der Funktionstasten (<F10> sowie der Erweiterungstaste <F6>) entsprechend markieren. Die gewählten Formatierungsmerkmale können nun allen markierten Absätzen gleichzeitig zugeordnet werden.

o   Wahl der gewünschten Ausschließung. Dies kann über den Befehl FORMAT ABSATZ erfolgen. Nach Auslösung des Befehls ist es möglich, weitere Formatierungen vorzunehmen oder die gewählte Form wieder auf den Standardabsatz einzustellen.

Eine andere Variante der Zeilenanordnung ist das Betätigen festgelegter Formatierungstasten. Mögliche Formatierungtasten zur Beeinflussung der Ausschließung eines Absatzes sind:

<Alt> + <L>   Linksbündig

<Alt> + <Z>   Zentriert

<Alt> + <R>   Rechtsbündig

<Alt> + <B>   Blocksatz

In das Normalformat für einen Absatz gelangen Sie in jedem Fall durch Betätigen von <Alt> + <N>. Bei der Realisierung ergibt sich eine ähnliche Vorgehensweise wie bei Wahl des Befehls FORMAT ABSATZ:

1.   Betätigen Sie zunächst die gewünschte Tastenkombination zur Festlegung des Zeilenanfalls (z. B. Alt-Z für eine Überschrift).

2.   Schreiben Sie anschließend den Text des Absatzes.

3.   Kehren Sie - falls die Ausschließung nicht mehr beibehalten werden soll - wieder zum Standardabsatz zurück (über die Tastenkombination <Alt> + <N>).

Analog können Sie auch im nachhinein einem Absatz über Formatierungstasten eine Ausschließung zuordnen. Voraussetzung ist, daß der bzw. die Absätze markiert sind. Testen Sie dies einmal mit der Musteraufgabe 4-3 b).

Musteraufgabe 4-4:   Festlegen von Zeileneinzügen (Einrückungen)

a)   In einem Anschreiben sollen bestimmte Abschnitte durch Einrückung herausgestellt werden. Erfassen Sie folgenden Textausschnitt unter Beachtung der Zeileneinrückung:

Sehr geehrte Damen und Herren,

hiermit sind Sie herzlich eingeladen, an der Besprechung über die Weiterentwicklung der Bürokommunikation in unserem Hause teilzunehmen. Wir würden uns freuen Sie begrüßen zu können.

Zeitpunkt: 08.08.1988, 14 Uhr

Ort: Konferenzraum R. 471

Bitte teilen Sie uns bis zum 01.08.1988 mit, ob Sie an der Besprechung teilnehmen werden.

Mit freundlichen Grüßen

b) In einer Vielzahl von Texten werden durch numerische oder alphabetische Kennzeichnung bestimmte Aspekte besonders herausgestellt. Erfassen Sie folgenden Text unter Beachtung der Zeileneinzüge:

Es gibt im wesentlichen 3 Vorteile von Teletex gegenüber Telex:

1) Mit Teletex ist ein wesentlich größerer Zeichenvorrat darstellbar als bei Telex.

2) Während bei Telex die Textübertragung einer DIN-A4-Seite ca. fünf Minuten beansprucht, kann dies bei Teletex innerhalb von zehn Sekunden realisiert werden.

3) Teletex arbeitet im Speicher-zu-Speicher-Verkehr, so daß der Empfänger eines Textes in seiner Arbeit nicht gestört wird.

4.3.3 Festlegen des Zeileneinzuges (Einrückungen)

Es wurde bereits erwähnt, daß grundsätzlich keine Absatzeinzüge im Text erfolgen. Das Herausheben bestimmter Informationen eines Textes, aber auch DIN-Regeln für Geschäftsbriefe können jedoch einen Zeileneinzug notwendig machen. Ein gutes Textprogramm bietet dabei die Möglichkeit, beliebig viele Zeilen mit unterschiedlichen Einzügen zu versehen.

Aus Übersichtsgründen ist es von Vorteil, wenn Sie sich bei der Erfassung oder Überarbeitung anzeigen lassen können, wo die Einzüge im Text vorgenommen wurden. Wählen Sie zu diesem Zweck im Befehlsfeld "Zeilenlineal:" des Befehls AUSSCHNITT OPTIONEN die Antwort "Ja". Dann erscheint am oberen Bildschirmrand das Zeilenlineal mit festgelegten Einzugssymbolen. Beispielhafte Symbole sind:

[Linker Einzug
] Rechter Einzug
| Erstzeileneinzug

Bild 4-10: Einzugssymbole bei der Absatzformatierung

Zur Realisierung des Zeileneinzuges enthält der Befehl FORMAT ABSATZ drei verschiedene Befehlsfelder, in die entsprechende Maßeinheiten einzugeben sind:

1. Linker Einzug; Eintragungen in diesem Befehlsfeld bewirken, daß der gesamte Absatz eingerückt wird. Das eingegebene Maß bezieht sich dabei auf den Abstand zwischen dem linken Rand und dem Zeilenanfang des Absatzes.

2. Rechter Einzug; zwischen dem rechten Rand und dem Zeilenende kann durch eine Eintragung ein gewünschter Abstand gesetzt werden.

3. Erstzeileneinzug; der Abstand zwischen dem linken Textrand und dem Anfang der ersten Zeile eines Absatzes wird als Erstzeileneinzug bezeichnet. Dieser Erstzeileneinzug kann entweder positiv oder negativ sein:

    a) positiver Erstzeileneinzug: in diesem Fall ist der Einzug der ersten Zeile größer (d. h. die erste Zeile wird nach rechts eingerückt), was durch Eingabe eines positiven Wertes in dem Befehlsfeld erreicht wird.

    b) negativer Erstzeileneinzug; ist der Einzug der ersten Zeile kleiner als derjenige der folgenden Zeile, dann spricht man von negativem Erstzeileneinzug (im Befehlsfeld "Erste Zeile:" ist ein negativer Wert einzugeben). Dies kann etwa sinnvoll bei der numerischen Untergliederung von Absätzen sein.

Einen Überblick über die Bedeutung der Varianten gibt Bild 4-11.

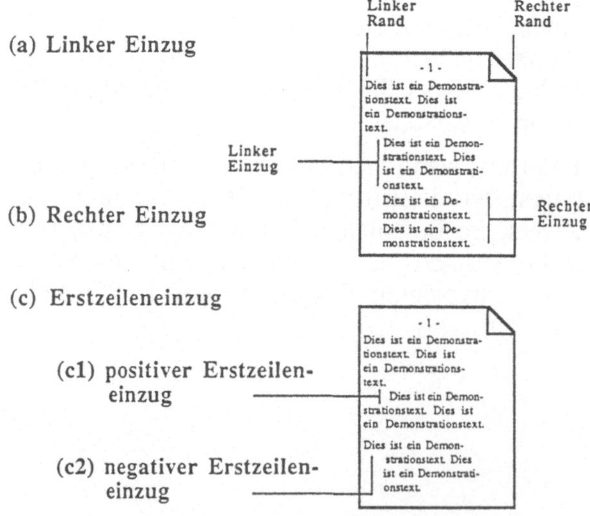

Bild 4-11: Varianten des Zeileneinzuges

Zur Lösung der Musteraufgabe 4-4, Teil a) können Sie zunächst die ersten beiden Absätze schreiben. Nachdem Sie dann eine Absatzschaltung vorgenommen haben, müssen Sie nun den Befehl FORMAT ABSATZ wählen und im Feld "Linker Einzug:" die gewünschte Maßeinheit (z. B. 1,5 cm) eingeben. Nach Bestätigung des Befehls mit der Taste <RETURN> können Sie den Absatz wunschgemäß mit Einrückung schreiben.

Zur Lösung der Teilaufgabe b) müssen Sie nach Schreiben der ersten Zeile eine Einrückung links und einen negativen Erstzeileneinzug mit der gleichen Maßeinheit vornehmen. Geben Sie im Beispielfall im Feld "Linker Einzug:" einen Wert von 1,25 und im Feld "Erste Zeile:" einen Wert von -1,25 cm ein. In diesem Fall wird die Formatierung der drei Absätze in der vorgesehenen Form vorgenommen.

Schließlich sei darauf hingewiesen, daß die Festlegungen des Zeileneinzuges ebenfalls über Formatierungstasten möglich sind. Die Bedeutung der Formatierungstasten wird im folgenden wiedergegeben:

Tastenkombination	Wirkung
Alt + E	Erstzeileneinzug
Alt + G	Einzug vergrößern
Alt + M	Einzug verkleinern
Alt + Y	Negativer Erstzeileneinzug

Bild 4-12:
Formatierungstasten zum Zeileneinzug

Musteraufgabe 4-5:   Festlegen von Zeilen und Absatzabständen

a) Laden Sie den auf Ihrer Arbeitsdiskette befindlichen Text mit dem Dateinamen "Text03".

b) Formatieren Sie die Absätze in der Form, daß der erste Absatz zweizeilig, der zweite Absatz 1,5-zeilig und der dritte und vierte Absatz normal ausgedruckt werden. Ergebnis sollte der folgende Text sein:

PC-Textverarbeitungsprogramme stellen dem Benutzer alle wesentlichen Textfunktionen zur Verfügung. Hierzu zählen das Erfassen, das Speichern und das Drucken von Texten.

Ca. 80 % der Fehler bei der Texteingabe werden unmittelbar entdeckt. Von Vorteil ist deshalb die Nutzung von Geräten der Textverarbeitung, die eine komfortable Sofortkorrektur ermöglichen. Hierzu zählen z. B. das Löschen, Einfügen und Überschreiben von Zeichen.

In der beruflichen Praxis entstehen viele Texte außerdem nicht selten in mehreren Arbeitsschritten. An der "Roh-Fassung" werden vom Autor Korrekturen, Einfügungen, Umformatierungen und Kürzungen vorgenommen, die im dann folgenden Arbeitsgang in den Text eingearbeitet werden müssen. Im Rahmen der nachträglichen Überarbeitung eines Textes sind häufig auch größere Textteile zu löschen oder einzufügen. Dies ist meist problemlos mit wenigen Arbeitsschritten möglich.

Umfangreiche Möglichkeiten stehen in der Regel auch für die Textgestaltung zur Verfügung. So können z. B. mit fast allen Textprogrammen Überschriften zentriert und ein Text im Blocksatz geschrieben werden. Um bestimmte Textteile hervorzuheben, ist außerdem eine gezielte Auszeichnung (Fettdruck, Kursivschrift, Unterstreichen) möglich."

4.3.4 Festlegen von Zeilen- und Absatzabständen

Je nach Textart kann es zweckmäßig sein, den Zeilenabstand zu variieren. Dies gilt selbst innerhalb eines Textes. Z. B. ist es üblich, bei Texten mit Fußnoten den eigentlichen Text 1,5 zeilig zu schreiben, während der Fußnotentext einzeilig geschrieben wird.

Textprogramme bieten die Möglichkeit, sowohl den Zeilenabstand (also den Abstand zwischen zwei Zeilen) als auch den Absatzabstand (= Abstand zwischen zwei Absätzen) auf komfortable Art und Weise festzulegen.

Zur Gestaltung von Zeilen- und Absatzabständen können sowohl der Befehl FORMAT ABSATZ als auch die festgelegten Formatierungstasten genutzt werden. Bei Wahl des Befehls FORMAT ABSATZ sind dafür die Befehlsfelder "Zeilenabstand:", "Anfangsabstand:" und "Endeabstand:" maßgebend.

Der Zeilenabstand kann zeilig (zg) oder in Punkten (pt) angegeben werden. Standardmäßig findet sich die Eintragung "1 zg"; auch Zwischenwerte (z. B. "1,5 zg") sind möglich. Von Vorteil ist das beliebige Variieren der Eingaben z. B. dann, wenn bestimmte Formularfelder auszufüllen sind. Inwieweit der unterschiedlich gewählte Abstand auf dem Bildschirm erkennbar ist, das hängt in erster Linie vom Auflösungsvermögen des verwendeten Bildschirms ab.

Zur Lösung der Musteraufgabe 4-5 müssen Sie zunächst den ersten Absatz markieren. Wählen Sie dann den Befehl FORMAT ABSATZ. Geben Sie im Befehlsfeld "Zeilenabstand": den Wert "2" ein und bestätigen Sie den Befehl mit <RETURN>. Steuern Sie daraufhin den zweiten Absatz an und wählen Sie erneut den Befehl FORMAT ABSATZ. Im Befehlsfeld "Zeilenabstand:" ist nun der Wert "1,5" einzugeben und der Befehl zu bestätigen.

Mit den beiden Befehlsfelder "Anfangsabstand:" und "Endeabstand:" läßt sich der Platz grundsätzlich bestimmen, der zwischen zwei Absätzen freibleiben soll. So können Sie im nachhinein etwa alle Absätze über eine entsprechende Maßeingabe durch eine Leerzeile trennen, ohne nach jedem Absatz ausdrücklich die Taste <RETURN> zu betätigen (als Abstandsmaß ist in diesem Fall eine "1" einzutragen).

In WORD besteht die Möglichkeit, im nachhinein über die Betätigung bestimmter Tastenkombinationen Standard-Absatzabstände in einen Text einzufügen oder einen Text mit doppeltem Zeilenabstand zu schreiben. Übliche Formatierungsanweisungen sind:

<Alt>+<O>:   Standard-Absatzabstand (d. h. alle Absätze werden durch eine Leerzeile getrennt, ohne daß eine gesonderte Betätigung der Taste <RETURN> notwendig ist)

<Alt>+<2>:   Doppelter Zeilenabstand (d. h. nach Betätigen der Tastenkombination wird der zu schreibende Absatz automatisch zweizeilig erstellt bzw. ein markierter Absatz nachträglich zweizeilig formatiert).

Für die Rückkehr in den Normalmodus müssen Sie die Tastenkombination <Alt>+<N> wählen (ebenso wie bei der Aufhebung des Zeileneinzugs).

4.3.5 Berücksichtigung von Absatzregeln beim Seitenumbruch

Bei der Aufteilung von Absätzen über mehrere Seiten können sich unter Umständen Probleme beim Seitenumbruch ergeben. So ist es in vielen Fällen wichtig, daß zusammengehörige Textteile - z. B. abschließende Brief-Floskeln - gegen einen Seitenumbruch geschützt werden.

Es erhöht darüber hinaus die Übersicht für den Leser eines Textes, wenn die folgenden Regeln beim Umbruch von Seiten Berücksichtigung finden:

o   Eine neue Seite darf nicht mit der letzten Zeile des vorangehenden Absatzes beginnen (Typographen-Begriff: Hurenkind).

o   Umgekehrt darf die Seite nicht mit der ersten Zeile eines neuen Absatzes enden (sog. Schusterjunge oder Waisenknabe).

Erreicht werden kann die Berücksichtigung der genannten Regeln natürlich in der Form des manuellen Seitenumbruchs (durch Betätigen der Tastenkombination <CTRL>+<UMSCHALT>+<RETURN>). Dies Verfahren ist allerdings relativ umständlich. Gute Textverarbeitungsprogramme unterstützen den Benutzer deshalb über entsprechende Befehle.

In MS-Word kann eine automatische Berücksichtigung über den Befehl FORMAT ABSATZ in den Befehlsfeldern "Selbe Seite:" und "Nächster Absatz selbe Seite:" realisiert werden. In beiden Fällen ist standardmäßig die Antwort "Nein" vorgesehen. Dies bedeutet, daß der Seitenumbruch innerhalb eines Absatzes erfolgt, wenn die Zeilen entsprechend der festgelegten Seitenformatierung nicht mehr auf die Seite passen. (Ausnahme: es wird automatisch dafür gesorgt, daß bei einem Seitenwechsel weder die erste noch die letzte Zeile eines Absatzes isoliert vom übrigen Teil eines Absatzes erscheint).

Mit der Wahl der Antwort "Ja" im Befehlsfeld "Selbe Seite:" können Sie darüber hinaus sicherstellen, daß innerhalb eines Absatzes grundsätzlich keine Trennung (zwischen verschiedenen Seiten) erfolgt. Soll dies für den ganzen

Text gelten, so ist vor Wahl des Befehls FORMAT ABSATZ der gesamte Text zu markieren (mit der Tastenkombination <UMSCHALT> + <F10>).

Um sicherzustellen, daß mindestens die letzten zwei Zeilen eines markierten Absatzes sowie mindestens die ersten zwei Zeilen des nächsten Absatzes auf dieselbe Seite gedruckt werden, müssen Sie im Befehlsfeld "Nächster Absatz selbe Seite:" die Antwort "Ja" wählen. Auf diese Weise können Sie also einen Absatz mit einem darauffolgenden auf derselben Seite drucken.

Um das erstgenannte Problem (das Vermeiden des Seitenumbruchs bei zusammengehörigen Absätzen) vor dem Ausdruck in den Griff zu bekommen, empfiehlt sich auch die Wahl des Befehls DRUCK UMBRUCH-SEITE. Über die Wahl der Antwort "Ja" können Sie hier eine einfache Veränderung vornehmen, falls die Vorgabe nicht Ihren Vorstellungen entspricht (vgl. hierzu ausführlich Kapitel 11.2).

4.4 Formatieren von Seiten/Bereichen

Bisher wurden im wesentlichen Texte erstellt und bearbeitet, die nicht über eine Druckseite hinausgehen. Im Regelfall hat man jedoch mit mehrseitigen Texten zu tun. Eine weitere wichtige Teilaufgabe bei der Schriftstückgestaltung ist deshalb die Formatierung der Seiten (bei MS-Word Bereichsformatierung genannt). Nur so kann z. B. sichergestellt werden, daß der Seitenumbruch entsprechend dem vorgegebenen Papierformat erfolgt.

In dem Textprogramm MS-Word sind bereits Standardwerte festgelegt, die nach dem Start des Programms unmittelbar wirksam werden. Können Sie dieses Standardformat übernehmen, so brauchen Sie keine Festlegungen bezüglich der Formatierung der Seiten mehr vornehmen. Andernfalls ist der Befehl FORMAT BEREICH zu wählen, um die gewünschten Formatierungen zu realisieren. Die Befehlsfelder des Befehls FORMAT BEREICH zeigt im einzelnen Bild 4-13.

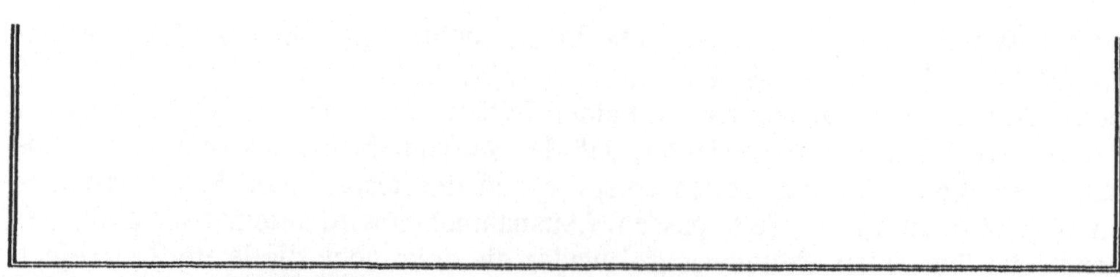

Bild 4-13: Befehlsfelder FORMAT BEREICH

Die Abbildung macht deutlich, daß Sie über den Befehl FORMAT BEREICH unter anderem festlegen bzw. anpassen können:

o   die zu berücksichtigenden Seitenmaße (Seitenlänge und Seitenbreite des verwendeten Papierformates)

o   die gewünschte Randbreite (linker/rechter Rand),

o   die Position und Form von auszudruckenden Seitenzahlen

o   die Position von Fußnoten sowie Kopf- und Fußzeilen

o   die Möglichkeit des Ausdrucks eines Textes mit Zeilennummern.

Einen Überblick über die Varianten der Seiten- und Bereichsgestaltung und die dabei im einzelnen anzuwendenden Befehle/Befehlsfolgen gibt Bild 4-14.

Optionen (Was?)	Befehle (Wie?)
1) Individuelle Einstellung von Seitenmaßen (Seitenlänge, Seitenbreite, Ränder)	- FORMAT BEREICH SEITENRAND
2) Festlegen von Kopf- und Fußzeilen	- FORMAT BEREICH SEITENRAND - FORMAT KOPF-/FUSSZEILE
3) Angabe von Seitenzahlen im Text	- FORMAT BEREICH PAGINIERUNG
4) Spalten-Schreibweise	- FORMAT BEREICH LAYOUT
5) Texte mit Fußnoten	- FORMAT BEREICH LAYOUT - FORMAT FUSSNOTE
6) Textausdruck mit Zeilennummern	- FORMAT BEREICH ZEILENNUMMERN

Bild 4-14: Varianten der Seiten- und Bereichsgestaltung

Im Regelfall wirken sich die einzelnen Befehle auf alle Seiten eines Textes aus. Folglich besteht der Text dann nur aus einem Bereich. Für den Fall, daß Seiten eines Dokumentes unterschiedlich formatiert werden sollen, werden mehrere Bereiche angelegt (z. B. für Inhaltsverzeichnis, eigentlichem Textteil und Stichwortverzeichnis).

Musteraufgabe 4-6:   Festlegen der Seiten- und Randmaße (Seitengestaltung)

a)   Laden Sie den Text, den Sie unter dem Dateinamen "Text03" gespeichert haben, und prüfen Sie, welches Seitenformat für diesen Text gilt.

b)   Kopieren Sie den geladenen Text 10 x nach unten, und drucken Sie den Text anschließend aus.

c)   Verändern Sie das Format gemäß folgender Vorgabe, so daß auf Endlospapier ausgegeben werden kann, und speichern Sie die Datei unter dem Dateinamen "Text44":

- Seitenbreite auf 20 cm einstellen

- Seitenrand oben auf 5 cm einstellen

- Seitenrand links auf 5 cm einstellen

- Seitenlänge auf 30,5 cm einstellen.

d)   Erstellen Sie einen fehlerfreien Ausdruck.

4.4.1 Festlegen der Seiten- und Randmaße (Seitengestaltung)

Wählen Sie nach Laden der Datei "Text03" den Befehl FORMAT BEREICH SEITENRAND. Ergebnis ist folgende Bildschirmdarstellung:

```
=[·········1·········2·········3·········4·········5·········6·····] 12:37:58
 Textverarbeitung hat sich zum Hauptanwendungsgebiet für den
 Personal Computer entwickelt. Dies ist im wesentlichen auf zwei
 Gründe zurückzuführen. Zum einen sind die anfallenden Kosten
 gering; zum anderen konnten Funktionsumfang und Komfort der
 Software in den letzten Jahren stetig verbessert werden. Hinzu
 kommen die vielfältigen Einsatzmöglichkeiten: So können neben
 Textverarbeitung mit dem PC noch weitere Aufgaben schnell und
 problemlos erledigt werden.

 PC-Textverarbeitungsprogramme stellen dem Benutzer alle
 wesentlichen Textfunktionen zur Verfügung. Hierzu zählen das
 Erfassen, das Speichern und das Drucken von Texten.

 Ca. 80 % der Fehler bei der Texteingabe werden unmittelbar
 entdeckt. Von Vorteil ist deshalb die Nutzung von Geräten der
 Textverarbeitung, die eine komfortable Sofortkorrektur
 ermöglichen. Hierzu zählen z. B. das Löschen, Einfügen und
 Überschreiben von Zeichen.
================================================================================
FORMAT BEREICH SEITENRAND Oben: 2,5 cm        Unten: 2 cm           Links: 2 cm
   Rechts: 2 cm      Seitenlänge: 29,7 cm     Breite: 21 cm         Bundsteg: 0 cm
   Abstand Kopfzeile von oben: 1,25 cm        Fußzeile von unten: 1,25 cm
Geben Sie bitte das Maß ein!
Se1 Sp1           ()                                            Microsoft Word
```

Bild 4-15: Befehl FORMAT BEREICH SEITENRAND

Eine Prüfung des Formates zeigt, daß standardmäßig bestimmte Formate bereits
definiert sind. Hier gelten grundsätzlich folgende Maße (in Zentimeter):

- Seitenlänge: 29,7 cm

- Seitenbreite: 21 cm

- Bundsteg: 0 cm

- Seitenrand oben: 2,5 cm

- Seitenrand unten: 2 cm

- Seitenrand links: 2 cm

-Seitenrand rechts: 2 cm

Einen Überblick über die Bedeutung der im Befehl FORMAT BEREICH SEI-
TENRAND festlegbaren Merkmale einer Seite zeigt die folgende Grunddar-
stellung eines Seitenformates:

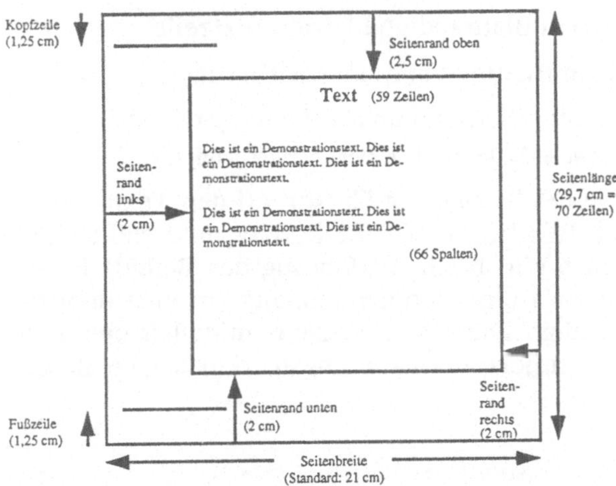

Bild 4-16: Seiten- und Randmaße (Standardeinstellung)

In Musteraufgabe 4-6 sollen Sie zunächst einen längeren Text erzeugen. Markieren Sie den geladenen Text mit der Tastenkombination
<Umschalt> + <F10>, bewegen Sie dann den Cursor ans Textende, und be-
tätigen Sie 10 x hintereinander die Einfügetaste <INS>. Drucken Sie dann den
Text einmal aus.

Um die Veränderungen von Seitenformaten zu erkennen, sollen nun Änderungen in den Befehlsfeldern zur Festlegung der Seiten-Merkmale eines Textes erfolgen. Wählen Sie dazu die Befehlsfolge FORMAT BEREICH SEITENRAND
und nehmen Sie die gewünschten Einstellungen vor.

Die Angaben zur Seitenlänge und Seitenbreite müssen Sie in Abhängigkeit von
dem verwendeten Papierformat und Druckertyp unter Umständen angepaßt

festlegen. Messen Sie deshalb (sofern Unsicherheit besteht) vor Eingabe von Werten die gesamte Länge und Breite des Papiers mit einem Lineal nach. Häufig kommt es z. B. vor, daß Sie die Seitenlänge auf 30,5 cm einstellen müssen. Dies ist wichtig, damit der Drucker den Seitenvorschub korrekt durchführt.

Angaben im Befehlsfeld "Bundsteg:" sind bei mehrseitigen Texten notwendig, wenn die erstellten Textseiten später beidseitig bedruckt und gebunden werden sollen. In diesem Fall legen Sie mit einer Zahlenangabe fest, wieviel zusätzlicher Rand freigehalten werden soll. Das bedeutet, daß für ungerade Seiten zusätzlich ein rechter Rand, für gerade Seiten zusätzlich ein linker Rand gebildet wird.

Die Angaben zu den Seitenrändern (oben, unten, links, rechts) können nach Ansteuern der Befehlsfelder ebenfalls frei festgelegt werden. Die Maßeinheiten beziehen sich dabei auf den Abstand zwischen Blattrand und Textrand. Im einzelnen haben Eingaben also folgende Bedeutung

- oben: Abstand zwischen oberem Blattrand und erster Textzeile

- unten: Abstand zwischen unterem Blattrand und letzter Textzeile

- links: Abstand zwischen linkem Blattrand und linkem Textrand

- rechts: Abstand zwischen rechtem Blattrand und rechtem Textrand.

Hinweis: bei der Berechnung werden mögliche Zeileneinzüge nicht berücksichtigt.

Stellen Sie nach mehrfacher Kopie des Textes den Cursor auf den Textanfang, wählen Sie den Befehl FORMAT BEREICH SEITENRAND, und stellen Sie die in Teil c) gewünschten Optionen ein. Nach Ausführung des Befehls FORMAT BEREICH SEITENRAND wird eine Bereichskennung (= eine doppelt punktierte Linie) in den Text eingefügt. Diese Marke, die unmittelbar oberhalb der Endemarke erscheint, enthält sämtliche Formatierungsmerkmale, die diesen Seiten zugeordnet sind.

Musteraufgabe 4-7:   Steuerung des Seiten- und Bereichswechsels

a) Erfassen Sie den folgenden kurzen Beispieltext. Nehmen Sie eine Bereichseinfügung dann vor, wenn die Reihe mit den Doppelpunkten vorgegeben ist. Das Einfügen der Bereichsmarken erfolgt durch Betätigen der Tastenkombination <CTRL> + <RETURN>.

Inhaltsverzeichnis

1   Möglichkeiten der Textkommunikation

1.1 Telex

1.2 Teletex

1.3 Telefax

1.4 Electronic Mail

2   Netze der Bundespost

In den letzten Jahren wurden verschiedene neue Dienste der Telekommunikation eingeführt. Besondere Bedeutung kommt dabei auch der Textkommunikation zu. So wurde in Untersuchungen festgestellt, daß ein Großteil der konventionellen Briefpost schneller und wirtschaftlicher auf elektronischem Wege übertragen werden kann.

Literaturverzeichnis

Gabler-Bürolexikon. Wiesbaden 1982.

Tiemeyer, E.; Weber, H.: Das moderne Büro in kleinen und mittleren Betrieben. Köln 1985.

b) Legen Sie den ersten Bereich (das Inhaltsverzeichnis) so fest, daß der Beginn auf einer ungeraden Seite erfolgt.

c) Der Text des zweiten Bereiches soll ebenfalls mit einer ungeraden Seite beginnen.

d) Zwischen dem zweiten und dritten Bereich soll kein Seitenwechsel stattfinden (die Abgrenzung dient lediglich dazu, um später gesonderte Formatierungen an dieser Stelle vornehmen zu können).

e) Drucken Sie den Text anschließend aus, um das Ergebnis zu testen.

f) Speichern Sie den Text unter dem Dateinamen "Text45", da Sie diesen in einem späteren Kapitel wieder benötigen.

4.4.2 Steuerung des Seiten- und Bereichswechsels

Während ein Text gedruckt wird, erfolgt eine automatische Seitenformatierung. Dabei werden an den Stellen, wo eine neue Seite beginnt, punktierte Linien eingefügt, die die Seitenumbruchsmarkierung darstellen.

Im allgemeinen wird es in der Praxis so sein, daß die von Ihnen festgelegten Bereichsmerkmale für einen gesamten Text gelten sollen. Es kann jedoch auch Fälle geben, wo Sie getrennte Bereiche für ein Dokument definieren wollen.

Ein möglicher Anwendungsfall für einen Bereichswechsel kann z. B. dann gegeben sein, wenn Sie einen Bericht verfaßt haben und für die Titelseite, das Inhaltsverzeichnis, den eigentlichen Text und das Literaturverzeichnis jeweils andere Formatierungen vornehmen wollen (etwa eine unterschiedliche Form der Pagina u. ä.).

Soll ein Text in mehrere unterschiedliche Bereiche aufgeteilt werden, müssen Sie die Bereichsmarke zunächst bei der Erfassung zwischen den verschiedenen Bereichen einfügen. Anschließend ist der Cursor auf den Textbereich zu positionieren, dem bestimmte Seitenformate zugeordnet werden sollen. Wenn Sie nun einen FORMAT-Befehl zur Formatierung von Bereichen wählen, wird dieser auf den gerade markierten Bereich zugeordnet.

Angelegt wird ein neuer Bereich durch Betätigen der Tastenkombination
<CTRL>+<RETURN>. In diesem Fall erscheint eine Bereichsmarke (als
Reihe von Doppelpunkten dargestellt) auf Ihrem Bildschirm.

Hinweis: In der Statuszeile können Sie bei einem formatierten Text die verschiedenen Bereiche
erkennen. Erscheint statt Seite z. B. "S5 B3", so ist damit die Seite 5 im Bereich 3 gemeint).

Um festzulegen, wo der neue Bereich beginnen soll, stehen Ihnen beim Befehl
FORMAT BEREICH LAYOUT im Befehlsfeld "Bereichswechsel:" verschiedene Möglichkeiten zur Verfügung: Seite, Fortlaufend, Spalte, Ungerade, Gerade. Dies macht Bild 4-17 deutlich.

```
FORMAT BEREICH LAYOUT Fußnoten: Selbe-Seite Ende
    Spaltenzahl: 1        Spaltenabstand: 1,25 cm
    Bereichswechsel:(Seite)Fortlaufend Spalte Gerade Ungerade
Wählen Sie bitte eine Option!
Se1 Sp1           ()                                  Microsoft Word
```

Bild 4-17: Befehl FORMAT BEREICH LAYOUT

In der Regel soll ein festgelegter Bereich auf einer neuen Seite beginnen; deshalb ist im Befehlsfeld "Bereichswechsel:" die Antwort "Seite" hell unterlegt.

Wollen Sie dagegen, daß der Bereichswechsel auf der aktuellen Seite vorgenommen wird, dann müssen Sie die Antwort "Fortlaufend" wählen. Die Antwort "Spalte" gilt für den Fall, daß der Text in Kolonnenschreibweise erstellt
werden soll (vgl. hierzu den Abschnitt 10.1); der neue Bereich beginnt dann mit
einer neuen Spalte.

Die Antworten "Ungerade" und "Gerade" führen dazu, daß der Beginn des
neuen Bereichs ebenfalls auf einer neuen Seite erfolgt. Die Vorgaben bieten
darüber hinaus zusätzlich die Möglichkeit festzulegen, ob der Beginn des Bereichs auf einer Seite mit ungerader Seitenzahl (rechte Seite) oder auf einer
Seite mit gerader Seitenzahl (linke Seite) vorgenommen werden soll. Unter
Umständen hat dies dann natürlich zur Konsequenz, daß eine Leerseite im Dokument eingefügt wird.

Einen Überblick über die Wirkung der einzelnen Optionen beim Bereichswechsel gibt Bild 4-18.

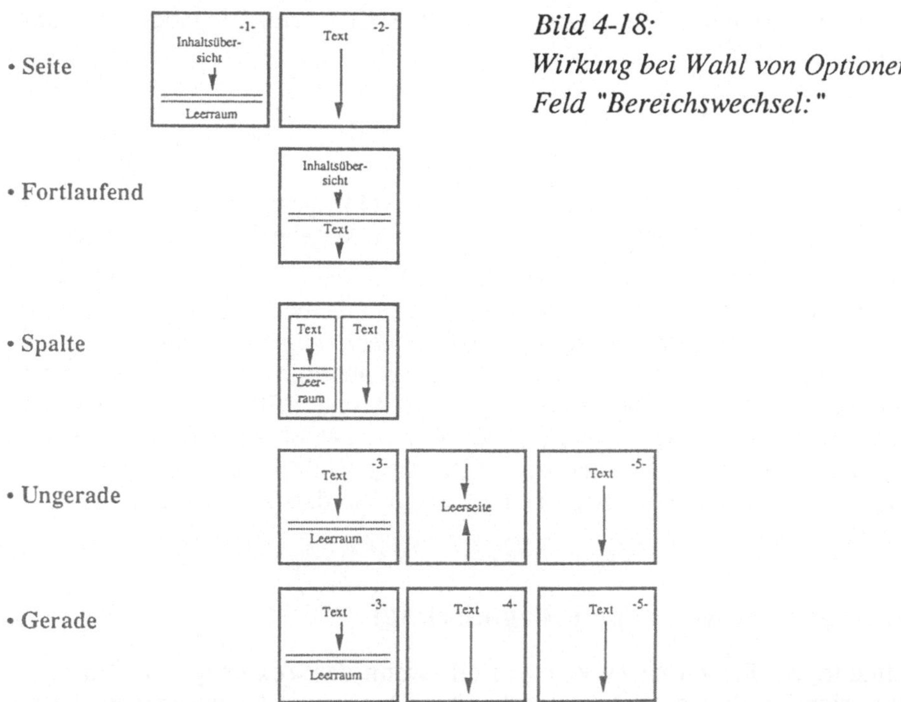

Bild 4-18:
Wirkung bei Wahl von Optionen im
Feld "Bereichswechsel:"

Zur Lösung der Musteraufgabe 4-7 sind folgende Teilschritte notwendig:

a) Text erfassen. Um die Bereichsformatierung vorzunehmen, betätigen Sie jeweils die Tastenkombination <Ctrl> + <Return>.

b) Ansteuern des 1. Bereiches und Wahl des Befehls FORMAT BEREICH LAYOUT. Im Befehlsfeld "Bereichswechsel:" die Antwort "Ungerade" auswählen und den Befehl bestätigen.

c) Positionieren des Cursors im 2. Bereich und Wahl des Befehls FORMAT BEREICH LAYOUT. Im Befehlsfeld "Bereichswechsel:" ist wiederum die Antwort "Ungerade" zu wählen. Danach kann der Befehl mit der Return-Taste bestätigt werden.

d) Ansteuern des 3. Bereiches und Wahl des Befehls FORMAT BEREICH LAYOUT. Im Befehlsfeld "Bereichswechsel" die Antwort "Fortlaufend" wählen und den Befehl bestätigen.

e) Den Befehl DRUCK DRUCKER wählen. Ergebnis der Druckausgabe muß dann sein, daß

- das Inhaltsverzeichnis auf der ersten Textseite ausgegeben wird;

- der zweite Bereich ebenfalls auf einer ungeraden Seite steht (nach der 1. Seite erfolgt also zunächst eine leere Seite);

- das Literaturverzeichnis auch auf derselben Seite wie der Text steht, obwohl ein neuer Bereich angelegt wurde.

f)   Wahl des Befehls ÜBERTRAGEN SPEICHERN und Eingabe des Datei-
     namens "Text45".

Musteraufgabe 4-8:   Numerieren von Seiten (Paginierung)

a)   Laden Sie den unter dem Dateinamen "Text44" gespeicherten Text und
     erstellen Sie anschließend einen Ausdruck mit Angabe der Seitenzahlen.

b)   Laden Sie anschließend den Text mit dem Dateinamen "Text45" und reali-
     sieren Sie einen Ausdruck mit Paginierung gemäß den nachfolgenden Vor-
     gaben. Die Seitennumerierung beim Inhaltsverzeichnis (im ersten Bereich)
     soll in römischen Ziffern erfolgen. Die Standardposition soll akzeptiert
     werden. Die Seitennumerierung im zweiten und dritten Bereich soll in
     arabischen Ziffern (beginnend mit der Ziffer 1) erfolgen. Als Position soll
     vom linken Rand ein Abstand von 10,5 cm gewählt werden; die Numerie-
     rung soll bei der Seite 5 beginnen. Lassen Sie den Text zu Testzwecken
     ausdrucken.

4.4.3 Numerieren von Seiten (Paginierung)

Bei mehrseitigen Texten ist es von Vorteil, wenn das Textprogramm automatisch eine richtige Seitennumerierung bei der Druckausgabe vornehmen kann.
In MS-Word wird dies über den Befehl FORMAT BEREICH PAGINIERUNG
unterstützt. Da darüber hinaus ein automatischer Seitenumbruch erfolgt, wenn
die Zeilen-Zahl eines Textes das Fassungsvermögen einer Papier-Seite über-
steigt, können somit umfangreiche Texte schnell und mit fehlerfreier Seitennumerierung ausgegeben werden.

Standardmäßig erfolgt der Ausdruck eines Textes ohne Angabe der jeweiligen
Seitenzahlen. Über den Befehl FORMAT BEREICH PAGINIERUNG können
Sie jedoch eine Änderung vornehmen, indem Sie im ersten Befehlsfeld die
Antwort "Ja" wählen. Die Befehlsfelder im einzelnen zeigt Bild 4-19:

```
FORMAT BEREICH PAGINIERUNG: Ja Nein                     Abstand oben: 1,25 cm
    Abstand links: 18,5 cm        Seitenzahl:(Fortlaufend)Beginn      Bei:
    Form:(1)I  i  A  a
Wählen Sie bitte eine Option!
Sel Sp1             ()                                   Microsoft Word
```

Bild 4-19: Befehl FORMAT BEREICH PAGINIERUNG

Laden Sie zur Aufgabenlösung nun die Datei "Text44", und wählen Sie dann den Befehl zur Paginierung. Setzen Sie die Option auf "Ja" und machen Sie dann keine weiteren Angaben. Wenn sie jetzt einen Ausdruck vornehmen, wird eine fortlaufende Paginierung der Seiten vorgenommen (d. h. der Text beginnt auf der Seite 1). Die Paginierung erscheint dabei beim Ausdruck in arabischen Ziffern rechts oben auf der Seite (auf dem Bildschirm ist dies allerdings nicht unmittelbar erkennbar).

Einen Überblick über die Bedeutung der Standardeinstellungen zur Paginierung gibt Bild 4-20:

1) **Paginierung: Ja Nein**

    • **bei Ja werden die Seitenzahlen des Textes
automatisch gedruckt (am Bildschirm nicht
sichtbar)**

2) **Abstand oben: Abstand links:**

    • **festgelegt wird der Abstand vom linken und
oberen Rand**

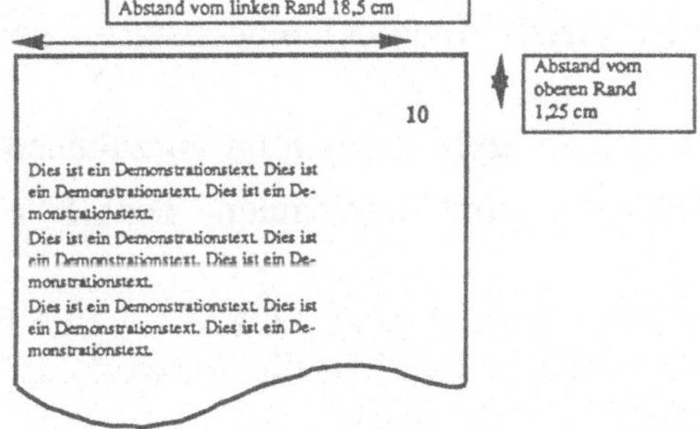

3) **Seitenzahl: Fortlaufend Beginn**

    • **"Fortlaufend" = angepaßt an die letzte Seite**
    • **"Beginn" = Zahl im Befehlsfeld "Bei:" eingeben**

4) **Form: 2 I i A a (arabische Zahlen oder andere)**

Bild 4-20: Einstellungen zur Paginierung

In der Teilaufgabe b) von Musteraufgabe 4-8 sollen Sie spezifische Veränderungen für das Numerieren der Seiten vornehmen. Die Befehlsfelder beim Befehl FORMAT BEREICH PAGINIERUNG bieten Ihnen im einzelnen folgende Möglichkeiten:

a)   Festlegung, daß eine Seitennumerierung erfolgen soll; die grundsätzliche Entscheidung, ob überhaupt die Seitenzahlen gedruckt werden sollen, erfolgt durch Auswahl der Antwort "Ja" im Befehlsfeld "Paginierung".

b)   Positionierung der Seitenangabe; mit den Befehlsfeldern Abstand oben/ Abstand unten wird Ihnen die Möglichkeit eingeräumt, die Stelle zu verändern, wo die Seitenangabe gedruckt werden soll. Festgelegt wird durch die Eingabe

     - der Abstand der Pagina vom oberen Seitenrand und

     - der Abstand der Pagina vom linken Seitenrand.

c)   Festlegen des Seitenbeginns; im Befehlsfeld "Seitenzahl:" erhalten Sie die Möglichkeit, festzulegen, ob die Seitennumerierung "fortlaufend" erfolgen soll (d. h. bei 1 beginnen soll) oder ob ab einer bestimmten Zahl weitergezählt werden soll (Antwort "Beginn" wählen). Letzteres kann etwa dann sinnvoll sein, wenn der Folgetext auf einer anderen Diskette bzw. unter einem anderen Textnamen gespeichert war. Die Zahl, mit der die Paginierung beginnen soll, müssen Sie im folgenden Befehlsfeld "Bei:" angeben.

d)   Bestimmen der Form der Pagina; das letzte Befehlsfeld zur Paginierung heißt "Form:" und ermöglicht eine Festlegung, in welcher Form die Pagina gedruckt werden soll. Standardmäßig werden die Seitenzahlen in arabischen Ziffern angegeben (1, 2, 3 ....). Alternativ können aber auch römische Ziffern (groß bzw. klein), Groß- sowie Kleinbuchstaben gewählt werden.

Zur Lösung des Aufgabenteils 4-8 b) ist im einzelnen wie folgt vorzugehen:

a)   Befehl ÜBERTRAGEN LADEN wählen und Dateinamen "Text45" eingeben oder auswählen.

b)   Ansteuern des 1. Bereiches und Wahl des Befehls FORMAT BEREICH PAGINIERUNG. Im Befehlsfeld "Paginierung:" ist die Antwort "Ja" und im Befehlsfeld "Form:" die Antwort "I" zu wählen.

c)   Ansteuern des 2. Bereiches und Wahl des Befehls FORMAT BEREICH PAGINIERUNG. Im Befehlsfeld "Paginierung:" ist die Antwort "Ja" zu wählen; im Befehlsfeld "Abstand links:" die Zahl 10,5 einzugeben; im Befehlsfeld "Seitenzahl:" ist die Antwort "Beginn" zu wählen und beim Befehlsfeld "Bei:" ist die Zahl "5" einzugeben. In gleicher Form ist der 3. Bereich zu formatieren.

4.5 Gezieltes Korrigieren von Formaten

Eine komfortable Form der Überarbeitung von Textgestaltungen ist die Anwendung des Befehls FORMAT SUCHEN bzw. des Befehls FORMAT WECHSELN. Auf diese Weise können bestimmte Stellen zur Korrektur von Gestaltungsmerkmalen schnell angesteuert sowie vorhandene Formatierungen gezielt ausgetauscht werden. Möglich ist dies sowohl für Zeichen- als auch für Absatzformate. Darüber hinaus können auch bestimmte Druckformatvorlagen (vgl. Kapitel 13) gezielt gesucht werden.

Wollen Sie beispielsweise alle Absätze suchen, die mit einem bestimmten Zeilenabstand formatiert sind (z. B. zweizeilig), dann müssen Sie den Befehl FORMAT SUCHEN ABSATZ wählen. Durch Eingabe der Ziffer "2" im Feld "Zeilenabstand:" kann dann der gewünschte Suchvorgang gestartet werden. Nach Auslösung des Befehls ist der Absatz markiert, der dieses Format aufweist.

Der Befehl FORMAT WECHSELN ermöglicht das gezielte Ändern von Formaten in einem Text. Dies kann etwa auch dann wichtig sein, wenn ein längerer Text später eine einheitliche Gestalt erhalten soll. Besteht etwa im nachhinein der Wunsch, alle fett ausgezeichneten Texte durch Unterstreichung zu kennzeichnen, müssen Sie den Befehl FORMAT WECHSELN ZEICHEN wählen. Geben Sie nach Wahl des Befehls die Formate an, nach denen gesucht werden soll (im Beispiel "Fett:" auf "Ja" setzen). Nach Ausführung mit der Taste <RETURN> werden Sie dann nach dem gewünschten neuen Format gefragt. Im Beispiel müßte im Feld "Unterstrichen:" die Option auf "Ja" eingestellt werden. Nach Ausführung des Befehls kann der Ersetzvorgang ablaufen (je nach Einstellung im ersten Befehlsfeld automatisch oder mit Bestätigung).

4.6 Zusammenfassung

o   Für die Textgestaltung müssen drei Hierarchieebenen unterschieden werden: Bereiche, Absätze und Zeichen.

o   Soll eine direkte Textgestaltung erfolgen, so kann dies durch Auslösen eines geeigneten FORMAT-Befehls oder über das Betätigen bestimmter Tastenkombinationen (Verbindungen mit der Alt-Taste) realisiert werden.

o   Für die Hervorhebung wichtiger Textteile stehen verschiedene Möglichkeiten zur Auswahl. Hierzu zählen insbesondere das Unterstreichen, Fettdruck, die Hoch- und Tiefstellung von Zeichen sowie die Veränderung von Schriftart und Schriftgröße. Sofern ein graphikfähiger Bildschirm zur Verfügung steht, werden die meisten Auszeichnungen unmittelbar auf dem Bildschirm dargestellt.

o   In MS-Word sind zwei Möglichkeiten der direkten Textauszeichnung zu unterscheiden: Wahl des Befehls FORMAT ZEICHEN (mit entsprechender Kennzeichnung in den Befehlsfeldern) sowie das Betätigen vorgegebener Tastenkombinationen (Alt-Taste und eine weitere Taste). Die Auszeichnung kann dabei sowohl bei der Erfassung als auch nachträglich erfolgen.

o   Das Gestalten von Absätzen kann direkt entweder über das Betätigen von
    Formatierungstasten oder über Wahl des Befehls FORMAT ABSATZ er-
    folgen. In beiden Fällen ist die Befehlsauslösung unmittelbar beim Erfas-
    sungsvorgang oder nachträglich während der Überarbeitung möglich.

o   Zeilen werden grundsätzlich linksbündig angeordnet. Alternativ kann die
    Anordnung über das Befehlsfeld "Ausschließung" oder über Formatie-
    rungstasten auch zentriert, rechtsbündig oder im Blocksatz erfolgen.

o   Die Befehlsfelder "Selbe Seite:" und "Nächster Absatz selbe Seite:" er-
    möglichen die Berücksichtigung spezieller Absatzregeln beim Seitenum-
    bruch.

o   Zeileneinzüge werden standardmäßig nicht vorgenommen. Alternativ ha-
    ben Sie die Wahl, verschiedene Einzüge von Absätzen (rechts, links oder
    als Erstzeileneinzug) vorzunehmen.

o   Standardmäßig wird der Text einzeilig geschrieben. Der Befehl FORMAT
    ABSATZ oder die Formatierungstasten bieten die Möglichkeit, eine Va-
    riation vorzunehmen.

o   Neben dem gewöhnlichen Leerschritt kann bei MS-Word auch mit ge-
    schützten Leerschritten gearbeitet werden (durch gleichzeitiges Betätigen
    der Funktionstaste CTRL und der Leertaste). Dadurch wird sichergestellt,
    daß zusammengehörige Wortgruppen beim Zeilenumbruch nicht auseinan-
    dergerissen werden.

o   Bei manueller Silbentrennung ist zwischen gewöhnlichen Bindestrichen,
    geschützten Bindestrichen und "weichen" Bindestrichen zu unterscheiden.

o   Der Befehl BIBLIOTHEK TRENNHILFE bietet dem Benutzer eine nach-
    trägliche Hilfe bei der Silbentrennung durch Unterbreiten von Trennvor-
    schlägen.

o   Die Seitengestaltung erfolgt über den Befehl FORMAT BEREICH. Hier
    wird insbesondere die Seitenlänge und Seitenbreite sowie der sog. Satz-
    spiegel festgelegt.

o   Das Anlegen eines neuen Bereiches erfolgt über das Betätigen der Tasten-
    kombination <CTRL> + <RETURN>.

o   Mit dem Befehl FORMAT BEREICH PAGINIERUNG kann festgelegt
    werden, ob eine Paginierung erfolgen soll, wo die Seitenangabe zu posi-
    tionieren ist, mit welcher Nummer die Seite beginnen soll und welche
    Form die Pagina haben soll.

4.7 Übungsaufgaben

a)   Erfassen Sie folgenden Text und berücksichtigen Sie dabei über Wahl des Befehls FORMAT ZEICHEN unmittelbar bei der Erfassung die gewünschten Auszeichnungsmerkmale:

<u>Bürokratie</u>

"WENN SICH DIE BÜROKRATIE WEITER SO AUSBREITET WIE BISHER,

WIRD GOTT DIE NÄCHSTE SINTFLUT NICHT MIT WASSER,

SONDERN MIT PAPIER VERANSTALTEN."

CYRIL NORTHCOTE PARKINSON

b)   Erfassen Sie folgenden Text und testen Sie anschließend die Variation der Schriftart, indem Sie für die Überschrift den Schriftgrad 16 (und gleichzeitig Fettdruck sowie Doppelt Unterstrichen), für das Zitat den Schriftgrad 14 und für den Namen den Schriftgrad 8 zuordnen.

Grundsätze

Ohne Grundsätze ist der Mensch
wie ein Schiff ohne Steuer und Kompaß,
das von jedem Winde hin und her getrieben wird.

Samuel Smiles

c)   Schreiben Sie zunächst folgenden Text, ohne eine Auszeichnung vorzunehmen:

Stress

Managerkrankheit ist eine Epidemie,
die durch den Uhrzeiger hervorgerufen und durch
den Terminkalender übertragen wird.

nach John Steinbeck

Führen Sie nachträglich folgende Textauszeichnungen mit Formatierungstasten durch:

o   Das Überschriftswort soll fett gedruckt und unterstrichen sein.

o   Die Wörter "Managerkrankheit", "Epidemie", "Uhrzeiger" und "Terminkalender" sollen fett gedruckt werden.

o   Der Name "John Steinbeck" ist doppelt zu unterstreichen.

d)   Drucken Sie die Texte abschließend auf Ihrem angeschlossenen Drucker aus.

Laden Sie den auf der Übungsdiskette unter dem Dateinamen "UEBUNG41" befindlichen Text und zeichnen Sie diesen unter Beachtung der folgenden Gestaltungsmerkmale aus. Speichern Sie das Ergebnis abschließend unter dem Dateinamen "UEBUNG42".

> **Der elementare Kohlenstoff**
>
> Kohlenstoff tritt als Element in zwei verschiedenen <u>Modifikationen</u> (Abarten) auf, als Graphit (ein schwarzgrauer, metallisch glänzender Feststoff) und als **Diamand**. Die weitaus häufigere Kohlenstoffmodifikation ist der Graphit, weil der <u>Ruß</u> aus außerordentlich kleinen Graphitkristallen besteht. - Beide Kohlenstoffmodifikationen enthalten nur Kohlenstoffatome $_6$C, was zum Beispiel daran erkannt werden kann, daß die beiden Modifikationen ineinander umgewandelt werden können. Erhitzt man Diamand unter Luftabschluß auf 1500 ^{o}C, so geht er unter geringer Wärmeentwicklung in Graphit über (ein Alchimist eines mittelalterlichen Fürstenhofes soll geköpft worden sein, weil er beim Versuch, kleine Diamanten zu einem großen zusammenzuschmelzen, scheiterte). Umgekehrt kann heute unter Anwendung extremer Drücke (100 000 bar) Graphit in Diamanten mit kleinem Durchmesser überführt werden, was für die Erzeugung von Industriediamanten von Bedeutung ist.
>
> **Quelle:** Grundwissen Chemie. Allgemeine und organische Chemie. Stuttgart 1972. S. 30.

Laden Sie den auf der Übungsdiskette unter dem Dateinamen "UEBUNG42" befindlichen Text und führen Sie die Silbentrennung für diesen Text unter Nutzung der Option "automatische Trennhilfe" durch. Ergebnis sollte der folgende Text sein:

> **Der elementare Kohlenstoff**
>
> Kohlenstoff tritt als Element in zwei verschiedenen <u>Modifikationen</u> (Abarten) auf, als Graphit (ein schwarzgrauer, metallisch glänzender Feststoff) und als **Diamand**. Die weitaus häufigere Kohlenstoffmodifikation ist der Graphit, weil der <u>Ruß</u> aus außerordentlich kleinen Graphitkristallen besteht. - Beide Kohlenstoffmodifikationen enthalten nur Kohlenstoffatome $_6$C, was zum Beispiel daran erkannt werden kann, daß die beiden Modifikationen ineinander umgewandelt werden können. Erhitzt man Diamand unter Luftabschluß auf 1500 ^{o}C, so geht er unter geringer Wärmeentwicklung in Graphit über (ein Alchimist eines mittelalterlichen Fürstenhofes soll ge-

köpft worden sein, weil er beim Versuch, kleine Diamanten zu einem
großen zusammenzuschmelzen, scheiterte). Umgekehrt kann heute unter Anwendung extremer Drücke (100 000 bar) Graphit in Diamanten
mit kleinem Durchmesser überführt werden, was für die Erzeugung
von Industriediamanten von Bedeutung ist.

Quelle: Grundwissen Chemie. Allgemeine und organische Chemie.
Stuttgart 1972. S. 30.

Übungsaufgabe 4-4: Überarbeitung eines Textes nach Gestaltungsanforderungen

a) Laden Sie den auf Ihrer Arbeitsdiskette gespeicherten Text "UEBUNG43"
und überarbeiten Sie diesen unter Gestaltungsaspekten, so daß sich folgender Ausdruck ergibt!

<u>Neue Chancen durch intensive Schulung</u>

Die Einführung neuer Techniken führt häufig nicht zu den erhofften
Wirkungen. **Vielfach werden die neuen Möglichkeiten nicht im
wünschenswerten Umfang genutzt.** <u>Uninformiertheit</u> aber auch
<u>emotionale Abwehrhaltungen</u> können in der betrieblichen Praxis zu
ernsthaften Barrieren für einen erfolgreichen Einsatz von
Computersystemen werden.

Diese <u>Probleme lassen sich vermeiden durch eine intensive
Schulung,</u> in der die Neuerungen erläutert und eingeordnet werden.

Sollen betriebliche Schulungsmaßnahmen erfolgreich sein, dann ist
es von Vorteil und häufig sogar unbedingt notwendig, diese auf
genau definierte Zielgruppen zuzuschneiden. Dabei können Sie im

wesentlichen drei **typische Zielgruppen** unterscheiden:

o Sachbearbeiter
o Sekretärinnen
o Fach- und Führungskräfte

**<u>Was muß die Sekretärin von der modernen Büro- und Informationstechnik
wissen?</u>**

Auswirkungen durch den Einsatz moderner Computersysteme ergeben
sich zunehmend auch an den <u>Sekretariatsplätzen,</u> wo primär
Assistenzfunktionen wahrgenommen werden (z. B. Terminplanung und -
überwachung, Ablage und Archivierung, Abwicklung von Telefonaten,
Postbearbeitung, Vorbereitung von Reisen und Konferenzen sowie die
Betreuung von Besuchern).

In der Regel sind diese Arbeitsplätze **dezentral organisiert,** d. h.
es besteht eine feste Zuordnung zwischen Sachbearbeitern bzw.
Führungskräften und ihrer Sekretärin. Nur im Ausnahmefall werden
zentrale Service-Bereiche für "Verwaltungsassistenz" eingerichtet,
die dann mehrere Abteilungen bedienen.

> Unter dem Einfluß der neuen Informations- und
> Kommunikationstechnologien im Büro sollten Sie allerdings heute
> davon ausgehen, daß sich der Aufgabenbereich der
> Verwaltungssekretärin in den nächsten Jahren enorm wandeln wird.
> **In Zukunft wird eine Sekretärin sinnvollerweise vermehrt autonom
> tätig sein und sehr stark kommunikative Aufgaben wahrnehmen.**

b)   Speichern Sie den Text unter dem Namen "UEBUNG44".

Übungsaufgabe 4-5:   Nachträgliche   Absatzformatierung   (Silbentrennung,
                       Ausschließung, Zeilenabstand)

a)   Laden Sie den auf Ihrer Arbeitsdiskette befindlichen Text "UEBUNG45"!

b)   Zentrieren Sie die Überschrift des Textes!

c)   Führen Sie eine automatische Silbentrennung durch und setzen Sie die üb-
       rigen Absätze in Blocksatz, so daß sich folgender Text ergibt:

> Die Büroautomation kommt
>
> Immer häufiger taucht in der Fachpresse der Begriff "Bürokommuni-
> kation" auf. Die Bürokommunikationstechnik zählt heute zur Routine
> beim Informationsaustausch mit Mitarbeitern, Lieferanten, Kunden
> usw.
>
> Von der Bürokommunikation spricht man, seitdem die Nachrichten-
> technik mit der Computertechnik eine Symbiose eingegangen ist, das
> Telefon zur Übertragung von Sprache und visionellem Text genutzt
> werden kann, und die Bundespost neue und erweiterte Übertragungs-
> netze eingerichtet hat beziehungsweise vorbereitet.
>
> In der Bundesrepublik werden täglich rund 45 Millionen Briefsen-
> dungen ein- und ausgeliefert, 95 % erreichen ihren Empfänger in-
> nerhalb von 24 Stunden. Täglich könnten etwa 12 Millionen bedeu-
> tend schneller zum Empfänger gebracht werden, nämlich auf elektro-
> nischem Wege.
>
> Telefon und Fernschreiber zählten zu den ersten Kommunikationsge-
> räten im Büro. In den letzten Jahren sind weitere interessante Me-
> dien hinzugekommen.
>
> Wesentliche Neuerungen sind Teletex, Telefax und Bildschirmtext.
> Beim Telefaxdienst wird mit Hilfe von Fernkopierautomaten das öf-
> fentliche Telefonnetz zur Übertragung von Vorlagen, zum Beispiel
> grafischen Darstellungen und Schriftstücken, verwendet. Innerhalb
> kurzer Zeit (in der Regel 3 Minuten, bei moderneren Geräten in ei-
> ner Minute) kann das Abbild des Originals an jedem Ort der Bundes-
> republik (und zunehmend auch im Ausland) empfangen werden.

d)   Variieren Sie den Zeilenabstand auf 1,5-zeilig, und fertigen Sie einen feh-
       lerfreien Ausdruck an! Speichern Sie das Ergebnis unter dem Dateinamen
       "UEBUNG46".

Erstellen Sie folgenden Geschäftsbrief formgerecht. Berücksichtigen Sie dabei vor allem die Einrückung zur Hervorhebung der angebotenen Artikel und Preise. Speichern Sie den Text unter dem Dateinamen "UEBUNG47".

> Sanyo GmbH
> Sanitärgroßhandel
> Starnberger Str. 4
>
> 4220 Dinslaken
>
> Angebot über die Lieferung von Waschtischen
>
> Sehr geehrte Damen und Herren,
> für Ihre schriftliche Anfrage danken wir Ihnen. Gern sind wir bereit, Ihnen ein interessantes Angebot zu unterbreiten.
>
> Im einzelnen bieten wir Ihnen:
>
> Waschtisch LALALU
> 700 x 475 mm
>
> Listenpreis   Farbe weiß   395,-- DM
> Listenpreis   Farbe beige   544,50 DM
>
> Wir geben Ihnen 30 % Wiederverkäuferrabatt. Zahlungsziel 60 Tage oder innerhalb von 8 Tagen unter Abzug von 3 % Skonto.
>
> Unsere Lieferung erfolgt frei Haus. Die Lieferzeit beträgt 5-6 Wochen.
>
> Mit freundlichen Grüßen

a)   Laden Sie den auf Ihrer Arbeitsdiskette befindlichen Text "UEBUNG45".

b)   Verändern Sie die Standard-Angaben in den Befehlsfeldern beim Befehl FORMAT BEREICH SEITENRAND gemäß folgenden Vorgaben:

- Seitenlänge: 30,5 cm

- Seitenbreite: 19 cm

- Seitenrand oben: 3 cm

- Seitenrand unten: 2 cm

- Seitenrand links: 4,5 cm

- Seitenrand rechts: 2 cm

c)   Kopieren Sie den Text (ohne Überschrift und ohne Bereichsmarke) 5 x nach unten.

d)   Drucken Sie den Text zunächst so aus, daß die Seitenangaben automatisch oben rechts gesetzt werden (Form der Pagina: arabische Ziffern). Speichern Sie das Ergebnis unter dem Dateinamen "UEBUNG48".

5 Arbeiten mit Tabellen, Listen und Formularen

Bisher haben Sie im wesentlichen Fließtexte erstellt, bearbeitet und gestaltet. Häufig müssen in diesen Texten jedoch auch tabellarische Aufstellungen angefertigt werden (etwa bei Berichten oder bei Angebotstexten). Dann ist eine fortlaufende Erfassung nicht mehr möglich, sondern die Nutzung eines Tabulators außerordentlich hilfreich. Dies gilt auch für das Erstellen von Gliederungen, Glossaren oder diversen Formtexten.

Hinzu kommt, daß in der Praxis verschiedene Arten von Listen angefertigt werden müssen (z. B. Telefonlisten, Lieferanten- und Artikelverzeichnisse) sowie für bestimmte Anwendungen sinnvollerweise Formulare eingesetzt werden. Für all diese Anwendungen können Textverarbeitungsprogramme besondere Funktionen zur Verfügung stellen, die im folgenden näher vorgestellt werden sollen.

5.1 Erfassen eines Textes unter Nutzung der Tabulatorfunktionen

Textverarbeitungsprogramme verfügen heute über mehr oder weniger komfortable Tabulatorfunktionen. Zeitvorteile bringt die Nutzung des Tabulators in einer Vielzahl von Fällen. Beispielhaft seien genannt:

- das Erfassen von statistischen Aufstellungen;

- das Schreiben von Gliederungen;

- das Ausfüllen von Formularen sowie

- das Erstellen herkömmlicher A4-Formbriefe (für das Einziehen von Textabschnitten oder das Absetzen einer Aufzählung).

Wie bei der Schreibmaschine können Tabstopps mit einem guten Textprogramm an beliebigen Stellen innerhalb einer Schreibzeile gesetzt werden. Im Vergleich zu herkömmlichen Schreibmaschinen bieten PC-Textprogramme jedoch meist mehr Möglichkeiten; z. B. erweiterte Funktionen bei der Anordnung des Tabstopps (wie Dezimaltabulation, zentrierende und vertikale Tabulation) oder beim Überarbeiten von Tabellen (z. B. beim Versetzen von Tabulatoren oder dem Löschen von Tabellenspalten).

Sind die Tabulatoren positionsgerecht gesetzt, können im Rahmen der Texterfassung die jeweiligen Spalten schnell angesteuert werden. Dabei muß lediglich die Funktionstaste (hier die Taste <TAB>) betätigt werden; der Cursor springt dann unmittelbar an den nächsten Tabstopp, und ermöglicht so eine gezielte Erfassung von Daten und Texten.

5.1.1 Generelle Vorgehensweise bei Anwendung eines Tabulators

Stehen Sie vor der Aufgabe, eine tabellarische Aufstellung zu schreiben, dann ist es meist wenig sinnvoll, unmittelbar mit der Erfassung zu beginnen. Vielmehr sollten Sie sich zunächst Gedanken über die Aufteilung der Tabellenspalten machen und daraufhin die entsprechenden Tabulatoren setzen. Erst danach beginnen Sie zweckmäßigerweise mit dem Erfassen der Tabellenwerte.

a)   Festlegen der Tabellenaufteilung
Den Ausgangspunkt für die Vorüberlegungen bildet der zur Verfügung stehende Schreibraum (z. B. 65 Zeichen pro 10 Pitch). Daran anknüpfend muß die Spaltenzahl bestimmt sowie die jeweilige Spaltenbreite festgelegt werden. Soweit es sich um Spalten mit gleichartigen Informationsinhalten handelt, sollte möglichst eine gleiche Spaltenbreite gewählt werden.

b)   Setzen der Tabulatoren
Liegt fest, wie die Tabelle gestaltet werden soll, kann mit dem Einstellen der Tabstopp-Positionen sowie deren Ausrichtung begonnen werden. Dabei ist es von Vorteil, wenn in dem Textverarbeitungsprogramm hierfür ein Zeilenlineal als Orientierung auf dem Bildschirm erscheint.

c)   Ausfüllen der Tabelle
Sind die Vorüberlegungen zum Tabellenaufbau getroffen und die Tabstopps eingestellt, können Sie mit dem Erfassen der Texte und Werte in der Tabelle beginnen. Durch Anspringen der Positionen mit der Tabulator-Taste ist dies nun zügig und formgerecht realisierbar.

Musteraufgabe 5-1:   Setzen von Tabulatoren und Anwendung beim Erfassen

a)   Erfassen Sie zunächst folgende Gliederung, indem Sie einen Tabulator an die Position 2,54 cm (bzw. 1") setzen:

```
Gliederung

1               Netze der Bundespost
1.1             Heutige Netze
1.1.1           Fernsprechnetz
1.1.2           IDN-Netze
1.2             Weiterentwicklung zum ISDN
2               Dienste der Bundespost
2.1             Telex
2.2             Teletex
2.3             Telefax
2.4             Bildschirmtext
2.5             Datexdienste
```

Speichern Sie das Ergebnis unter dem Dateinamen "Text50".

b)   Die soeben erfaßte Gliederung soll nun mit Seitenzahlen ausgewiesen wer-
      den. Erfassen Sie die Gliederung neu in der folgenden Form, indem Sie
      innerhalb der Schreibzeile einen weiteren rechtsbündigen Tabulator setzen
      (etwa an der Stelle 13,2 cm) und davor Punkte als Füllzeichen einsetzen:

Gliederung

1	Netze der Bundespost	1
1.1	Heutige Netze	3
1.1.1	Fernsprechnetz	7
1.1.2	IDN-Netze	12
1.2	Weiterentwicklung zum ISDN	15
2	Dienste der Bundespost	19
2.1	Telex	19
2.2	Teletex	25
2.3	Telefax	44
2.4	Bildschirmtext	102
2.5	Datexdienste	123

Speichern Sie das Ergebnis unter dem Dateinamen "Text51".

5.1.2   Setzen von Tabulatoren und Anwendung beim Erfassen

Um die gestellte Aufgabe schnell zu bewältigen, ist es notwendig und sinnvoll,
individuelle Tabulatoren für das Erfassen der Gliederungspunkte zu setzen.
Grundsätzlich sind zwei Aspekte bei der Festlegung von Tabulatoren zu berücksichtigen:

-    die Position des Tabstopps sowie

-    die Ausrichtung des Tabstopps.

Im Programm sind bereits Standard-Tabstopps enthalten. So finden sich vorgegebene Tabstopps in Abständen von 1,25 cm (jede fünfte Spalte). Diese können
entweder genutzt oder durch sog. individuelle Tabstopps, die den besonderen
Bedingungen der Anwendung entsprechen, ersetzt werden. Sie können allerdings auch die vorbestimmten Tabstopps ändern, indem Sie den Befehl ZU-
SÄTZE aufrufen und hier eine Variation im Feld "Abstand Tabstopps:" vornehmen.

Das Setzen individueller Tabulatoren erfolgt bei WORD 4.0 durch Wahl des
Befehls FORMAT TABULATOR SETZEN. Diesen können Sie entweder
durch Eingabe der Tastenfolge <ESC> <F> <T> <S> oder schneller
durch Betätigen der Tastenkombination <ALT> + <F1> auslösen. Danach
erscheint am oberen Ausschnittrand ein sog. Zeilenlineal, auf dem jeder Punkt
eine Spaltenposition darstellt. Mit diesem Zeilenlineal wird die Festlegung von
Tabulatoren wesentlich erleichtert, da Sie so deutlich erkennen können, wo

welche Tabstopps sich befinden. Hinweis: Sie können dieses Zeilenlineal auch permanent einschalten, indem Sie den Befehl AUSSCHNITT OPTIONEN wählen und hier im Befehlsfeld "Zeilenlineal:" die Vorgabe auf "Ja" einstellen.

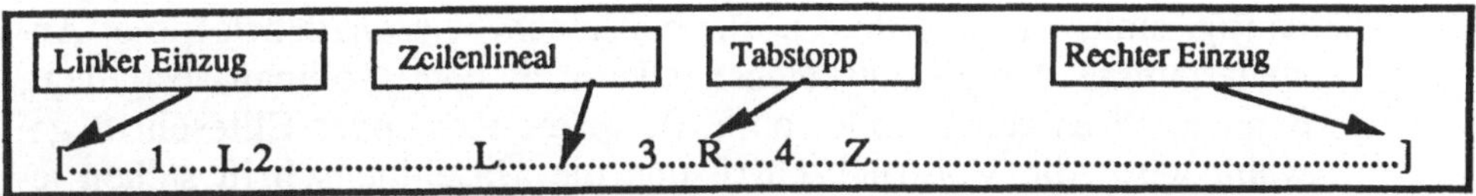

Bild 5-1: Darstellung des Zeilenlineals mit Tabulatorstopps

Im einzelnen macht das Bild 5-1 deutlich, daß im Zeilenlineal angezeigt werden:

- die Text-Einzüge (linker bzw. rechter Einzug);

- die jeweiligen Tabstopps (gesetzte Tabulatoren).

Das Zeilenlineal ist auf 10er-Teilung eingestellt, d. h. jede Zoll-Teilung des Lineals ist zehnmal unterteilt.

Bei Wahl des Befehls FORMAT TABULATOR SETZEN ergibt sich außerdem am unteren Bildschirmrand ein Menü mit drei Befehlsfeldern, wie dies Bild 5-2 zeigt.

```
FORMAT TABULATOR SETZEN Position: ▌
  Ausrichtung:(Links)Zentriert Rechts Dezimal Vertikal
  Füllzeichen:(Leerzeichen). − _
Geben Sie bitte das Maß ein!
Se1 Sp1            ()                                  Microsoft Word
```

Bild 5-2: Menü FORMAT TABULATOR SETZEN

Durch Eintragungen in den Befehlsfeldern bieten sich folgende Möglichkeiten:

a) Festlegen der Tabstopp-Position

Im ersten Befehlsfeld "Position:" können Sie festlegen, an welcher Stelle der Tabulator stehen soll. Dabei ist sowohl eine Direkteingabe als auch eine Ansteuerung im Zeilenlineal möglich:

a1) Eingabe einer sinnvollen Maßgröße: als Maßeinheiten kommen die beim Befehl ZUSÄTZE im Feld "Maßeinheit:" vorgesehenen Alternativen in Betracht: Zoll, cm, 10er-Teilung, 12er-Teilung, Punkte. Da moderne Maschinenschriften nach dem Zollmaß ausgerichtet sind (z. B. Picaschrift 1/10"; Eliteschrift 1/12"), ist diese Maßeinheit für die Gestaltung von Vordrucken und den Gebrauch des Tabulators häufig sinnvoll. Werden z. B. bei einem Geschäftsbrief die Ansteuerpunkte der Bezugszeichenzeile nach dem Zollmaß festgelegt, dann spielt es keine Rolle, ob z. B. später Pica- oder Eliteschrift gewählt wird; die Vordruckschrift und die Maschinenschrift stehen jeweils an derselben Fluchtlinie.

a2) Auswahl einer Maßgröße; in diesem Fall nutzen Sie das Zeilenlineal für das Festlegen der TAB-Positionen. Dazu muß zunächst die Funktionstaste <F1> betätigt werden. Nun erscheint im Zeilenlineal zusätzlich ein helles Feld auf der linken Seite, und Sie können jetzt die <Richtungstaste nach rechts> betätigen, so daß dieses Feld entlang des Zeilenlineals wandert. Betätigen Sie die Richtungstaste solange, bis die gewünschte Position erreicht ist und im Befehlsfeld die Maßeinheit (z. B. 2,54 cm) erscheint.

b) Wahl der Ausrichtung des Tabstopps

Haben Sie die Position des Tabstopps festgelegt, dann können Sie in einem nächsten Teilschritt festlegen, wie die Eingabe, die an der jeweiligen Tabstopp-Position erfolgt, angeordnet werden soll (linksbündig, rechtsbündig, zentriert oder dezimal). Außerdem können Sie vertikale Linien zwischen den Spalten einfügen. Im einzelnen ergibt sich folgende Bedeutung der im Feld "Ausrichtung:" zur Verfügung stehenden Optionen:

b1) linksbündige Tabulation; wird diese Form der Tabulatoranordnung gewählt, dann werden die eingegebenen Zeichen an der vorgegebenen Stelle linksbündig ausgerichtet (sinnvoll bei Texteingaben).

b2) rechtsbündige Tabulation: die an der Tabulatorposition eingegebenen Zeichen werden rechtsbündig untereinander gesetzt (sinnvoll etwa bei der Eingabe von numerischen Informationen).

b3) zentrierende Tabulation: die eingegebenen Zeichen werden links und rechts unter der gewählten Tabulatorposition gleichverteilt.

b4) Dezimaltabulation: die Ausrichtung erfolgt nach dem eingegebenen Dezimalkomma (oder dem Dezimalpunkt, falls eine entsprechende Einstellung im Befehl ZUSÄTZE beim Dezimaltrennzeichen vorgenommen wurde). Diese Einstellung ist z. B. zweckmäßig, wenn bei Zahlenkolonnen eine stellengerechte Eingabe der Ziffern erforderlich ist. Durch die Festlegung eines Dezimaltabulators wird dann bei der Erfassung sichergestellt, daß die eingegebenen Zahlen automatisch rechtsbündig bzw. mit Dezimalkomma oder -punkt auf die entsprechende Tabulatorposition gesetzt werden.

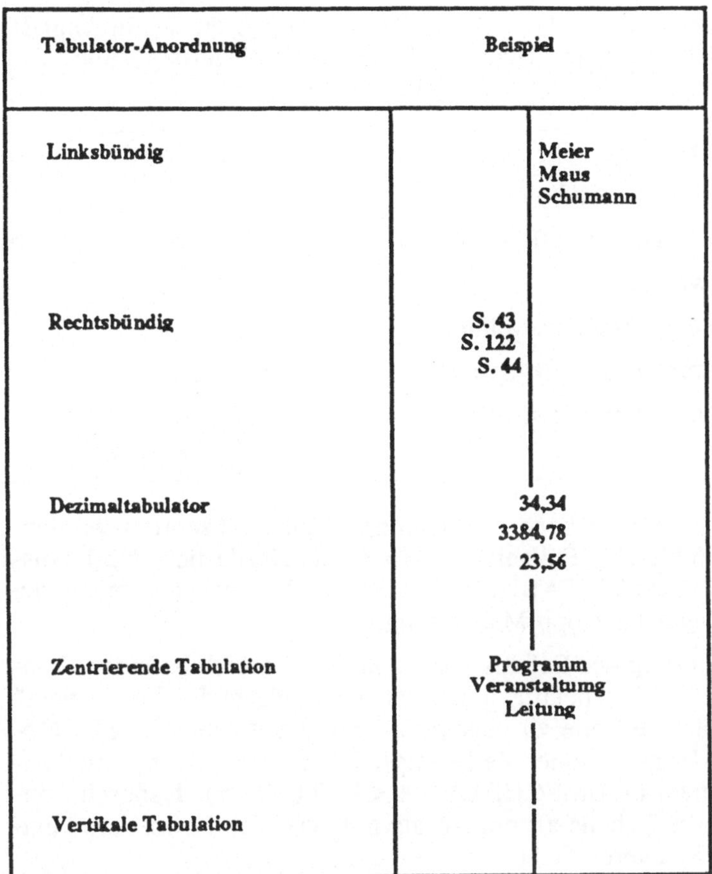

Bild 5-3: Tabulatoranordnungen

b5) vertikale Tabulation: in diesem Fall wird eine vertikale Linie an die Stelle des Tabstopps gesetzt.

Die verschiedenen Möglichkeiten der Tabulatoranordnung verdeutlicht Ihnen Bild 5-3.

Standardmäßig gilt die linksbündige Anordnung. Welcher Tabulator im Einzelfall zu wählen ist, hängt von der jeweiligen Anwendung (Textart bzw. dem Inhalt der Textspalte) ab. Nach der Wahl erscheinen die festgelegten Alternativen im Zeilenlineal: L für linksbündig, Z für zentriert, R für rechtsbündig und D für Dezimaltabulator.

c)   Setzen von Füllzeichen

Das Befehlsfeld "Füllzeichen:" bietet die Möglichkeit, die Spalte vor dem Tabstopp mit Punkten (...), Gedankenstrichen (----) oder Unterstrichen (____) aufzufüllen. Gewählte Füllzeichen werden im Zeilenlineal angezeigt. Standardmäßig bleibt der Zwischenraum allerdings frei.

Sie können nun die Lösung der Teilaufgabe a) der Musteraufgabe 5-1 in Angriff nehmen. Nach dem Schreiben des Überschriftswortes "Gliederung" und Ansteuern der nächsten Zeile ist folgendes Vorgehen notwendig:

Reihenfolge der Bearbeitung	Tastenfolge
1. Eingabe des Zeichens am Anfang	1
2. Befehl FORMAT TABULATOR auslösen	<ESC> <F> <T>
3. Option SETZEN wählen	<S>
4. Tabulatorposition eingeben oder wählen	2,54
5. Ausrichtung bestimmen (oder akzeptieren)	<TAB> <L>
6. Füllzeichen wählen (sofern notwendig)	<TAB>
7. Befehl ausführen	<RETURN>

Im Beispielfall kann die vorgegebene Ausrichtung "Links" akzeptiert werden. Eine Festlegung im Befehlsfeld "Füllzeichen:" ist nicht erforderlich. Nach Ausführung des Befehls FORMAT TABULATOR SETZEN erscheint im oberen Zeilenlineal die festgelegte Tabstopp-Markierung.

Da Sie sich nach Ausführung des Befehls wieder im Textbereich befinden, können Sie nun die Taste <TAB> betätigen und den Text "Netze der Bundespost" erfassen. Um in die nächste Zeile zu gelangen, kann die Taste <RETURN> betätigt werden. Nach Erfassen einer Zeile empfiehlt es sich jedoch, eine Zeilenschaltung vorzunehmen (<UMSCHALT> + <RETURN>). Dadurch können Sie bewirken, daß die Tabelle als ein Absatz gilt, was das Formatieren und Überarbeiten von Tabellen vereinfacht.

Am Beispiel der Erfassung der zweiten Zeile der Gliederung veranschaulicht die folgende Checkliste, in welchen Teilschritten eine gezielte Erfassung in Zeilen mit einem Tabulator erfolgt:

Reihenfolge der Bearbeitung	Tastenfolge
1. Ausfüllen der 1. Spalte	1.1
2. Nächste Position ansteuern	<TAB>
3. Text eingeben	Heutige Netze
4. Nächste Zeile ansteuern	<Umschalt> + <RETURN>
5. Teilschritte 1 - 4 wiederholen	....
6. Befehl ausführen (bei letzter Zeile)	<RETURN>

Die Erfassung unter Nutzung der gesetzten Tabulatoren wird vom Textprogramm intern anders behandelt als das Arbeiten mit Leerzeichen. Dies würde deutlich, wenn Sie einmal im Befehl ZUSÄTZE bei der Option "Sonderzeichen sichtbar:" die Variante "Alle" wählen. In diesem Fall wird erkennbar, daß bei

Betätigen der Taste <TAB> in den Leerraum ein kleiner nach rechts gerichteter Pfeil auf dem Bildschirm eingefügt wurde (das sog. Steuerzeichen für den Tabulator). Dies verdeutlicht Bild 5-4.

```
==[·········L·==······2········3········4···[·····5········6····] 15:17:50
   Gliederung¶
   ¶
   1→        Netze·der·Bundespost↓
   1.1→      Heutige·Netze¶
   ♦
```

```
BEFEHL: Ausschnitt Bibliothek Druck Einfügen Format Gehezu Hilfe Kopie
        Löschen Muster Quitt Rückgängig Suchen Übertragen Wechseln Zusätze
Bearbeiten Sie bitte Ihren Text oder unterbrechen Sie zum Hauptbefehlsmenü!
Se1 Sp24        ()                                        Microsoft Word
```

Bild 5-4: Steuerzeichen für Tabulatoren

Speichern Sie nun - so Sie die gesamte Tabelle erfaßt und die Anzeige der Steuerzeichen über den Befehl ZUSÄTZE wieder entfernt haben - die Datei mit dem Befehl ÜBERTRAGEN SPEICHERN unter dem Dateinamen "Text50".

Anschließend können Sie die Teilaufgabe b) von Musteraufgabe 5-1 in Angriff nehmen. Der Unterschied zur 1. Aufgabe besteht darin, daß hier mehrere Tabstopps gesetzt werden müssen. Zu diesem Zweck betätigen Sie sinnvollerweise nach der ersten Wahl die Taste <INS>; sie fügt den entsprechenden Tabstopp ein.

Außerdem sollen Sie in dieser Teilaufgabe eine weitere Sonderfunktion nutzen: das Setzen von Füllzeichen. Auf diese Weise können Sie den Leerraum, der beim Betätigen der TAB-Taste entsteht, mit Punkten, Bindestrichen oder Unterstreichungslinien auffüllen. So läßt sich z. B. durch eine punktierte Linie eine übersichtliche Verbindung zwischen den Gliederungspunkten und den Seitenangaben herstellen.

Um die Aufgabe zu lösen, löschen Sie bitte zunächst den Bildschirm durch Wahl des Befehls ÜBERTRAGEN BILDSCHIRMLÖSCHEN. Danach können Sie für das Setzen der Tabulatoren anhand der folgenden Checkliste vorgehen:

Reihenfolge der Bearbeitung	Tastenfolge
1. Eingabe des Zeichens am Anfang	1
2. Befehl FORMAT TABULATOR auslösen	<ESC> <F> <T>
3. Option SETZEN wählen	<S>
4. Tabulatorposition eingeben oder wählen	2,54
5. Ausrichtung bestimmen (oder akzeptieren)	
6. Füllzeichen wählen (sofern notwendig)	
7. Tabulator einfügen	<INS>
8. Nächste Tabulatorposition wählen	13,2
9. Ausrichtung bestimmen (z. B. Rechts)	<TAB> <R>
10. Füllzeichen festlegen (z. B. Punkte)	<TAB> <Leertaste>
11. Befehl ausführen	<RETURN>

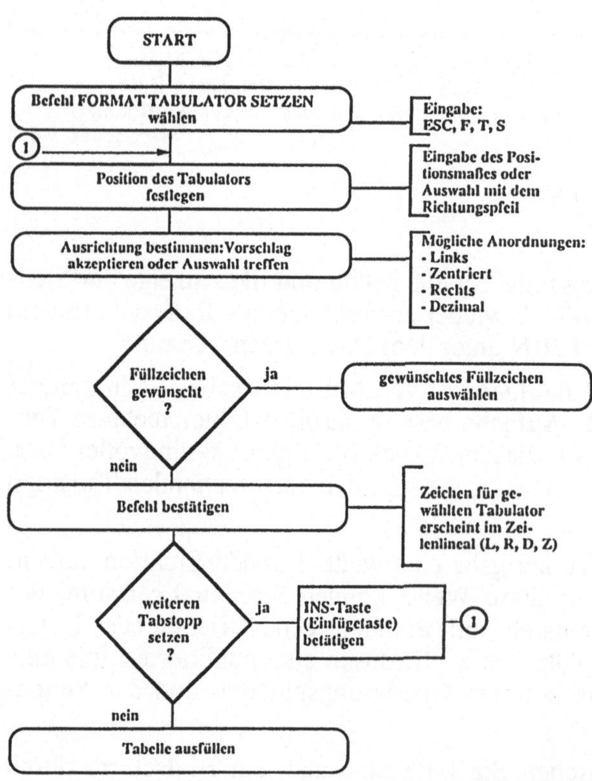

Bild 5-5: Schematische Darstellung der Vorgehensweise beim Tabulatorsetzen

Nach Ausführung des Befehls sind die Tabstopps festgelegt. Einen generellen Überblick für das Setzen von Tabulatoren gibt aus einer anderen Sichtweise das Ablaufschaubild , wie es Bild 5-5 zeigt.

Nachdem nun die Tabulatoren gesetzt sind, können Sie mit dem Erfassen der Gliederung beginnen. Jede Spalte läßt sich jetzt schnell und exakt mit Hilfe der TAB-Taste anspringen. Beachten Sie auch hierzu das Bild 5-6.

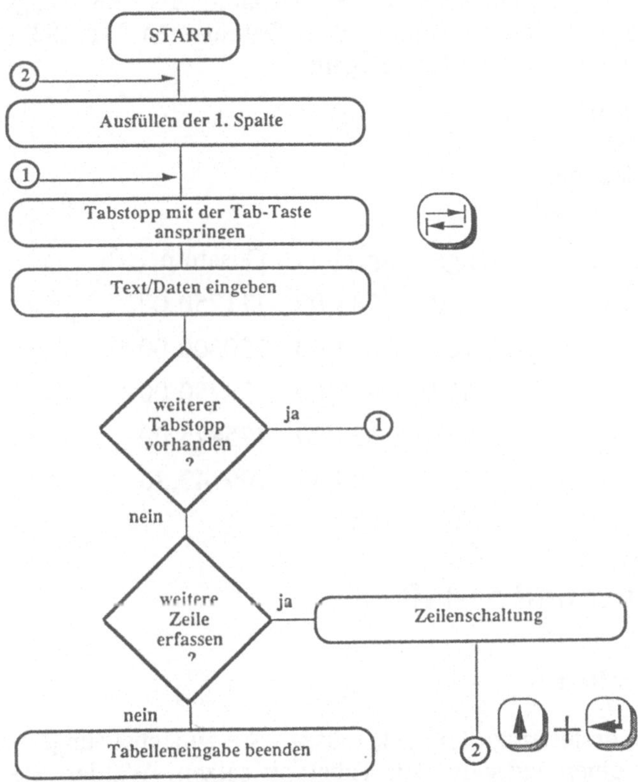

Bild 5-6: Schematische Darstellung beim Erfassen von Texten mit Tabulatorstopps

Musteraufgabe 5-2:   Umstellen von Tabstopp-Positionen in der Tabelle

a)   Erfassen Sie zunächst die folgende Tabelle. Hinweis: Setzen Sie einen linksbündigen Tabstopp (für die Artikelbezeichnung) an die Position 3,81 cm, einen rechtsbündigen Tabstopp an die Stelle 12,19 cm sowie einen Dezimaltabulator bei 16 cm.

Art.-Nr.	Artikelbez.	Menge	Einzelpreis
3345	Herrenmäntel	150	745,00
3447	Anzüge	125	1044,00
4222	Hosen	350	225,00
6788	Kleider	525	335,00
7445	Blusen	1234	88,45

b) Die Tabelle soll nun umgestellt werden, indem die Positionen etwas näher zusammenrücken und zum Schluß eine Spalte "Gesamtpreis" eingefügt wird. Speichern Sie diese abschließend unter dem Dateinamen "Text52". Im einzelnen sind folgende Positionen festzulegen:

- Artikelbez.: 2,54 cm, linksbündig
- Menge: 8,63 cm, rechtsbündig
- Einzelpr.: 11,94 cm, dezimal
- Gesamtpr.: 15,74 cm, dezimal.

Art.-Nr.	Artikelbez.	Menge	Einzelpr.	Gesamtpr.
3345	Herrenmäntel	150	745,00	111750,00
3447	Anzüge	125	1044,00	130500,00
4222	Hosen	350	225,00	78750,00
6788	Kleider	525	335,00	175875,00
7445	Blusen	1234	88,45	109147,30

5.2 Tabellen bearbeiten und gestalten

5.2.1 Tabpositionen umstellen

Um die vorgegebene Tabelle erstellen zu können, müssen Sie zunächst für jede einzelne Spalte der Tabelle einen individuellen Tabstopp setzen. Wählen Sie deshalb - nachdem Sie den Text "Art.-Nr." geschrieben haben - den Befehl FORMAT TABULATOR SETZEN und bestimmen Sie für die Artikelbezeichnung die Tabposition 3,81 cm. Als Ausrichtung kann die linksbündige Vorgabe übernommen werden. Bei Menge setzen Sie anschließend an der Position 12,19 cm einen rechtsbündigen Tabulator; bei Einzelpreis an der Position 16 cm einen Dezimaltabulator. Danach können Sie die Tabelle unter Nutzung der gesetzten Tabstopps schnell und gezielt erfassen.

Nachdem Sie eine Tabelle erstellt haben, bereitet es auch im nachhinein keine großen Probleme, einzelne Spalten der Tabelle umzustellen, zu löschen oder zu kopieren. Dazu muß entweder mit dem Befehl FORMAT TABULATOR SETZEN eine Veränderung der Tabposition vorgenommen werden oder nach einer Spaltenmarkierung der gewünschte Befehl (LÖSCHEN oder KOPIE) aufgerufen und ausgeführt werden.

In Teil b) der Musteraufgabe 5-2 sollen Sie zunächst die gesetzten Spalten etwas enger setzen, um in dem Hochformat noch eine Spalte für den Gesamtpreis anzufügen. Dieses Ziel veranschaulicht Bild 5-7.

Beispiel:
In der folgenden Tabelle sollen die Tab-Positionen näher zusammenrücken.

Art.-Nr.	Artikelbezeichnung	Menge	Einzelpreis
3345	Herrenmäntel	150	745,00
3447	Anzüge	125	1044,00
4222	Hosen	350	225,00
6788	Kleider	525	335,00
7445	Blusen	1234	88,45

Ziel

Bild 5-7: Verändern/Verschieben von Tabstopps

Um eine Umstellung der Tabelle vornehmen zu können, müssen Sie zunächst die Tabellenzeile markieren und dann den Befehl FORMAT TABULATOR SETZEN wählen. Anschließend empfiehlt es sich, im angezeigten Zeilenlineal die Position des Tabstopps anzusteuern, die verändert werden soll (im Beispiel die Position 3,81 cm); betätigen Sie dazu zunächst die Funktionstaste <F1> und dann die <Richtungstaste nach unten>. Anschließend muß die Löschtaste (Taste <DEL>) betätigt werden und dann mit der Richtungstaste die Position im Zeilenlineal angesteuert werden, wo der neue Tabstopp stehen soll (hier: 2,54 cm). Nach Ausführung des Befehls mit der Taste <RETURN> wird schließlich die gesamte Tabellenspalte an die gewünschte Position verschoben.

Für das Verändern/Verschieben von Tabstopps gilt somit grundsätzlich folgendes Vorgehen:

Reihenfolge der Bearbeitung	Tastenfolge
1. Tabellenposition im Text markieren	<Richtungstasten>
2. Befehl FORMAT TABULATOR SETZEN	<ESC> <F> <T> <S>
3. Tab-position im Zeilenlineal ansteuern wählen	<F1> <Pfeil unten>
4. Löschfunktion auslösen	<DEL>
5. Neue Position ansteuern oder eingeben	<Richtungstasten>
6. Befehl ausführen	<RETURN>

Zur Veränderung der Position von Menge und Einzelpreis können Sie somit analog vorgehen. Steuern Sie anschließend den Cursor in der Tabelle hinter die Bezeichnung "Einzelpreis", und wählen Sie erneut den Befehl FORMAT TABULATOR SETZEN. Hier ist die Position 15,74 cm sowie die Ausrichtung dezimal festzulegen. Nun kann die ergänzende Erfassung der Gesamtpreise vorgenommen werden.

Speichern Sie das Ergebnis abschließend mit dem Befehl ÜBERTRAGEN SPEICHERN unter dem Dateinamen "Text52" ab.

Musteraufgabe 5-3:   Bearbeiten und Gestalten einer Tabelle

a)   Erfassen Sie folgende tabellarische Aufstellung und speichern Sie diese unter dem Dateinamen "Text53":

Steueraufkommen in Mio. DM

	Gemeinde	Land	Kreis
Vermögenssteuer	85765	4555	-
Einkommensteuer	8443	65787	321659
Körperschaftssteuer	2211	15666	52341
Mehrwertsteuer	15444	99662	49005

b)   Wir wollen nun eine Umstellung der Tabelle in der Form vornehmen, daß die dritte und zweite Spalte vertauscht werden. Setzen Sie außerdem einen vertikalen Tabulator zwischen der 1. und 2. Spalte, so daß sich folgende Darstellung ergibt:

Steueraufkommen in Mio. DM

	Land	Gemeinde	Kreis
Vermögenssteuer	4555	85765	-
Einkommensteuer	5787	68443	321659
Körperschaftssteuer	5666	12211	52341
Mehrwertsteuer	9662	915444	49005

c)   In einem nächsten Teilschritt sollen Sie die Spalte mit der Überschrift "Gemeinde" ganz löschen. Speichern Sie das Ergebnis unter dem Dateinamen "Text54".

d)   Positionieren Sie den Cursor auf die nächste Zeile und löschen Sie alle gesetzten Tabulatoren. Jetzt können sie wieder wie üblich erfassen.

5.2.2   Vertauschen von Tabellenspalten

Um Spalten einer Tabelle verschieben, kopieren oder löschen zu können, müssen Sie die betreffende Spalte markieren. Grundsätzlich muß zu diesem Zweck ein geeignetes Eckzeichen in der Spalte angesteuert werden, dann die Spalten-markierungsfunktion durch Betätigen der Tastenkombination <UMSCHALT> +<F6> aktiviert werden (erkennbar in der Statuszeile durch die Buchstaben SM). Anschließend können Sie mit den entsprechenden Richtungstasten die gesamte Spalte "ausleuchten". Wichtig ist, daß beim Markieren von Spalten darauf geachtet wird, daß auch das nachfolgende Tabulatorzeichen in die Markierung einbezogen wird (die "eingefügten" Tabzeichen sind ein Teil der Spalte).

Haben Sie eine Spalte markiert, dann kann das Vertauschen der Spalten analog dem Vertauschen von Absätzen vorgenommen werden. So ist zunächst die markierte Spalte durch Betätigen der Löschtaste in den Papierkorb zu löschen. Anschließend müssen Sie die neue Spaltenposition ansteuern, indem Sie das erste Zeichen jener Spalte markieren, die rechts von der Spalte, die vertauscht werden soll, stehen soll. Wenn Sie nun die Einfügetaste <INS> betätigen, wird die Spalte aus dem Papierkorb eingefügt.

Um die Musteraufgabe in der gewünschten Weise zu lösen, markieren Sie zunächst die dritte Spalte und nehmen Sie dann den Tausch vor. Im einzelnen ist folgendes Vorgehen notwendig:

Reihenfolge der Bearbeitung	Tastenfolge
1. Ausgangsposition in Spalte 3 ansteuern	<Richtungstasten>
2. Spalten-Markierungsfunktion wählen	<UMSCHALT>+<F6>
3. Endposition der Markierung ansteuern	<Richtungstasten>
4. Löschtaste betätigen	<DEL>
5. Cursor an die Einfügeposition setzen	<Richtungstasten>
6. Einfügetaste betätigen	<INS>

Ergebnis müßte die gewünschte Umstellung sein. Beachten Sie allerdings noch folgenden Hinweis, wenn Sie Spalten in Tabellen vertauschen wollen. Es ist nicht möglich, zentriert oder dezimal ausgerichtete Spalten zu markieren, um diese anschließend zu verschieben, zu kopieren oder zu löschen. In diesem Fall gibt es nur einen Ausweg: Ändern Sie zunächst die Ausrichtung auf linksbündig, nehmen Sie dann die Verschiebung vor und setzen Sie schließlich die Ausrichtung wieder auf die gewünschte Form.

5.2.3   Verwendung des Vertikaltabulators

Um tabellarische Aufstellungen übersichtlicher zu gestalten, können einzelne Positionen durch das Ziehen senkrechter Linien abgetrennt werden. Die senkrechten Striche erhält man dadurch, daß man für den Absatz an der gewünschten Stelle einen TAB einrichtet und seine Ausrichtung vertikal definiert.

Gehen Sie zur Lösung der Aufgabenstellung im einzelnen wie folgt vor:

Reihenfolge der Bearbeitung	Tastenfolge
1. Befehl FORMAT TABULATOR auslösen	<ESC> <F> <T>
2. Option SETZEN wählen	<S>
3. Tabulatorposition eingeben oder wählen	5,33
4. Ausrichtung bestimmen	<TAB> <V>
5. Befehl ausführen	<RETURN>

5.2.4   Löschen von Tabellenspalten

Um die Spalte mit der Überschrift "Gemeinde" zu löschen, muß diese Spalte zunächst wie gehabt markiert werden. Wichtig ist dabei, daß Sie bei der Markierung darauf achten, daß auch das nachfolgende Tab-Zeichen der Spalte "Gemeinde" mit in die Markierung einbezogen wird. Wenn Sie nun nach Vornahme der Markierung die Löschtaste betätigen, wird die gesamte Spalte gelöscht. Für den Beispielfall ergibt sich folgendes Vorgehen:

Reihenfolge der Bearbeitung	Tastenfolge
1. Ausgangsposition ansteuern	<Richtungstasten>
2. Spalten-Markierungsfunktion wählen	<UMSCHALT> + <F6>
3. Endposition der Markierung ansteuern	<Richtungstasten>
4. Löschtaste betätigen	<DEL>

5.2.5   Löschen von Tabulatoren

Werden gesetzte Tabulatoren nicht mehr benötigt, so können Sie diese mit der Befehlsfolge FORMAT TABULATOR einzeln oder insgesamt löschen. Voraussetzung für das Löschen ist, daß mindestens ein Zeichen in dem betreffenden Absatz markiert ist. Im einzelnen kann unterschieden werden:

a)   Einzelne Tabulatoren löschen: Befehlsfolge FORMAT TABULATOR LÖSCHEN wählen; Positionsmaß eingeben oder Position ansteuern; Befehl ausführen.

b)   Sämtliche Tabulatoren löschen: erfolgt mit der Befehlsfolge FORMAT TABULATOR GESAMTLÖSCHEN.

Der Befehl FORMAT TABULATOR GESAMTLÖSCHEN ist immer dann angebracht, wenn Sie das Erfassen der tabellarischen Aufstellung beendet haben. Demgegenüber kommt das Löschen einzelner Tabstopps insbesondere in den Fällen in Frage, wo bereits bei der Erfassung festgestellt wird, daß ein bestimmter Tabulator aus Platzgründen anders gesetzt werden sollte.

5.3 Rechnen im Text

Im Rahmen von Textverarbeitungs-Anwendungen (etwa beim Anfertigen von Berichtstexten) müssen häufig die Zahlenwerte einer erfaßten Tabelle addiert werden. Mitunter sind auch andere Rechenoperationen (Multiplikationen, Prozentrechnen) notwendig, etwa beim Ausfüllen von Reisekostenabrechnungen. Dann wäre es mit zusätzlichem Erfassungsaufwand sowie Fehlerquellen verbunden, wenn hierzu extra ein Taschen- oder Tischrechner zu Hilfe genommen werden müßte.

Textprogramme verfügen heute deshalb häufig über eine integrierte Rechenfunktion, so daß für viele Anwendungen ein Taschen- bzw. Tischrechner auf dem Schreibtisch überflüssig wird. So lassen sich z. B. Zwischen- und Endsummen von vertikalen Zahlenkolonnen errechnen oder Zahlen in einer horizontalen Zeile addieren. Grundsätzlich sollten zumindest die vier Grundrechenarten verfügbar sein. Erweiterungen liegen dann vor, wenn auch Prozentrechnen möglich ist sowie Rechenfunktionen programmiert werden können.

| Musteraufgabe 5-4: | Arbeiten mit Tabellen unter Nutzung der Rechenfunktionen |

a) Erfassen Sie zunächst folgende Zahlenaufstellung unter Nutzung des Dezimaltabulators. Setzen Sie die Dezimaltabulatoren an drei Stellen: bei 6,35 cm; bei 10,16 cm sowie bei 13,97 cm (Hinweis: der letzte Tabulator soll später für den Ausweis der Zeilensummen verwendet werden).

IST-WERTE 1987 - 1988

MONAT: AUGUST

JAHR	1987	1988
Telefon	8250,22	15720,45
Büromaterial	10456,33	4235,70
Strom/Wasser	3456,33	9212,20
Reparatur	257,70	580,20
Porto	330,00	245,90
Bankspesen	425,40	625,70

b)   Ermitteln Sie anschließend unter Anwendung der Möglichkeit des "Rech-
      nens im Text" die Summen für die beiden Spalten sowie die Summen der
      einzelnen Zeilen, so daß sich folgendes Ergebnis ergibt:

IST-WERTE 1987 - 1988

MONAT: AUGUST

JAHR	1987	1988	Summe
Telefon	8250,22	15720,45	23970,67
Büromaterial	10456,33	4235,70	14692,03
Strom/Wasser	3456,33	9212,20	12668,53
Reparatur	257,70	580,20	837,90
Porto	330,00	245,90	575,90
Bankspesen	425,40	625,70	1051,10

TOTAL	23175,98	30620,15	53796,13

c)   Speichern Sie das Ergebnis unter dem Dateinamen "Text55".

5.3.1   Spalten- und Zeilenaddition in einer Tabelle

Zur Lösung der Musteraufgabe 5-4 ist zunächst die Tabelle zu erfassen. Dabei
sind nach dem Schreiben der beiden Überschriftszeilen zunächst mit dem Befehl
FORMAT TABULATOR SETZEN an drei verschiedenen Stellen die sog. Dezimaltabulatoren zu positionieren.

Nun können Sie die 2. Teilaufgabe in Angriff nehmen und dabei die Möglichkeiten des Rechnens im Text mit WORD kennenlernen. Grundsätzlich können
dabei sowohl die vier Grundrechenarten als auch Prozentrechnungen durchgeführt werden.

Für das Rechnen im Text muß die entsprechende Passage (Spalte oder Zeile)
zunächst markiert werden. Wichtig ist, daß die Zahlen vollständig markiert
werden (mit Ausnahme bei Additionen muß dabei auch das entsprechende Rechenzeichen mit in die Markierung einbezogen werden). Durch Betätigen der
Funktionstaste <F2> kann der Rechenbefehl ausgelöst werden; das Ergebnis
wird dann in einem Zwischenspeicher abgelegt und erscheint im "Papierkorb"
() in der Statuszeile auf dem Bildschirm. Dieses kann nun, falls gewünscht, an
eine bestimmte Cursorposition gesetzt werden, indem diese zunächst angesteuert wird und dann die Einfügetaste <INS> betätigt wird.

In der Musteraufgabe 5-4 sollen mit den in einer Tabellenspalte bzw. -zeile enthaltenen Zahlen Rechenoperationen durchgeführt werden. Zur Lösung der
Spaltenaddition für das Jahr 1987 ist demgemäß wie folgt vorzugehen (An-

nahme: Als Ausgangspunkt für die Markierung der Spalte wird die letzte Ziffer
des Betrages "Bankspesen" gewählt):

Reihenfolge der Bearbeitung	Tastenfolge
1. Ausgangsposition (Ziffer 0) ansteuern	<Richtungstasten>
2. Markierungsfunktion wählen	<UMSCHALT> + <F6>
3. Endposition der Markierung ansteuern	<Richtungstasten>
4. Rechenbefehl auslösen	<F2>
5. Ergebnisposition ansteuern	<Richtungstasten>
6. Ergebnis einfügen	<INS>

Ergebnis ist im Beispielfall der Ausweis der Zahl 23175,98. In ähnlicher Weise
können Sie für die Spalte 1988 den Summenwert 30620,15 ermitteln. Um danach die Werte für die Summenspalte zu ermitteln, steuern Sie z. B. zunächst in
der Zeile der Telefonkosten die erste Ziffer "8" an und lösen dann die
Erweiterungsfunktion mit <F6> aus. Nachdem Sie beide Werte markiert haben, kann der Rechenbefehl mit <F2> ausgelöst und das Ergebnis in der Summenspalte eingefügt werden. In ähnlicher Form ist die horizontale Addition für
die übrigen sechs Zeilen durchzuführen, so daß sich die gewünschte Lösung ergibt.

5.3.2 Nutzung der Rechenfunktion in mathematischen Ausdrücken

Ausgenommen bei der Durchführung von Additionsvorgängen, bei denen die
besondere Angabe des Rechenzeichens + nicht erforderlich ist, müssen bei den
übrigen Operationen die zu berücksichtigenden Rechenzeichen angegeben werden. Einen Überblick über die verfügbarenRechenzeichen gibt Bild 5-8.

Rechenart	Rechenzeichen	Operationen
1) Subtraktion	– oder Zahl in Klammern	4711 - 231 4711 (231)
2) Multiplikation	*	88 * 14,12
3) Division	/	312 : 14,2
4) Prozentrechnung	%	1500 * 14%

Bild 5-8: Rechenzeichen in Word

Die Rechenzeichen mit Ausnahme der Prozentrechnung müssen vor der Zahl stehen. Bei Prozentrechnungen wird das Zeichen hinter der Zahl angegeben; zum Beispiel *10%.

Sie sollten nun einmal das Arbeiten mit mathematischen Ausdrücken austesten, indem Sie folgenden Text eingeben:

"Wir freuen uns, Ihnen auf den Rechnungsbetrag in Höhe von 7544,60 DM eine Gutschrift über * 15% erteilen zu können. Den anfallenden Betrag in Höhe von x DM schreiben wir Ihnen in den nächsten Tagen gut."

Durch diese Erfassung haben sie nun die Voraussetzung geschaffen, um den Gutschriftsbetrag im Text ermitteln zu können. Wenn Sie nun den gesamten ersten Satz markieren (mit der Tastenkombination <UMSCHALT> + <F8>), dann die Taste <F2> betätigen, wird das Ergebnis von 1131,69 im Papierkorb ausgewiesen. Fahren Sie nun auf den Buchstaben x im nächsten Satz, und betätigen Sie die Einfügetaste <INS>. Anschließend können Sie unerwünschte Zeichen wie das x bzw. das Zeichen * für Multiplikation mit der Löschtaste entfernen.

Beachten Sie abschließend folgende Regeln beim Rechnen im Text:

- Rechenoperationen können mit bis zu 14-stelligen Ergebnissen ausgeführt werden. Die Darstellung der Ergebnisse erfolgt in Gleitkommaschreibweise.

- In einem Text werden für Rechenoperationen nur die Zahlen und die dazugehörigen Rechenzeichen berücksichtigt, sofern diese markiert sind.

- In Zahlenwerten dürfen Leerzeichen nicht vorkommen, da dies die Bildung zweier Zahlen zur Folge haben würde.

- Dezimalstellen werden bei der Berechnung beachtet; eingegebene Tausenderpunkte werden auch bei der Ergebnisanzeige eingefügt.

- Wertangaben (z. B. DM, Pf) bleiben bei der Berechnung und der Ergebnisangabe ebenso unbeachtet wie sonstiger Text.

5.4 Sortiermöglichkeiten im Text

Eine weitere wesentliche Anwendung eines Textverarbeitungsprogramms ist das Anlegen von Verzeichnissen verschiedener Art. In diesem Fall ist mitunter eine Sortierfunktion nützlich, mit deren Hilfe z. B. sehr gut alphabetische Namensverzeichnisse oder numerisch geordnete Artikellisten angefertigt werden können. Bei der Anfertigung eines Glossars kann es außerdem sinnvoll sein, wenn sich ganze Textabschnitte alphabetisch sortieren lassen. Das Sortieren kann schließlich auch innerhalb von Tabellen im nachhinein nützlich sein.

Das Sortieren erfolgt in der Regel zeilenorientiert. Dabei kann sowohl eine auf- als auch eine absteigende Sortierung gewünscht sein. Wichtig ist auch, daß eine gezielte Festlegung der zu sortierenden Felder möglich ist.

Musteraufgabe 5-5:   Numerisches Sortieren in Tabellen

Musteraufgabe 5-5:   Numerisches Sortieren in Tabellen

a)   Laden Sie die in der Aufgabe 5-4 erstellte und unter dem Dateinamen "Text55.TXT" gespeicherte Tabelle:

MONAT: AUGUST

JAHR	1987	1988	Summe
Telefon	8250,22	15720,45	23970,67
Büromaterial	10456,33	4235,70	14692,03
Strom/Wasser	3456,33	9212,20	12668,53
Reparatur	257,70	580,20	837,90
Porto	330,00	245,90	575,90
Bankspesen	425,40	625,70	1051,10
TOTAL	23175,98	30620,15	53796,13

==

b)   Sortieren Sie die Kostenfaktoren nach den Werten in der Summenspalte in absteigender Folge, so daß sich folgende Tabelle ergibt:

MONAT: AUGUST

JAHR	1987	1988	Summe
Telefon	8250,22	15720,45	23970,67
Büromaterial	10456,33	4235,70	14692,03
Strom/Wasser	3456,33	9212,20	12668,53
Bankspesen	425,40	625,70	1051,10
Reparatur	257,70	580,20	837,90
Porto	330,00	245,90	575,90
TOTAL	23175,98	30620,15	53796,13

==:

c)   Speichern Sie das Ergebnis unter dem Dateinamen "Text56".

5.4.1   Numerisches Sortieren von Zeilen einer Tabelle

WORD bietet eine komfortable Möglichkeit, Informationen zu ordnen, die in Tabellen erfaßt sind. Dabei dienen die Datenfelder einer Spalte (z. B. Werte) als Ordnungsmerkmal. Bei Ausführung des Sortiervorganges können dann auch die übrigen Datenfelder mit umgestellt werden.

Das Sortieren erfolgt nach entsprechender Markierung über Wahl des Befehls BIBLIOTHEK SORTIEREN. Nach der Befehlswahl erscheint das folgende Menü:

```
┌══[·········1·········2···D···3········D········5···D···6····] 16:40:59
│  IST-WERTE 1987 - 1988
│
│  MONAT: AUGUST
│
│  JAHR              1987           1988          Summe
│
│  Telefon           8250,22        15720,45      23970,67
│  Büromaterial      10456,33        4235,70      14692,03
│  Strom/Wasser       3456,33        9212,20      12668,53
│  Reparatur          257,70         580,20         837,90
│  Porto              330,00         245,90         575,90
│  Bankspesen         425,40         625,70        1051,10
│
│  TOTAL             23175,98       30620,15      53796,13
│  ================================================================
│
│  ♦
│
│
│                                                    ═══════TEXT55.TXT═
BIBLIOTHEK SORTIEREN:  Alphanumerisch  Numerisch      Folge:(Steigend)Fallend
                       Graphie: Ja(Nein)              Nur Spalte: Ja(Nein)
Wählen Sie bitte eine Option!
Se1 Sp51         (5)                             SM        Microsoft Word
```

Bild 5-9: Befehl BIBLIOTHEK SORTIEREN

Aus dem Untermenü werden die zur Verfügung stehenden Optionen ersichtlich:

1) Sortiermerkmal: Ordnungskriterien für das Sortieren können sowohl Zahlen (numerische Sortierung) als auch Texte (alphanumerische Sortierung) sein. Als numerisch gelten neben Zahlen auch folgende Zeichen: Dollarzeichen, Prozentzeichen, Minuszeichen, Komma, Klammer und Dezimalpunkt.

2) Sortierfolge: bei Wahl der Option "Steigend" wird der markierte Textabschnitt beginnend vom kleinsten Wert bis zum größten sortiert (z. B. von 0 - 9 bzw. von a - z). Umgekehrt ermöglicht die Option "Fallend" ein Sortieren vom größten zum kleinsten Wert.

3) Graphie: bei der Option "Ja" wird zwischen Groß- und Kleinschreibung unterschieden.

4) Nur Spalte: bei der Option "Nein" werden die übrigen Zeilenwerte (z. B. einer Tabelle) analog mit umgestellt.

Im einzelnen ergibt sich für den Beispielfall nach Laden der Datei mit dem Befehl ÜBERTRAGEN LADEN folgendes Vorgehen:

Reihenfolge der Bearbeitung	Tastenfolge
1. Cursorzeichen in Sortierspalte setzen	<Richtungstasten>
2. Markierungsfunktion wählen	<UMSCHALT> + <F6>
3. Endposition der Markierung ansteuern	<Richtungstasten>
4. Befehl BIBLIOTHEK SORTIEREN wählen	<ESC> <B> <S>
5. Sortiermerkmal "Numerisch" wählen	<N>
6. Sortierfolge "Fallend" wählen	<TAB> <F>
7. Option "Nur Spalte: (Nein)" wählen	2 x <TAB> <N>
8. Befehl ausführen	<RETURN>

Hinweise:

- Um das Umstellen aller betroffenen Datenfelder zu bewirken, müssen die Zeilen der Tabelle am Ende eine Absatzschaltung aufweisen.

- In den ersten drei Teilschritten muß für den Beispielfall in der Summenspalte der Zahlenbereich von 23970,67 bis 1051,10 markiert werden.

Speichern Sie das Ergebnis abschließend mit dem Befehl ÜBERTRAGEN SPEICHERN auf einen Datenträger unter dem Dateinamen "Text56".

Musteraufgabe 5-6: Alphabetisches Sortieren einer Namensliste

a) Erfassen Sie zunächst die folgende Telefonliste, die zu jedem Beschäftigten die zugehörige Abteilung und die Telefonnummer für den Privatanschluß angibt:

Name	Abteilung	Telefonnummer
Meier, Karl	Einkauf	0221/3734
Schulze, Hans	Einkauf	0211/8899
Müller, Martin	Verkauf	0221/76554
Lehmann, Ursula	Verkauf	0233/22123
Haller, Dorothea	Buchhaltung	0221/45332
Hartbecke, Alwin	Verkauf	02134/8903
Huber, Martha	Buchhaltung	0223/1222
Wenzel, Toni	Buchhaltung	0243/88999
Adams, Georg	Einkauf	0221/7903
Meyer, Lisa	Verkauf	0267/8833
Maier, Ernst	Lager	0221/6655
Karpow, Viktor	Lager	0233/9111

b) Um schneller Telefonnummern herauszufinden, soll die Liste nun alphabetisch nach dem Namen sortiert werden. Speichern Sie das Ergebnis unter dem Dateinamen "Text57".

Name	Abteilung	Telefonnummer
Adams, Georg	Einkauf	0221/7903
Haller, Dorothea	Buchhaltung	0221/45332
Hartbecke, Alwin	Verkauf	02134/8903
Huber, Martha	Buchhaltung	0223/1222
Karpow, Viktor	Lager	0233/9111
Lehmann, Ursula	Verkauf	0233/22123
Maier, Ernst	Lager	0221/6655
Meier, Karl	Einkauf	0221/3734
Meyer, Lisa	Verkauf	0267/8833
Müller, Martin	Verkauf	0221/76554
Schulze, Hans	Einkauf	0211/8899
Wenzel, Toni	Buchhaltung	0243/88999

5.4.2 Alphabetisches Sortieren von Listen

Neben dem numerischen Sortieren bietet WORD auch die Option, eine alphabetische Folge in Listen und Tabellen zu realisieren. Interessant ist diese Option vor allem für das Erstellen von Verzeichnissen verschiedener Art. Zu diesem Zweck muß bei Wahl des Befehls BIBLIOTHEK SORTIEREN im ersten Befehlsfeld die Option "Alphanumerisch" gewählt werden.

Im einzelnen ergibt sich zur Lösung der Musteraufgabe nach Erfassung der Telefonliste folgendes Vorgehen für den Sortiervorgang:

Reihenfolge der Bearbeitung	Tastenfolge
1. Cursorzeichen in Sortierspalte setzen	<Richtungstasten>
2. Markierungsfunktion für Spalte wählen	<UMSCHALT> + <F6>
3. Endposition der Markierung ansteuern	<Richtungstasten>
4. Befehl BIBLIOTHEK SORTIEREN wählen	<ESC> <B> <S>
5. Sortiermerkmal "Alphanumerisch" wählen	<A>
6. Sortierfolge "Steigend" wählen	<TAB> <S>
7. Option "Nur Spalte: (Nein)" wählen	2 x <TAB> <N>
8. Befehl ausführen	<RETURN>

Nach Auslösung des Befehls muß sich das gewünschte Ergebnis einstellen, das Sie bitte unter dem gewünschten Dateinamen mit dem Befehl ÜBERTRAGEN SPEICHERN archivieren.

5.5 Formularbearbeitung

In der betrieblichen Praxis ist das Arbeiten mit Formularen für eine Vielzahl von Anwendungsfällen sinnvoll. Beispiele hierfür sind Bestell- und Rechnungsformulare oder Antragsformulare verschiedener Art (Beantragung von Geschäftsreisen u. a.).

Ab der Version 4 verfügt MS-Word über die Möglichkeit, Formulare zu erstellen, diese zu speichern und bei Bedarf aufzurufen und auszudrucken. Das Ausfüllen der Formulare kann dann entweder manuell erfolgen oder durch unmittelbare Eingabe am Computerbildschirm. Eine Besonderheit ist schließlich die Möglichkeit, über Serienbriefschreibung ein automatisches Ausfüllen von Formularen durch Einspielen von Dateiinformationen zu erreichen (vgl. dazu Kapitel 7).

Musteraufgabe 5-7:   Arbeiten mit Formularen

a) Erstellen Sie folgendes Formular, das zur Beantragung von Geschäftsreisen verwendet werden kann:

Antragsformular für Geschäftsreisen

Name: »   Vorname: »

Abteilung: »

Anlaß der Geschäftsreise:

»

Termin: »   Ort: »

Kosten: »

Datum: »   Unterschrift:

Zustimmung des Vorgesetzen:

b) Speichern Sie das Formular unter dem Dateinamen "Text58".

c) Füllen Sie das erstellte Formular in der folgenden Weise aus und erstellen Sie einen fehlerfreien Ausdruck:

Antragsformular für Geschäftsreisen

Name: Drews Vorname: Jürgen
Abteilung: Aus- und Fortbildung Neue Technologien

Anlaß der Geschäftsreise:

Besuch des Seminars "Lehr- und Verhaltenstraining"

Termin: 22.06.88 Ort: Gerolsheim

Kosten: Teilnahmegebühren 400,-- DM, Reisekosten, Spesen

Datum: 20.05.88   Unterschrift:

Zustimmung des Vorgesetzen:

5.5.1 Erstellen von Formularen

Formulare setzen sich aus verschiedenen Feldern zusammen, die durch einen entsprechenden Namen gekennzeichnet sind. Diese Feldnamen sollen Hinweise zu der Art der Information geben, die in dieses Feld eingetragen werden soll. In der Praxis ist es wichtig, daß man sich vor Beginn der Arbeit Klarheit über den Aufbau des Formulars verschafft hat. Im einzelnen müssen Sie sich überlegen, wie die Formularfelder angeordnet sein sollen und mit welchen Namen diese versehen werden sollen. So lassen sich später eventuell erforderliche aufwendige Korrekturarbeiten vermeiden.

Im Beispielfall ist ein bestimmter Formularaufbau vorgegeben. Sie können deshalb unmittelbar mit der praktischen Arbeit beginnen. Für die Anordnung der einzelnen Felder eines Formulars sollten Sie in jedem Fall die Tabulatorfunktionen nutzen. Nachdem Sie mit dem Befehl FORMAT TABULATOR SETZEN die jeweilige Position festgelegt haben, können Sie den Feldnamen eingeben. Anschließend müssen Sie mit der Tastenkombination <CTRL>+<S> ein Markierungszeichen setzen (das sog. schließende Steuerzeichen). Dieses teilt dem Programm beim späteren Ausfüllen des Formulars mit, an welcher Stelle ein Text eingefügt werden soll. Danach ist die Tabulator-Taste zu betätigen, um ein Tabulator-Zeichen nach der Markierung einzufügen.

In dieser Form sollten Sie zunächst sämtliche Feldnamen positionieren und eingeben. Danach müssen dann die Zeichen, die nicht mit ausgedruckt werden sollen, verborgen formatiert werden. Dies ist in jedem Fall für das Markierungszeichen "»" notwendig. In der Aufgabenstellung ist dies durch eine Unterstreichung gekennzeichnet.

Im einzelnen ergibt sich somit folgende Vorgehensweise, um das erste Feld zu erfassen:

Reihenfolge der Bearbeitung	Tastenfolge
1. Tabulatorfunktion aufrufen	<ESC> <F> <T> <S>
2. Feldposition eingeben	1,01 <RETURN>
3. Feldname eingeben	Name:
4. Markierung » für Eingabe festlegen	<Ctrl>+<S>
5. Tabulatortaste betätigen	<TAB>

Diese Vorgehensweise muß nun für sämtliche Formularfelder erfolgen. Danach steuern Sie bitte die Steuerzeichen » an, und formatieren Sie diese als verborgenen Text. Dies können Sie realisieren, indem Sie entweder zweimal die Tastenkombination <ALT>+<V> betätigen oder beim Befehl FORMAT ZEICHEN eine entsprechende Änderung im Befehlsfeld "Verborgen:" vornehmen. Auf diese Weise läßt sich verhindern, daß die Zeichen später beim Ausdruck erscheinen.

Um abschließend das leere Formular zu speichern, verwenden Sie bitte wie gehabt den Befehl ÜBERTRAGEN SPEICHERN und geben den Dateinamen "Text58" ein.

Auf Wunsch können Formulare allerdings auch weiter gestaltet werden. Dazu können Sie z. B. die Tabstopps mit Zeichenformaten versehen, die dann eine unmittelbare Auszeichnung der Texteingaben ermöglichen. Darüber hinaus können auch Eingabefelder mit Rahmen bzw. Linien versehen werden (vgl. hierzu auch Kapitel 9.5).

5.5.2   Ausfüllen von Formularen

Die erstellten Formulare können nun mit dem Textverarbeitungsprogramm jederzeit aufgerufen und gezielt für den spezifischen Anwendungsfall ausgefüllt werden. Im Beispielfall müßte also zunächst die gewünschte Textdatei geladen werden. Danach können Sie die entsprechenden Formularfelder anspringen und den gewünschten Text eingeben.

Für das Ansteuern der Feldpositionen müssen Sie folgende Tastenkombinationen betätigen: <CTRL>+<B> für das Ansteuern des nächsten Feldes sowie <CTRL>+<E> für das Ansteuern des vorherigen Feldes. Um ein gesamtes Formular auszufüllen, sollten Sie deshalb am Textanfang stehen (unter Umständen zunächst <CTRL>+<PgUp> betätigen). Wenn Sie dann die Tastenkombination <CTRL>+<B> drücken, rückt der Cursor automatisch unmittelbar hinter die Stelle, wo sich das erste schließende Steuerzeichen » befindet.

Generell ergibt sich somit - nachdem das Formular mit dem Befehl ÜBERTRAGEN LADEN aufgerufen ist - folgendes Vorgehen für das Ausfüllen von Formularen:

Reihenfolge der Bearbeitung	Tastenfolge
1. Formularanfang ansteuern (u. U.)	<CTRL>+<PgUp>
2. Erstes Eingabefeld ansteuern	<CTRL>+<B>
3. Text eingeben	Drews
4. Teilschritte 2 und 3 wiederholen	<CTRL>+<B> ...

Die Anzahl der Wiederholungen der Teilschritte 2 und 3 hängt natürlich davon ab, wieviel Eingabefelder das Formular enthält.

Beachten Sie noch folgenden Hinweis:

Sofern das Formular mit den erfaßten Informationen gespeichert werden soll, wählen Sie bitte bei Ausführung des Befehls ÜBERTRAGEN SPEICHERN einen Dateinamen, der sich von dem Namen der Datei unterscheidet, unter dem das Formular ohne Eintragungen gespeichert wurde.

5.5.3   Drucken von Formularen

Nachdem Sie nun das Formular für den Beispielfall ausgefüllt haben, können Sie abschließend den Ausdruck realisieren. Dazu ist lediglich der Befehl DRUCK DRUCKER zu wählen. Wichtig ist allerdings, daß im Befehl DRUCK OPTIONEN im Befehlsfeld "Verborgener Text:" die Option "Nein" gewählt wurde. Auf diese Weise wird nämlich sichergestellt, daß die Markierungszeichen nicht mit ausgedruckt werden.

Zwei weitere Varianten des Formulardrucks können mit WORD realisiert werden:

a)   Druck von leeren Formularen
      Mitunter werden Sie mit dem Textprogramm leere Formulare erstellen wollen, die später mit der Hand ausgefüllt werden sollen. In diesem Fall sollten Sie sich nach Laden der Datei, die das Formular enthält, zunächst vergewissern, ob die Markierungszeichen verborgen formatiert sind. Die Feldtitel, die ausgedruckt werden sollen, dürfen hingegen nicht verborgen formatiert sein. Des weiteren muß beim Befehl DRUCK OPTIONEN im Befehlsfeld "Verborgener Text:" die Option "Nein" eingestellt sein. Ist dies der Fall, können Sie das leere Formular mit dem Befehl DRUCK DRUCKER ausgeben.

b)   Druck auf vorgedruckten Formularen
      Eine weitere Variante kann darin bestehen, daß mit vorgedruckten Formularen gearbeitet wird. In diesem Fall können Sie das Textprogramm dennoch dazu benutzen, in den Formularen entsprechende Eintragungen vorzunehmen. Notwendig dazu ist lediglich, daß die Feldbezeichnungen verborgen formatiert werden und beim Befehl DRUCK OPTIONEN im Feld "Verborgener Text:" die Option "Nein" gilt. Dann bleiben die Feldnamen zwar für das Ausfüllen am Bildschirm sichtbar, beim Ausdruck werden Sie jedoch unterdrückt.

5.6 Zusammenfassung

o   Für das Schreiben von Gliederungen, statistischen Aufstellungen sowie Formbriefen bietet sich die Nutzung der Tabulatorfunktion an.

o   Das Festlegen der Tabstopps erfolgt über den Befehl FORMAT TABULATOR SETZEN. Bei Aufruf des Befehls wird ein Zeilenlineal angezeigt, das die Orientierung wesentlich erleichtert. Über die auszufüllenden Befehlsfelder kann die Position des Tabstopps und die Ausrichtung festgelegt werden; außerdem können sog. Füllzeichen eingefügt werden.

o   Die Position des Tabstopps kann beliebig festgelegt werden - möglich ist
     dabei die Angabe unterschiedlicher Maßeinheiten (Zoll, Zentimeter u. a.).
     Eine einfache Auswahl ist über ein Betätigen der Funktionstaste <F1>
     und Richtungstasten möglich.

o   Für die Anordnung der Tabulatoren bietet MS-Word über das Befehlsfeld
     "Ausrichtung" fünf Möglichkeiten an: linksbündige Tabulation (etwa für
     Texteingaben), zentrierende Tabulation, rechtsbündige Tabulation (für die
     Eingabe numerischer Daten), den Dezimaltabulator (zur Erleichterung ei-
     ner stellengerechten Eingabe von Dezimalzahlen) sowie den Vertikaltabu-
     lator (für das Zeichnen senkrechter Trennlinien).

o   Festgelegte Tabstopps können bei der Erfassung mit einer besonderen
     Funktionstaste (der TAB-Taste) direkt angesprungen werden. Um in eine
     neue Zeile zu gelangen, ist die Tastenkombination <UMSCHALT>+
     <RETURN> zu wählen.

o   Um einzelne Tabstopps zu löschen, müssen Sie den Befehl FORMAT TA-
     BULATOR LÖSCHEN wählen. Dies kann etwa dann notwendig werden,
     wenn Sie während der Texterfassung erkennen, daß die Spaltenbreite bes-
     ser anders gesetzt werden sollte.

o   Das Löschen sämtlicher Tabstopps erfolgt über den Befehl FORMAT TA-
     BULATOR GESAMTLÖSCHEN. Dieser Befehl bietet sich an, wenn eine
     vollkommen neue Eingabe von Tabstopps erfolgen soll oder das Erfassen
     der Tabelle beendet wurde.

o   WORD bietet die Möglichkeit des "Rechnens im Text". Dazu muß die ent-
     sprechende Passage (Spalte, Zeile) markiert sein und danach die Funkti-
     onstaste <F2> betätigt werden. Nach Ansteuern der Ergebnisposition
     kann das nun im Zwischenspeicher befindliche Ergebnis an der ge-
     wünschten Stelle mit der Einfügetaste <INS> eingesetzt werden.

o   Der Befehl BIBLIOTHEK SORTIEREN ermöglicht ein auf- oder abstei-
     gendes Sortieren von Listen oder Tabellen. Dabei kann sowohl eine nume-
     rische als auch eine alphanumerische Sortierung realisiert werden.

o   Für das Arbeiten mit Formularen können bestimmte Feldtitel angegeben
     und diesen mit der Tastenkombination <CTRL>+<S> Markierungszei-
     chen zugeordnet werden, die später ein schnelles Ansteuern der Formular-
     felder bei der Erfassung ermöglichen. Diese Markierungszeichen sind mit
     der Tastenkombination <ALT>+<V> als verborgener Text zu forma-
     tieren.

5.7 Übungsaufgaben

Übungsaufgabe 5-1:   Einfaches Setzen von Tabulatoren (linksbündige Anordnung)

Erfassen Sie folgende Gliederung unter Anwendung der Funktion FORMAT
TABULATOR SETZEN. Setzen Sie einen linksbündigen Tabulator an die Position 2,79 cm für die Erfassung der Gliederungsüberschriften. Speichern Sie
den Text auf Ihrer Arbeitsdiskette unter dem Dateinamen "UEBUNG50", und
erstellen Sie einen fertigen Ausdruck.

Gliederung

1.	Grundkonzeption des Programms MS-WORD
1.1	Grundaufbau der Bildschirmmaske
1.2	Arbeiten im Befehlsbereich (Befehlshandling)
1.2.1	Auslösen von Befehlen
1.2.2	Ausfüllen von Befehlsfeldern
1.3	Nutzung der Hilfefunktion
1.4	Arbeiten mit dem Word-Lernprogramm
2	Erfassen, Speichern und Drucken von Fließtexten
2.1	Erfassen von Fließtexten
2.1.1	Texteingabe
2.1.2	Sofortkorrektur
2.2	Speicherung von Texten auf externen Speichermedien
2.2.1	Festlegen des Laufwerkes/Inhaltsverzeichnisses
2.2.2	Varianten der Textspeicherung
2.3	Druckausgabe eines fertiggestellten Textes
2.4	Löschen des internen Speichers
2.5	Aufrufen von gespeicherten Texten
2.6	Zusammenführen von Texten
2.7	Verlassen des Programms

Übungsaufgabe 5-2:   Setzen mehrerer Tabulatoren bei Variation der Anordnung (Arbeiten mit dem Dezimaltabulator)

a)   Erfassen Sie folgende Tabelle unter Nutzung des Dezimaltabulators. Setzen Sie den Dezimaltabulator an folgende Positionen:

      - 5,08 cm für 1988
      - 8,38 cm für 1989
      - 12,7 cm für 1990

<pre>
           CASH FLOW VORAUSSCHAU - BASIS 1988
                    1988   1989   1990
Preis   1,20   1,25   1,30
Menge   5300,00   5618,00   5955,00
Umsatz   6360,00   7022,50   7741,60
Rabattsatz   5,00   5,00   6,00
Nettoumsatz   6042,00   6671,37   7277,11
VK/Einheit   0,75   0,80   0,85
VK   3975,00   4494,40   5061,82
Fixkosten   1100,00   1200,00   1250,00
DBII   967,00   976,97   965,29
Steuersatz   52,00   52,00   52,00
Steuerzahl.   0,00   502,84   508,03
Cash Flow   967,00   474,13   457,26
</pre>

b)   Erstellen Sie einen fertigen Ausdruck und speichern Sie den Text auf Ihrer Arbeitsdiskette unter dem Dateinamen "UEBUNG51".

Übungsaufgabe 5-3:   Anwendung von Füllzeichen bei tabulierten Texten

a)   Erfassen sie folgenden Text unter Beachtung der Tabulatorposition, der jeweiligen Ausrichtung und der gewünschten Füllzeichen:

Zur Einrichtung des Buches...................... 9

Betrieb und Unternehmung......................13

Professor Dr. August Marx
durchgesehen von G. Flemming, Dipl.-Vw.

Die betrieblichen Produktionsfaktoren.........26

Dr. K.-F. Ackermann, Dipl.-Kfm.

Die Organisation 53

Professor Dr. H. Kloock
durchgesehen von G. Flemming, Dipl.-Vw.

b)   Speichern Sie den Text auf Ihrer Arbeitsdiskette unter dem Dateinamen "UEBUNG52", und erstellen Sie einen fehlerfreien Ausdruck.

Übungsaufgabe 5-4:   Überarbeiten von Tabellen (Verändern einer Spaltenposition und Anfügen einer Spalte)

a) Laden Sie die Datei "UEBUNG51.TXT" und verändern Sie die Spal-
    tenposition der Spalte 1990 von 12,7 cm auf den Wert 11,68 cm, so daß
    sich eine gleichmäßige Aufteilung der Spaltenabstände der Tabelle ergibt.

b) Fügen Sie anschließend an der Position 14,98 cm einen weiteren Dezimal-
    tabulator für das Jahr 1991 ein, und erfassen Sie die Werte, so daß sich
    folgende Tabelle ergibt:

CASH FLOW VORAUSSCHAU - BASIS 1988

	1988	1989	1990	1991
Preis	1,20	1,25	1,30	1,40
Menge	5300,00	5618,00	5955,08	6200,00
Umsatz	6360,00	7022,50	7741,60	8680,00
Rabattsatz	5,00	5,00	6,00	6,00
Nettoumsatz	6042,00	6671,37	7277,11	8159,20
VK/Einheit	0,75	0,80	0,85	0,90
VK	3975,00	4494,40	5061,82	5580,00
Fixkosten	1100,00	1200,00	1250,00	1300,00
DBII	967,00	976,97	965,29	1279,20
Steuersatz	52,00	52,00	52,00	52,00
Steuerzahl.	0,00	502,84	508,03	665,18
Cash Flow	967,00	474,13	457,26	614,02

c) Löschen Sie die Spalte des Jahres 1988, und ändern Sie in der Überschrift
    die Basis auf 1989. Speichern Sie anschließend das Ergebnis unter dem
    Dateinamen "UEBUNG53".

Übungsaufgabe 5-5:   Arbeiten mit Tabulatoren unter Nutzung der Rechenfunktionen

Erfassen Sie folgende Wechsel-Rückrechnung unter Nutzung der Tabulatorfunktion. Lösen Sie die Aufgabe in folgenden Teilschritten:

a) Setzen Sie für die Texteinrückung einen linksbündigen Tabulator an der
    Stelle 2,54 cm. Nehmen Sie für die Eingabe der Zahlen eine Dezimaltabu-
    lation an der Position 14,73 cm vor.

b) Erfassen Sie Text und Zahlenwerte unter Nutzung der gesetzten Tabulato-
    ren.

c) Ermitteln Sie die Summe unter Nutzung der Funktion "Rechnen im Text".

d) Speichern Sie den Text auf Ihrer Arbeitsdiskette unter dem Dateinamen "UEBUNG54", und erstellen Sie einen fehlerfreien Ausdruck.

Wechsel-Rückrechnung

für Drahtwerke Bühler KG, 7920 Heidenheim

über den m. Z. protestierten Wechsel,	
fällig am 8. Oktober, auf München	DM
Wechselsumme	185,00
Protestkosten	3,60
6 % Zinsen für 8 Tage	0,25
1/3 % Provision	0,65
Postgebühr	1,24
14 % Mehrwertsteuer (auf 5,74 DM)	0,80

Summe	191,54

6700 Ludwigshafen, 13.10.88
Deutsche Bank AG

Übungsaufgabe 5-6:   Rechnen im Text

Erstellen Sie folgende Rechnung unter Nutzung der im Textprogramm verfügbaren Rechenfunktionen, und speichern Sie das Ergebnis unter dem Dateinamen "UEBUNG55":

Jürgen Fuschi
Finkenweg 11
4000 Düsseldorf 4   17. April 1988

Ratio KG
Kirchweg 45

6600 St. Martin

Honorar für meinen Beitrag

Sehr geehrte Damen und Herren,

für meine Mitarbeit im Monat März 1988 erlaube ich mir, Ihnen in Rechnung zu stellen:

1) Honorar (9 Tage * 750,00 DM)	6750,00 DM
2) Reisekosten (369 km * 0,42 DM)	154,98 DM
3) Mehrwertsteuer (6904,98 * 14 %)	966,70 DM

= Summe:	7871,68 DM
	=======

Bitte überweisen Sie den Betrag auf mein Konto bei der
Stadtsparkasse Düsseldorf, Kto.-Nr. 4712 (BLZ 300 510 00).

Mit freundlichen Grüßen

Übungsaufgabe 5-7:   Numerisches Sortieren einer Tabelle

a) Laden Sie die auf Ihrer Arbeitsdiskette befindliche Tabelle "UEBUNG56",
   die folgendes Aussehen hat:

Name	Jahresumsatz
Meier	350.000,00
Müller	345.776,00
Schulze	890.655,00
Lehmann	660.000,00
Schmitz	390.000,00
Schäfer	1.450.000,00
Käfer	560.000,00
Spätzle	177.999,00
Thuerbach	378.000,00

b) Die Tabelle soll nun nach der Höhe der erzielten Umsätze (absteigend)
   sortiert werden, so daß sich folgendes Ergebnis ergibt:

Name	Jahresumsatz
Schäfer	1.450.000,00
Schulze	890.655,00
Lehmann	660.000,00
Käfer	560.000,00
Schmitz	390.000,00
Thuerbach	378.000,00
Meier	350.000,00
Müller	345.776,00
Spätzle	177.999,00

c) Speichern Sie das Ergebnis unter dem Dateinamen "UEBUNG57".

Übungsaufgabe 5-8:   Alphabetisches Sortieren einer Liste

a) In der Einkaufsabteilung eines Betriebes wird eine Liste der Zulieferer geführt, die in unsortierter Folge Angaben zu dem Namen des Unternehmens, dem Ansprechpartner und der geführten Artikelgruppe enthält. Laden Sie die auf Ihrer Arbeitsdiskette befindliche Tabelle "UEBUNG58.TXT", die folgendes Aussehen hat:

Firma	Ansprechpartner	Artikelgruppe
Merkur AG	Herr Helmer	Büroartikel
Karl Meiler KG	Frau Meiler	Lebensmittel
Seneca AG	Herr Malzan	Textilien
Hans Meier OHG	Herr Meier	Büroartikel
Textware GmbH	Herr Gürth	Büroartikel
Ludens GmbH	Frau Spille	Spielwaren
Georg Metzger	Herr Metzger	Büroartikel
Spielo AG	Herr Weber	Spielwaren
Handelsunion AG	Herr Kollo	Lebensmittel
Martin Weber	Herr Weber	Textilien
Mode GmbH	Frau Jürgens	Textilien

b) Die Liste soll zunächst nach der geführten Artikelgruppe sortiert werden. Anschließend soll innerhalb der jeweiligen Artikelgruppe eine alphabetische Sortierung nach dem Firmennamen erfolgen, so daß sich die im folgenden wiedergegebene Liste ergibt.

Firma	Ansprechpartner	Artikelgruppe
Georg Metzger	Herr Metzger	Büroartikel
Hans Meier OHG	Herr Meier	Büroartikel
Merkur AG	Herr Helmer	Büroartikel
Textware GmbH	Herr Gürth	Büroartikel
Handelsunion AG	Herr Kollo	Lebensmittel
Karl Meiler KG	Frau Meiler	Lebensmittel
Ludens GmbH	Frau Spille	Spielwaren
Spielo AG	Herr Weber	Spielwaren
Martin Weber	Herr Weber	Textilien
Mode GmbH	Frau Jürgens	Textilien
Seneca AG	Herr Malzan	Textilien

Übungsaufgabe 5-9:   Formularbearbeitung

a) Erstellen Sie folgendes Formular einer Beitrittserklärung für eine Organi-
    sation:

>   Beitrittserklärung
>
>   Name: »   Vorname: »
>   Privatanschrift:
>   »
>   Hiermit ermächtige ich Sie, den Mitgliedsbeitrag über mein
>   Konto einzuziehen: Konto-Nr.: »
>   bei: »   Bankleitzahl: »
>
>   --------------------   -----------------------
>
>   (Ort, Datum)   (Unterschrift)

b) Speichern Sie das Formular unter dem Dateinamen "UEBUNG59", und
    füllen Sie das Formular in folgender Form aus:

>   Beitrittserklärung
>
>   Name: Tremmel   Vorname: Maximilian
>   Privatanschrift:
>   Bismarkstr. 18, 6700 Ludwigshafen
>   Hiermit ermächtige ich Sie, den Mitgliedsbeitrag über mein
>   Konto einzuziehen: Konto-Nr.: 4712
>   bei: Spk. Ludwigshafen   Bankleitzahl: 440 300
>
>   --------------------   -----------------------
>
>   (Ort, Datum)   (Unterschrift)

c) Erstellen Sie abschließend einen fehlerfreien Ausdruck des ausgefüllten
    Formulars.

6   Textbaustein-Verarbeitung

6.1 Grundidee und Organisation der Bausteinverarbeitung

Ein Großteil der in Büro und Verwaltung anfallenden Texte wiederholt sich
ständig insgesamt oder in Abschnitten. Um die Texterstellung zu vereinfachen,
bietet es sich in solchen Fällen an, die Texte oder Textabschnitte einmal im
voraus zu formulieren und diese auf einem Datenträger (einer Diskette oder einer Magnetplatte) abzuspeichern. Im Bedarfsfall kann dann auf die bereits erfaßten Textteile problemlos zugegriffen und so ein individueller Text schnell
und fehlerfrei erstellt werden.

Neben der Organisation von Abschnittstexten bietet sich die Nutzung von Textbausteinen darüber hinaus an

-   für die Speicherung und den Zugriff auf häufig verwendete Adressen;

-   für einen schnellen Abruf urheberrechtlicher Hinweise (z. B. "Copywrite
    by CC") sowie

-   bei Verwendung regelmäßig sich wiederholender, umfangreicher Vertei-
    lerlisten.

Die Grundidee der Textbaustein-Verarbeitung zeigt Bild 6-1.

__Textbausteine__ = sich wiederholende Textabschnitte;

__Beispiel__: Seminareinladungs-Schreiben (TBS 1 - TBS 8)

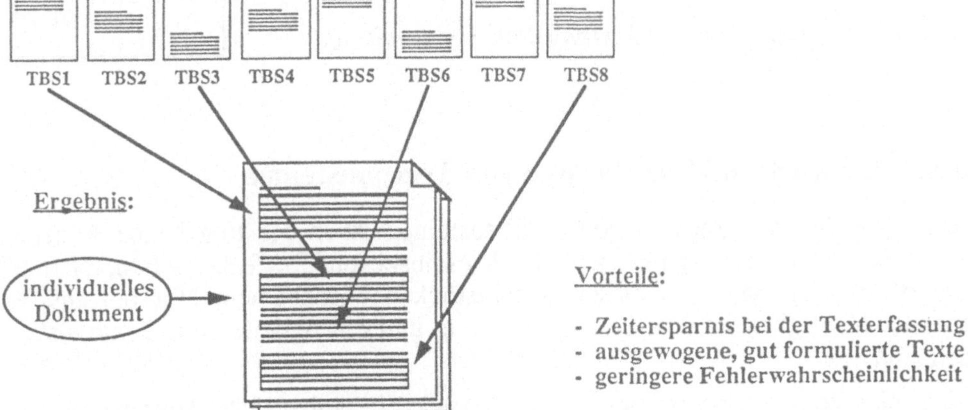

Bild 6-1: Grundidee der Textbaustein-Verarbeitung

Voraussetzung für eine gezielte Einführung und einen reibungslosen Einsatz in der Praxis ist eine sinnvolle Organisation. Wesentliche Teilschritte sind:

- der Entwurf und die Speicherung der Textbausteine

- das Erstellen eines Texthandbuches

- die Vorbereitung der Bausteintexte auf Schreibaufträgen

- das Erfassen der Textbausteine am Computer.

Den Zusammenhang im Überblick veranschaulicht Bild 6-2.

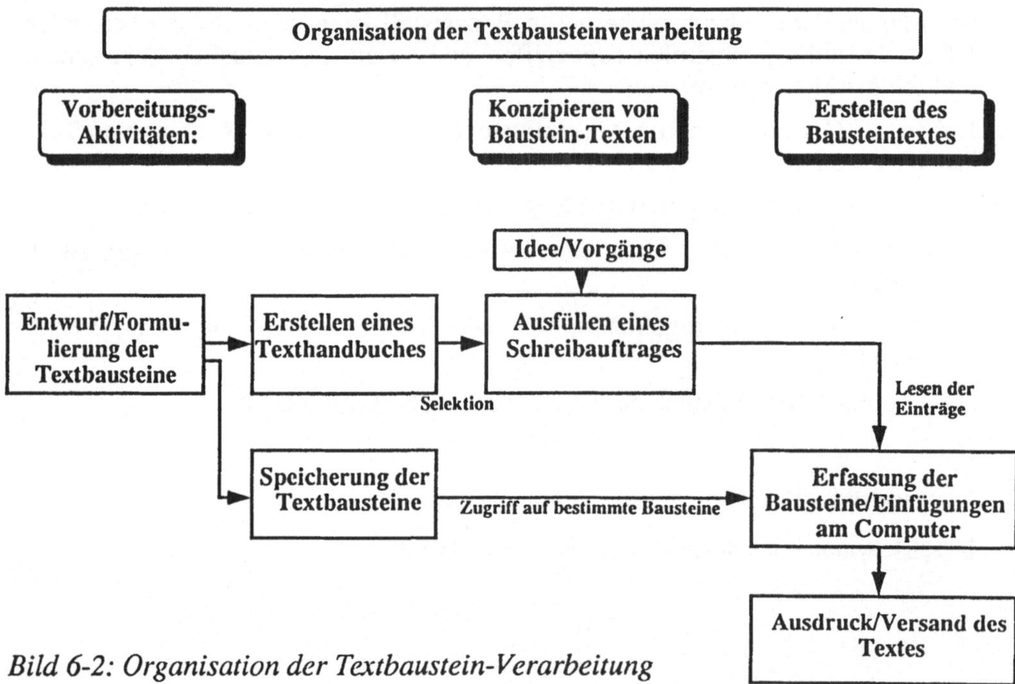

Bild 6-2: Organisation der Textbaustein-Verarbeitung

6.1.1 Entwurf und Speicherung von Textbausteinen

Grundlage für den Entwurf von Textbausteinen ist in der Regel eine Analyse des anfallenden Schriftgutes. Dabei gilt es insbesondere festzustellen, ob und wie oft sich Aussagen in diesen Schriftstücken wiederholen. Nur bei ausreichender Häufigkeit ist eine Standardisierung und ein Arbeiten mit Textbausteinen sinnvoll.

Liegt eine genau strukturierte Übersicht sowie eine inhaltliche Abgrenzung der Textteile vor, kann die eigentliche Formulierung der Textbausteine in Angriff genommen werden. Bei entsprechender Akzeptanz können diese dann auf dem maschinenlesbaren Datenträger (z. B. der Arbeitsdiskette) gespeichert werden. Sofern Bedarf besteht, lassen sich diese dann später schnell wieder aufrufen.

6.1.2 Aufbau eines Texthandbuches

Um das Arbeiten mit Textbausteinen zu vereinfachen, werden die allgemein verwendbaren Bausteine in der Regel mit einer Selektionsnummer und/oder einem Stichwort versehen und in einem Texthandbuch zusammengefaßt. Ein solches Handbuch wird in der betrieblichen Praxis den Verfassern von Texten zur Verfügung gestellt und enthält dann - meist in Loseblattform - für die verschiedenen Arbeitsgebiete einer Abteilung sämtliche Bausteintexte nach Hauptthemen geordnet (Beispiel Personalwesen: Schriftwechsel mit Bewerbern, Seminarausschreibungen, Seminareinladungen, etc.).

Einen Ausschnitt aus einem solchen Handbuch zeigt das Formblatt in Bild 6-3.

Seite: 14	TEXTHANDBUCH	Bereich: Ausbildung	
	Einladung zum Seminar		
Volltext		Sel.-Nr.	Stichwort
Einladung zum Seminar Sehr geehrte . . . . das Bildungs-Zentrum DIDACTON veranstaltet ein Seminar . . . . vom . . . . bis . . . . zu dem Sie herzlich eingeladen sind.		31	Einladung
Die Veranstaltung findet im DIDACTON-Kolleg in Mainz, Sander-Weg 7, statt.		321	Tagungsort Mainz
Die Veranstaltung findet im Haus der Bildung in Wiesbaden, Am Kurhof 6, statt.		322	Tagungsort Wiesbaden
Die Veranstaltung findet . . . . statt.		323	Tagortsonst
Damit wir Ihnen rechtzeitig einen Seminarplatz reservieren können, senden Sie bitte das beiliegende Anmeldeformular bis zum . . . . an Bildungs-Zentrum DIDACTON Sander-Weg 7 6500 Mainz 17		331	Anmeldung Mainz

	Sel.-Nr.	
Damit wir Ihnen rechtzeitig einen Seminarplatz reservieren können, senden Sie bitte das beiliegende Anmeldeformular bis zum . . . . an Haus der Bildung DIDACTON-Seminar Am Kurhof 6 6200 Wiesbaden 1	332	Anmeldung Wiesbaden
Sie können sich beim Bildungs-Zentrum DIDACTON auch telefonisch unter 06131/45 678 anmelden. Bestätigen Sie aber auch in diesem Fall Ihre Anmeldung bitte noch auf dem Anmeldeformular.	34	Anmeldung tel.
Die genauen Themen, die Referenten und den Zeitplan finden Sie in beiliegendem Programm	351	Programm endgültig
Die vorläufigen Themen-Schwerpunkte ersehen Sie aus beigefügtem Seminar-Plan-Info. Für weitere Anregungen hierzu sind wir Ihnen sehr dankbar. Das endgültige Programm erhalten Sie so bald als möglich.	352	Programm geplant
Mit freundlichen Grüßen Anlage	36	MfrGr Anlage

Bild 6-3: Beispiel eines Formblatts aus dem Texthandbuch Bereich: Ausbildung

In der Darstellung von Bild 6-3 sind 10 verschiedene Textbausteine enthalten. Dabei lassen sich grundsätzlich zwei Arten von Bausteinen unterscheiden:

a) Textbausteine mit Variablen
In diesen Bausteinen können gezielte Einfügungen vorgenommen werden. Dies gilt im Beispiel etwa für die Textbausteine mit den Selektionsnummern 31, 323 und 331 (siehe 2. Spalte Sel.-Nr.). Gekennzeichnet sind die vorhandenen Einfügestellen durch eine Anzahl von Punkten (....). An dieser Stelle kann z. B. der Ort der Veranstaltung oder ein bestimmter Zeitpunkt gezielt eingesetzt werden.

Die Einfügungen (auch Variable genannt) ermöglichen es somit, auf spezielle Gegebenheiten bezogene Ergänzungen vorzunehmen. Auf diese Weise kann z. B. einem Bausteinbrief "Individualität" verliehen werden.

b) Textbausteine ohne Variablen

Sind keine Einfügungen notwendig, kann Erfassungsaufwand eingespart werden. Im Anwendungsbeispiel gilt dies etwa für die Bausteine mit den Selektionsnummern 321 und 322.

6.1.3 Arbeiten mit Schreibaufträgen

Wollen Sie selbst einen Bausteinbrief zusammenstellen, so können Sie diesen unmittelbar am Computer erfassen, ohne daß ein weiterer Arbeitsschritt erforderlich ist (vorausgesetzt, die entsprechenden Bausteine sind auf einem Datenträger erfaßt, auf den Sie zugreifen können).

In vielen Fällen ist der Schreibauftrag eine ideale Grundlage für die Erfassung von Bausteintexten. Dies gilt vor allem für den Fall, daß eine Arbeitsteilung zwischen Textautor und Texterfasser vorliegt. Auch der Autor hat im Falle der Bausteinverarbeitung erhebliche Vorteile; denn er muß statt einer ausführlichen Textformulierung und des Diktats von einem Volltext nun lediglich die jeweiligen Selektionsnummern oder Stichworte der Textbausteine sowie auf den konkreten Anlaß bezogene Einfügungen angeben.

Schreibauftrag

Diskette:		abgegeben am:		Termin:

Anschrift lt. Vorlage ☒

Sel. Nr.

Name/Firma **Welleck und Partner**

zu Händen von **Herrn Welleck**

Postfach/Straße **Weiner-Gasse 88**

Postleitzahl/Ort **8000 München 4**

Sel. Nr.	Einfügen	Sel. Nr.	Einfügen
31	✓ Herr Welleß,... Elektronisches Archiv im Büro... 24.07...25.07.88		
322	/		
332	15.06.88		
34	/		
351	/		
36	/		

Bild 6-4: Formblatt für einen Schreibauftrag (Beispiel)

Die Angabe geschieht in der Praxis meist durch Ausfüllen eines Schreibauftrages. Darin wird im einzelnen festgelegt, aus welchen Bausteinen sich der Text zusammensetzen soll und welche Einfügungen vorzunehmen sind (siehe Bilder 6-4 und 6-5).

a) Unter Bezugnahme auf Speicherung der Bausteine mit Selektionsnummern siehe Bild 6-4.

b) Das Ausfüllen des Schreibauftragsformblattes unter Berücksichtigung der Speicherung der Textbausteine mit Stichworten zeigt Bild 6-5.

Schreibauftrag

Diskette:	abgegeben am:		Termin:
Anschrift lt. Vorlage ⊠			

Sel. Nr.

Name/Firma   *Welleck und Partner*

zu Händen von   *Herrn Welleck*

Postfach/Straße   *Weiner – Gasse 88*

Postleitzahl/Ort   *8000 München 4*

Sel. Nr.	Einfügen	Sel. Nr.	Einfügen
Einladung	*▸ Herr Welleck, Elektronisches Archiv im Büro 24.07. – 25.07.88*		
Tagungsort Wiesbaden	*/*		
Anmeldung Wiesbaden	*15.06.88*		
Anmeldung tel	*/*		
Programm endgültig	*/*		
Ihren Anlage	*/*		

Bild 6-5: Formblatt für einen Schreibauftrag (Beispiel)

6.1.4 Vorgehensweise zur Erstellung von Bausteintexten

Aus vorliegenden Schreibaufträgen und durch Zugriff auf gespeicherte Bausteine können Sie nun mit einem Computer den gewünschten Text innerhalb kürzester Zeit zusammensetzen. Sie brauchen in diesem Fall nur die auf dem externen Speicher erfaßten Bausteine zur Verarbeitung aufrufen und die jeweiligen Einfügungen vornehmen.

Im einzelnen lassen sich folgende Teilschritte unterscheiden:

a) Laden der benötigten Textbausteine. Der Aufruf von Textbausteinen erfolgt allgemein durch Angabe ihres Namens, der mit der Bausteinnummer oder dem Stichwort im Texthandbuch identisch ist.

b) Vornahme der Einfügungen. Die Variablen (z. B. das Tagesdatum, der Ort oder ein Name) müssen Sie entweder manuell eingeben, oder sie werden automatisch in den Text eingespielt. Bei der manuellen Einfügung von Variablen gibt es - je nachdem welches Textprogramm eingesetzt wird - wiederum verschiedene Möglichkeiten:

- i. d. R. erscheint der Baustein komplett auf dem Bildschirm, und die Einfügestelle muß nun entsprechend angesteuert werden;

- bedeutend komfortabler ist es, wenn der Cursor nach und nach die verschiedenen Einfügestellen anspringt und auf eine Eingabe wartet;

- zuweilen wird der Baustein zunächst nur bis zu der Position auf dem Bildschirm dargestellt, an der die nächste Einfügung erfolgen soll; mit der Eingabe der Variablen wird dann die Fortsetzung des Bausteinabrufs ausgelöst.

Nach Erfassung der Informationen des Schreibauftrages muß sich in dem beschriebenen Anwendungsfall dann der auf der folgenden Seite dargestellte Text ergeben:

Bildungs-Zentrum DIDACTON
Sandstr. 7
6500 Mainz 17   20. Mai 1988

An
Welleck und Partner
z. H. Herrn Welleck
Weiner-Gasse 88

8000 München 4

Einladung zum Seminar

Sehr geehrter Herr Welleck,

das Bildungs-Zentrum DIDACTON veranstaltet ein Seminar

          "Elektronisches Archiv im Büro"
          vom 24.07. bis 25.07.88,

zu dem Sie herzlich eingeladen sind.

Die Veranstaltung findet im Haus der Bildung in Wiesbaden, Am Kurhof 6, statt.

Damit wir Ihnen rechtzeitig einen Seminarplatz reservieren können, senden Sie bitte das beiliegende Anmeldeformular bis zum 15.06.88 an

          Haus der Bildung
          DIDACTON-Seminar
          Am Kurhof 6

          6200 Wiesbaden 1

Sie können sich beim Bildungs-Zentrum DIDACTON auch telefonisch unter 06131/45678 anmelden. Bestätigen Sie aber auch in diesem Fall Ihre Anmeldung bitte noch auf dem Anmeldeformular.

Die genauen Themen, die Referenten und den Zeitplan finden Sie in beiliegendem Programm.

Mit freundlichen Grüßen

Anlage

6.2 Realisierung der Bausteinverarbeitung bei MS-Word

Nachdem die Grundlagen der Textbausteinverarbeitung deutlich geworden sind, sollen Sie nun an einem Beispiel das Erfassen, das Speichern und das Abrufen von Textbausteinen kennenlernen und praktisch üben. Ausgangspunkt sei der in Kapitel 6.1 dargestellte Anwendungsfall.

Die wesentlichen Befehle im Rahmen der Bausteinverarbeitung finden Sie bei dem Textverarbeitungsprogramm MS-Word unter dem Befehl ÜBERTRAGEN TEXTBAUSTEINE; bei Aufruf dieses Befehls erscheinen die drei Unterbefehle ZUSAMMENFÜHREN, SPEICHERN und LÖSCHEN.

```
ÜBERTRAGEN TEXTBAUSTEINE: Zusammenführen Speichern Löschen

Kombiniert die Textbausteine der angegebenen und der aktiven Textbausteindatei
Se1 Sp1              ()                                        Microsoft Word
```

Bild 6-6: Befehl ÜBERTRAGEN TEXTBAUSTEINE

Musteraufgabe 6-1:   Bausteine erstellen und verarbeiten

Lösen Sie folgende Teilaufgaben:

a)   Erfassen Sie zunächst den Ausschnitt des Texthandbuches "Bereich: Ausbildung" (vgl. Bild 6-3). Die 10 Textbausteine sollen dabei mit ihren jeweiligen Selektionsnummern erfaßt werden.

b)   Speichern Sie die Bausteindatei anschließend unter dem Dateinamen "Text60.TBS".

c)   Erstellen Sie nun den in Abschnitt 6.1 dargestellten Brief durch Bausteinabruf. Nehmen Sie dazu den Schreibauftrag in Bild 6-4 zur Hilfe. Speichern Sie den Text unter dem Dateinamen "Text61.TXT".

d)   Löschen Sie anschließend den gesamten Bildschirm mit dem Befehl ÜBERTRAGEN BILDSCHIRMLÖSCHEN GESAMT. Wählen Sie danach den Befehl EINFÜGEN, und lassen Sie sich die Liste der verfügbaren Standard-Textbausteine anzeigen.

e)   Laden Sie erneut den zuvor erstellten Text mit dem Dateinamen "Text61.TXT", und fügen Sie durch Wahl der Bausteinoption das aktuelle Datum ein.

f)   Laden Sie die Textbausteindatei "Text60.TBS", und drucken Sie sämtliche Bausteine der Textbausteindatei aus.

6.2.1 Erfassen und Speichern von Textbausteinen

Voraussetzung für die Anwendung der Textbausteinverarbeitung ist ein vorheriges Speichern der Textbausteine auf einem Speichermedium. Dabei können Sie wie folgt vorgehen:

a) Sie geben zunächst - in gleicher Weise wie bei der Erfassung von Fließtext - die Textabschnitte am Bildschirm ein. Dabei kann dem Baustein auch ein gewünschtes Format für die Auszeichnung (z. B. Unterstreichen) oder den Absatz (z. B. Blocksatz) zugeordnet werden.

b) Sie markieren den gerade erfaßten Textabschnitt mit einer der bereits beschriebenen Markierungsfunktionen (<Umschalt> + <F8>, <F9>, <Umschalt> + <F9>, <F10> oder <Umschalt> + <F10>).

c) Sie wählen den Befehl LÖSCHEN oder den Befehl KOPIE. Im ersten Fall wird der eingegebene und markierte Baustein bei der Befehlsausführung vom Bildschirm gelöscht und im "Papierkorb" zwischengepeichert. Im zweiten Fall wird der Textabschnitt ebenfalls in den "Papierkorb" übertragen, er bleibt jedoch gleichzeitig auf dem Bildschirm erhalten. Die Wahl des Befehls KOPIE bietet sich folglich dann an, wenn Sie sich entscheiden, einen Textbaustein unmittelbar bei der Erfassung anzulegen.

d) Nach Wahl des Befehls LÖSCHEN oder KOPIE werden Sie aufgefordert, einen Namen für den Textbaustein einzugeben. Textbausteinnamen sind grundsätzlich frei wählbar (max. 31 Zeichen). Möglich ist sowohl die Vergabe von Nummern als auch von Stichworten. Beachten Sie allerdings, daß Leerstellen nicht erlaubt sind. Im Beispieltext können Sie z. B. beim ersten Textbaustein die Selektionsnummer "31" oder das Stichwort "Einladung" als Bausteinnamen wählen.

Zur Lösung der Beispielaufgabe Teil a) ist somit folgendes Vorgehen notwendig:

- Schreiben Sie zunächst den ersten - im folgenden noch einmal dargestellten - Textbaustein in dem vorgegebenen Format. Um die Position der Variablen zu kennzeichnen, ist ein "*" einzugeben.

> Einladung zum Seminar
>
> Sehr geehrte *
>
> das Bildungs-Zentrum DIDACTON veranstaltet ein Seminar
>
> > "*"
> >
> > vom * bis *,
>
> zu dem Sie herzlich eingeladen sind.

- Markieren Sie den gesamten Textabschnitt. Zu diesem Zweck ist zunächst ein beliebiges Zeichen im Text anzusteuern und dann die Tastenkombination <Umschalt> + <F10> zu betätigen.

- Wählen Sie den Befehl LÖSCHEN (Betätigen der Tasten <ESC> und <L>).

- Geben Sie die zugehörige Selektionsnummer 31 ein, so daß sich die Darstellung in Bild 6-7 ergibt. Drücken Sie zuletzt die Taste <RETURN>, so daß der Textabschnitt am Bildschirm gelöscht wird.

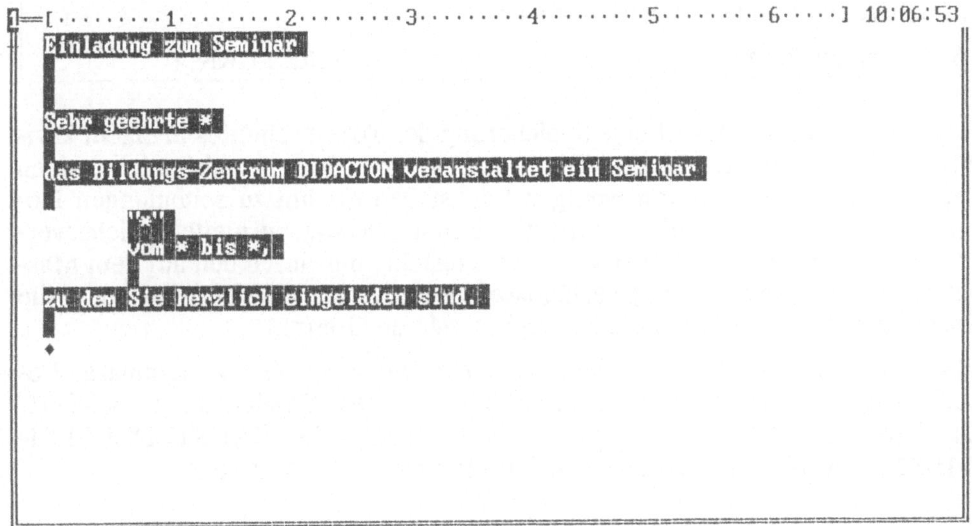

Bild 6-7: Anlegen eines Textbausteins

Nun können Sie den nächsten Textbaustein schreiben:

> "Die Veranstaltung findet im DIDACTON-Kolleg in Mainz, Sander-Weg 7, statt."

Führen Sie danach die gleichen Arbeitschritte wie beim ersten Textbaustein durch:

- Markieren des Textes (mit <F10>)
- Wahl des Befehls LÖSCHEN
- Eingabe der Selektionsnummer 321.

In gleicher Weise wie der erste und zweite Textbaustein sind auch die übrigen acht Textbausteine (des Texthandbuch-Ausschnittes) zu erfassen. Einen generellen Überblick über das Erfassen von Textbausteinen gibt die folgende Checkliste:

Reihenfolge der Bearbeitung	Tastenfolge
1. Textbaustein schreiben	....
2. Beliebiges Zeichen im Text ansteuern	<Pfeiltaste nach oben>
3. Textabschnitt markieren	<F10> u. ä.
4. Befehl LÖSCHEN wählen	<ESC> <L>
5. Selektionsnummer/-begriff eingeben	..
6. Befehl ausführen	<RETURN>

Ergebnis des Vorganges ist eine Speicherung des Textabschnittes in einem Zwischenspeicher. Die Länge der Textbausteine unterliegt grundsätzlich keinen Begrenzungen; sie kann von wenigen Buchstaben bis hin zu seitenlangen Dokumenten reichen. Ermöglicht wird dies durch eine sog. virtuelle Speicherverwaltung, die bewirkt, daß die Größe der Bausteine nur durch den auf dem Massenspeicher (Diskette, Platte) verfügbaren Speicherplatz begrenzt ist. Auch die Anzahl der Bausteine unterliegt keinen besonderen Grenzen.

Sämtliche Textbausteine eines bestimmten Fachgebietes (z. B. Seminare, Bewerbungen, etc.) werden sinnvollerweise unter einem Dateinamen gespeichert. Zu diesem Zweck ist der Befehl ÜBERTRAGEN TEXTBAUSTEINE SPEICHERN zu wählen. Die Befehlszeile hat dann folgendes Aussehen:

```
ÜBERTRAGEN TEXTBAUSTEINE SPEICHERN Dateiname: C:\WORD\STANDARD.TBS

Geben Sie bitte den Dateinamen ein!
Se1 Sp1          ()                                      Microsoft Word
```

Bild 6-8: Befehl ÜBERTRAGEN TEXTBAUSTEINE SPEICHERN

Bei der Abspeicherung der Textbausteine wird - wie Bild 6-8 veranschaulicht - eine Standarddatei vorgegeben: die Datei STANDARD.TBS. Es handelt sich um eine Datei, die immmer zusammen mit dem Textprogramm in den Arbeitsspeicher des Computers geladen wird. Hier können Sie Textbausteine ablegen, die regelmäßig benutzt werden. Diese Bausteine stehen dann jederzeit ohne besonderen Abruf zur Verfügung. Darüber hinaus können erfaßte Textbausteine aber auch in einer gesonderten Datei gespeichert werden; sie stehen dann für das Erstellen von bestimmten Texten nach entsprechendem Aufruf gezielt zur Verfügung.

Im Beispielfall der Musteraufgabe 6-1 ist der Dateiname "Text60.TBS" gewünscht. Eingegeben werden muß lediglich der Name "Text60"; die Erweiterung ".TBS" wird automatisch angelegt und macht deutlich, daß es sich um eine Textbausteindatei handelt. Nach der Befehlsbestätigung mit der Taste <RETURN> sind alle Textbausteine unter einem gemeinsamen Dateinamen gespeichert.

Bei Bedarf kann dann ein gewünschter Baustein schnell und problemlos zur Verfügung gestellt werden. Sie können diese jetzt zu einem Formbrief zusammensetzen, indem Sie die Textbausteine der Reihe nach aufrufen und - falls notwendig - die entsprechenden Einfügungen vornehmen. So lassen sich zu einem späteren Zeitpunkt innerhalb kürzester Zeit Seminareinladungen mit verschiedenen Inhalten (Adressaten, Seminarthemen, Seminarorten etc.) zusammenstellen.

Einen Überblick über die Vorgehensweise beim Erfassen und Speichern von Textbausteinen gibt Bild 6-9.

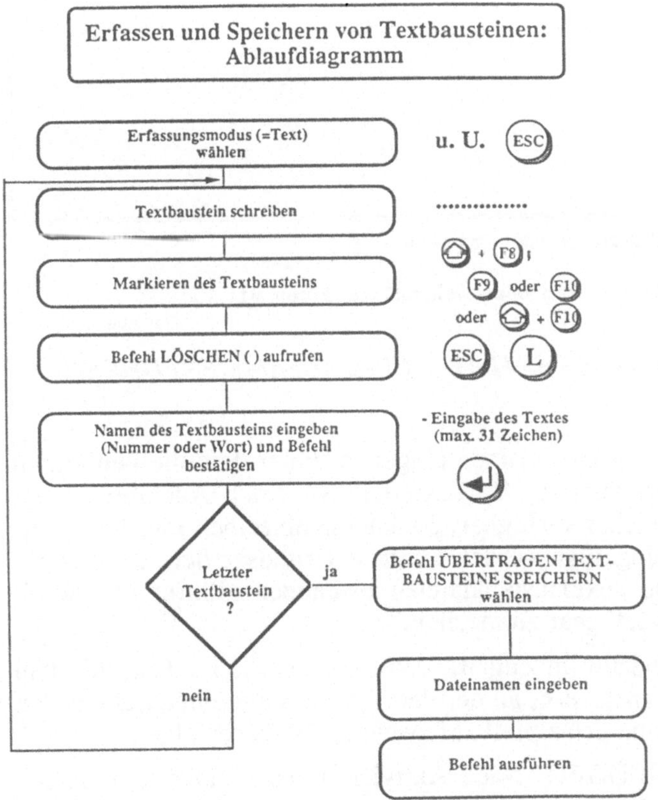

Bild 6-9: Erfassen und Speichern von Textbausteinen (Ablaufdiagramm)

Abschließend noch folgender Hinweis: Sofern Sie das Programm verlassen, ohne die neu erstellten Bausteine in einer Datei zu speichern, sind die zuvor erfaßten Textabschnitte wieder verloren. Es erscheint deshalb in diesem Falle vorher die Meldung, ob tatsächlich eine Beendigung des Arbeitens ohne entsprechende Speicherung erfolgen soll.

6.2.2 Aufrufen und Einfügen von Textbausteinen

Im vorliegenden Fall haben Sie die Textbausteindatei sowohl im Hauptspeicher als auch im externen Speicher zur Verfügung. Um die Datei aus dem Hauptspeicher zu löschen, müssen Sie den Befehl ÜBERTRAGEN BILDSCHIRM-LÖSCHEN GESAMT wählen.

Um mit MS-Word einen Text aus Bausteinen zusammensetzen zu können, ist zunächst erforderlich, daß die Bausteindatei wieder in den Hauptspeicher geladen wird. Dazu müssen Sie den Befehl ÜBERTRAGEN TEXTBAUSTEINE ZUSAMMENFÜHREN aufrufen. Bild 6-10 stellt die Befehlszeile dar.

Bild 6-10: Befehl ÜBERTRAGEN TEXTBAUSTEINE ZUSAMMENFÜHREN

Sie müssen also als erstes den Dateinamen eingeben, unter dem die benötigten Textbausteine abgespeichert sind (z. B. Text60.TBS). Nach Ausführung des Befehls ist die Datei im Speicher verfügbar, so daß die einzelnen Bausteine aufgerufen und in den Text eingefügt werden können. Grundsätzlich ist es sogar möglich, auch verschiedene Textbausteindateien zusammenzuführen und somit für einen direkten Zugriff verfügbar zu machen.

Ist die gewünschte Bausteindatei im Zugriff, dann können Sie im Text mit dem Cursor die jeweilige Stelle ansteuern, an der der Textbaustein eingefügt werden soll. Das Einfügen selbst kann prinzipiell auf zweierlei Weise erfolgen:

a)   Wahl des Befehls EINFÜGEN. Nach Aktivieren des Befehls müssen Sie den gewünschten Bausteinnamen ("31" oder "Einladung") eingeben oder den Bausteinnamen auswählen, indem Sie sich das Bausteinverzeichnis aufrufen (erfolgt durch Betätigen der Funktionstaste <F1> und Anwahl des Bausteinnamens mit einer Richtungstaste). Der aufgerufene Textbaustein erscheint nach Betätigen der Eingabetaste <RETURN> an der gewünschten Stelle auf dem Bildschirm.

b) Eingabe des Bausteinnamens im Text und Betätigen der Funktionstaste F3 (sog. Bausteintaste). Der Textbaustein erscheint dann unmittelbar im Text auf dem Bildschirm an der gewünschten Stelle.

Die Wahl des Befehls EINFÜGEN und das Anzeigen des Baustein- Inhaltsverzeichnisses ist insbesondere dann vorteilhaft, wenn nicht mit eindeutig formulierten Schreibaufträgen gearbeitet wird. Das unter b) beschriebene Verfahren ist demgegenüber bedeutend schneller, wenn die Namen der Textbausteine bekannt sind.

Bei einigen Textbausteinen sind unter Umständen variable Einfügungen vorzunehmen (im Beispiel sind die Einfügestellen durch einen <*> gekennzeichnet). Nicht möglich ist bei MS-Word ein direktes Festlegen sog. Stopps. Der Baustein erscheint vielmehr in vollständiger Länge auf dem Bildschirm und die Einfügestellen sind dann manuell über die Richtungstasten anzusteuern. Allerdings gibt es folgende komfortable Möglichkeit: Wahl des Befehls SUCHEN; Eingabe der Suchoption <*>. Nach Löschen des Einfügezeichens <*> sowie der Vornahme der Einfügung können Sie mit <UMSCHALT> + <F4> den letzten Suchbefehl gezielt wiederholen.

Zur Lösung des Teils b) der Musteraufgabe ist demgemäß folgendes Vorgehen erforderlich:

a) Schreiben Sie zunächst den Briefkopf:

Bildungs-Zentrum DIDACTON
Sandstr. 7
6500 Mainz 17

Welleck und Partner
z. H. Herrn Welleck
Weiner-Gasse 88

8000 München 4

b) Wählen Sie den Befehl ÜBERTRAGEN TEXTBAUSTEINE ZUSAMMENFÜHREN, und geben Sie den Dateinamen "Text60.TBS" ein.

c) Steuern Sie mit dem Cursor die Zeile an, in der der Betreff erscheinen soll, und geben Sie nun die Nummer des Textbausteins ein (in diesem Fall "31").

d) Betätigen Sie die Funktionstaste <F3>; schon erscheint der gesamte Baustein auf dem Bildschirm.

e) An den Stellen, wo ein "*" erscheint, schreiben Sie nun die jeweiligen Einfügungen (der "*" ist dabei selbstverständlich mit der Del-Taste zu löschen).

f) In gleicher Weise können Sie die weiteren Textbausteinnummern schreiben, mit der Taste <F3> auf den Bildschirm holen und - falls notwendig - Einfügungen vornehmen.

Haben Sie sämtliche Teilschritte durchgeführt, dann muß der am Ende des Abschnittes 6.1 abgebildete Brief zusammengestellt sein. Speichern Sie diesen mit dem Befehl ÜBERTRAGEN SPEICHERN unter dem Dateinamen "Text61.TXT".

Abschließend sei noch darauf hingewiesen, daß Sie das Zusammenführen der Textbausteine selbstverständlich auch über die Wahl des Befehls EINFÜGEN und anschließender Eingabe oder Auswahl der Bausteinnummern hätten durchführen können (z. B. anstelle der Teilschritte c) und d)).

In jedem Fall ist das ausgewählte Verfahren solange fortzusetzen, bis sämtliche Bausteine aufgerufen worden sind, die im Text Verwendung finden können. Auf diese Weise läßt sich somit "Baustein für Baustein" ein Standardtext schnell zusammenstellen.

Einen Überblick über die generelle Vorgehensweise beim Erstellen eines Textes durch Bausteinabruf gibt Bild 6-7.

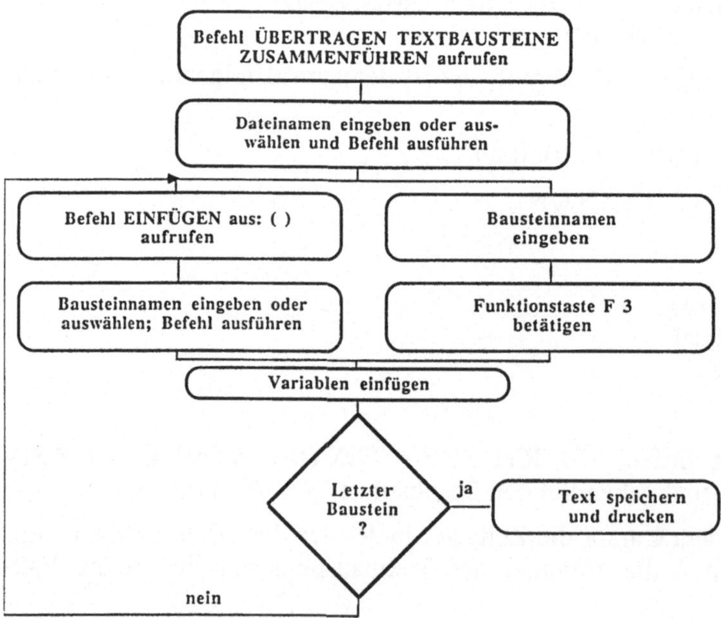

Bild 6-11: Schematische Darstellung der Vorgehensweise zur Texterstellung mit Bausteinen

Es wurde bereits darauf hingewiesen, daß statt Selektionsnummern auch Stichworte als Bausteinnamen vergeben werden können. Testen Sie dies ebenfalls
anhand des vorhergehenden Anwendungsbeispiels.

Im Vergleich zur Eingabe von Selektionsnummern sind folgende Lösungsunter-
schiede zu beachten:

a)   Bei der Eingabe des Textbausteinnamens wird im ersten Fall (nachdem der
     Text markiert und der Befehl LÖSCHEN gewählt wurde) statt der Num-
     mer "31" das Wort "Einladung" eingegeben. In gleicher Weise müssen
     die weiteren Bausteine mit "TagungsortMainz", "TagungsortWiesbaden",
     etc. gekennzeichnet werden.

b)   Haben Sie sämtliche Bausteine erfaßt und wollen Sie zur Erstellung des
     Bausteintextes übergehen, dann müssen Sie den zweiten Schreibauftrag im
     Abschnitt 6.1 als Grundlage nehmen. Dies bedeutet, daß Sie nach Wahl
     des Befehls ÜBERTRAGEN TEXTBAUSTEINE ZUSAMMENFÜHREN
     im ersten Fall nicht die Nummer "31", sondern das Wort "Einladung"
     schreiben und dann die Taste <F3> betätigen. In gleicher Weise müssen
     dann die übrigen Bausteine mit ihren Stichworten angegeben werden.

Eine Besonderheit stellen die Standard-Dateien im Rahmen der Textbaustein-
verarbeitung dar. Insgesamt werden sechs Bausteine angeboten, die unter dem
Dateinamen "Standard.TBS" gespeichert sind. Um dies zu testen, sollen Sie
zunächst den Befehl ÜBERTRAGEN BILDSCHIRMLÖSCHEN GESAMT
wählen. Anschließend lösen sie bitte den Befehl EINFÜGEN aus und betätigen
dann die Funktionstaste <F1>.

Ergebnis ist dann Bild 6-12.

```
Seite▓▓▓▓▓▓▓▓▓▓▓▓▓▓▓▓▓▓▓▓▓▓▓▓▓▓▓▓▓▓Fußnote                    15:53:50
Datum                              Druckdatum
Zeit                               Druckzeit




EINFÜGEN aus: Seite

Geben Sie bitte einen Textbausteinnamen ein oder wählen Sie einen mit F1!
Se1 Sp1          ()                                        Microsoft Word
```

Bild 6-12: Standard-Textbausteine

Beim Einfügen von Textbausteinen über Auswahltasten wurde deutlich, daß einige Standard-Textbausteine automatisch und jederzeit zur Verfügung stehen. Diese durch Stichworte gekennzeichneten Bausteine können in folgenden Fällen Anwendung finden:

1)   Seite; ermöglicht beim Druck die Berücksichtigung von Seitenzahlen in Kopf- oder Fußzeilen;

2)   Fußnote; erlaubt ein späteres Einfügen automatisch erstellter Fußnotenzeichen, sofern diese aus Versehen im Rahmen von Überarbeitungen gelöscht wurden;

3)   Datum; ermöglicht das unmittelbare Einfügen des aktuell über das Betriebssystem verwalteten Datums in ein Dokument;

4)   Druckdatum; bei Einfügung dieses Bausteins erscheint beim Ausdruck an der Einfügestelle automatisch das Datum, an dem der betreffende Text gedruckt wird;

5)   Zeit; ermöglicht das unmittelbare Einfügen der aktuellen Uhrzeit entsprechend den im Befehl ZUSÄTZE im Feld "Zeitformat:" ausgewiesenen Formaten;

6)   Druckzeit; bei Einfügung dieses Bausteins erscheint beim Ausdruck an der Einfügestelle automatisch die Zeit, an der der betreffende Text gedruckt wird;

7)   Zwischenablage; erlaubt bei Verwendung von MS-Windows das Einfügen von Textausschnitten aus Windows.

Im Beispielfall sollen Sie dies mit dem Baustein DATUM testen. Nach Laden der Datei "Text61.TXT" steuern Sie bitte zunächst die gewünschte Einfügestelle an. Wenn Sie dann den Befehl EINFÜGEN wählen und die Taste <F1> betätigen, können Sie den Baustein DATUM auswählen. Nach Ausführung des Befehls mit <RETURN> erscheint das aktuelle (vom Betriebssystem DOS verwaltete) Datum auf dem Bildschirm.

6.2.3 Drucken von Textbausteindateien

Ab der Version 3 bietet Word auch die Möglichkeit, den Inhalt einer Textbausteindatei zu drucken. Wählen Sie dazu nach Zusammenführen der Datei "Text60.TBS" den Befehl DRUCK TEXTBAUSTEIN.

Im einzelnen ergibt sich folgender Ablauf:

Reihenfolge der Bearbeitung	Tastenfolge
1. Textbausteindatei laden (u. U.)	<ESC> <Ü> <T> <Z>
2. Dateiname eingeben oder auswählen	Text60.TBS <RETURN>
3. Befehl DRUCK TEXTBAUSTEIN wählen	<ESC> <D> <T>

Ergebnis des Druckvorganges ist, daß sämtliche Bausteine der Datei in alphabetisch bzw. numerisch sortierter Folge ausgegeben werden. Dabei erscheint der Bausteinname eine Zeile über dem zugehörigen Baustein; die einzelnen Bausteine selbst werden durch zwei Leerzeilen voneinander getrennt ausgedruckt. Den Anfang des Ausdrucks gibt die folgende Darstellung wieder:

```
31
        Einladung zum Seminar


        Sehr geehrte *

        das Bildungs-Zentrum DIDACTON veranstaltet ein Seminar

            "*"
            vom * bis *,

        zu dem Sie herzlich eingeladen sind.


321
        Die Veranstaltung findet im DIDACTON-Kolleg in Mainz, Sander-
        Weg 7, statt.

322
        Die Veranstaltung findet im Haus der Bildung in Wiesbaden, Am
        Kurhof 6, statt.

323
        Die Veranstaltung findet * statt.
```

Bild 6-13: Druck einer Bausteindatei (Ausschnitt)

Musteraufgabe 6-2:   Pflege von Textbausteindateien

a)   Laden Sie die Datei "Text60.TBS" und ergänzen Sie den folgenden Baustein:

Beachten Sie, daß wir das Programm entgegen der ursprünglichen Ankündigung geringfügig geändert haben.

Speichern Sie den Textbaustein unter dem Namen 353.

b)   Da Wiesbaden nicht mehr als Tagungsort in Betracht kommt, löschen Sie bitte die Textbausteine 322 und 332.

6.2.4 Pflege von Textbausteindateien

Im Rahmen der Textbausteinpflege kann auch das Ergänzen und Löschen notwendig werden.

In Musteraufgabe 6-2 soll ein Textbaustein ergänzt werden. Gehen Sie dazu wie folgt vor:

1. Laden der Textbausteindatei mit dem Befehl ÜBERTRAGEN TEXTBAU-STEINE ZUSAMMENFÜHREN

2. Erfassen des Textbausteins

3. Wahl des Befehls LÖSCHEN und Eingabe des Bausteinnamens

4. Speichern der Datei mit dem Befehl ÜBERTRAGEN TEXTBAUSTEINE SPEICHERN. Die Speicherung muß unter demselben Dateinamen erfolgen, wobei das Überschreiben ausdrücklich zu bestätigen ist.

Das Löschen nicht mehr benötigter Textbausteine wird ermöglicht durch Auslösen des Befehls ÜBERTRAGEN TEXTBAUSTEINE LÖSCHEN. Nach Wahl des Befehls erscheint die Befehlszeile von Bild 6-14.

Bild 6-14: Befehl ÜBERTRAGEN TEXTBAUSTEINE LÖSCHEN

Voraussetzung zur Ausführung des Befehls ist, daß die entsprechende Baustein-Datei mit den jeweils zu löschenden Textbausteinen geladen ist. Je nachdem, ob der Name des Textbausteins bekannt ist, haben Sie nach Wahl des Befehls ÜBERTRAGEN TEXTBAUSTEINE LÖSCHEN zwei Möglichkeiten:

a) Ist der Name des Textbausteins bekannt, können Sie den Namen unmittelbar eingeben und den Befehl mit der Taste <RETURN> auslösen.

b) Besteht Unsicherheit über den Textbausteinnamen, dann können Sie sich durch Betätigen der Funktionstaste <F1> zunächst das Verzeichnis der gespeicherten Textbausteine auf dem Bildschirm anzeigen lassen. Mit Hilfe der Richtungstaste ist es anschließend möglich, den Baustein anzusteuern, der gelöscht werden soll. Auch hier muß der Befehl mit der Taste <RETURN> ausgelöst werden.

Nach Durchführen der Befehlswahl werden Sie sowohl im Fall a) als auch im Fall b) aufgefordert, die Befehlsausführung mit <J> zu bestätigen. Dies geschieht aus Sicherheitsgründen, um ein unbeabsichtigtes Löschen zu vermeiden. Mit der Befehlsbestätigung wird dann das Löschen des Bausteins bewirkt.

Einen Überblick über die generelle Vorgehensweise beim Löschen von Textbausteinen gibt Ihnen Bild 6-15.

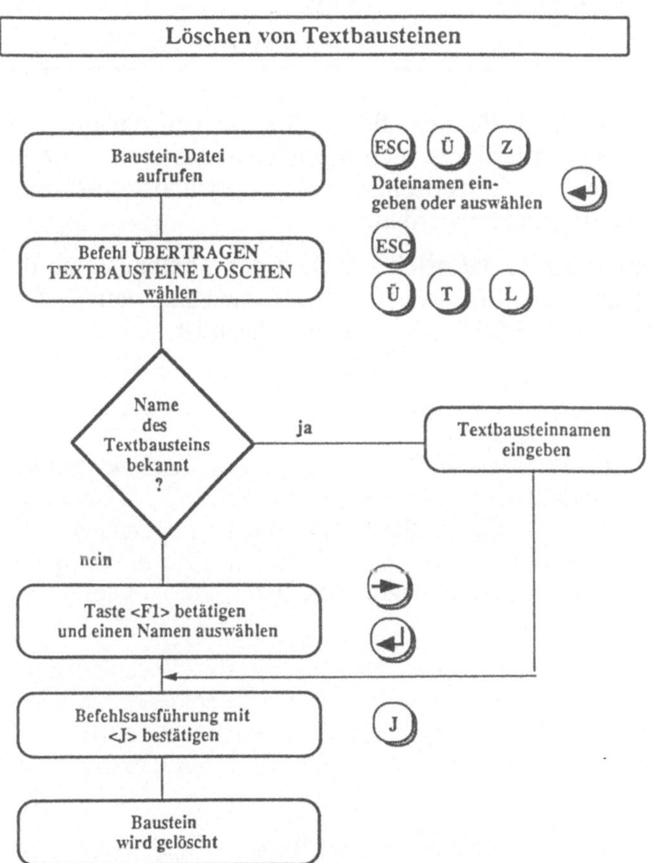

Bild 6-15: Schematische Darstellung des Löschens von Textbausteinen

Nun können Sie die Aufgabenstellung b) der Musteraufgabe 6-2 lösen. Dies soll in zwei Teilschritten über Eingabe der Bausteinnamen 322 und 332 geschehen. Das Vorgehen veranschaulicht folgende Checkliste:

Reihenfolge der Bearbeitung	Tastenfolge
1. Textbausteindatei laden (u. U.)	<ESC> <Ü> <T> <Z>
2. Dateiname eingeben oder auswählen	Seminar.TBS <RETURN>
3. Befehl ÜBERTRAGEN wählen	<ESC> <Ü>
4. Option TEXTBAUSTEINE LÖSCHEN wählen	<T> <L>
5. Namen des Textbausteins eingeben	322
6. Befehl ausführen	<RETURN>

Um nun den anderen Baustein 332 zu löschen, führen Sie die Teilschritte 3 - 6 erneut durch. Einfacher hätte man allerdings auch beide Textbausteine in einem Schritt löschen können, indem im 5. Teilschritt beide Textbaustein-Namen durch ein Semikolon getrennt eingegeben werden.

Abschließend sei darauf hingewiesen, daß nach Löschen der Textbausteine die gesamte Datei noch einmal unter dem bisherigen Dateinamen mit dem Befehl ÜBERTRAGEN TEXTBAUSTEINE SPEICHERN zu sichern ist.

6.3 Zusammenfassung

o   Die Funktion "Textbaustein-Verarbeitung" bietet die Möglichkeit, Sätze, Absätze und unter Umständen auch mehrere Seiten Text als "Baustein" unter einer Kennziffer oder einem besonderen Kurzwort zu speichern, bei Bedarf schnell wieder aufzurufen und in einen Standard-Text einzufügen. Dadurch kann vermieden werden, daß wiederholt benötigte Textteile immer wieder neu erfaßt werden müssen.

o   Um Textbausteine abspeichern zu können, müssen Sie die Textabschnitte zunächst markieren und danach in einen Zwischenspeicher löschen oder kopieren. Dies erfolgt über die Befehle LÖSCHEN bzw. KOPIE. Anschließend müssen Sie im Befehlsfeld einen Namen für den Textbaustein eingeben (max. 31 Zeichen).

o   Für das Abspeichern der Textbausteine ist der Befehl ÜBERTRAGEN TEXTBAUSTEINE SPEICHERN zu wählen und der gewünschte Dateiname einzugeben. Es empfiehlt sich, zusammengehörige Textbausteine unter einem Dateinamen abzuspeichern.

o   Regelmäßig benutzte Textbausteine werden in der Datei STANDARD.TBS abgelegt und sind bei jedem Laden des Textprogramms automatisch im Arbeitsspeicher verfügbar. In der aktuellen Version sind sechs Bausteine vorhanden: Seite, Fußnote, Datum, Druckdatum, Zeit, Druckzeit.

o   Voraussetzung für das Aufrufen von Textbausteinen ist, daß die benötigte Textbausteindatei mit dem Befehl ÜBERTRAGEN TEXTBAUSTEINE ZUSAMMENFÜHREN durch Eingabe des betreffenden Dateinamens geladen ist.

o   Aufgerufen werden können die Textbausteine entweder über den Befehl EINFÜGEN oder durch Schreiben des Bausteinnamens an der Einfügestelle im Text und Betätigen der Funktionstaste <F3> (sog. Bausteintaste).

o   Das Drucken von Textbausteinen wird über den Befehl DRUCK TEXTBAUSTEIN bewirkt.

o   Das Löschen von Textbausteinen wird über den Befehl ÜBERTRAGEN TEXTBAUSTEINE LÖSCHEN durch Eingabe oder Auswahl des Namens ausgelöst.

6.4 Übungsaufgaben

Übungsaufgabe 6-1:   Speichern und Verarbeiten von Textbausteinen

a)   Erfassen Sie das folgende "Textbaustein-Programm" und speichern Sie die Textbausteine als Baustein-Datei mit dem Namen "Personal.TBS" ab:

Texthandbuch PERSONAL

Volltext	Sel.-Nr.
Ihre Bewerbung vom *	1
Ihr Schreiben vom * Unser Schreiben vom *	2
Sehr geehrte *	3
Ihre Bewerbung als * haben wir mit großem Interesse gelesen und würden uns freuen, Sie in unserem Hause zu einem Vorstellungstermin begrüßen zu dürfen.	4
Wir bedanken uns für Ihr Schreiben vom *, in dem Sie sich für die in der * ausgeschriebenen Stelle als * bewerben.	5
Wir würden Sie gern etwas näher kennenlernen und laden Sie deshalb zu einem Vorstellungstermin am * in unserem Hause ein.	6

Wir bedauern Ihnen mitteilen zu müssen, daß wir aus der Vielzahl der eingegangenen Bewerbungen bereits eine Entscheidung gefällt haben. Für Ihr weiteres berufliches Fortkommen wünschen wir Ihnen alles Gute.	7
Da sich Herr * momentan auf einer Geschäftsreise befindet, schlagen wir *, den * als Termin vor.	8
Würden Sie diesen Termin kurz telefonisch bei unserer Frau Wedekind unter der Tel.-Nr. 794938 App. 23 bestätigen.	9
Mit freundlichen Grüßen Chemica AG Personalabteilung Reimann	10

Bild 6-16: Texthandbuch PERSONAL

b)   Erstellen Sie den passenden Schreibauftrag zu dem folgenden Brief:

Frau
Eva Müller
Sandstr. 15

7000 Stuttgart 20   20. Mai 1988

Ihre Bewerbung vom 06.05.88

Sehr geehrte Frau Müller,

Ihre Bewerbung als Sekretärin haben wir mit großem Interesse gelesen und würden uns freuen, Sie in unserem Hause zu einem Vorstellungstermin begrüßen zu dürfen.

Da sich Herr Neumann momentan auf einer Geschäftsreise befindet, schlagen wir Montag, den 30.05.88 als Termin vor.

Würden Sie diesen Termin kurz telefonisch bei unserer Frau Wedekind unter der Tel.-Nr. 794938 App. 23 bestätigen.

Mit freundlichen Grüßen

Chemica AG
Personalabteilung

Schreibauftrag

| Diskette: | abgegeben am: | Termin: |

Anschrift lt. Vorlage ☐

Sel. Nr.

Name/Firma

zu Händen von

Postfach/Straße

Postleitzahl/Ort

Sel. Nr.	Einfügen	Sel. Nr.	Einfügen

Bild 6-17: Schreibauftragsformular

c)   Erfassen Sie den Bausteintext mit manueller Einfügung der Variablen, und erstellen Sie einen fehlerfreien Ausdruck.

d)   Speichern Sie den Brief unter dem Namen "UEBUNG60".

e)   Drucken Sie die erfaßten Textbausteine insgesamt aus.

Übungsaufgabe 6-2:   Erstellen eines Schreibauftrages und Erfassen des Textes über Bausteinaufruf

a)   Der folgende Texthandbuch-Ausschnitt ist auf Ihrer Arbeitsdiskette mit dem Dateinamen "Mandat.TBS" gespeichert. Laden Sie zunächst diese Datei.

Texthandbuch Bereich: Mandat	Seite: 14	
Mandatbestätigung	Sel.	Stichwort
Bitte bei Antwort angeben: . . . . Sehr geehrte . . . . wir danken für das uns . . . . erteilte Mandat.	31	Betreff/ Anrede/ Dankes- formel
Gerne sind wir bereit, Ihre Vertretung zu übernehmen und wir dürfen Ihnen mitteilen, daß wir zwischenzeitlich die Ansprüche bei Ihrem Gegner gemäß der beiliegenden Durchschrift angemeldet haben.	321	Bestätigung
Über den weiteren Fortgang werden wir Sie jeweils unterrichten.	322	Unterrichtung
Über die Beendigung der Angelegenheit werden wir Sie unterrichten.	323	keine Unterrichtung
Leider besteht eine Interessenkollision, daher können wir das Mandat nicht annehmen.	331	Mandatsablehnung
Wir sind aus organisatorischen Gründen gehalten, den uns freundlicherweise erteilten Auftrag auf der Grundlage unserer Allgemeinen Mandatsbedingungen auszuführen. Diese fügen wir in zwei vorbereiteten Exemplaren bei und bitten Sie, hiervon das erste zu unterzeichnen und an uns zurückzusenden; das zweite ist zum Verbleib in Ihren Unterlagen bestimmt.	332	Allgemeine Mandatsbedingungen
Bitte merken Sie vor, daß der uns erteilte Auftrag auch die Einziehung und Weiterleitung von Geldern erfordern kann. Hierfür fällt nach § 22 BRAGO eine Hebegebühr (zwischen 1% und 0,25% des jeweiligen Betrages) an. Diese Gebühren sind regelmäßig von der Gegenseite nicht zu erstatten. Wir bitten Sie demgemäß um Mitteilung, ob derartige Gelder ohne unsere Einschaltung an Sie direkt ausgezahlt werden sollen. Erhalten wir keine Nachricht, gehen wir davon aus, daß die Abwicklung über uns erfolgen soll. Die anfallenden Gebühren werden wir dann jeweils einbehalten.	34	Geldeinzug

Wir bitten um Rücksendung der unterzeichneten Prozeßvollmacht.	351	Prozeßvollm.
Wir halten eine eingehende Besprechung der Angelegenheit für erforderlich. Wir bitten Sie, uns wegen einer Terminvereinbarung anzurufen.	352	Termeinvereinbarung/ Besprechungstermin
Mit freundlichen Grüßen — Rechtsanwalt —	36	MgG RA

Bild 6-18: Texthandbuch-Ausschnitt (Datei "Mandat.TBS")

b)   Erstellen sie den passenden Schreibauftrag zu dem folgenden Brief:

Herrn
Marcel Pietsch
Hermine-Bland-Str. 6   18. Mai 1988

Bitte bei Antwort angeben: 23483 10 Pietsch./.Bach

Sehr geehrter Herr Pietsch,

wir danken für das uns telefonisch erteilte Mandat.

Gerne sind wir bereit, Ihre Vertretung zu übernehmen und wir
dürfen Ihnen mitteilen, daß wir zwischenzeitlich die Ansprüche bei
Ihrem Gegner gemäß der beiliegenden Durchschrift angemeldet haben.

Über den weiteren Fortgang werden wir Sie jeweils unterrichten.

Wir sind aus organisatorischen Gründen gehalten, den uns
freundlicherweise erteilten Auftrag auf der Grundlage unserer
Allgemeinen Mandatsbedingungen auszuführen. Diese fügen wir in
zwei vorbereiteten Exemplaren bei und bitten Sie, hiervon das
erste zu unterzeichnen und an uns zurückzusenden; das zweite ist
zum Verbleib in Ihren Unterlagen bestimmt.

Bitte merken Sie vor, daß der uns erteilte Auftrag auch die
Einziehung und Weiterleitung von Geldern erfordern kann. Hierfür
fällt nach 22 BRAGO eine Hebegebühr (zwischen 1 % und 0,25 % des
jeweiligen Betrages) an. Diese Gebühren sind regelmäßig von der
Gegenseite nicht zu erstatten. Wir bitten Sie demgemäß um
Mitteilung, ob derartige Gelder ohne unsere Einschaltung an Sie
direkt ausgezahlt werden sollen. Erhalten wir keine Nachricht,
gehen wir davon aus, daß die Abwicklung über uns erfolgen soll.
Die anfallenden Gebühren werden wir dann jeweils einbehalten.

Mit freundlichen Grüßen

- Rechtsanwalt -

Bild 6-19 reproduces a form. Its text:

Schreibauftrag

Diskette:	abgegeben am:	Termin:

Anschrift lt. Vorlage ☐

Sel. Nr.

Name/Firma

zu Händen von

Postfach/Straße

Postleitzahl/Ort

Sel. Nr.	Einfügen	Sel. Nr.	Einfügen

Bild 6-19: Schreibauftragsformular

c) Erfassen sie den Bausteinbrief und erstellen Sie einen fehlerfreien Aus-
    druck.

d) Speichern Sie den Brief unter dem Namen "UEBUNG61" auf Ihrer Ar-
    beitsdiskette.

Übungsaufgabe 6-3:   Erstellen eines Textes durch Abruf von Bausteinen mit
                           Speicherung als Stichwort

a) Der folgende Texthandbuch-Ausschnitt ist auf Ihrer Arbeitsdiskette mit
    dem Dateinamen "Skonto.TBS" gespeichert. Laden Sie zunächst diese
    Datei:

Volltext	Stichwort
Unsere Rechnung Nr.	Betreff
Sehr geehrte Damen und Herren,	allgemAnrede
Sehr geehrt*	persAnrede
Für Ihre Zahlung danken wir Ihnen. Sie haben jedoch nicht den vollen Rechnungsbetrag überwiesen, sondern * % Skonto abgezogen. Dies ist sicher nur ein Versehen, denn wir hatten ja Zahlung rein netto vereinbart.	Frist überschritten
Für Ihre Zahlung danken wir Ihnen. Sie haben allerdings * % Skonto abgezogen, obwohl nur * % vereinbart sind. Dies ist gewiß ein Versehen Ihrer Buchhaltung.	zuviel abgezogen
Bitte überweisen Sie doch die restlichen DM * in den nächsten Tagen, damit Ihr Konto ausgeglichen ist.	Rest überweisen
In diesem Fall sind wir noch nachträglich mit einem Abzug von DM * einverstanden. Bitte überweisen Sie aber den Rest von DM * in den nächsten Tagen und veranlassen Sie bitte Ihre Buchhaltung, unsere Rechnungen künftig vereinbarungsgemäß zu begleichen.	Teilabzug
Wir wollen in diesem Fall nicht darauf bestehen, daß Sie den Differenzbetrag nachzahlen. Bitte veranlassen Sie aber Ihre Buchhaltung, unsere Rechnungen künftig vereinbarungsgemäß zu begleichen.	Einverstanden
Mit freundlichen Grüßen ARGUS GMBH	Gruß

Bild 6-20: Texthandbuch-Ausschnitt "Skonto.TBS"

b)   Erfassen sie einen Brieftext (Erstellungsdatum 20.09.88) unter Anwendung des Schreibauftrages in Bild 6-21.

c)   Speichern Sie den Text unter dem Dateinamen "UEBUNG62" und erstellen Sie einen fehlerfreien Ausdruck.

Schreibauftrag

Diskette:	abgegeben am:	Termin:

Anschrift lt. Vorlage   ☒

Sel. Nr.

Name/Firma   *Herrn*
              Manfred Kreuzer

zu Händen von

Postfach/Straße   *Hüttenstr. 12*

Postleitzahl/Ort   *4000 Düsseldorf 1*

Sel. Nr.	Einfügen	Sel. Nr.	Einfügen
Betreff	*3364 vom 11.08.88*		
pers.Anrede	*er Herr Kreuzer,*		
Frist überschritten	*3*		
Rest überweisen	*89,70*		
Gruß	*/*		

Bild 6-21: Schreibauftrag

Übungsaufgabe 6-4:   Erstellen und Erfassen eines vorgegebenen Schreib-
                       auftrages

a)   Nehmen Sie den Texthandbuch-Ausschnitt "Unberechtigte Skontoabzüge"
     zur Hand, und erstellen Sie den Schreibauftrag für folgenden Fall:

     - Rechnungs-Nr.: 6743;
     - allgemeine Anrede;
     - Netto-Zahlung war vereinbart, Kunde hat 3 % Skonto abgezogen;
     - Einverstanden;
     - Gruß.

Schreibauftrag

Diskette:	abgegeben am:	Termin:

Anschrift lt. Vorlage ☒

Sel. Nr.

Name/Firma *Herrn Manfred Müller*

zu Händen von

Postfach/Straße *Feldstr. 4*

Postleitzahl/Ort *4000 Düsseldorf 5*

Sel. Nr.	Einfügen	Sel. Nr.	Einfügen

Bild 6-22: Schreibauftrag (Vorlage)

b) Erfassen Sie den Bausteinbrief, und fertigen Sie einen fehlerfreien Ausdruck an.

c) Speichern Sie den Text unter dem Dateinamen "UEBUNG63".

7 Serienbriefschreibung

Ein besonderer Vorteil der Nutzung eines PC für die Textverarbeitung ist dann gegeben, wenn Texte für mehrere Adressaten gleichzeitig erzeugt werden müssen (sog. Serienbriefe). In diesem Fall kann ein gleicher Grundtext (mit unverändertem Hauptinhalt) verwendet werden, wobei lediglich die Anschriften sowie u. U. noch weitere Einfügepositionen (z. B. Anreden, Zahlenangaben) variabel sind. Typische Anwendungsfälle der betrieblichen Praxis sind Einladungsschreiben verschiedener Art, Akquisitionsschreiben sowie Anfragen an potentielle Lieferanten.

7.1 Vorgehensweise bei der Serienbriefschreibung

Um einen Serienbrief mit einem Textprogramm erstellen zu können, müssen Sie zunächst den formulierten Grundtext erfassen. In diesem Grundtext sind zusätzlich bestimmte Einfügestellen zu kennzeichnen, an denen später die für den jeweiligen Adressaten zutreffenden Informationen erscheinen.

In einem nächsten Schritt sind die jeweiligen Variablen zu erfassen oder anzugeben, die an den Einfügepositionen des Grundtextes "eingespielt" werden sollen. Zu diesem Zweck ist es notwendig,

- entweder eine entsprechende Datei anzulegen oder

- bereits vorhandene Adreßdaten aufzurufen (wobei vorher unter Umständen noch eine Selektion nach vorgegebenen Kriterien erfolgen soll).

Anschließend können Sie dann den Grundtext mit den definierten Variablen mischen (Anwendung der sog. Merging-Funktion), und so in kurzer Zeit die verschiedenen Briefe ausdrucken, die nun auf den Einzelfall Bezug nehmen.

Den Zusammenhang im Überblick zeigt Bild 7-1.

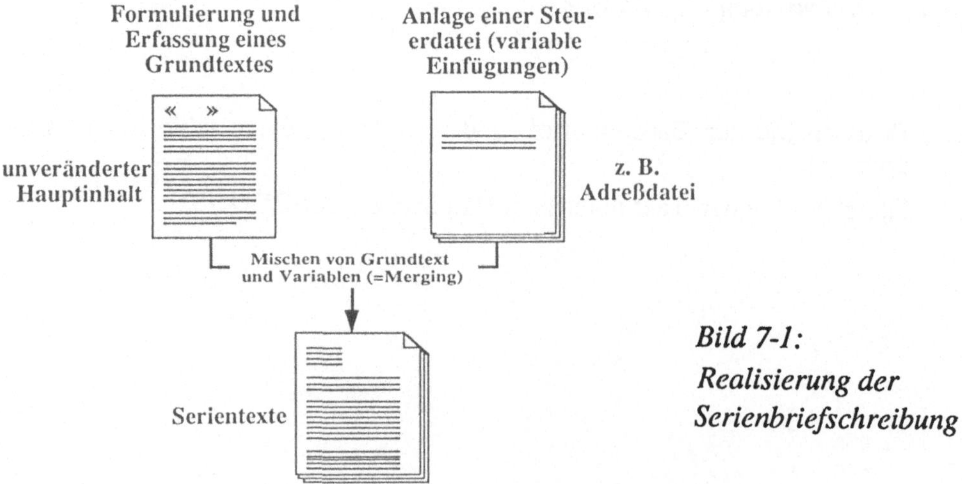

Bild 7-1:

Realisierung der

Serienbriefschreibung

Musteraufgabe 7-1:   Erzeugen eines einfachen Serienbriefes

In einem Schulungsinstitut besteht die Aufgabe des Sekretariats darin, den für ein Seminar angemeldeten Teilnehmern per Serienbrief eine Anmeldebestätigung zukommen zu lassen. Grundlage ist das folgende Standardschreiben:

- Anschrift -

                                                            - Datum -

- Betreffzeile -

- Anrede -

vielen Dank für die Anmeldung zum Seminar xxxxx. Das Seminar wird wie geplant am

                    xxxxxxxxxxxxxxxxxxxxxxxxxxx

in xxxxxxxxx stattfinden.

Mit freundlichen Grüßen

a)   Die Teilnehmer des Seminars "Wie bekomme ich den PC in den Griff?", das am 20.02.88 und 21.02.88 in Frankfurt stattfindet, sollen eine entsprechend abgestimmte Anmeldebestätigung erhalten. Erfassen Sie zunächst den vollständigen Grundtext und speichern Sie diesen unter dem Dateinamen "Text70".

b)   Erstellen Sie die Steuerdatei für den Fall, daß folgende Teilnehmer angeschrieben werden sollen, und speichern Sie diese unter dem Dateinamen "Teiln.Txt":

- Herr Karl Käfer; Tarzanstr. 4; 6000 Frankfurt 8
- Frau Silke Fuchs; Traumallee 7a; 5000 Köln 51
- Herr Peter Jäger; Windmühlenweg 1; 4000 Düsseldorf 1
- Herr Fritz Muliar; Am Tanzbrunnen 78; 4220 Dinslaken
- Frau Uschi Schutz; Auf der Weide 6; 6700 Ludwigshafen.

c)   Prüfen Sie nun den Ausdruck am Bildschirm, indem Sie den Serientext zunächst in einer Test-Datei unter dem Dateinamen "Test1" speichern. Laden Sie anschließend diese Datei und schauen Sie sich die erstellten Texte am Bildschirm an.

d)   Erstellen Sie anschließend den Ausdruck sämtlicher Briefe.

7.2 Erzeugen eines einfachen Serienbriefes

Im Textprogramm MS-Word ist die Funktion Serienbriefschreibung unmittelbar integriert (im Gegensatz zu anderen Programmen, die hierüber entweder nicht verfügen oder mit entsprechenden Zusatzprogrammen verbunden sind).

Die Möglichkeit der Serienbriefschreibung kann dabei über den Befehl DRUCK SERIENBRIEF DRUCKER ausgelöst werden. Voraussetzung ist allerdings, daß zuvor die entsprechenden Dateien richtig aufgebaut wurden.

Einen Überblick über die Vorgehensweise gibt Bild 7-2.

(1) Erfassen des Grundtextes (auch Haupttext genannt) über Tastatur

- **am Anfang muß der Name der Steuerdatei angegeben werden**
  « Steuerdatei NAME »

- **die "Einfügepositionen" sind im Text entsprechend zu kennzeichnen**

(2) Anlegen einer sog. "Steuerdatei", die es ermöglicht, entsprechende Einfügungen vorzunehmen

- **Erfassen der Datensätze**

  oder

- **Übernahme von Daten (z. B. Anschriften) aus anderen Anwendungsprogrammen (z. B. dBase oder RBASE)**

(3) Auslösen des Druckvorgangs (Funktion DRUCK SERIENBRIEF DRUCKER)

Bild 7-2: Vorgehensweise bei der Serienbriefschreibung

Die Darstellung zeigt, daß zur Realisierung der Serienbriefschreibung zunächst zwei unterschiedliche Dateien anzulegen sind:

- eine Datei, die den Grundtext enthält und

- eine andere Datei mit den variablen Daten (die sog. Steuerdatei).

Bei Auslösung des Druckvorganges werden diese Dateien dann miteinander kombiniert und so verschiedene Versionen eines Serientextes erzeugt.

7.2.1 Erfassen des Grundtextes für einen Serienbrief

Zunächst muß der gewünschte Text erfaßt werden, der als Serientext verschickt werden soll. Dieser Grundtext ist derjenige Text, der die in allen Versionen des Serienbriefes gleichlautenden Textabschnitte enthält. Dieser Text wird grundsätzlich in der bekannten Weise eingegeben; allerdings gilt es zu beachten, daß

- zu Beginn des Serientextes der Name der Steuerdatei anzugeben ist (dies ist die Datei, die die variablen Textelemente enthält und später mit dem Grundtext gemischt wird);

- im Grundtext die Textstellen als Einfügepositionen kenntlich zu machen sind, die sich von Empfänger zu Empfänger ändern. Die Einfügepositionen erhalten dabei einen Variablennamen (auch Kennung genannt).

Beim späteren Ausdruck werden die im Grundtext enthaltenen Einfügepositionen durch konkreten Text ersetzt. Die Kennungen für die Einfügepositionen sind deshalb aus Abgrenzungsgründen durch die Steuerzeichen « » "einzukleiden". Erzeugt wird das öffnende Zeichen "<<" durch Betätigung der Tastenkombination <Ctrl>+<A>, das schließende Zeichen ">>" durch Betätigung der Tastenkombination <CTRL>+<S>. Kennungen finden sich im Anwendungsbeispiel etwa für «Name», «Strasse»,«PLZ» usw.
Die Zusammenstellung in Bild 7-3 zeigt Ihnen im Überblick die Regeln zur Festlegung der Einfügepositionen.

<u>Regeln:</u>

1) Die Angabe der Steuerdatei sowie die Einfüge-
    positionen sind durch die Steuerzeichen « und »
    abzugrenzen;

    Ctrl + A   bewirkt   «
    Ctrl + S   bewirkt   »

2) Die Kennung für die Einfügepositionen
    (=Variablenname) ist frei festlegbar:
    - max. 64 Zeichen
    - kurze Namen ersparen Eingabeaufwand

3) Das 1. Zeichen der Positionskennung bestimmt das
    Format des Einfügetextes (z. B. die Auszeichnung)

4) Leerzeichen sind in der Kennung nicht erlaubt

5) Eine Kennung kann beliebig oft in einen Serientext
    eingefügt werden

Bild 7-3: Regeln zur Festlegung der Einfügepositionen

Zur Erfassung des Grundtextes für den Beispielfall des Schulungsinstitutes können Sie nun - sofern Sie sich im Texteingabebereich befinden - in folgenden Teilschritten vorgehen:

-   Angabe des Namens der Steuerdatei, auf der sich die Variablen des Grundtextes befinden, z. B. Eingabe "Steuerdatei Teiln.Txt". Denken Sie daran, daß diese Angabe mit dem Zeichen "«" begonnen und mit dem Zeichen "»" abgeschlossen werden muß. (Hinweis: Sofern sich die Steuerdatei nicht im aktuellen Laufwerk/Verzeichnis befindet, muß vor dem Dateinamen der Suchweg angegeben werden).

-   Eingabe des Grundtextes. Zunächst müssen Sie im Beispielfall dann weitere Einfügepositionen angeben (Geschlecht usw.). Danach kann der eigentliche Grundtext (nebst anderen Einfügepositionen) erfaßt werden.

-   Speichern des Grundtextes. Die Speicherung erfolgt im Beispielfall mit dem Befehl ÜBERTRAGEN SPEICHERN unter dem Dateinamen "Text70.Txt".

Im Anwendungsbeispiel sollte der zu speichernde Grundtext folgendes Aussehen haben:

«Steuerdatei Teiln.Txt»
«Geschlecht»
«Name»
«Strasse»

«PLZ» «Ort»

                                                                        3. Februar 1988

Seminar in Frankfurt

Sehr geehrt«Anrede»,
vielen Dank für die Anmeldung zum Seminar "Wie bekomme ich den PC
in den Griff?". Das Seminar wird wie geplant am
                        20.02.88 und 21.02.88
in Frankfurt stattfinden.

Mit freundlichen Grüßen

7.2.2 Anlegen der Steuerdatei

Ist der Grundtext erfaßt und abgespeichert, ist es in einem nächsten Schritt notwendig, die sog. Steuerdatei anzulegen, die die Voraussetzungen schafft, daß entsprechende Einfügungen automatisch im Text vorgenommen werden können. Sie enthält die variablen Textelemente, die anstelle der Kennungen in den Serientext eingefügt werden. Es handelt sich dabei um verschiedene Datensätze, die selbst wiederum verschiedene Datenfelder umfassen und jeweils durch ein Semikolon getrennt werden.

Am Anfang der Steuerdatei muß der sog. Steuersatz angegeben werden. Dieser Datensatz hat eine steuernde Funktion und schafft die Voraussetzung dafür, daß das Programm die anschließend angegebenen Informationen richtig in die Einfügepositionen des Serientextes einordnet. Der Steuersatz enthält der Reihe nach die Kennungen (= Variablennamen) der Einfügepositionen aus dem Grundtext.

Nach dem Steuersatz folgen die für den Anwendungsfall gewünschten Einfügesätze. Wichtig ist, daß die Reihenfolge der Felder der Einfügesätze mit den Kennungen der Einfügepositionen im Steuersatz übereinstimmt. Max. sind 256 Felder möglich (d. h. es können in einem Serientext maximal 256 verschiedene Einfügepositionen vorkommen).

Die Regeln zum Aufbau einer Steuerdatei sind in der Übersicht von Bild 7-4 festgehalten.

Regeln zum Aufbau der Steuerdatei:

1) **Die Datensätze der Steuerdatei enthalten max. 256 Datenfelder, die jeweils durch ein Semikolon getrennt werden (-> in einem Serientext sind max. 256 verschiedene Einfügepositionen möglich).**

2) **Am Anfang der Steuerdatei befindet sich der sog. "Steuersatz", der**
   - **die Kennungen aller Einfügepositionen enthält**
   - **die Reihenfolge der Felder der Einfügesätze festlegt.**

3) **Nach dem Steuersatz folgen verschiedene Einfügesätze. Die Reihenfolge der Felder muß mit den Kennungen im Steuersatz übereinstimmen.**

Bild 7-4:

Regeln zum Aufbau

einer Steuerdatei

Zur Lösung der Teilaufgabe b) von Musteraufgabe 7-1 können Sie die Eingabe des Steuersatzes in Angriff nehmen, nachdem Sie mit dem Befehl ÜBERTRAGEN BILDSCHIRMLÖSCHEN die Voraussetzungen für die Erfassung geschaffen haben. Zu diesem Zweck müssen Sie sämtliche Namen, die im Grundtext mit Variablen belegt sind (die Einfügepositionen), in der Reihenfolge der Felder der Einfügesätze eingeben. Wichtig ist, daß diese Kennungen (im Beispiel "Geschlecht", "Name", "Strasse", "PLZ", "Ort" sowie "Anrede") jeweils durch ein Semikolon (oder durch TABS) getrennt werden.

Anschließend sind die verschiedenen Einfügesätze zu erfassen. In diesem Fall werden die verschiedenen Teilnehmerinformationen eingegeben (ebenfalls durch ein Semikolon getrennt). Am Ende eines jeden Datensatzes muß dabei eine Absatzschaltung mit <RETURN> vorgenommen werden.

Die Steuerdatei für das Anwendungsbeispiel sollte folgendes Aussehen haben:

```
Geschlecht;Name;Strasse;PLZ;Ort;Anrede
Herrn;Karl Käfer;Tarzanstr. 4;6000;Frankfurt 8; er Herr Käfer
Frau;Silke Fuchs;Traumallee 7a;5000;Köln 51;e Frau Fuchs
```

Herrn; Peter Jäger;Windmühlenweg 1;4000; Düsseldorf 1;er Herr Jäger
Herrn;Fritz Muliar;Am Tanzbrunnen 78;4220;Dinslaken;er Herr Muliar
Frau;Uschi Schutz;Auf der Weide 6;6700;Ludwigshafen;e Frau Schutz

Speichern Sie die erfaßte Steuerdatei abschließend mit dem Befehl ÜBERTRA-
GEN SPEICHERN unter dem Dateinamen "Teiln.Txt".

Einen Überblick über die Vorgehensweise zum Erfassen einer Steuerdatei gibt
die folgende Checkliste in Bild 7-5.

Erfassen der Steuerdatei: Teilschritte	
Reihenfolge der Bearbeitung	Eingaben
1) Steuersatz erfassen (mit <RETURN> beenden)	Geschlecht;Name;Strasse; PLZOrt;Anrede
2) 1. Datensatz erfassen	Herrn;Karl Käfer; Tarzanstr. 4; 6000; Frankfurt 8; er Herr Käfer
3) Weiteren Datensatz erfassen	....
4) Datei speichern (nach Erfassen des letzten Datensatzes)	<ESC> <Ü> <S> Teiln

Bild 7-5: Teilschritte zum Erfassen einer Steuerdatei

7.2.3 Auslösen des Druckvorganges

Nachdem die Vorarbeiten geleistet sind, können Sie den Druckvorgang einlei-
ten. Dabei werden die variablen Größen der Steuerdatei in den jeweiligen
Grundtext eingefügt, so daß verschiedene Versionen entstehen, die auf die speziellen Gegebenheiten Bezug nehmen. Zu diesem Zweck muß der Serientext
zunächst mit dem Befehl ÜBERTRAGEN LADEN in den Hauptspeicher übertragen werden. Anschließend ist die Befehlsfolge DRUCK SERIENBRIEF zu
wählen. Die nach Wahl der Befehlsfolge sich ergebende Bildschirmdarstellung
zeigt Bild 7-6.

Es erscheinen also drei Möglichkeiten, die im einzelnen folgende Bedeutung
haben:

a) Drucker: bei Wahl dieses Unterbefehls erfolgt ein direkter Ausdruck der
    Serientexte.

b) Test-Datei: mit diesem Befehl kann eine Druckdatei zu Kontrollzwecken
    erstellt werden.

```
=[·········1········2·······3·······4······5········6····] 12:37:26
«Steuerdatei Teiln.Txt»
«Geschlecht»
«Name»
«Strasse»

«PLZ» «Ort»


                                              3. Februar 1988



Seminar in Frankfurt



Sehr geehrt«Anrede»,

vielen Dank für die Anmeldung zum Seminar 'Wie bekomme ich den PC
in den Griff?''. Das Seminar wird wie geplant am

       20.02.88 und 21.02.88
                                                    =TEXT70.TXT=
DRUCK SERIENBRIEF: Drucker Test-Datei Optionen

Druckt die Serientexte
Se1 Sp1          (·)                            Microsoft Word
```

Bild 7-6: Menü DRUCK SERIENBRIEF

c) Optionen: die Befehlsfelder ermöglichen die Auswahl bestimmter Datensätze, für die die Serienbriefe gedruckt werden sollen (siehe hierzu ausführlicher Abschnitt 7.5).

Zur Lösung der Teilaufgabe c) ist nach dem Laden des Grundtextes (der Datei
"Text70") und der Wahl der Befehlsfolge DRUCK SERIENBRIEF der Unterbefehl TEST-DATEI auszulösen. Sie werden dann aufgefordert, einen Dateinamen einzugeben (im Beispielfall ist "Test1" einzugeben). Wird nun der Befehl ausgeführt, so legt das Programm eine weitere Datei an, die nun zu Kontrollzwecken die verschiedenen Versionen des Serienbriefes enthält.

Die Vorgehensweise zum Erstellen einer Testdatei veranschaulicht im Überblick folgende Zusammenstellung:

Reihenfolge der Bearbeitung	Tastenfolge
1. Serientextdatei laden	<ESC> <Ü> <L>.......<RETURN>
2. Wahl des Befehls DRUCK	<ESC> <D>
3. SERIENBRIEF TEST-DATEI wählen	<S> <T>
4. Eingabe eines Dateinamens	Test1
5. Ausführen des Befehls	<RETURN>

Die auf die beschriebene Weise erstellte Datei kann nun als normale Textdatei
behandelt werden. Laden Sie diese einmal zu Kontrollzwecken mit dem Befehl
ÜBERTRAGEN LADEN. Ergebnis ist dann der in Bild 7-7 wiedergegebene
Bildschirm.

```
=[·········1·········2·········3·········4·········5·········6·····] 12:43:28

  Herrn
  Karl Käfer
  Tarzanstr. 4

  6000 Frankfurt 8

                                               3. Februar 1988


  Seminar in Frankfurt


  Sehr geehrter Herr Käfer,

  vielen Dank für die Anmeldung zum Seminar "Wie bekomme ich den PC
  in den Griff?". Das Seminar wird wie geplant am

      20.02.88 und 21.02.88
                                                              =TEST1.TXT=
BEFEHL: Ausschnitt Bibliothek Druck Einfügen Format Gehezu Hilfe Kopie
        Löschen Muster Quitt Rückgängig Suchen Übertragen Wechseln Zusätze
Bearbeiten Sie bitte Ihren Text oder unterbrechen Sie zum Hauptbefehlsmenü!
Se1 Sp1          (·)                                        Microsoft Word
```

Bild 7-7: Anzeige einer Serienbrief-Testdatei

Die Darstellung zeigt den ersten Serienbrief, wie dieser beim Ausdruck wiedergegeben würde. Zwischen den einzelnen Versionen wird automatisch ein Seitenumbruch organisiert (dies wird deutlich, wenn Sie eine Bildschirmseite nach
unten blättern). So können Sie der Reihe nach am Bildschirm prüfen, ob die
Kombination der Dateien korrekt vorgenommen wurde. Bei Bedarf kann so vor
dem eigentlichen Ausdruck noch eine entsprechende Korrektur durchgeführt
werden.

Ist der Test fehlerfrei verlaufen, kann der Ausdruck der Serienbriefe erfolgen
(wie in Teilaufgabe d) von Musteraufgabe 7-1 gewünscht). Dazu ist der Befehl
DRUCK SERIENBRIEF DRUCKER zu aktivieren. Im Rahmen eines Druckvorganges werden dann die beiden Dateien miteinander kombiniert und für jeden Einfügesatz der Steuerdatei ein spezieller Brief automatisch erstellt.

Ergebnis sind dann im Beispielfall die folgenden fünf Einladungsschreiben
(Hinweis: der Beginn einer neuen Seite wird vom Programm automatisch vorgenommen; achten Sie allerdings darauf, daß die Seitenlänge des Serientextes
richtig formatiert ist):

```
Herrn
Karl Käfer
Tarzanstr. 4

6000 Frankfurt 8

                                          3. Februar 1988


Seminar in Frankfurt


Sehr geehrter Herr Käfer,

vielen Dank für die Anmeldung zum Seminar "Wie bekomme ich den PC
in den Griff?". Das Seminar wird wie geplant am

             20.02.88 und 21.02.88

in Frankfurt stattfinden.

Mit freundlichen Grüßen
```

```
Frau
Silke Fuchs
Traumallee 7a

5000 Köln 51

                                          3. Februar 1988


Seminar in Frankfurt


Sehr geehrte Frau Fuchs,

vielen Dank für die Anmeldung zum Seminar "Wie bekomme ich den PC
in den Griff?". Das Seminar wird wie geplant am

             20.02.88 und 21.02.88

in Frankfurt stattfinden.

Mit freundlichen Grüßen
```

Herrn
Peter Jäger
Windmühlenweg 1

4000 Düsseldorf 1

                                      3. Februar 1988

Seminar in Frankfurt

Sehr geehrter Herr Jäger,

vielen Dank für die Anmeldung zum Seminar "Wie bekomme ich den PC
in den Griff?". Das Seminar wird wie geplant am

            20.02.88 und 21.02.88

in Frankfurt stattfinden.

Mit freundlichen Grüßen

Herrn
Fritz Muliar
Am Tanzbrunnen 78

4220 Dinslaken

                                      3. Februar 1988

Seminar in Frankfurt

Sehr geehrter Herr Muliar,

vielen Dank für die Anmeldung zum Seminar "Wie bekomme ich den PC
in den Griff?". Das Seminar wird wie geplant am

            20.02.88 und 21.02.88

in Frankfurt stattfinden.

Mit freundlichen Grüßen

```
Frau
Uschi Schutz
Auf der Weide 6

6700 Ludwigshafen

                                        3. Februar 1988


Seminar in Frankfurt


Sehr geehrte Frau Schutz,

vielen Dank für die Anmeldung zum Seminar "Wie bekomme ich den PC
in den Griff?". Das Seminar wird wie geplant am

            20.02.88 und 21.02.88

in Frankfurt stattfinden.

Mit freundlichen Grüßen
```

Bild 7-8: Serienbriefe

Generell gilt folgender Ablauf für den Ausdruck von Serienbriefen:

Reihenfolge der Bearbeitung	Tastenfolge
1. Serientextdatei laden	<ESC> <Ü> <L>......<RETURN>
2. Wahl des Befehls DRUCK	<ESC> <D>
3. SERIENBRIEF DRUCKER wählen	<S> <D>

Interessant ist, welche Meldungen nach Auslösung des Druckvorganges in der Meldungszeile auf dem Bildschirm erscheinen können.

Nach Einleitung des Druckens erscheinen abwechselnd folgende Hinweise auf dem Bildschirm:

Die Funktion SERIENBRIEF läuft....!
Ich formatiere die Seite ..
Treten während des Druckvorganges Fehler auf, dann erscheinen entsprechende Fehlermeldungen. Beispiele sind:

Fehlermeldung	Fehlerursache
Der eingegebene Dateiname ist ungültig	Der Name der Steuerdatei wurde falsch geschrieben oder der zugehörige Suchweg stimmt nicht
Unbekannte Kennung	Kennung im Serientext ist im Steuersatz der Steuerdatei nicht enthalten

7.3 Erzeugen eines Serienbriefes unter Übernahme von Datensätzen aus anderen Programmen

In der Praxis werden die für einen Serienbrief benötigten Daten häufig bereits von anderen Programmen verwaltet (z. B. die Adreßdaten mit einem speziellen Datenverwaltungsprogramm). Um unnötigen Erfassungsaufwand zu vermeiden, können in einer Steuerdatei deshalb auch Daten aus anderen Anwendungsprogrammen (etwa aus den bekannten Datenbanksystemen DBASE oder RBASE) übernommen werden.

Grundsätzlich lassen sich in WORD alle Datensätze übernehmen, die im ASCII-Format gespeichert sind (ASCII = American Standard Code for Information Interchange). Ergänzend ist lediglich notwendig, daß jeder Datensatz durch ein Wagenrücklaufzeichen abgeschlossen wurde sowie zwischen den einzelnen Kennungen eine Trennung durch ein Semikolon oder ein TAB-Zeichen vorgenommen wurde.

Folgende Teilschritte sind dann im einzelnen erforderlich, um Datensätze aus einem anderen Programm übernehmen zu können:

a)   Speichern Sie die zu übergebende Datei im Ausgangsprogramm als ASCII-Datei ab.

b)   Laden Sie die Datei im Textprogramm mit dem Befehl ÜBERTRAGEN LADEN, und fügen Sie am Anfang den für eine Steuerdatei notwendigen Steuersatz ein.

c)   Speichern Sie die Datei als normale Textdatei ab.

Neben der Möglichkeit, ASCII-Dateien zu übernehmen, kann auch eine Direktübernahme aus verschiedenen Programmen durchführbar sein. So lassen sich z. B. Dateien aus dem bekannten Datenbanksystem dBASE direkt übernehmen. Angenommen, Sie haben auf Ihrer Festplatte im Laufwerk C im Unterverzeichnis "DBASE" eine Adreßdatei mit dem Dateinamen "Adressen.DBF" gespeichert. Um diese Datei in WORD zu übernehmen, müssen Sie wie folgt vorgehen:

a)   Wahl des Befehls ÜBERTRAGEN LADEN: <ESC> <Ü> <L>

b)   Eingabe von Suchweg und Dateiname: C:\DBASE\Adressen.DBF

c)   Ausführung des Befehls: <RETURN>

Bei der Übernahme werden die nicht genutzten Stellen eines Datenfeldes automatisch mit Leerzeichen aufgefüllt. Pro Zeile sind auf diese Art und Weise max. 255 Zeichen übernehmbar.

Musteraufgabe 7-2:   Serienbriefaktion mit bedingter Texteinfügung

Das Schulungsinstitut im vorhergehenden Beispiel (Aufgabe 7-1) möchte den Anwendungsbereich der Serienbriefschreibung erweitern und flexibler gestalten. So soll eine Dateiverwaltung stattfinden, die zu den einzelnen Teilnehmern auch das belegte Seminar und den Seminartermin verwaltet. Außerdem soll den Teilnehmern - je nach Seminarort - eine genauere Information zum Ort bzw. dem Hotel eingefügt werden.

Seminare führt das Institut grundsätzlich in Frankfurt, Gießen und Wetzlar in einem bestimmten Hotel durch. In Abhängigkeit vom Seminarort soll den Teilnehmern mit dem Serienbrief eine gezielte Information zugehen. Im einzelnen sollen jeweils folgende Texteinschübe erfolgen:

1)   Seminarort Frankfurt: Sofern Sie mit dem Auto anreisen, erreichen Sie das Hotel Mövenberger direkt über die Autobahnausfahrt Flughafen (danach finden Sie eine entsprechende Ausschilderung). Bei Anreise mit dem Flugzeug können Sie den kostenlosen Transfer vom Flughafen zum Hotel nutzen. Auf Wunsch lassen wir gern ein Zimmer für Sie reservieren.

2)   Seminarort Gießen: Als Anlage erhalten Sie einen Prospekt zum Seminarhotel. Diesem können Sie sinnvolle Anfahrtsmöglichkeiten entnehmen. Bitte nehmen Sie die Zimmerreservierung - falls erwünscht - selbst beim Hotel vor.

3)   Seminarort Wetzlar: Als Anlage erhalten Sie einen Prospekt zum Seminarhotel. Diesem können Sie sinnvolle Anfahrtsmöglichkeiten entnehmen. Auf Wunsch lassen wir gern ein Zimmer für Sie reservieren.

Das Standardschreiben soll nun folgendes allgemeines Aussehen haben:

- Anschrift -

                                                                - Datum -

- Seminar in *Stadt*

- Anrede -

vielen Dank für die Anmeldung zum Seminar xxxxxxxxxxxxxxxx. Das Seminar wird wie geplant am

                          xxxxxxxxxxxxxxx

in *Seminarort* stattfinden.

Zusatzinformation in Abhängigkeit vom Seminarort

Wir wünschen Ihnen eine gute Anreise und einen angenehmen Seminarverlauf.

Mit freundlichen Grüßen"

a)   Erstellen Sie den Grundtext zur Organisation der Serienbriefschreibung (Dateiname "Text71.Txt")

b)   Erfassen Sie anschließend die zugehörige Steuerdatei (Dateiname "Anmelde.Txt"). Sie soll beispielhaft drei verschiedene Teilnehmer enthalten, die an drei verschiedenen Seminaren mit jeweils drei verschiedenen Seminarorten teilnehmen:

Herrn;Axel Holzschuh;Lindenstr. 7;5000;Köln 41;Gießen;er Herr
Holzschuh;PC für Manager;12.03.88 und 13.03.88;Gießen
Frau;Tina Hasenklee;Traumallee 20;4220;Dinslaken 1;Frankfurt;e Frau
Hasenklee;PC-Einsatz im Sekretariat;22.03.88 und 23.03.88;Frankfurt
Herrn;Theodor Hasenau;Alexanderstr. 3;4990;Lübbecke 1;Wetzlar;er Herr
Hasenau;PC-Einsatz im Mittelstand;20.03.88;Wetzlar

c)   Erstellen Sie einen Ausdruck der drei Serienbriefe.

7.4 Serienbriefschreibung mit bedingter Texteinfügung

In der Praxis sind auch Anwendungsfälle denkbar, wo in verschiedenen Ausfertigungen eines Serientextes auch verschiedene Textelemente einzusetzen
sind. MS-Word bietet hierzu die Möglichkeit einer bedingten Texteinfügung.
Durch das Einfügen von Sonderanweisungen in den Grundtext kann dann bewirkt werden, daß je nach Inhalt der Steuerdatei unterschiedliche Textelemente
beim Druck eines Serientextes eingefügt werden.

Um das Einfügen eines bestimmten Textabschnittes in einen Serientext in Abhängigkeit von einer bestimmten Bedingung (etwa der Zugehörigkeit zu einem
bestimmten Postleitzahlgebiet, der Nachfrage nach einem bestimmten Artikel
oder ähnlichem) durchführen zu können, werden im Textprogramm WORD
insbesondere folgende Anweisungen zur Verfügung gestellt: «AWENN»,
»SONST» und «EWENN».

Mit der AWENN-Anweisung können Kennfelder nach verschiedenen Kriterien
überprüft werden. Beispiele sind:

a)   «AWENN   Kennung   ="übereinzustimmender   Text"»zu   druckender
      Text«EWENN».

Aus der allgemeinen Formulierung der Anweisung wird ersichtlich, daß hier
die Einfügung eines zu druckenden Textes davon abhängt, ob sich im Steuersatz
ein entsprechender Feldinhalt findet. Wichtig ist, daß bei Eingabe der Anweisung «AWENN» der zugehörige Vergleichstext in Anführungszeichen gesetzt
wird und die Anweisung mit dem Befehl «EWENN» abgeschlossen wird.

b)   «AWENN   Kennung   Rechenoperationszeichen   Zahl»zu   druckender
      Text»EWENN».

Im Unterschied zum Fall a) wird hier die Einfügung von einem Vergleich mit
einer Zahl abhängig gemacht (etwa die Höhe des bisher erzielten Umsatzes mit
einem Kunden oder die Postleitzahl des Adressaten). Dabei kann der Wert, der
im Einfügesatz angegeben ist, kleiner (<), gleich (=) oder größer (>) sein als
der in der Anweisung angegebene Wert.

c)   «AWENN Bedingung»zu druckender Text«SONST»zu druckender Ersatz-
      text«EWENN».

Möglich ist auch - wie diese Anweisung zeigt - das Einfügen eines Textes von Alternativen abhängig zu machen. Wird die Bedingung erfüllt, dann wird der Text vor SONST eingefügt; andernfalls steht der zu druckende Text zwischen SONST und EWENN.

Bei Anwendung der genannten Anweisungen hängt es also von einem Vergleich der Information der Einfügeposition mit einer Konstanten ab, ob ein Textabschnitt eingefügt wird oder nicht, bzw. welcher von einer Anzahl verschiedener möglicher Textabschnitte eingefügt wird.

Zur Lösung der Musteraufgabe 7-2 sind somit folgende Teilschritte notwendig:

a)   Erfassen des Grundtextes
Geben Sie zunächst den Hinweis für die Steuerdatei ein: «Steuerdatei Anmelde.Txt». Danach kann die Eingabe des Grundtextes erfolgen; dieser muß folgendes Aussehen haben:

«Steuerdatei Anmelde.Txt»
«Geschlecht»
«Name»
«Strasse»

«PLZ» «ORT»

01.03.1988

Seminar in «Stadt»

Sehr geehrt«Anrede»,
vielen Dank für die Anmeldung zum Seminar "«Seminarbezeichnung»".
Das Seminar wird wie geplant am

«Seminartermin»

in «Seminarort» stattfinden.
«AWENN Seminarort="Frankfurt"»Sofern Sie mit dem Auto anreisen, erreichen Sie das Hotel Mövenberger direkt über die Autobahnausfahrt Flughafen (danach finden Sie eine entsprechende Ausschilderung). Bei Anreise mit dem Flugzeug können Sie den kostenlosen Transfer vom Flughafen zum Hotel nutzen. Auf Wunsch lassen wir gern ein Zimmer für Sie reservieren.«EWENN»«AWENN Seminarort="Gießen"»Als Anlage erhalten Sie einen Prospekt zum Seminarhotel. Diesem können Sie sinnvolle Anfahrtsmöglichkeiten entnehmen. Bitte nehmen Sie die Zimmerreservierung - falls erwünscht - selbst beim Hotel vor.«EWENN»«AWENN Seminarort="Wetzlar"» Als Anlage erhalten Sie einen Prospekt zum Seminarhotel. Diesem können Sie sinnvolle Anfahrtsmöglichkeiten entnehmen. Auf Wunsch lassen wir gern ein Zimmer für Sie reservieren.«EWENN»

Wir wünschen Ihnen eine gute Anreise und einen angenehmen Seminarverlauf.

Mit freundlichen Grüßen

Speichern des Grundtextes mit dem Befehl ÜBERTRAGEN SPEICHERN unter dem Dateinamen "Text71.Txt".

b)   Anlegen der Steuerdatei

Zu Beginn ist auch hier zunächst der Steuersatz einzugeben. Zu diesem Zweck müssen Sie sämtliche Namen, die im Grundtext mit Variablen belegt sind, in der Reihenfolge der Felder der Einfügesätze angeben. Beispiel: Geschlecht; Name, Strasse etc.

Anschließend kann die Eingabe der verschiedenen Einfügesätze erfolgen. Die Steuerdatei für das Anwendungsbeispiel kann dann folgendes Aussehen haben:

```
Geschlecht;Name;Strasse;PLZ;ORT;Stadt;Anrede;Seminarbezeichnung;
Seminartermin;Seminarort
Herrn;Axel Holzschuh;Lindenstr. 7;5000;Köln 41;Gießen;er Herr
Holzschuh;PC für Manager;12.03.88 und 13.03.88;Gießen
Frau;Tina Hasenklee;Traumallee 20;4220;Dinslaken 1;Frankfurt;e
Frau Hasenklee;PC-Einsatz im Sekretariat;22.03.88 und
23.03.88;Frankfurt
Herrn;Theodor Hasenau;Alexanderstr. 3;4990;Lübbecke 1;Wetzlar;er
Herr Hasenau;PC-Einsatz im Mittelstand;20.03.88;Wetzlar
```

Speichern der Steuerdatei mit dem Befehl ÜBERTRAGEN SPEICHERN unter dem Dateinamen "Anmelde.Txt".

c)   Auslösen des Druckvorganges
-    Laden des Serientextes mit dem Befehl ÜBERTRAGEN LADEN und Eingabe des Dateinamens "Text71.Txt".

-    Aktivieren des Befehls DRUCK SERIENBRIEF DRUCKER.

Nach Beendigung des Druckvorganges ergeben sich in dem vorliegenden Anwendungsbeispiel die folgenden Briefe, wie sie Bild 7-9 zeigt.

```
Herrn
Axel Holzschuh
Lindenstr. 7

5000 Köln 41                                            01.03.1988

Seminar in Gießen

Sehr geehrter Herr Holzschuh,
vielen Dank für die Anmeldung zum Seminar "PC für Manager". Das
Seminar wird wie geplant am

        12.03.88 und 13.03.88

in Gießen stattfinden.
Als Anlage erhalten Sie einen Prospekt zum Seminarhotel. Diesem
können Sie sinnvolle Anfahrtsmöglichkeiten entnehmen. Bitte nehmen
Sie die Zimmerreservierung - falls erwünscht - selbst beim Hotel
vor.

Wir wünschen Ihnen eine gute Anreise und einen angenehmen
Seminarverlauf.

Mit freundlichen Grüßen
```

```
Frau
Tina Hasenklee
Traumallee 20

4220 Dinslaken 1                                        01.03.1988

Seminar in Frankfurt


Sehr geehrte Frau Hasenklee,

vielen Dank für die Anmeldung zum Seminar "PC-Einsatz im
Sekretariat". Das Seminar wird wie geplant am

         22.03.88 und 23.03.88

in Frankfurt stattfinden.

Sofern Sie mit dem Auto anreisen, erreichen Sie das Hotel
Mövenberger direkt über die Autobahnausfahrt Flughafen (danach
finden Sie eine entsprechende Ausschilderung). Bei Anreise mit dem
Flugzeug können Sie den kostenlosen Transfer vom Flughafen zum
Hotel nutzen. Auf Wunsch lassen wir gern ein Zimmer für Sie
reservieren.

Wir wünschen Ihnen eine gute Anreise und einen angenehmen
Seminarverlauf.

Mit freundlichen Grüßen




Herrn
Theodor Hasenau
Alexanderstr. 3

4990 Lübbecke 1
                                                       01.03.1988

Seminar in Wetzlar

Sehr geehrter Herr Hasenau,

vielen Dank für die Anmeldung zum Seminar "PC-Einsatz im
Mittelstand". Das Seminar wird wie geplant am

         20.03.88

in Wetzlar stattfinden.

 Als Anlage erhalten Sie einen Prospekt zum Seminarhotel. Diesem
können Sie sinnvolle Anfahrtsmöglichkeiten entnehmen. Auf Wunsch
lassen wir gern ein Zimmer für Sie reservieren.

Wir wünschen Ihnen eine gute Anreise und einen angenehmen
Seminarverlauf.

Mit freundlichen Grüßen
```

Bild 7-9: Serienbriefe nach bedingter Texteinfügung

Musteraufgabe 7-3:   Selektierter Druck von Serientexten

a) Führen Sie die Serienbriefschreibung für den Serientext mit dem Datei-
    namen "Text70" erneut durch. Allerdings sollen aus der Steuerdatei, die
    fünf Datensätze enthält, nur der erste und der dritte Datensatz berücksich-
    tigt werden.

b) Im folgenden sollen Sie nun eine Auswahl dahingehend vornehmen, daß
    nur diejenigen von der Serienbriefaktion erfaßt werden, die im
    Postleitzahlgebiet mit der Postleitzahl 5000 oder größer wohnen. Gehen
    Sie dabei wie folgt vor:

    - Laden Sie erneut die Datei "Text70";

    - Fügen Sie die notwendige Sonderanweisung am Textanfang ein;

    - Prüfen Sie die Serienbriefkombination mit einer Testdatei;

    - Speichern Sie die Testdatei unter dem Dateinamen "Test2".

7.5 Selektieren in Steuerdateien

Sofern keine besonderen Angaben vorgenommen werden, erfolgt bei Ausführung des Befehls DRUCK SERIENBRIEF DRUCKER eine Ausgabe von Serientexten für sämtliche Einfügesätze, die in der angesprochenen Steuerdatei
enthalten sind. Im Textverarbeitungsprogramm WORD besteht darüber hinaus
jedoch auch die Möglichkeit, eine gezielte Selektion aus der vorhandenen Steuerdatei vorzunehmen und nur einen Teil der Einfügesätze beim Serienbriefdruck anzusprechen.

Für das Selektieren stehen zwei Möglichkeiten zur Verfügung:

a) Selektierter Druck nach Datensatznummern;

b) Auswahl von Einfügesätzen nach inhaltlichen Kriterien.

zu a) Selektierter Druck nach Datensatznummern
Grundsätzlich werden die Serientexte entsprechend der Reihenfolge der Einfügesätze ausgegeben. Da intern jeder Einfügesatz mit einer Satznummer verwaltet wird, können Sie danach eine gezielte Auswahl vornehmen. Dazu ist nach
Laden der Datei "Text70" der Befehl DRUCK SERIENBRIEF OPTIONEN zu
wählen und hier die gewünschte Angabe vorzunehmen.

Nach Wahl des Befehls ergibt sich folgende Bildschirmdarstellung.

```
=[·········1········2·······3········4········5········6·····] 20:39:07
 «Steuerdatei Teiln.Txt»
 «Geschlecht»
 «Name»
 «Strasse»

 «PLZ» «Ort»



                                        3. Februar 1988


 Seminar in Frankfurt


 Sehr geehrt«Anrede»,

 vielen Dank für die Anmeldung zum Seminar "Wie bekomme ich den PC
 in den Griff?". Das Seminar wird wie geplant am
                                                     =TEXT70.TXT=

DRUCK SERIENBRIEF OPTIONEN Umfang: Alles Datensatz      Datensatznummern:

Wählen Sie bitte eine Option!
Se1 Sp1              ()                              Microsoft Word
```

Bild 7-10: Selektion von Einfügesätzen

Um Musteraufgabe 7-3 zu lösen, müssen Sie zunächst im Feld "Umfang:" die
Option "Datensatz" wählen und dann im Feld "Datensatznummern:" die Nummern 1 und 3 angeben. Nach Ausführung des Befehls mit der Taste
<RETURN> müssen Sie nur noch den Befehl DRUCKER auslösen.

Einen Überblick über die Vorgehensweise gibt folgende Zusammenstellung:

Reihenfolge der Bearbeitung	Tastenfolge
1. Laden der Serientextdatei	<ESC> <Ü> <L>…….
2. Wahl des Befehls DRUCK SERIENBRIEF	<ESC> <D> <S>
3. Unterbefehl OPTIONEN wählen	<O>
4. Option "Datensatz" wählen	<D>
5. Nummer/Nummern der Sätze angeben	<TAB> 1;3
6. Befehl ausführen	<RETURN>
7. Druckbefehl auslösen	<RETURN>

Im 5. Teilschritt sind die Nummern der Einfügesätze anzugeben, für die ein Serientext gedruckt werden soll. Sofern es sich um Einzelnummern (wie im Beispiel) handelt, sind diese durch ein Semikolon zu trennen. Bei zusammenhängenden Bereichen sind diese durch einen Bindestrich abzugrenzen (z. B. 10 - 20 für die Angabe der Datensätze von 10 bis 20).

zu b) Auswahl von Einfügesätzen nach inhaltlichen Kriterien
Sollen Einfügesätze der Steuerdatei aufgrund inhaltlicher Kriterien ausgewählt werden, so müssen Sie die Sonderanweisung ÜBERSPRINGEN anwenden. Diese Anweisung bewirkt, daß die gegenwärtigen Einfügesätze, die der Bedingung nicht entsprechen, ausgelassen werden. Sie werden übersprungen, und das Programm fährt bei dem Datensatz fort, der der spezifizierten Bedingung entspricht.

Um die Teilaufgabe b) lösen zu können, müssen Sie eine Sonderanweisung in den Serienbrieftext einfügen. Diese ist in Kombination mit der AWENN-Funktion aufzubauen und im Serientext an der entsprechenden Stelle einzugeben.

Laden Sie deshalb bitte erneut die Datei "Text70" und fügen Sie nach der Zeile, die PLZ und Ort enthält, folgende Anweisung ein:

"«AWENN PLZ<5000»«ÜBERSPRINGEN»«EWENN»"

Beim Ausdruck wird damit bewirkt, daß das Programm die Einfügesätze unberücksichtigt läßt, deren Kennung im Feld PLZ kleiner als 5000 ist. Demgegenüber werden alle Einfügesätze, die größer oder gleich 5000 sind, in diese Version des Serientextes eingefügt. Im Beispielfall müßte das Ergebnis in der Testdatei die Anzeige von drei Briefen sein (an die Personen Käfer, Fuchs und Schutz).

Musteraufgabe 7-4:   Druck von Adreßaufklebern

a)   Erstellen Sie einen Serientext mit dem Dateinamen "Text72", der lediglich Kennungen in der vorliegenden Form enthält:

«Steuerdatei Adresse.Txt»«Geschlecht»
«Name»
«Strasse»

«PLZ» «Ort»

Als Steuerdatei ist zu Beginn der Dateiname "Adresse.TXT" anzugeben.
Hinweis: Berücksichtigen Sie bei der Festlegung der Formate den verfügbaren Drucker.

b)   Erstellen Sie eine Steuerdatei mit dem Dateinamen "Adresse.Txt" für den Adressendruck mit der Angabe folgender Adressen:

Geschlecht;Name;Strasse;PLZ;Ort
Herrn;Willi Malinowski; An der Salzach 6; 4220; Dinslaken
Herrn;Hans Haller; Flurstr. 9; 4000; Düsseldorf 1
Frau;Martha Randolph; Keimweg 9; 5000; Köln 90
Frau;Renate Salzmann; Sülzgürtel 1; 5000; Köln 41
Herrn;Klaus Marquardt; Enzoweg 4; 4990; Lübbecke 1
Herrn;Siggi Macho; Karlsgasse 9; 6700; Ludwigshafen
Frau;Marita Klein; Helfersweg 3; 6700; Ludwigshafen

c)   Erweitern Sie die Anwendung dahingehend, daß die Steuerdatei auch eine unterschiedliche Zeilenanzahl berücksichtigen kann. Dies ist etwa notwendig bei Angabe von Sendungsarten/Versendungsformen sowie für Firmenanschriften, so daß sich folgender allgemeiner Aufbau für die Adresse ergibt:

Art (Versendungsform/Sendungsart)
.
Branche
Firma
Name
Strasse
.
PLZ Ort

d)   Speichern Sie die Datei unter dem Dateinamen "Text73". Geben Sie der Steuerdatei den Namen "Adress2.Txt".

e)   Erfassen Sie in der Steuerdatei "Adresse.Txt" zusätzlich folgende Anschriften und speichern Sie die Datei dann unter dem Dateinamen "Adress2.Txt":

Einschreiben;Möbelfabrik;Karl Eberle & Co.;z. H. Herrn
Stork;Sackgasse 4;6238;Hofheim
Eilzustellung;;Herrn Architekt;Karl Weber;Am Tor 6;4200;Oberhausen
;Druckerei und Verlag;Fritz Everding KG;z. H. Herrn
Müller;Ziegenweg 9;4220;Dinslaken

7.6 Drucken von Adreßaufklebern

Nicht selten besteht in der Praxis der Wunsch, das Textprogramm auch für den Druck von Adreßetiketten zu nutzen. Dies können Sie mit dem Textprogramm WORD über die Serienbrief-Funktion realisieren.

Ebenso wie bei der Erstellung eines normalen Serienbriefes müssen Sie für das Drucken von Adreßaufklebern zwei Dateien erstellen:

-   eine Datei, in der die Kennungen der Adressen sowie die für den Druck erforderlichen Rand- und Bereichsformate angegeben werden;

-   eine Steuerdatei, die die variablen Adreßdaten enthält.

Im Detail hängt die Vorgehensweise dann davon ab, über welchen Drucker Sie verfügen. Im folgenden Beispiel soll unterstellt werden, daß der Etikettendruck auf Endlospapier erfolgen soll, wobei ein einspaltiger Druck vorgesehen ist.

Um den Druck von Adreßetiketten zu realisieren, müssen Sie nun zunächst die Serientext-Datei erstellen. Dabei ist im einzelnen folgendes zu beachten:

- Geben Sie am Anfang den Namen der Steuerdatei ein; im Beispiel ist folgende Eingabe notwendig: «Steuerdatei Adresse.Txt»

- Erfassen Sie anschließend die Kennungen für die Einfügesätze. Dabei sollten Sie sicherstellen, daß die erste Kennung direkt nach der Anweisung für die Steuerdatei eingegeben wird. So können Sie verhindern, daß immer wieder eine Leerzeile vor dem Druck eines Etiketts vorgenommen wird. Im einzelnen sollte die Datei folgende Aussehen haben:

«Steuerdatei Adresse.Txt»«Geschlecht»
«Name»
«Strasse»

«PLZ» «Ort»

- Formatieren Sie die so erstellte Datei mit dem Befehl FORMAT BEREICH SEITENRAND in der Weise, daß die Seite der Größe eines Etiketts entspricht. Angenommen die Höhe des Etiketts beträgt 4,5 cm, so müssen Sie diese Eingabe im Befehlsfeld "Seitenlänge:" vornehmen. Mit Ausnahme des linken Randes sollten Sie außerdem alle Ränder auf 0 einstellen.

- Speichern Sie die Datei abschließend unter dem Dateinamen "Text72".

Nun können Sie den Bildschirm löschen und die Steuerdatei einrichten. Zu Beginn sind folgende Eingaben notwendig:

Geschlecht;Name;Strasse;PLZ;Ort
Herrn;Willi Malinowski; An der Salzach 6; 4220; Dinslaken
Herrn;Hans Haller; Flurstr. 9; 4000; Düsseldorf 1
Frau;Martha Randolph; Keimweg 9; 5000; Köln 90
Frau;Renate Salzmann; Sülzgürtel 1; 5000; Köln 41
Herrn;Klaus Marquardt; Enzoweg 4; 4990; Lübbecke 1
Herrn;Siggi Macho; Karlsgasse 9; 6700; Ludwigshafen
Frau;Marita Klein; Helfersweg 3; 6700; Ludwigshafen

Nachdem Sie sämtliche Adressen erfaßt haben, können Sie diese Datei unter dem Dateinamen "Adresse" speichern. Für den Ausdruck der Adreßetiketten ist dann die Befehlsfolge DRUCK SERIENBRIEF DRUCKER zu wählen. Ergebnis ist ein Ausdruck der Etiketten in einspaltiger Anordnung.

Ein besonderes Problem besteht bei dem Drucken von Adreßaufklebern darin, daß die Anzahl der Adreßzeilen unterschiedlich sein kann. Dies gilt etwa für den Fall, ob Privatkunden oder Firmenkunden angeschrieben werden. Um im Vergleich zu dem bisherigen Beispiel eine weitere Zeile hinzufügen zu können, muß die Organisation der Serientextdatei geändert werden.

So muß in bestimmten Fällen aufgrund von Normregeln sicherstellt werden, daß keine Leerzeile gedruckt wird, wenn in dem zusätzlichen Kennfeld (z. B. Branche) kein Textelement enthalten ist. Um das Problem zu lösen, müssen Sie in der Serientextdatei überall dort eine AWENN-Anweisung einfügen, so daß nur bei Bedarf eine zusätzliche Adreßzeile eingefügt wird. Die Steuerdatei muß dann für den Beispielfall wie folgt aufgebaut sein:

«Steuerdatei Adress2.Txt»«Art»

«AWENN Branche»«Branche»
«EWENN
«Firma»
«Name»
«Strasse»

«PLZ» «Ort»

Durch die AWENN-Anweisung wird überprüft, ob für die Kennung «Branche» ein variables Textelement vorhanden ist. Indem Sie bei EWENN statt des schließenden Steuerzeichens » eine Absatzmarke eingeben, können Sie die Anzahl der Leerzeilen beeinflussen. Durch die Absatzschaltung wird bewirkt, daß die nächste Zeile so behandelt wird, als ob sie sich auf derselben Zeile befände wie das schließende Steuerzeichen. Gespeichert werden soll die Datei unter dem Namen "Text73.Txt".

Beim Aufbau der Steuerdatei muß das Fehlen einer Variablen durch das zusätzliche Setzen eines Semikolons berücksichtigt werden. Im einzelnen ergibt sich folgende Datei, die unter dem Namen "Adress2.Txt" zu speichern ist:

Art;Branche;Firma;Name;Strasse;PLZ;Ort
Einschreiben;Möbelfabrik;Karl Eberle & Co.;z. H. Herrn
Stork;Sackgasse 4;6238;Hofheim
Eilzustellung;;Herrn Architekt;Karl Weber;Am Tor 6;4200;Oberhausen
;Druckerei und Verlag;Fritz Everding KG;z. H. Herrn
Müller;Ziegenweg 9;4220;Dinslaken

Lösen Sie abschließend den Befehl DRUCK SERIENBRIEF DRUCKER aus."

Musteraufgabe 7-5:   Formularbearbeitung mit Serienbriefschreibung

a)   Erstellen Sie folgendes Formular für die Personalbewirtschaftung, und
     speichern Sie dies unter dem Dateinamen "Text74":

«Steuerdatei Personal.Txt»
Personalbogen

Naülme: «Name»   Vorname: «Vorname»

Wohnort: «Ort»   Strasse: «Strasse»

Geburtsdatum: «geb»   Telefon (privat): «Tel»

Abteilung: «Abteilung»   Position: «Position»

Eintrittsdatum: «Eintritt»

b)   Erstellen Sie eine Steuerdatei mit dem Namen "Personal.Txt" für die fol-
     genden drei Daten, und erzeugen Sie die drei verschiedenen Formulare
     mittels der Serienbrieffunktion.

Name;Vorname;Ort;Strasse;geb;Tel;Abteilung;Position;Eintritt
Meiler;Karl;Köln;Bachemer
Str. 24;20.05.51;0221/7904;Marketing;Abteilungsleiter;01.07.86
Summa;Lisa;Düsseldorf;Bachstr.
4;22.06.61;0211/52120;Schulung;Sekretärin;01.07.87
Welzel;Harro;Dinslaken;Flurstr. 6;23.05.57;02134/6666;Marketing;
Sachbearbeiter;01.04.88

7.7 Kombination von Serienbriefschreibung und Formularbearbeitung

In Kapitel 5 wurde bereits auf das Arbeiten mit Formularen eingegangen. Word
bietet die Möglichkeit, dies auch in Verbindung mit Serienbriefen zu nutzen. So
können z. B. die Adreßdaten einer Steuerdatei in ein vorhandenes Formular
automatisch eingespielt werden. Für das Ausfüllen des Formulars wird dann
der Befehl DRUCK SERIENBRIEF DRUCKER verwendet.

Wichtig ist, daß bei dem Erstellen von Formularen die Stellen, an denen Textelemente eingefügt werden sollen, mit den typischen Serienbriefkennungen «
und » versehen werden.

Das Erstellen von Formularen, die später mit der Serienbrieffunktion ausgefüllt
werden sollen, erfolgt in ähnlicher Form, wie dies im Abschnitt 5.5 "Formularbearbeitung" dieses Buches erläutert wurde. Zwei Besonderheiten sind
allerdings zu beachten:

1.   Am Anfang des Formulartextes müssen Sie den Namen der Steuerdatei an-
     geben, die die Daten enthält, die in das Formular "eingespielt" werden
     sollen. Im Beispiel ist die Steuerdatei "Personal.Txt" anzugeben.

2.   Bei der Angabe der Steuerzeichen « sind sowohl öffnende als auch
     schließende Steuerzeichen » einzugeben.

Speichern Sie die so erstellte Datei unter dem Dateinamen "Text74", und löschen Sie anschließend den Bildschirm. Nun können Sie die folgende Steuerdatei eingeben:

> Name;Vorname;Ort;Strasse;geb;Tel;Abteilung;Position;Eintritt
> Meiler;Karl;Köln;Bachemer
> Str. 24;20.05.51;0221/7904;Marketing;Abteilungsleiter;01.07.86
> Summa;Lisa;Düsseldorf;Bachstr.
> 4;22.06.61;0211/52120;Schulung;Sekretärin;01.07.87
> Welzel;Harro;Dinslaken;Flurstr. 6;23.05.57;02134/6666;Marketing;
> Sachbearbeiter;01.04.88

Nachdem Sie die Datei unter dem Dateinamen "Personal.Txt" gespeichert haben, können Sie den Serientext "Text74" laden und dann den Befehl DRUCK
SERIENBRIEF DRUCKER auslösen.

7.8 Zusammenfassung

o   Mit der Funktion "Serienbriefschreibung" kann eine erhebliche Zeiter-
    sparnis erreicht werden, wenn Texte für mehrere Adressaten gleichzeitig
    erzeugt werden müssen.

o   Grundvoraussetzung zur Serienbriefschreibung ist die Formulierung und
    Erfassung eines gleichbleibenden Grundtextes. Darüber hinaus müssen die
    Variablen festgelegt werden, die in Form einer gesonderten Datei Eingang
    finden. Im Rahmen des Druckvorganges findet dann die Mischung von
    Grundtext und Variablen statt (sog. Merging-Funktion).

o   Beim Erfassen des Grundtextes müssen Anfang und Ende der Einfügepo-
    sitionen durch die Zeichen "«" und "»" gekennzeichnet werden. Erzeugt
    werden die Zeichen durch Betätigen der Tasten <Ctrl>+<A> ("A" für
    Anfang der Einfügeposition) bzw. der Tasten <Ctrl>+<S> ("S" für
    Schluß der Einfügeposition).

o   Am Anfang der Steuerdatei muß der sog. Steuersatz stehen, der die Ken-
    nungen aller Einfügepositionen in der richtigen Reihenfolge enthält. Da-
    nach folgen die eigentlichen Einfügesätze.

o   Das Auslösen des Druckvorganges erfolgt über den Befehl DRUCK SE-
    RIENBRIEF DRUCKER. Voraussetzung hierfür ist, daß sich der Grund-
    text im Hauptspeicher befindet.

o   Der Befehl DRUCK SERIENBRIEF TEST-DATEI ermöglicht vor dem
    endgültigen Druck eine Kontrolle am Bildschirm darüber, ob die Kombi-
    nation von Serientext und Steuerdatei exakt vorgenommen worden ist.

o   Für Anwendungsfälle, in denen verschiedene Ausfertigungen eines Serientextes auch verschiedene Textelemente enthalten sollen, kann die
    Möglichkeit der bedingten Texteinfügung genutzt werden. Die wichtigsten
    vom Textprogramm zur Verfügung gestellten Anweisungen sind
    «AWENN», «SONST» und «EWENN».

o   Über den Befehl DRUCK SERIENBRIEF OPTIONEN kann gezielt ausgewählt werden, welche Einfügesätze der Steuerdatei beim Ausdruck berücksichtigt werden sollen.

7.9 Übungsaufgaben

Übungsaufgabe 7-1:   Erstellen und Auslösen eines einfachen Serienbriefes

Der Verkaufsleiter einer Großhandelsunternehmung für Obst und Gemüse
möchte seinen Kunden ein Sonderangebot über die Lieferung hochwertiger
Orangen unterbreiten. Zu diesem Zweck soll an ausgewählte Kunden ein Brief
verschickt werden, der folgenden Grundaufbau hat:

«Firmenname»
«Ansprechpartner»
«Strasse»

«PLZ» «Ort»

01.06.1988

Sonderangebot über Orangen

Sehr geehrt«Anrede»,

es ist uns gelungen, einen großen Posten hochwertiger Orangen
einzukaufen. Der günstige Preis von

3000,00 DM

je Tonne dürfte auch für Ihre Unternehmung, der «Firmenname»,
interessant sein. Bei Abnahme von mehr als 5 Tonnen erhalten Sie
außerdem 3 % Mengenrabatt.

Bestellen Sie deshalb rasch.

Mit freundlichen Grüßen

Franzen

a)   Erfassen Sie den Serientext und speichern Sie diesen unter dem Namen
     "UEBUNG70.TXT" ab.

b)   Erstellen Sie eine Steuerdatei mit dem Dateinamen "Kunden.TXT" für den
      Fall, daß folgende Kunden angeschrieben werden sollen:

Franz Müller & Co.	Wilhelm Brause GmbH & Co KG
z. H. Herrn Schmitz	z. H. Herrn Wilhelm Brause
Wacholderweg 7	Universitätsstr. 45
5000 Köln 41	5000 Köln 41
Fructus GmbH	Chemica AG
z. H. Herrn Walter Meier	z. H. Frau Ursula Drews
Kastanienallee 4	Trottelgasse 15
4220 Dinslaken 1	4000 Düsseldorf 1

c)   Erstellen Sie einen fehlerfreien Ausdruck der vier Briefe.

Übungsaufgabe 7-2:   Erstellen eines Serienbriefes mit bedingter Texteinfü-
                        gung und Selektion in Steuerdateien

a)   Das Anwendungsbeispiel aus Übungsaufgabe 7-1 soll insofern erweitert
      werden, daß nach Angabe der Rabattbedingungen zusätzlich Hinweise zu
      den anfallenden Transportkosten in Abhängigkeit von dem Postleitzahlge-
      biet gemacht werden. Da sich der Kundenkreis auf die Postleitzahlgebiete
      5 und 4 beschränkt, soll folgende Regelung gelten:

      - Alle Firmen aus dem Postleitzahlgebiet 5 sollen zusätzlich folgenden
      Text bekommen:

"Als weiteren Service bieten wir Ihnen die Lieferung frei Haus an."

      - Allen Firmen aus dem Postleitzahlgebiet 4 sollen zusätzlich folgenden
      Text mitgeteilt bekommen:

"Bezüglich der Transportkosten gilt die Regelung "frei Bahnhof dort"."

b)   Speichern Sie die Datei unter dem Dateinamen "UEBUNG71" und erstel-
      len Sie eine Testdatei für den Ausdruck unter dem Dateinamen
      "UEBUNG72".

c)   Führen Sie einen selektierten Serienbriefdruck für die Datensätze 2 bis 4
      durch.

8 Verbindung zu Tabellenkalkulationsprogrammen und Einfügen von Graphiken

Um das zeitaufwendige Mehrfacherfassen von Informationen zu vermeiden, gewinnt die Integration von erstellten Texten mit anderen Programmen zunehmend an Bedeutung. Im Rahmen der Textverarbeitung sind im einzelnen von Interesse:

- die Übernahme von Tabellen, die mit einem Tabellenkalkulationsprogramm (z. B. Multiplan oder Lotus) erstellt worden sind;

- das Einfügen von gespeicherten Graphiken in einen Text;

- die Übernahme von Adreßdateien, die mit einem Datenbanksystem geführt werden, um z. B. Serienbriefe zu erzeugen.

Einen Überblick über die möglichen Integrationsfelder im Rahmen der Textverarbeitung gibt Bild 8-1.

8.1 Einfügen von Tabellen aus Tabellenkalkulationsprogrammen

Wurden Informationen mit einem Tabellenkalkulationsprogramm (etwa Multiplan) aufbereitet, ist es von Vorteil, wenn diese im Rahmen der Textverarbeitung nicht mehr gesondert erfaßt werden müssen, sondern sich direkt (z. B. für die Erstellung eines Verkaufsberichtes oder eines Angebotes) in den Text übernehmen lassen und dort entsprechend verwendet oder gestaltet werden können.

Möglich ist in MS-Word die Übernahme von Tabellen aus verschiedenen Tabellenkalkulationsprogrammen, z. B. aus Multiplan, Excel, Lotus 1-2-3 und Symphony. Übernommen werden können sowohl gesamte Tabellen als auch genau definierte Tabellenbereiche.

Grundsätzlich lassen sich zwei Varianten des Einfügens von Tabellen in einen Text unterscheiden:

a) Einfaches Einfügen einer Tabelle (ohne Verknüpfung); in diesem Fall soll bei der Erstellung eines Dokumentes lediglich der Erfassungsaufwand reduziert und die Fehlergefahr minimiert werden. Außerdem kann die Tabelle mit dem Textprogramm einfacher und gezielter gestaltet werden (z. B. mittels Auszeichnungen wie Fettdruck und Unterstreichungen).

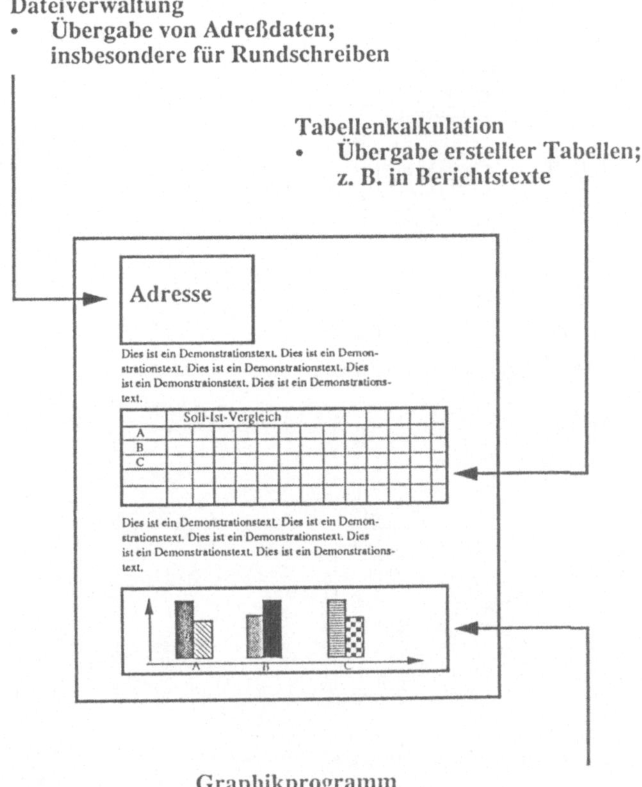

Bild 8-1: Integrationsfelder von Textverarbeitungs-Programmen

b) Einfügen von Tabellen mit Verknüpfung; die eingefügte Kalkulationstabelle kann in diesem Fall nach Wertänderungen im Textprogramm WORD direkt aktualisiert werden. Dies stellt z. B. dann eine große Arbeitserleichterung dar, wenn bestimmte Kalkulationstabellen etwa regelmäßig in einen Monatsbericht übernommen werden sollen.

Einen Überblick über die Varianten des Einfügens von Kalkulationstabellen in Texte gibt Bild 8-2.

Einfügen von "Kalkulationstabellen" in Texte:
Varianten und Vorteile

1) Einfaches Einfügen einer Tabelle (ohne Verknüpfung)

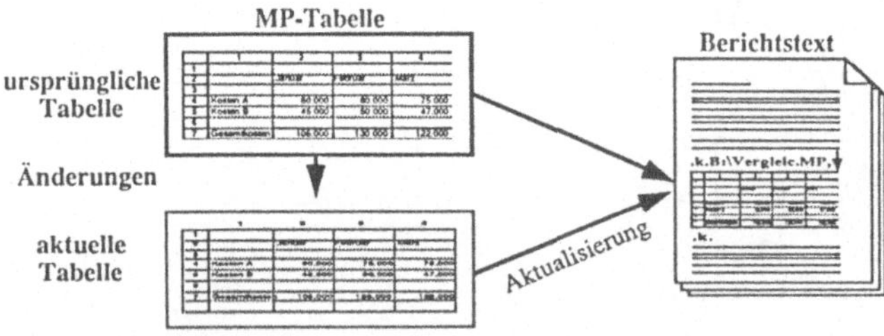

Vorteile:

- umfangreicher Erfassungsaufwand entfällt

- mögliche Erfassungsfehler werden ausgeschlossen

- einfachere und gezieltere Gestaltungsmöglichkeiten
  der Tabelle

2) Einfügen von Tabellen mit Verknüpfung

Vorteil: direkte Übernahme von Veränderungen

Bild 8-2: Einfügen von "Kalkulationstabellen" in Texte

Musteraufgabe 8-1:   Einfaches Einfügen von Tabellen in Texte

Der für das laufende Jahr erstellte Soll-Ist-Vergleich zur Finanzierung soll in einem Text verwendet werden, der an verschiedene Personen verschickt werden soll. Ergebnis soll das im folgenden wiedergegebene Dokument sein, das sich aus Verbindung von Textverarbeitung und Tabellenkalkulation ergibt.

An   : Mitglieder des Vorstandes

Von : Leiter Finanz- und Rechnungswesen

Betr.: Finanzierungsübersicht Soll-Ist-Vergleich für 1987

Auf der Grundlage der festgelegten Planwerte sowie der sich aus den Quartalsabrechnungen ergebenden Ist-Zahlen wurde folgende Vergleichsaufstellung vorgenommen:

Übersicht zur Finanzierung (Soll-Ist-Vergleich 1987)

	Soll	Ist	Ist-Soll
EINNAHMEN			
Forderungen	20000,00	17508,84	-2491,16
Bank/Kasse	10000,00	8113,73	-1886,27
Warenlager	3000,00	4377,22	1377,22
Gesamt	33000,00	29999,79	-3000,21
AUSGABEN			
Verbindlichkeiten	8000,00	10886,47	2886,47
Lagerkosten	500,00	600,00	100,00
Lohn	2000,00	1591,71	-408,29
Material	1000,00	795,86	-204,14
Gesamt	11500,00	13874,04	2374,04
Brutto-Ertrag	21500,00	16125,75	-5374,25
Verwaltungskosten	1300,00	1200,00	-100,00
Steuerpfl. Ertrag	20200,00	14925,75	-5274,25
Steuern (30 %)	6060,00	4477,73	-1582,28
Netto-Ertrag	15440,00	11648,03	-3791,97

Die Aufstellung macht deutlich, daß die festgelegten Planwerte sowohl bei den Einnahmen als auch bei den Ausgaben nicht realisiert werden konnten. So ergibt sich bei den Einnahmen ein Minus von 3.000.210,-- DM, während die Ausgaben entgegen den Erwartungen um 2.374.040,-- DM höher lagen. Sowohl Brutto- als auch Netto-Ertrag weisen negative Zahlen aus.

Hinweise zur Lösung:

a) Zunächst sind verschiedene Vorbereitungen bei der Tabelle zu treffen, um die Übergabe in das Textprogramm zu ermöglichen (die Tabelle sollte auf Ihrer Arbeitsdiskette unter dem Dateinamen "VERGLEIC.MP" gespeichert sein). Nach der Anpassung von Format und Randbegrenzung ist die Tabelle mit dem Dateinamen "SERIE87.TXT" zu sichern.

b) Erfassen sie den Text und speichern Sie diesen unter dem Dateinamen "Text80".

c) Fügen Sie die Multiplan-Tabelle in Ihren Text an der vorgesehenen Stelle ein.

d) Speichern Sie die Datei unter dem Dateinamen "Text81", und erstellen Sie einen fehlerfreien Ausdruck.

8.1.1 Einfaches Einfügen von Tabellen

a) Vorbereitung von Tabellen zur Übergabe an Textprogramme
Voraussetzung für die Übernahme von Tabellen in ein Textprogramm ist, daß diese für die Datenübergabe vorbereitet sind. Zu diesem Zweck bietet Multiplan die Möglichkeit, mit dem Befehl DRUCK PLATTE/DISKETTE zuvor eine spezielle Datei zu erstellen, die inhaltlich exakt das enthält, was sonst auf Papier gedruckt wird.

Im einzelnen empfiehlt sich - nachdem die Tabelle "VERGLEIC.MP" mit dem Befehl ÜBERTRAGEN LADEN in den Hauptspeicher transferiert wurde - für den Beispielfall folgendes Vorgehen:

**Vorbereitung von Multiplan-Tabellen
zur Übergabe in Texte**

I. Generelle Vorgehensweise:

Reihenfolge der Bearbeitung	Tastenfolge
1. Befehl ÜBERTRAGEN OPTIONEN wählen	Ü O
2. Format auswählen	S F
3. Befehl ausführen	⏎
4. Befehl DRUCK RANDBEGRENZUNG wählen	D R
5. Eingaben vornehmen; z. B. Drucklänge	29
6. Befehl ausführen	⏎
7. Befehl DRUCK PLATTE/DISKETTE wählen	P
8. Dateinamen eingeben	Serie87.TXT
9. Befehl ausführen	⏎

II. Wichtige Hinweise:
- Im Teilschritt 2 ist für den Datenaustausch im SYLK-Format die Antwort "Symbolisch" zu wählen; für andere Formate die Antwort "Fremd"
- Bei der Wahl des Dateinamens im Teilschritt 8 ist unbedingt die Dateierweiterung ".TXT" mit einzugeben
- Nach dem 9. Teilschritt können Sie das Programm Multiplan verlassen

Bild 8-3: Vorbereitung von Multiplan-Tabellen zur Übergabe in Texte

Für den Datenaustausch im SYLK-Format ist im 2. Schritt die Anwort "Symbolisch"; für andere Formate "Fremd" zu wählen. Um die Tabelle im Textverarbeitungsprogramm MS-Word verwenden zu können, können Sie die Antwort "Symbolisch" wählen.

Die zu übernehmende Tabelle muß zunächst über den Befehl DRUCK RANDBEGRENZUNG so verändert werden, daß Sie in den definierten Textrahmen übertragen werden kann. Da die Tabelle 25 Zeilen umfaßt, sollte auf folgendes geachtet werden (oben und unten sollen jeweils 2 Leerzeilen gelten): Links:0; Oben:2 und Drucklänge: 29.

Achten Sie außerdem darauf, daß bei DRUCK OPTIONEN sowohl im Befehlsfeld "Formeln:" als auch im Befehlsfeld "Z/S-Nummern:" jeweils die Antwort "Nein" gilt.

Um die Tabelle innerhalb der Textverarbeitung aufrufen und drucken zu können, müssen Sie die entsprechende Datei in Multiplan über den Befehl DRUCK PLATTE/DISKETTE abspeichern. Bei der Wahl des Dateinamens sollten Sie allerdings darauf achten, daß die Datei in Multiplan im Format "Normal" bereits unter einem anderen Namen abgespeichert ist (sofern Sie die Tabelle in Multiplan noch einmal zu Bearbeitungszwecken benötigen). Wichtig ist, daß bei der Speicherung auf Platte/Diskette der Zusatz .TXT für den Dateinamen vergeben wird. Wenn Sie die 9 Teilschritte ausgeführt haben, dann können Sie das Programm Multiplan mit dem Befehl QUITT verlassen.

b) Texterfassung und -speicherung
Nach Abschluß der Vorbereitungsarbeiten im Tabellenkalkulationsprogramm können Sie das Textprogramm aufrufen und direkt mit der Erfassung des vorgegebenen Textes beginnen.

Haben Sie den Text vollständig erfaßt, können Sie mit dem Befehl ÜBERTRAGEN SPEICHERN die Speicherung unter dem Dateinamen "Text80" vornehmen.

c) Übernahme von vorbereiteten Tabellen in Texte
Für die Übernahme der Multiplan-Tabelle müssen Sie zunächst mit dem Cursor die Stelle im Text ansteuern, wo die Tabelle eingefügt werden soll. Um die Tabelle aus dem Zwischenspeicher in den Text übernehmen zu können, muß abschließend der Befehl ÜBERTRAGEN ZUSAMMENFÜHREN ausgelöst werden. Nach Eingabe oder Auswahl des Dateinamens "SERIE87.TXT" erscheint die Tabelle an der festgelegten Einfügeposition, sobald der Befehl mit <RETURN> ausgeführt wird.

Hinweis: Unter Umständen müssen Sie vor Betätigen der Auswahltaste <F1> den Suchpfad eingeben (z. B.: \mp\).

Einen Überblick über die Vorgehensweise zur Übernahme vorbereiteter Multiplan-Tabellen in Texte gibt Ihnen Bild 8-4.

Reihenfolge der Bearbeitung	Tastenfolge
1. Einfügestelle im Text ansteuern	⊙⊙⊙⊙
2. Befehl ÜBERTRAGEN ZUSAMMENFÜHREN wählen	ESC Ü Z
3. Dateinamen eingeben oder auswählen	Serie87.TXT oder ⊙⊙⊙⊙
4. Befehl ausführen	↵

Bild 8-4: Übernahme von Multiplan-Tabellen in Texte

d) Speicherung und Ausgabe der Tabelle
Das Speichern des Dokumentes erfolgt abschließend durch Wahl des Befehls
ÜBERTRAGEN SPEICHERN und Eingabe des Dateinamens "Text81".

Nun können Sie die Druckausgabe mit dem Befehl DRUCK DRUCKER realisieren.

Musteraufgabe 8-2:   Einfügen von Tabellen mit Verknüpfung

Im folgenden Anwendungsbeispiel soll die Übergabe in den Text so organisiert
werden, daß Änderungen in der Ursprungstabelle in der Textverarbeitung automatisch fortgeschrieben werden können.

a)   Laden Sie den in der vorherigen Aufgabe erfaßten und auf Ihrer Arbeits-
     diskette unter dem Dateinamen "Text80.TXT" gespeicherten Text. Orga-
     nisieren Sie nun die Integration der Tabelle mit dem Dateinamen "Ver-
     gleic.MP" in der Form, daß eine Fortschreibung von Tabellenwerten
     möglich ist. Formatieren Sie die Tabellenwerte, und speichern Sie die Da-
     tei unter dem Dateinamen "Text82".

b)   Rufen Sie anschließend die Multiplan-Tabelle im Programm Multiplan auf,
     und ändern Sie folgende Werte:

     - Ist-Forderungen statt 17508,84 nun 18345,88

     - Ist-Lohnzahlungen statt 1591,71 nun 1773,49

     Speichern Sie die geänderte Tabelle unter dem bisherigen Dateinamen ab.

c)   Rufen Sie nun erneut die Datei "Text82.TXT" auf und aktualisieren Sie
     die übernommene Tabelle. Speichern Sie das Ergebnis unter dem Datei-
     namen "Text83".

8.1.2 Einfügen von Tabellen mit Verknüpfung

Ab der Version 4 verfügt WORD über die Möglichkeit, Tabellen aus einem Tabellenkalkulationsprogramm einzufügen und die Übernahme so zu organisieren, daß sich automatisch die Zahlen in einem Text ändern, wenn die Werte der integrierten Tabelle geändert wurden.

a) Einfügen der Tabelle
Zur Lösung der Teilaufgabe a) ist zunächst die Datei "Text80.TXT" mit dem Befehl ÜBERTRAGEN LADEN in den internen Speicher des Computers zu übertragen. Um nun die Integration zu realisieren, müssen Sie anders vorgehen als im zuerst beschriebenen Fall. So muß in diesem Fall nach Ansteuern der Einfügestelle im Text der Befehl BIBLIOHTEK VERKNÜPFEN gewählt werden.

Im einzelnen ist für den Beispielfall nach Laden der Textdatei folgendes Vorgehen notwendig, um das Einfügen zu bewirken:

Reihenfolge der Bearbeitung	Tastenfolge
1. Einfügestelle ansteuern	< Richtungstasten>
2. Befehl BIBLIOTHEK VERKNÜPFEN wählen	<ESC> <B> <K>
3. Dateinamen eingeben oder auswählen	Vergleic.MP
4. Tabellenbereich angeben	<TAB> ....
5. Befehl ausführen	<RETURN>

Beachten Sic außerdem folgende Hinweise zu den beschriebenen Teilschritten des Einfügens über den Befehl BIBLIOTHEK VERKNÜPFEN:

- Im dritten Teilschritt muß ggf. ein Suchpfad eingegeben werden; z. B. c:\MP*.*

- Zur Auswahl eines Dateinamens müssen Sie im dritten Teilschritt die Funktionstaste <F1> betätigen und danach die gewünschte Datei mit den Richtungstasten auswählen.

- Im vierten Teilschritt können Sie den Bereich direkt eingeben oder - falls ein Name vergeben wurde - diesen mit der Funktionstaste <F1> auswählen. Eine Eingabe ist entbehrlich, wenn die gesamte Tabelle übernommen werden soll.

Nach Ausführung des Befehls sucht WORD im aktuellen Laufwerk/Inhaltsverzeichnis nach der angegebenen Kalkulationstabelle (im Beispiel nach der Tabelle "Vergleic.MP"). Während des Suchvorganges erscheint auf dem Bildschirm in der Meldungszeile der Hinweis "Ich füge Daten ein". Ist die Übernahme erfolgreich verlaufen, wird die Tabelle mit entsprechenden Steuercodes an jener Stelle des Textes eingefügt, an der sich die Cursormarkierung befindet.

Die eingefügte Tabelle wird auf dem Bildschirm angezeigt, wobei am Anfang und am Ende der Tabelle automatisch sog. Steuercodes (K.-Codes) eingefügt werden. Diese Steuercodes sind als verborgener Text formatiert. Sofern im Befehl AUSSCHNITT OPTIONEN im Befehlsfeld "Verborgener Text sichtbar" die Variante "Ja" eingestellt ist, ergibt sich im Beispielfall folgende Bildschirmdarstellung:

```
.k.B:\VERGLEIC.MP,
```

eigentliche Tabelle

```
.k.
```

Generell ist folgender Aufbau der Formatierungseinfügungen gegeben:

- .K.Suchpfad;Bereich<Zeilenschaltung> als "Verborgen" formatiert

- eigentliche Tabelle (unformatiert)

- .K. als "Verborgen" formatiert.

Die Abkürzung .K. steht für Kalkulationsprogramm. Sie sollte in keinem Fall aus dem Text gelöscht werden, wenn eine spätere Aktualisierung beabsichtigt ist.

Wie aus der Darstellung hervorgeht, sind die Spalten der Tabelle nicht formatiert. Allerdings ist jede Spalte der eingefügten Tabelle automatisch mit einem TAB-Zeichen versehen worden (nachprüfbar über Wahl des Befehls ZUSÄTZE und Sichtbarmachen sämtlicher Steuerzeichen). Sie können damit die Formatierung unmittelbar mit dem Befehl FORMAT TABULATOR SETZEN bzw. mit dem Befehl FORMAT ZEICHEN durchführen.

Bevor Sie das integrierte Dokument drucken, sollten Sie sich zunächst vergewissern, ob ein Drucken der verborgen formatierten Steuerzeichen vermieden wird. Wählen Sie dazu den Befehl DRUCK OPTIONEN, und kontrollieren Sie die Einstellung im Befehlsfeld "Verborgener Text". Sofern hier die Option "Nein" gilt, werden die verborgen formatierten Steuerzeichen nicht mit ausgedruckt. Unter Umständen müssen Sie also noch eine entsprechende Änderung vornehmen.

b) Aktualisieren der Kalkulationstabelle

Das Aktualisieren von in einem Text integrierten Tabellen wird dann notwendig, wenn sich Daten in der Ursprungstabelle verändert haben. Laden Sie deshalb zunächst einmal im Programm MULTIPLAN die Tabelle "Vergleic.MP", und ändern sie anschließend die gewünschten Werte. Speichern Sie die Tabelle danach unter dem bisherigen Dateinamen.

Um nun das Aktualisieren des Berichtstextes vornehmen zu können, laden Sie erneut den Text "Text82.TXT". Das Aktualisieren der Tabelle erfolgt dann in folgenden Teilschritten:

Reihenfolge der Bearbeitung	Tastenfolge
1. Gesamtdokument markieren	<UMSCHALT>+<F10>
2. Befehl BIBLIOTHEK VERKNÜPFEN wählen	<ESC> <B> <K>
3. Befehl ausführen	<RETURN>

Dieses Vorgehen ist auch dann möglich, wenn in einem Dokument der Reihe nach verschiedene Tabellenbereiche (aus derselben oder aus verschiedenen Kalkulationstabellen) eingefügt wurden. Die Aktualisierung kann also auch dann in einem Arbeitsvorgang durchgeführt werden.

Sollen allerdings nur einige Tabellenbereiche in einem Dokument geändert werden, so müssen Sie diesen Bereich gesondert markieren (dabei muß der K-Steuercode in jedem Fall in die Markierung einbezogen werden). Nach Wahl des Befehls BIBLIOTHEK VERKNÜPFEN und Betätigen der Taste <RETURN> müssen Sie nun durch Drücken der Taste <J> bestätigen, daß Sie einen bestimmten Bereich aktualisieren wollen.

8.2 Einfügen von Graphiken in Texte

Word verfügt ab der Version 4 auch über die Möglichkeit, Graphiken in einen Text einzufügen. Allerdings ist das Einfügen lediglich im Rahmen eines Druckvorganges möglich; eine integrierte Anzeige von Text und Graphik auf dem Bildschirm ist nicht gegeben. Wird ein Seitenumbruch durchgeführt, wird jedoch der für die Graphik benötigte Platz entsprechend berücksichtigt.

Voraussetzung für das Einfügen ist folglich, daß die zu übernehmende Graphik als Druckdatei gespeichert wird (im Programm MS-Chart möglich über Wahl des Befehls DRUCK PLATTE/DISKETTE). Prinzipiell kann diese Druckdatei auch bestimmte Druckercodes enthalten.

Möglich ist die Integration von Graphiken in einen Word-Text außerdem nur dann, wenn es sich um einen einspaltig erfaßten Text handelt (also nicht bei Texten, die mit dem Befehl FORMAT BEREICH LAYOUT in mehrere Spalten geteilt sind).

Musteraufgabe 8-3:   Einfügen von Graphiken in Texte

a)   In einen Text soll eine Chart-Graphik eingefügt werden. Sofern Sie die zu diesem Buch verfügbare Arbeitsdiskette besitzen, laden Sie bitte die Datei "Kreis1.CH", und wandeln Sie diese in eine Druckdatei um.

b)   Laden Sie die Textdatei "Text03.TXT", die sich auf Ihrer Arbeitsdiskette befindet, und positionieren Sie den Cursor zwischen dem 1. und 2. Absatz.

Integrieren Sie an dieser Stelle des Textes die Chart-Graphik "Kreis1.CH". Schreiben Sie zunächst den Text:

"Einen Überblick über die Bedeutung der Textverarbeitung gibt die folgende Kreisgraphik:"

Geben sie danach den Code zur Graphik-Integration an.

c)   Speichern Sie das Dokument unter dem Dateinamen "Text84", und drukken Sie das Dokument.

8.2.1 Vorbereiten einer Chart-Datei zur Übergabe

Um eine Graphik in einen Word-Text einfügen zu können, muß diese als Druck-Datei gespeichert sein. Starten Sie zu diesem Zweck zunächst das Chart-Programm und erstellen Sie eine Druckdatei. Im einzelnen ergibt sich für den Beispielfall der Musteraufgabe 8-3 folgender Ablauf nach dem Programmstart:

Reihenfolge der Bearbeitung	Tastenfolge
1. Aufruf des Programms CHART	CHART <RETURN>
2. Wahl der Option GRAFIK	<G>
3. Wahl des Befehls ÜBERTRAGEN LADEN	<Ü> <L>
4. Eingabe oder Auswahl des Dateinamens	Kreis1.CH
5. Ausführen des Befehls	<RETURN>
6. Wahl des Befehls DRUCK PLATTE/DISKETTE	<D> <P>
7. Eingabe des Dateinamens	Kreis1.txt
8. Ausführen des Befehls	<RETURN>
9. Verlassen des Programms mit QUITT	<Q>
10.Bestätigen des Verlassens	<J>

8.2.2 Vorbereiten eines Textes für die Graphik-Integration

Um in ein Textdokument eine Graphik einzufügen, muß die Textdatei aufgerufen werden und hier zunächst die Einfügestelle angesteuert werden. An dieser Stelle müssen Sie nun einen ähnlichen Code eingeben wie bei der integrierten Übernahme von Tabellen und diesen als verborgenen Text formatieren.

Der einzugebende P-Code (P für Picture) hat folgenden grundsätzlichen Aufbau:

.P.Dateiname,Höhe<Endemarke>

Im einzelnen sind für die Eingabe der Codezeile folgende Aspekte zu berücksichtigen:

a) Dateiname: Hier ist der Name der Graphikdatei anzugeben, die in den Text übernommen werden soll. Unter Umständen muß auch noch der Suchpfad (Laufwerk bzw. Inhaltsverzeichnis) angegeben werden, sofern sich dieser von der beim Befehl ÜBERTRAGEN OPTIONEN festgelegten Angabe unterscheidet.

b) Höhe: Hier ist die Höhe für die Plazierung der Graphik in einer gewünschten Maßeinheit anzugeben. Auf diese Weise wird der zu berücksichtigende Leerraum definiert (eine Anzeige auf dem Bildschirm erfolgt allerdings nicht). Eine Angabe des Maßes reicht aus, wenn die Maßeinheit verwendet werden soll, die im Menü ZUSÄTZE eingestellt ist (in der Regel cm).

c) Endemarke: Zum Schluß ist ein Semikolon, eine Absatzmarke oder eine Bereichsmarke als Endemarke einzugeben.

Im Beispielfall können Sie an der Einfügestelle den folgenden Code eingeben

.P.Kreis1.TXT,1;

Haben Sie den Code eingefügt, so müssen Sie diesen noch als verborgenen Text formatieren. Nach entsprechender Markierung mit der Taste <F10> können Sie hierzu entweder die Tastenkombination <ALT>+<V> betätigen oder nach Wahl des Befehls FORMAT ZEICHEN im Befehlsfeld "Verborgen" die Option auf "Ja" einstellen.

Beachten Sie außerdem noch folgenden Hinweis: Sie können den Befehlscode auch ohne Angabe eines Dateinamens eingeben. In diesem Fall läßt das Programm beim Ausdruck einen Leerraum in der angegebenen Höhe.

Den Ablauf beim Vorbereiten im Textprogramm veranschaulicht im Zusammenhang die folgende Übersichts-Checkliste:

Reihenfolge der Bearbeitung	Tastenfolge
1. Aufruf des Befehls ÜBERTRAGEN LADEN	<Ü> <L>
2. Eingabe oder Auswahl des Dateinamens	Text03.TXT <RETURN>
3. Ansteuern der Einfügestelle	<Richtungstasten>
4. Eingabe des Picture-Codes	.P.Kreis1.TXT,1;
5. Markieren des Codes	<F10>
6. Wahl der Formatierung "Verborgen"	<ALT>+<V>

8.2.3 Drucken eines Textes unter Einbezug einer Graphik

Nachdem die Vorbereitungsarbeiten für das Integrieren der Graphik abge-
schlossen sind, speichern Sie diese Datei zunächst bitte unter dem Dateinamen
"Text84" mit dem Befehl ÜBERTRAGEN SPEICHERN. Wählen Sie für den
Ausdruck abschließend den Befehl DRUCK DRUCKER. Ergebnis muß das in
Bild 8-5 dargestellte Dokument sein. Wichtig ist, daß kein Seitenumbruch er-
folgt.

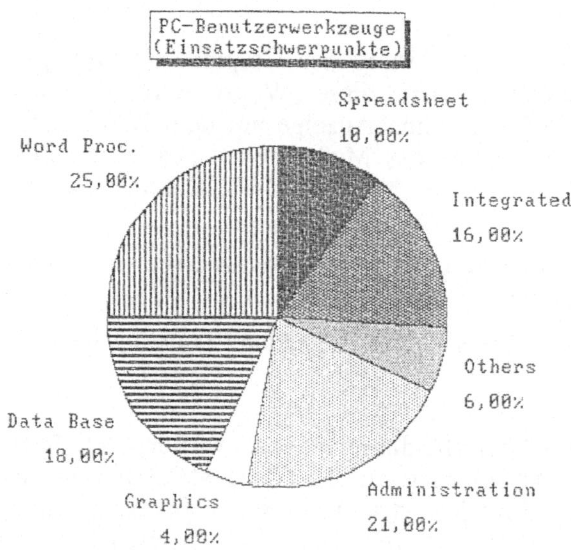

Bild 8-5: Integration einer Graphik

8.3 Zusammenfassung

o   Ein einfaches Einfügen von Tabellen eines Kalkulationsprogramms ist
    möglich, nachdem diese Tabelle als Druckdatei mit der Dateierweiterung
    .TXT gespeichert wurde. Das Einlesen erfolgt dann im Textprogramm mit
    dem Befehl ÜBERTRAGEN ZUSAMMENFÜHREN.

o   Für ein integriertes Einfügen von Tabellen in Texten muß nach Markieren
    der Einfügestelle der Befehl BIBLIOTHEK VERKNÜPFEN gewählt wer-
    den und hier der Name der externen Tabelle sowie unter Umständen ein
    spezifizierter Tabellenbereich angegeben werden. Das Ergebnis ist eine
    übernommene Tabelle, die durch verborgen formatierte Steuercodes einge-
    schlossen ist.

o   Wurden Tabellenwerte im Kalkulationsprogramm geändert, kann eine un-
    mittelbare Aktualisierung im Textdokument nach entsprechender Markie-
    rung (des gesamten Textes oder des Tabellenbereiches) mit dem Befehl
    BIBLIOTHEK VERKNÜPFEN realisiert werden. Wichtig ist, daß die
    verborgen formatierten Steuercodes im Text noch vorhanden sind.

o   Mit dem Textprogramm WORD können Graphiken in einen Text integriert
    werden. Möglich ist dies allerdings nur bei einspaltig formatierten Texten
    sowie im Rahmen des Druckvorganges.

o   Graphiken, die in einen Word-Text eingebunden werden sollen, müssen
    als Druckdatei gespeichert sein. Dies erfolgt z. B. beim Graphikprogramm
    MS-CHART mit dem Befehl DRUCK PLATTE/DISKETTE.

o   Um eine Graphikübernahme zu realisieren, müssen Sie im Textdokument
    die Einfügestelle ansteuern und hier den sog. Picture-Code als verborgen
    formatierten Text eingeben, der folgenden generellen Aufbau hat:
    .P.Dateiname,Höhe<Endemarke>.

8.4 Übungsaufgaben

Übungsaufgabe 8-1:   Einfaches Einfügen einer Multiplan-Tabelle in einen
                       Word-Text

Erstellen Sie das nachfolgend abgebildete Dokument, das sich als Kombination
von einem zu erfassenden Text sowie zwei gespeicherten Multiplan-Tabellen
ergibt.

Gehen Sie zur Lösung der Aufgabe in folgenden Teilschritten vor:

a)   Erfassen Sie zunächst den reinen Text (ohne die Tabellen) mit dem vor-
     handenen Textverarbeitungsprogramm (MS-Word). Speichern Sie den
     Text nach Fertigstellung auf Ihrer Arbeitsdiskette unter dem Dateinamen
     "UEBUNG80".

b)   Laden Sie zunächst die erste Multiplan-Tabelle mit dem Multiplan-Pro-
     gramm (sie ist auf Ihrer Arbeitsdiskette unter dem Dateinamen "Ko-
     sten1.MP" gespeichert). Bereiten Sie diese Tabelle zur Übergabe in den
     Text vor. Vergeben Sie dabei den Dateinamen "INT1.TXT".

c)   Laden Sie anschließend die zweite Multiplan-Tabelle, die auf Ihrer Ar-
     beitsdiskette unter dem Dateinamen "RENTABI.MP" gespeichert ist. Be-
     reiten Sie diese Tabelle ebenfalls zur Übergabe in den Text vor. Vergeben
     Sie dabei den Dateinamen "INT2.TXT".

d)   Führen Sie den erstellten Text und die beiden Tabellen gemäß Vorlage zu-
     sammen, und speichern Sie das Dokument unter dem Dateinamen "UE-
     BUNG81".

An :   Marketingabteilung Neue Produkte Unternehmenssparte Verbrauchs-
güter

Von : J. Freimann

Betr.: Analyse finanzieller Gesichtspunkte der vorgeschlagenen neuen Produkte

Auf der Grundlage der von verschiedenen Abteilungen abgegebenen Kosten-
schätzungen sowie der mit dem Able-Projekt gewonnenen Erfahrungswerte
habe ich zusammen mit der Abteilung für Betriebswirtschaft nachstehende Kostenanalyse zusammengestellt.

Die Mehrzahl der Kostendaten wurde unter Mitarbeit der jeweiligen Abteilungen und auf der Grundlage vorhandener Erfahrungswerte verfügbar waren,
oder in denen vorhandenes Material für nicht übertragbar gehalten wurde, erfolgt eine Schätzung der Kosten.

KOSTENANALYSE DER VON DER UNTERNEHMENSSPARTE VER-
BRAUCHSGÜTER VORGESCHLAGENEN PRODUKTE:

	Produkt Nr. 0899	Produkt Nr. 459	Produkt Nr. 76	Produkt Nr. 86
Entwicklungs- kosten	400,00	176,00	450,00	450,00
Materialkosten	350,00	375,50	250,00	250,00
Herstellungskosten				
feste Kosten	2000,00	1700,00	1700,00	1700,00
variable Kosten	1100,00	1650,00	1100,00	1100,00
Sonstige Kosten	900,00	1350,00	900,00	900,00
Gesamtkosten	4750,00	5251,50	4400,00	4400,00

Die Umsatzerwartungen deuten darauf hin, daß das Produkt Nr. 459 aufgrund
zusätzlicher Designmerkmale über ein größeres Marketingpotential verfügt als
die anderen drei vorgeschlagenen Erzeugnisse. Obwohl die Produktions-Stück-
kosten des Produktes Nr. 459 über denen der anderen Erzeugnisse liegen, sollte
aufgrund des ermittelten Nettogewinns und der zu erwartenden Rentabilität der

Investitionen eine Entscheidung zugunsten des Produktes Nr. 459 getroffen werden.

	Produkt Nr. 0899	Produkt Nr. 459	Produkt Nr. 76	Produkt Nr. 86
Absatzmenge (Stück)	500	750	500	500
Stückpreis (in DM)	12,00	12,00	12,00	12,00
Gesamterlös	6000,00	9000,00	6000,00	6000,00
Gesamtkosten	4750,00	5251,50	4400,00	4400,00
Nettogewinn	1250,00	3748,50	1600,00	1600,00
Rentabilität der Investition (in %)	26,3	71,4	36,4	36,4"

9 Besonderheiten bei der Texterfassung und Textverwaltung

Im Laufe der Zeit des Arbeitens mit dem Textprogramm werden Sie mitunter zunehmende Anforderungen stellen. Diese können sowohl die Unterstützung bei der Erfassung von bestimmten Textarten als auch Hilfen für das gezielte Verwalten und Wiederfinden von gespeicherten Texten betreffen.

Letztere Option wird vor allem deshalb immer wichtiger, weil - wie Erfahrungen der Praxis zeigen - die Verbreitung größerer Festplatten immer mehr dazu führt, daß auch diese verstärkt zur Ablage von Textdateien genutzt werden. Da meist nur kurze Dateinamen zur Identifizierung vorhanden sind, verliert man bei einer größeren, Zahl von archivierten Texten schnell den Überblick und hat große Probleme beim Wiederfinden der Texte. Hier hilft ein sog. Dateimanager weiter, mit dem man einem Text verschiedene Kriterien zur Kennzeichnung zuordnen kann, nach denen dann automatisch sortiert und gesucht werden kann.

Weitere Unterstützungsanforderungen bestehen außerdem bei der Erstellung von bestimmten Textarten. Beispiele, die im folgenden ausführlich behandelt werden, sind:

- das Erstellen von Texten mit Fußnoten;
- das Erstellen von Gliederungen;
- die Verwendung des Textprogramms für das Erzeugen von Semigraphiken.

9.1 Erweitertes Dateimanagement

Das Wiederauffinden eines gespeicherten Dokumentes ist meist recht zeitaufwendig, wenn eine Vielzahl von Dokumenten archiviert wurde. Dies liegt unter anderem darin begründet, daß der Dateiname maximal acht Zeichen lang sein kann, was in vielen Fällen nicht aussagekräftig genug ist.

Moderne Textprogramme bieten deshalb mitunter erweiterte Möglichkeiten der Dateibeschreibung, indem ergänzend zu einem Dokument quasi ein Deckblatt angefertigt werden kann, das etwa Informationen zum Autor, Erstellungsdatum oder Stichworte zum Textinhalt enthält. Diese Informationen können dann bei der späteren Suche nach Dokumenten wieder herangezogen werden. So besteht z. B. bei Vorhandensein dieser Funktionen die Möglichkeit,

- nach Texten eines bestimmten Autors zu suchen;
- sich alle Dokumente auflisten zu lassen, die mit bestimmten Stichworten oder einer bestimmten Kombination von Stichworten belegt sind;

- alle Dokumente schnell herauszufinden, die in einem bestimmten Zeitraum erstellt wurden.

Im folgenden Abschnitt sollen sie anhand von Mustertexten kennenlernen, wie im Programm MS-WORD

- Kurzinformationen bei der Speicherung einer Textdatei angegeben werden können;

- Kurzinformationen im nachhinein zu einem Text erfaßt bzw. bereits zugeordnete Kurzinformationen geändert werden können;

- mit Hilfe von erfaßten Kurzinformationen Textdateien gezielt wiedergefunden werden können;

- das Verzeichnis der Textdateien nach unterschiedlichen Kriterien sortiert werden kann;

- ein Verzeichnis der Kurzinformationen gedruckt werden kann.

Musteraufgabe 9-1: Erfassen von Kurzinformationen zum Dateimanagement

1. Bearbeiten Sie folgende Teilaufgaben:

a) Erfassen Sie zunächst den folgenden Text:

> Telebox ist ein öffentlicher Mitteilungsdienst der Post, der 1985 eingeführt wurde. Dabei wird den Teilnehmern ein elektronisches Postfach (Mailbox oder Telebox genannt) zur Verfügung gestellt, das den Austausch von Mitteilungen ermöglicht, ohne daß hierzu die Anwesenheit des Kommunikationspartners erforderlich ist. Die Mitteilungen werden mittels Computer von den Teilnehmern zu einem zentralen Postcomputer übertragen, der mit entsprechenden Malboxen ausgestattet ist. Die dort ankommenden und gespeicherten Nachrichten können vom Adressaten jederzeit abgerufen und gelöscht werden.

b) Speichern Sie den Text unter dem Dateinamen "Text90" und nutzen Sie dann den Datei-Manager, indem Sie hier folgende Eintragungen vornehmen:

- Titel: Leistungsmerkmale der Telebox

- Autor: Wagner

- Erstelllungsdatum: 09.02.88

- Schlüsselworte: Telebox, Postdienst, Textkommunikation

2. Erfassen Sie nun zunächst den folgenden Text, und nutzen Sie bei der Speicherung unter dem Dateinamen "Text91" ebenfalls den Datei-Manager, indem Sie folgende Eintragungen vornehmen:

- Titel: Leistungsmerkmale von Bildschirmtext

- Autor: Schilling

- Erstellungsdatum: 04.03.88

- Schlüsselworte: Btx, Postdienst, Datenkommunikation

Bildschirmtext (kurz Btx) ist eine Dienstleistung der Bundespost,
die den Teilnehmern die Möglichkeit bietet, gezielt Informationen
auf einem Bildschirm (Fernseh- oder Computerbildschirm) abzurufen
oder Informationen zu versenden.

3. Erfassen Sie nun zunächst den folgenden Text, und nutzen Sie bei der
Speicherung unter dem Dateinamen "Text92" ebenfalls den Datei-Manager, indem Sie folgende Eintragungen vornehmen:

- Titel: Leistungsmerkmale des Fernkopierens

- Autor: Schilling

- Erstellungsdatum: 14.03.88

- Schlüsselworte: Telefax, Postdienst, Bildkommunikation

Fernkopieren ist ein Verfahren, das die Möglichkeit bietet,
schriftliche Vorlagen schnell und über unbegrenzte Entfernungen
original zu übertragen. Als Dienstleistung wird das Fernkopieren
seit dem 1.1.1979 von der Deutschen Bundespost unter der
Bezeichnung Telefax angeboten.

9.1.1 Erfassen von Kurzinformationen zum Dateimanagement

Zur Organisation des Dateimanagements verfügt WORD über ein sog. Kurzin-
formations-Menü, in das verschiedene Hinweise zum Text eingegeben werden
können, die ein schnelleres und gezielteres Suchen ermöglichen. Die Eingabe
erfolgt in der Regel im Rahmen der Textspeicherung.

Nachdem Sie zunächst den ersten Text erfaßt haben, sollte zur Speicherung wie
gehabt der Befehl ÜBERTRAGEN SPEICHERN gewählt werden. Nach Eingabe des Dateinamens und Bestätigung des Befehls mit der Taste <RETURN>
erscheint nun das im folgenden abgebildete Untermenü zur Eingabe verschiedener Kurzinformationen (Ausnahme: beim Befehl ZUSÄTZE ist die Option
"Nein" im Feld "Kurzinformation" gewählt).

Das Untermenü sollen Sie nun nicht mehr wie bisher durch einfaches Betätigen
der Taste <RETURN> überspringen, sondern entsprechend den Vorgaben in
der Aufgabe ausfüllen. In der Praxis sollten Sie darauf achten, hier alle Informationen einzugeben, die zu einem späteren Zeitpunkt bei der Textsuche in-
frage kommen können.

Die Abbildung des Menüs zeigt, daß WORD die Möglichkeit bietet, folgende
Kurzinformationen ergänzend zu einem Dokument bei der Speicherung anzugeben:

- Titel: Hier kann ein Name für das Dokument vergeben werden, der länger
  sein kann, als der auf acht Zeichen beschränkte Dateiname (max. 40 Zeichen).

```
=[·········1·········2·········3·········4·········5·········6·····] 20:19:59
  Telebox ist ein öffentlicher Mitteilungsdienst der Post, der 1985
  eingeführt wurde. Dabei wird den Teilnehmern ein elektronisches
  Postfach (Mailbox oder Telebox genannt) zur Verfügung gestellt,
  das den Austausch von Mitteilungen ermöglicht, ohne daß hierzu die
  Anwesenheit des Kommunikationspartners erforderlich ist. Die
  Mitteilungen werden mittels Computer von den Teilnehmern zu einem
  zentralen Postcomputer übertragen, der mit entsprechenden Malboxen
  ausgestattet ist. Die dort ankommenden und gespeicherten
  Nachrichten können vom Adressaten jederzeit abgerufen und gelöscht
  werden.




KURZINFORMATION
  Titel: █                            Version:
  Autor:                             Erstellt am: 4.6.88
  Bearbeiter:                        Überarbeitet am: 4.6.88
  Schlüsselworte:
  Kommentare:
Geben Sie bitte Text ein!
Se1 Sp1           (Telebox...den.¶)                   Microsoft Word
```

Bild 9-1: Menü Datei-Manager

- Autor: Hier kann die Person angegeben werden, die den Text verfaßt hat (max. 40 Zeichen). Unter Umständen kann auch eine Autorengruppe angegeben werden.

- Bearbeiter: Im Falle einer Arbeitsteilung bei der Dokumenterstellung können Sie hier den Namen der Person eingeben, die den Text eingegeben oder gestaltet hat (ebenfalls mit einer max. Zeichenlänge von 40).

- Schlüsselworte: Hier können Sie ein oder mehrere Stichworte angeben, die Themen betreffen, die in dem Dokument angesprochen werden. Dies ist dann sinnvoll, wenn später Dokumente zu einem bestimmten Thema gesucht werden sollen. Max. steht für Schlüsselworte eine Zeichenlänge von 80 zur Verfügung.

- Kommentare: Max. 256 Zeichen stehen hier für beliebige Anmerkungen zu einem Dokument zur Verfügung.

- Version: Ein Ausfüllen dieses Feldes bietet sich an, wenn verschiedene Varianten eines Textes existieren. Für die Versionseingabe stehen 10 Zeichen zur Verfügung.

- Erstellt am: Dieses Feld wird automatisch ausgefüllt, wenn Sie einen Text erstmalig speichern. Für eine Eingabe stehen maximal 8 Zeichen zur Verfügung.

- Überarbeitet am: Dieses Feld wird ebenfalls automatisch ausgefüllt. Jedesmal, wenn man mit einer vorhandenen Datei arbeitet, wird das Überarbeitungsdatum auf den aktuellen Stand gebracht.

Im Beispielfall sind nach Erscheinen der Bildschirmmaske "Kurzinformation" die Felder "Titel:", "Autor:", "Erstellt am:" und "Schlüsselworte:" auszufüllen. Benutzen Sie die Richtungstasten oder die TAB-Taste, um sich zu den Feldern zu bewegen, in denen Eingaben vorgenommen werden sollen. Hinweis: Eine Eingabe im Feld "Erstellt am:" ist - wie bereits dargestellt - in der Praxis nicht notwendig. Um jedoch später zu zeigen, wie gezielt unter Beachtung des Datums ein Text gesucht werden kann, sollen in der Aufgabe beispielhaft Eingaben in diesem Feld erfolgen.

Zusammenfassend zeigt die folgende Checkliste am Beispiel des ersten Teils von Musteraufgabe 9-1 die Vorgehensweise beim Speichern eines neuen Textes mit anschließendem Ausfüllen der Felder für Kurzinformationen:

Reihenfolge der Bearbeitung	Tastenfolge
1. Befehl ÜBERTRAGEN SPEICHERN wählen	<ESC> <Ü> <S>
2. Dateiname eingeben	Text90
3. Befehl ausführen	<RETURN>
4. Eingabe des Titels	Leistungsmerkm...
5. Ansteuern des Feldes "Autor:"	<Richtungstasten>
6. Eingabe des Namens	Wagner
7. Ansteuern des Feldes "Erstellt am:"	<Richtungstasten>
8. Eingabe des gewünschten Datums	09.02.88
9. Ansteuern des Feldes "Schlüsselworte:"	<Richtungstasten>
10. Eingabe der Schlüsselworte	Telebox, Postdienst..
11. Ausführung des Befehls	<RETURN>

Nach Ausführung des letzten Teilschrittes wird das Dokument und die Kurzinformation gespeichert. In ähnlicher Form können Sie nun nach Erfassen der Texte für die Teilaufgaben 2 und 3 den Text speichern und die vorgegebenen Kurzinformationen erfassen.

Musteraufgabe 9-2:   Aktualisieren von Kurzinformationen zum Dateimanagement

a) Laden Sie den von Ihnen erstellten Text mit dem Dateinamen "Text01.TXT", zu dem bisher noch keine Kurzinformationen gespeichert wurden. Sie sollen nun eine Aktualisierung vornehmen, indem Sie folgende Angaben erfassen:

   - Autor: Schwarz
   - Erstellungsdatum: 15.02.88
   - Schlüsselworte: Textverarbeitung, Textfunktionen

b) Laden Sie den von Ihnen erstellten Text mit dem Dateinamen "Text02.TXT", zu dem bisher noch keine Kurzinformationen gespeichert wurden. Sie sollen nun eine Aktualisierung vornehmen, indem Sie folgende Angaben erfassen:

   - Autor: Schwarz
   - Erstellungsdatum: 16.02.88
   - Schlüsselworte: Textverarbeitung, PC

9.1.2 Aktualisieren von Kurzinformationen zum Dateimanagement

Um ein Dokument, zu dem bisher noch keine Kurzinformationen erfaßt worden sind, mittels eines Datei-Managers im nachhinein verwalten zu können, müssen Sie zunächst einmal den Befehl BIBLIOTHEK DATEI-MANAGER wählen (dies gilt auch für den Fall, daß Sie eingegebene Kurzinformationen aktualisieren wollen). Nach Wahl des Befehls wird der normale Texterfassungs-Bildschirm ersetzt, es erscheint der Dateiverwaltungs-Bildschirm (vgl. Bild 9-2).

Auf dem Bildschirm werden im oberen Bereich die Texte mit ihrem Namen aufsteigend sortiert angezeigt, die unter dem in der obersten Zeile spezifizierten Suchweg verfügbar sind. Im unteren Bereich befinden sich sechs verschiedene Befehlsworte:

-   SUCHE: für das gezielte Suchen von Dateien;

-   TEXT: zur Rückkehr in den Textbildschirm;

-   LADEN: für den unmittelbaren Aufruf einer spezifizierten Datei;

-   DRUCK: Druck von Kurzinformationen und Texten;

-   ÄNDERUNG: zur Aktualisierung von Kurzinformationen;

-   ANZEIGE: zur differenzierten Anzeige von Kurzinformationen.

Für den Beispielfall der Musteraufgabe 9-2 ist der Befehl ÄNDERUNG zu wählen. Es erscheint dann folgendes Menü auf dem Bildschirm (vgl. Bild 9-3).

```
Suchweg: C:\WORD                                                    20:34:38
C:\WORD\!!INFO!!.TXT                       C:\WORD\TEXT54.TXT
C:\WORD\BASF.TXT                           C:\WORD\TEXT55.TXT
C:\WORD\BASF2.TXT                          C:\WORD\TEXT56.TXT
C:\WORD\FORMULA1.TXT                       C:\WORD\TEXT57.TXT
C:\WORD\KAP10W4.TXT                        C:\WORD\TEXT58.TXT
C:\WORD\KAP11W4.TXT                        C:\WORD\TEXT61.TXT
C:\WORD\KAP12W4.TXT                        C:\WORD\TEXT70.TXT
C:\WORD\KAP13W4.TXT                        C:\WORD\TEXT90.TXT
C:\WORD\KAP1W4.TXT                         C:\WORD\TEXT91.TXT
C:\WORD\KAP2W4.TXT                         C:\WORD\TEXT92.TXT
C:\WORD\KAP3W4.TXT                         C:\WORD\UEBUNG20.TXT
C:\WORD\KAP4W4.TXT                         C:\WORD\UEBUNG21.TXT
C:\WORD\KAP5W4.TXT                         C:\WORD\UEBUNG30.TXT
C:\WORD\KAP6W4.TXT                         C:\WORD\UEBUNG31.TXT
C:\WORD\KAP7W4.TXT                         C:\WORD\UEBUNG32.TXT
C:\WORD\KAP8W4.TXT                         C:\WORD\UEBUNG33.TXT
C:\WORD\KAP9W4.TXT                         C:\WORD\UEBUNG34.TXT
C:\WORD\KUNDEN.TXT                         C:\WORD\UEBUNG35.TXT
C:\WORD\MONITOR.TXT                        C:\WORD\UEBUNG36.TXT
================================================================================

BEFEHL: Suche Text Laden Druck Änderung Anzeige

Wählen Sie bitte eine Textdatei oder unterbrechen Sie zum Menü!
DATEI-MANAGER                                              Microsoft Word
```

Bild 9-2: Bildschirm BIBLIOTHEK DATEI-MANAGER

```
Suchweg: C:\WORD                                                    20:43:00
C:\WORD\!!INFO!!.TXT                       C:\WORD\TEXT54.TXT
C:\WORD\BASF.TXT                           C:\WORD\TEXT55.TXT
C:\WORD\BASF2.TXT                          C:\WORD\TEXT56.TXT
C:\WORD\FORMULA1.TXT                       C:\WORD\TEXT57.TXT
C:\WORD\KAP10W4.TXT                        C:\WORD\TEXT58.TXT
C:\WORD\KAP11W4.TXT                        C:\WORD\TEXT61.TXT
C:\WORD\KAP12W4.TXT                        C:\WORD\TEXT70.TXT
C:\WORD\KAP13W4.TXT                        C:\WORD\TEXT90.TXT
C:\WORD\KAP1W4.TXT                         C:\WORD\TEXT91.TXT
C:\WORD\KAP2W4.TXT                         C:\WORD\TEXT92.TXT
C:\WORD\KAP3W4.TXT                         C:\WORD\UEBUNG20.TXT
C:\WORD\KAP4W4.TXT                         C:\WORD\UEBUNG21.TXT
C:\WORD\KAP5W4.TXT                         C:\WORD\UEBUNG30.TXT
C:\WORD\KAP6W4.TXT                         C:\WORD\UEBUNG31.TXT
C:\WORD\KAP7W4.TXT                         C:\WORD\UEBUNG32.TXT
================================================================================
ÄNDERUNG KURZINFORMATION Dateiname: C:\WORD\!!INFO!!.TXT
  Titel:                              Version:
  Autor:                              Erstellt am: 1.4.88
  Bearbeiter:                         Überarbeitet am: 1.4.88
  Schlüsselworte:
  Kommentar:
Geben Sie bitte den gesamten Dateinamen ein oder wählen Sie einen mit F1!
DATEI-MANAGER                                              Microsoft Word
```

Bild 9-3: Menü zum Aktualisieren von Kurzinformationen

In diesem Menü können nun die aktuellen Informationen erfaßt werden. Zur Lösung der Teilaufgabe a) ist folgendes Vorgehen möglich:

Reihenfolge der Bearbeitung	Tastenfolge
1. Befehl BIBLIOTHEK DATEI-MANAGER wählen	<ESC> <B> <D>
2. Dateinamen (Text01) markieren	<Richtungstasten>
3. Befehl ÄNDERUNG wählen	<Ä>
4. Eingabefeld ansteuern (z.B. Autor)	<Richtungstasten>
5. Eingabe der aktuellen Information	Schwarz
6. Weiteres Eingabefeld ansteuern	<Richtungstasten>
7. Eingabe vornehmen	15.02.88
8. Weiteres Eingabefeld ansteuern	<Richtungstasten>
9. Eingabe vornehmen	Textverarbeitung, T..
10. Befehl ausführen	<RETURN>

Durch die Ausführung des letzten Teilschrittes werden die neu erfaßten Kurzinformationen gespeichert, und das Programm kehrt in das Ausgangsmenü für das Dateimanagement zurück. Sie können nun direkt über Wahl des Befehls ÄNDERUNG die zweite Teilaufgabe in ähnlicher Form lösen.

Um nach Lösung der zweiten Teilaufgabe wieder zum Text zurückkehren zu können, müssen Sie abschließend den Befehl TEXT wählen.

Musteraufgabe 9-3:   Suchen nach Dateien mit Hilfe des Datei-Managers

Sie haben nun fünf verschiedene Texte mit Kurzinformationen gespeichert. Anhand dieser Texte sollen Sie nun kennenlernen, wie mit Hilfe des Datei-Managers die Suche nach Texten gezielt vorgenommen werden kann. Lösen Sie dazu folgende Teilaufgaben:

a)   Lassen Sie sich alle Dokumente vom Computer angeben, die der Autor Schilling verfaßt hat.

b)   Lassen Sie den Computer alle Dokumente herausfinden, die
1) das Thema "Postdienst" betreffen;
2) die Themen "Postdienst" und "Textkommunikation" betreffen;
3) die Themen "Telebox" oder "Telefax" betreffen;
4) sich mit elektronischer Kommunikation befassen.

c)   Lassen Sie sich vom Computer alle Texte angeben, die am 14.03.88 erstellt wurden.

d)   Lassen Sie den Computer alle Texte herausfinden, die nach dem 01.03.88 erstellt wurden.

9.1.3 Suchen nach Dateien mit Hilfe des Datei-Managers

Die in den vorhergehenden Abschnitten im Bildschirm "Kurzinformation" gespeicherten Daten können Sie nun dazu benutzen, um in Ihren Dateien gezielt nach einem Dokument zu suchen, das man laden und bearbeiten möchte. Dabei sind verschiedene Suchabfragen möglich; z. B.

1) Suchen nach Dokumenten, die von einer bestimmten Person erstellt oder eingegeben wurden;

2) Suchen nach Dokumenten, die ein bestimmtes Thema oder mehrere Themen betreffen;

3) Suchen nach Dokumenten, die an einem bestimmten Tag erstellt wurden;

4) Suchen nach Dokumenten, die vor oder nach einem bestimmten Datum erstellt worden sind;

5) Volltextsuche durch Eingabe von Textfragmenten.

Um die Suche durchzuführen, ist die Befehlsfolge BIBLIOTHEK DATEI-MANAGER SUCHE zu wählen. Ergebnis ist dann die folgende Bildschirmdarstellung, dessen Eingabemenü im Anwendungsfall wie folgt auszufüllen ist:

```
Suchweg: C:\WORD                                                    21:02:28
C:\WORD\!!INFO!!.TXT                    C:\WORD\TEXT54.TXT
C:\WORD\BASF.TXT                        C:\WORD\TEXT55.TXT
C:\WORD\BASF2.TXT                       C:\WORD\TEXT56.TXT
C:\WORD\FORMULA1.TXT                    C:\WORD\TEXT57.TXT
C:\WORD\KAP10W4.TXT                     C:\WORD\TEXT58.TXT
C:\WORD\KAP11W4.TXT                     C:\WORD\TEXT61.TXT
C:\WORD\KAP12W4.TXT                     C:\WORD\TEXT70.TXT
C:\WORD\KAP13W4.TXT                     C:\WORD\TEXT90.TXT
C:\WORD\KAP1W4.TXT                      C:\WORD\TEXT91.TXT
C:\WORD\KAP2W4.TXT                      C:\WORD\TEXT92.TXT
C:\WORD\KAP3W4.TXT                      C:\WORD\UEBUNG20.TXT
C:\WORD\KAP4W4.TXT                      C:\WORD\UEBUNG21.TXT
C:\WORD\KAP5W4.TXT                      C:\WORD\UEBUNG30.TXT
C:\WORD\KAP6W4.TXT                      C:\WORD\UEBUNG31.TXT
================================================================================
SUCHE Suchweg: C:\WORD
   Autor: Schilling█
   Bearbeiter:
   Schlüsselworte:
   Erstellt am:                   überarbeitet am:
   Inhalt:
   Graphie: Ja(Nein)
Geben Sie bitte die gesuchten Schlüsselworte oder Namen ein!
DATEI-MANAGER                                             Microsoft Word
```

Bild 9-4: Suchen mit dem Datei-Manager

Einen Überblick über das grundsätzlich notwendige Vorgehen gibt die folgende Checkliste:

Reihenfolge der Bearbeitung	Tastenfolge
1. Befehl BIBLIOTHEK DATEI-MANAGER wählen	<ESC> <B> <D>
2. Wahl der Option SUCHE	<S>
3. Ansteuern des Suchfeldes (z. B. Autor)	<Richtungstasten>
4. Eingabe des Suchkriteriums	Schilling
5. Befehl ausführen	<RETURN>

Nun können wir die Lösung der verschiedenen Teilaufgaben der Musteraufgabe 9-3 in Angriff nehmen.

zu Teilaufgabe a)
In diesem Fall ist exakt in der Abfolge vorzugehen, wie dies in der vorhergehenden Checkliste beschrieben ist. Ergebnis muß die Angabe von zwei Texten sein: Text91.TXT und Text92.TXT (vgl. Bild 9-5).

```
Suchweg: C:\WORD                                          21:15:07
C:\WORD\TEXT91.TXT                          C:\WORD\TEXT92.TXT




BEFEHL: Suche Text Laden Druck Änderung Anzeige

Wählen Sie bitte eine Textdatei oder unterbrechen Sie zum Menü!
DATEI-MANAGER                                     Microsoft Word
```

Bild 9-5: Ergebnis der Textsuche nach Autoren

zu Teilaufgabe b)
In der zweiten Teilaufgabe von Musteraufgabe 9-3 soll der Computer aufgrund
vorgegebener Schlüsselworte die entsprechenden Dokumente herausfinden.
Dabei kann entweder nach einem bestimmten Stichwort, nach einer Kombina-
tion von Stichworten oder nach Wortteilen gesucht werden. Löschen Sie nach
Wahl des Befehls SUCHE vorhandene Einträge mit der Löschtaste (z. B. beim
Eingabefeld "Autor:"), und steuern Sie zur Lösung sämtlicher Teilaufgaben das
Feld Schlüsselworte an. Dann sind jeweils folgende Eingaben notwendig:

1) Postdienst. Ergebnis muß die Anzeige der drei Dateien "Text90",
    "Text91" und "Text92" sein.

2) Postdienst&Textkommunikation. Im Falle der sog. UND-Verknüpfung ist
    als Operator <&> einzugeben. Suchergebnis muß die Angabe der Datei
    "Text90" sein.

3) Telebox;Telefax. Im Falle der sog. ODER-Verknüpfung ist als Operator
    <;> einzugeben. Suchergebnis muß die Angabe der Dateien "Text90"
    und "Text92" sein.

4) *kommunikation. Zur Lösung der Teilaufgabe kann also das sog. Stell-
    vertreterzeichen * eingegeben werden. Suchergebnis muß die Angabe der
    Dateien "Text90", "Text91" und "Text92" sein.

zu Teilaufgabe c)
In diesem Fall ist das Feld "Erstellt am:" anzusteuern und das Datum 14.03.88
einzugeben. Ergebnis muß die Angabe der Datei "Text92" sein.

zu Teilaufgabe d)
Word ermöglicht auch die Suche nach Dokumenten, die vor oder nach einem
bestimmten Datum erstellt worden sind. In diesem Fall sind ergänzend die
Symbole < bei Suchen vor einem Datum; > bei Suchen nach einem Datum
einzugeben. Im Beispielfall ist demgemäß folgende Eingabe im Feld "Erstellt
am:" notwendig:

| <01.03.88

Suchergebnis muß in jedem Fall die Angabe der Dateien "Text01", "Text02"
sowie "Text90" sein.

Abschließend sollten Sie noch folgende Hinweise beachten, die im Zusammenhang mit der Textsuche wichtig sein können. Dies betrifft im wesentlichen die
einzelnen Eingabefelder, die nach Auslösung der Suchoption über den Befehl
BIBLIOTHEK DATEI-MANAGER SUCHE erscheinen:

1) Suchweg: Hier ist das Laufwerk bzw. meist ergänzend das Verzeichnis an-
    zugeben, in dem WORD nach einer spezifizierten Datei suchen soll. Be-
    denken Sie, daß nach Beenden der Arbeit der hier angegebene Suchweg
    nicht gelöscht wird und auch beim erneuten Starten von WORD bis zur
    Änderung wieder Gültigkeit hat. Eine Änderung ist nur möglich, indem
    Sie das Befehlsfeld "Suchweg:" ansteuern und hier eine neue Eingabe vor-
    nehmen.

2) Autor, Bearbeiter, Schlüsselworte: Die Eingaben in diesen Eingabefeldern können bis zu 256 Zeichen lang sein. Um die Suche zu konkretisieren, können in diesen Befehlsfeldern logische Operatoren genutzt werden; diese sind

   - ; (Semikolon) für den Operator ODER

   - & oder Leerzeichen für den Operator UND

   - ~ (sog. Tilde, erzeugt mit <ALT>+126) für den Operator NICHT.

3) Erstellt am, Überarbeitet am: Hier ist entweder ein spezielles Datum einzugeben oder ein spezifizierter Zeitraum (max. ist die Eingabe von 25 Zeichen erlaubt). Bei der Spezifizierung des Zeitraumes können logische Operatoren verwendet werden; z. B.:

   - < für Dokumente, die vor einem bestimmten Zeitpunkt gelten;

   - > für Dokumente, die nach einem bestimmten Zeitpunkt gelten.

   Darüber hinaus ist eine Kombination mit UND- bzw. ODER-Operatoren möglich; z. B.:

   - >01.08.88&<01.10.88

4) Inhalt: Hier kann ein maximal 256 Zeichen langer beliebiger Textabschnitt eingegeben werden, der als Suchkriterium dienen soll. Der Text ist hier normal einzugeben (Ausnahme: Bei Textabschnitten, die zwischen Anführungszeichen stehen, müssen die Anführungszeichen verdoppelt und die gesamte Zeichenfolge in Anführungszeichen gesetzt werden). Nach Befehlsauslösung wird dann eine Volltextsuche in allen Dokumenten der angegebenen Verzeichnisse durchgeführt.

5) Graphie: Dieses Feld steht in Verbindung mit dem vorhergehenden Eingabefeld "Inhalt:". Bei Wahl der Option "Ja" werden nur Textabschnitte gesucht, wo sich Groß- und Kleinbuchstaben mit den Angaben im Eingabefeld "Inhalt:" decken; bei der Option "Nein" ist dies unerheblich.

Einen zusammenfassenden Überblick über die verschiedenen Suchmöglichkeiten und ihre Anwendung mit dem Datei-Manager gibt Ihnen Bild 9-6.

Musteraufgabe 9-4:   Laden, Anzeigen und Drucken von Kurzinfos und Texten

Lösen Sie folgende Teilaufgaben:

a) Führen Sie eine Suchabfrage nach dem Autor "Schwarz" durch und laden Sie den angezeigten Text mit dem Dateinamen "Text02.TXT".

b) Lassen Sie sich die Dateien - sortiert nach dem Autor - im Format "Lang" anzeigen. Das Ergebnis bezüglich der ersten fünf Texte sollte dem Bild 9-7 entsprechen.

Suchmöglichkeiten mit dem Datei-Manager		
Suchabfrage (Eingabefeld)	**Beispiele (Eingaben im Befehlsfeld)**	**Erläuterungen/Hinweise**
1) **Personenorientiertes Suchen:** - Autor - Bearbeiter	Schilling	Verknüpfungen sind möglich: & = Und-Verknüpfung ; = Oder-Verknüpfung
2) **Themenorientiertes Suchen:** - Schlüsselworte	a) Postdienst b) Postdienst & Textkommunikation c) Telebox; Telefax d) *kommunikation	- Und-Verknüpfung - Oder-Verknüpfung - Stellvertreterzeichen * oder ?
3) **Zeitorientiertes Suchen:** - Erstellt am: - Überarbeitet am:	a) 14.03.88 b) < 01.03.88	- bestimmter Tag - Zeitraum < vorher > nachher
4) **Inhaltsorientiertes Suchen:** - Inhalt:	...Mailbox oder Telebox genannt	Volltextsuche bei max. 256 Zeichen - Eingabe im Befehlsfeld

Bild 9-6: Suchmöglichkeiten mit dem Datei-Manager


```
Suchweg: C:\WORD                          Autor       Titel          11:05:25
C:\WORD\TEXT92.TXT                         Schilling    Leistungsmerkmale des Fer
C:\WORD\TEXT91.TXT                         Schilling   Leistungsmerkmale von Bil
C:\WORD\TEXT01.TXT                         Schwarz
C:\WORD\TEXT02.TXT                         Schwarz
C:\WORD\TEXT90.TXT                         Wagner      Leistungsmerkmale der Tel
C:\WORD\ZWISCHEN.TXT                                   +
C:\WORD\!!INFO!!.TXT
C:\WORD\BASF.TXT
C:\WORD\BASF2.TXT
C:\WORD\FORMULA1.TXT
C:\WORD\KAP10W4.TXT
C:\WORD\KAP11W4.TXT
C:\WORD\KAP12W4.TXT
C:\WORD\KAP13W4.TXT
C:\WORD\KAP1W4.TXT
C:\WORD\KAP2W4.TXT
C:\WORD\KAP3W4.TXT
C:\WORD\KAP4W4.TXT
C:\WORD\KAP5W4.TXT
===============================================================================
BEFEHL: Suche Text Laden Druck Änderung Anzeige

Wählen Sie bitte eine Textdatei oder unterbrechen Sie zum Menü!
DATEI-MANAGER                                        Microsoft Word
```

Bild 9-7: Dateianzeige mit Sortierung nach Autor

c)   Lassen Sie sich die Kurzinformationen zu den Textdateien "Text90.TXT",
"Text91.TXT" und "Text92.TXT" ausdrucken. Für den "Text90" sollte
sich z. B. ein Ausdruck wie in Bild 9-8 ergeben.

```
Dateiname: C:\WORD\TEXT90.TXT
Titel: Leistungsmerkmale der Telebox
Autor: Wagner
Bearbeiter:
Schlüsselworte: Telebox, Postdienst, Textkommunikation
Kommentar:
Version:
Erstellt am: 09.02.88
Überarbeitet am: 4.6.88
Größe: 588
```

Bild 9-8: Ausdruck einer Kurzinformation

9.1.4   Laden, Anzeigen und Drucken von selektierten Texten/Kurzinfos

Im Bildschirm zum Managen von Textdateien stehen weitere Optionen zur
Wahl, die anhand der Musteraufgabe 9-4 getestet werden können:

1)   Laden des angezeigten oder aufgrund einer Suchabfrage gefundenen Textes zwecks Bearbeitung;

2)   Anzeige von Kurzinformationen oder Sortierung der angezeigten Datei-
liste;

3)   Drucken der Kurzinformation bzw. des Textes einer am Bildschirm markierten Datei oder sämtlicher angezeigter Dateien.

Die im Rahmen des Dateimanagements angezeigten Texte können unmittelbar
geladen und bearbeitet werden. So lassen sich z. B. auch alle Texte direkt nach
erfolgreicher Suchabfrage in den Hauptspeicher laden. Zur Lösung der Teilaufgabe a) ist somit folgender Ablauf notwendig:

Reihenfolge der Bearbeitung	Tastenfolge
1. Befehl BIBLIOTHEK DATEI-MANAGER wählen	<ESC> <B> <D>
2. Wahl der Option SUCHE	<S>
3. Ansteuern des Suchfeldes "Autor:"	<Richtungstasten>
4. Eingabe des Suchkriteriums	Schwarz
5. Befehl ausführen	<RETURN>
6. Ansteuern des Textes "Text02.TXT"	<Richtungstaste>
7. Wahl des Befehls LADEN	<L>
8. Ausführen des Befehls	<RETURN>

Ergebnis ist, daß das Programm zum Standard-Textbildschirm zurückkehrt und den ausgewählten Text auf dem Bildschirm zu Bearbeitungszwecken zur Verfügung stellt.

Eine weitere Option im Rahmen des Dateimanagements ist eine nach verschiedenen Kriterien sortierte Anzeige von Dateien. Dabei können drei verschiedene Anzeigeformate gewählt werden:

- Kurz: angezeigt werden das Verzeichnis sowie die Dateinamen;

- Lang: bei dieser Variante werden zusätzlich Autor und Titel angezeigt;

- Alles: in diesem Fall wird die Kurzinformation zum jeweils markierten Dokument im unteren Bildschirmbereich angezeigt.

Die möglichen Optionen werden deutlich, wenn Sie den Befehl BIBLIOTHEK DATEI-MANAGER ANZEIGE wählen. Ergebnis ist dann das in Bild 9-9 wiedergegebene Befehlsmenü.

```
Suchweg: C:\WORD                                                 10:51:12
C:\WORD\TEXT01.TXT              C:\WORD\TEXT02.TXT
```

```
ANZEIGE: Kurz Lang Alles
Sortiert:(Verzeichnis)Autor Bearbeiter Überarbeitungsdatum Erstelldatum Größe
Wählen Sie bitte eine Option!
DATEI-MANAGER                                              Microsoft Word
```

Bild 9-9: Befehl BIBLIOTHEK DATEI-MANAGER ANZEIGE

Wählen Sie zur Lösung der Teilaufgabe b) von Musteraufgabe 9-4 zunächst den Befehl ÜBERTRAGEN BILDSCHIRMLÖSCHEN GESAMT, und gehen Sie nach Wahl des Befehls BIBLIOTHEK DATEI-MANAGER ANZEIGE folgendermaßen vor:

Reihenfolge der Bearbeitung	Tastenfolge
1. Wahl der Option "Lang"	<Leertaste>
2. Ansteuern des Befehlsfeldes "Sortiert:"	<TAB>
3. Option "Autor" wählen	<Leertaste>
4. Befehl ausführen	<RETURN>

Nach Ausführung des Befehls werden auf dem Bildschirm die Dateien sortiert nach alphabetischer Folge der Autorennamen angezeigt.

Zur Lösung der Teilaufgabe c) wählen Sie bitte zunächst den Befehl BIBLIO-THEK DATEI-MANAGER DRUCK. Hier sind dann die entsprechenden Optionen einzustellen. Im Überblick ergibt sich folgender Ablauf:

Reihenfolge der Bearbeitung	Tastenfolge
1. Datei im Ausschnitt Dateimanager wählen	<Richtungstasten>
2. Befehl DRUCK wählen	<D>
3. Befehlsfeld "Umfang:" ansteuern	<TAB>
4. Option "Markierung:" wählen (u. U.)	<M>
5. Befehl ausführen	<RETURN>

Nach der Befehlsausführung wird die Kurzinformation ausgedruckt. Dabei fällt auf, daß neben den eingegebenen Informationen auch automatisch die Dateigröße (in Zeichen) mit verwaltet und ausgegeben wird.

In ähnlicher Weise sind die Kurzinformationen zu den Dateien "Text91" und "Text92" auszudrucken.

Beachten Sie abschließend noch folgende Hinweise:

- Nach dem 2. Teilschritt können Sie auch festlegen, daß nur Text oder sowohl Text als auch Kurzinformation gedruckt werden sollen.

- Im Befehlsfeld "Umfang:" können Sie durch Wahl der Option "Alles" bewirken, das sämtliche angezeigte Kurzinformationen und Texte ausgedruckt werden.

9.2 Texterfassung unter vorheriger Vergabe eines Dateinamens

Sie haben nun erweiterte Möglichkeiten der Dateiverwaltung kennengelernt. Im Zusammenhang mit der Speicherung von Dateien besteht darüber hinaus eine weitere Variationsmöglichkeit bezüglich des Zeitpunktes, zu dem der gewünschte Dateiname vergeben wird.

Alternativ zu dem bisher beschriebenen Verfahren haben Sie z. B. die Möglichkeit, den Dateinamen nicht erst bei der Speicherung zu vergeben, sondern bereits vor dem Erfassen des Textes. Diese vorherige Vergabe von Dateinamen kann sowohl beim Aufruf des Programms erfolgen als auch nach Löschen eines Bildschirms:

a)   Vergabe des Dateinamens beim Programmstart
Wollen Sie einen Text erstellen und gleichzeitig mit dem Programmstart den Dateinamen (z. B. den Namen "Neu") vergeben, dann müssen Sie folgendermaßen vorgehen:

Reihenfolge der Bearbeitung	Tastenfolge
1. Eingabe des Programmnamens (im DOS)	WORD
2. Betätigen der Leertaste	<Leertaste>
3. Eingabe des gewünschten Dateinamens	Neu
4. Ausführen des Befehls	<RETURN>
5. Bestätigen der Abfrage	<J>

Nun können Sie nach dem Start mit der Eingabe des neuen Textes beginnen.

b)   Dateinamensvergabe für einen neuen Text bei bereits gestartetem Programm
In diesem Fall ergibt sich ein ähnliches Vorgehen wie im Fall a). Gehen Sie (sinnvollerweise nach Löschen des Bildschirms) wie folgt vor (Annahme: als Dateiname soll der Name "Alt" vergeben werden):

Reihenfolge der Bearbeitung	Tastenfolge
1. Wahl des Befehls ÜBERTRAGEN LADEN	<ESC> <Ü> <L>
2. Eingabe des neuen Namens	Alt
3. Ausführen des Befehls	<RETURN>
4. Bestätigen der Abfrage	<J>

Nun ist das System für die Aufnahme eines neuen Textes unter dem definierten Dateinamen bereit.

9.3 Erstellen und Überarbeiten von Texten mit Fußnoten

In Texten aus den Bereichen Wissenschaft und Forschung, aber auch bei vielen Berichten und Vortragstexten ist eine Aufteilung der Seiten in Fließtext und Fußnoten erforderlich. Üblich sind Fußnoten,

- um genaue bibliographische Angaben bei Zitaten aufzunehmen sowie

- zur näheren Erläuterung im Text auftauchender Begriffe oder Sachverhalte.

Bei Texten dieser Art ist die Möglichkeit zur Fußnotenverwaltung mit dem Textprogramm praktisch unentbehrlich. Andernfalls verursacht die formgerechte Erstellung solcher Texte einen erheblichen Gestaltungsaufwand.

Beim Erfassen von Texten mit Fußnoten bieten Programme mit entsprechenden Funktionen einmal den Vorteil, daß die Numerierung automatisch vom System erfolgt. Hinzu kommt, daß die Fußnotentexte automatisch an das jeweilige Seitenende gesetzt werden können. Werden außerdem bei einem bereits gespeicherten Text später Einfügungen, Löschungen oder sonstige Änderungen vorgenommen, kann durch Systeme mit Fußnotenverwaltung sichergestellt werden, daß die entsprechenden Fußnoten auf der für sie vorgesehenen Seite bleiben. Schließlich besteht in der Regel die Möglichkeit, sämtliche Fußnotentexte am Ende des Dokuments zusammengefaßt auszudrucken.

Musteraufgabe 9-5:   Erfassen eines Textes mit Fußnoten

Erfassen Sie folgenden Text unter Berücksichtigung der Möglichkeit, die Fußnotenhinweise im Text automatisch zu setzen. Speichern Sie den Text unter dem Dateinamen "Text93":

> Neuentwicklungen der Telefontechnik
>
> Die technische Entwicklung im Bereich des Fernsprechens ist gekennzeichnet durch die Einführung der digitalen Übertragungs technik und der Ablösung der bisherigen elektro-mechanischen Wähl systeme durch programmgesteuerte Wählsysteme, in denen Rechner die Steuerung des Vermittlungssystems übernehmen[1]. Das Telefon steht heute praktisch auf jedem Schreibtisch und gehört somit zur Stan dardausstattung eines Büroarbeitsplatzes[2].
>
> Insbesondere rechnergesteuerte, speicherprogrammierte Fernsprech-Nebenstellenanlagen ermöglichen eine Reihe neuer Anwendungsformen des Telefons. Als Beispiele seien hier die Zieltastenwahl (automa tisches Anwählen eingespeicherter Rufnummern auf Tastendruck), die Weiterschaltung und Umleitung von Anrufen ("Ruhe vor dem Tele

1)   Vgl. Witte, E.: Kommunikationstechnologie. In: HWO, hrsg. von E. Grochla, 2. Aufl., Stuttgart 1980, Sp. 1050

2)   Vgl. Arbenz, D.; Helmrich, H.; Jurk, R.: Bedeutung und Auswirkungen der Telekommunikation im Büro. In: ZfO, 46. Jg. 1977, S. 393

fon"), die Anrufwiederholung der zuletzt gewählten Nummer, der au
tomatische Rückruf, das Aufschalten und die Konferenzschaltung ge
nannt[3]. Desweiteren läßt sich das Telefon auch als Datentelefon
nutzen, bei dem Daten nach dem Aufbau einer Fernsprechverbindung
ohne weitere Zusatzeinrichtungen übertragen werden können, indem
die Telefon-Tastatur zur Dateneingabe benutzt wird[4].

9.3.1 Erfassen eines Textes mit Fußnoten

Für das Schreiben von Texten mit Fußnoten haben sich gewisse formale Anforderungen herausgebildet, die Sie unbedingt beachten sollten. Im einzelnen sind
folgende Regeln zu berücksichtigen:

a) Fußnoten-Hinweiszeichen im Text sind hochgestellt zu schreiben. Als Zei-
    chen sind arabische Ziffern mit einer Nachklammer zu verwenden (Aus-
    nahme: bei höchstens 3 Fußnoten können auch Fußnoten-Hinweissterne
    verwendet werden).

b) Bei mehrseitigen Texten sind die Fußnoten über alle Seiten hinweg fortlau-
    fend zu numerieren.

c) Die Fußnoten sind jeweils unten auf der Seite zu schreiben, auf der im
    Text auf sie verwiesen wird. Sie sollten

    - mit einem Fußnotenstrich vom Text abgegrenzt werden;

    - mit einfachem Grundzeilenabstand geschrieben werden;

    - mit dem entsprechenden Fußnoten-Hinweiszeichen (ohne Hochstel-
       lung) gekennzeichnet werden.

Das Textverarbeitungsprogramm MS-Word verfügt über besondere Möglichkeiten für das Erfassen und Verwalten von Fußnoten. So können Sie Fußnoten
sowohl bei der Texterfassung als auch im nachhinein bei der Überarbeitung von
Texten setzen, wobei die Numerierung automatisch erfolgt. Gleichzeitig wird
automatisch für den unteren Textteil entsprechender Freiraum für die zugehörige Fußnote zur Verfügung gestellt.

Das Beispiel in Musteraufgabe 9-5 enthält vier verschiedene Fußnoten. Schreiben Sie zunächst den Text gemäß Vorlage, bis Sie zu der Stelle gelangen, an
der das erste Fußnotenzeichen erscheinen soll. Nun kann der Befehl FORMAT
FUSSNOTE gewählt werden. Nach Auslösung des Befehls durch Wahl der Tastenfolge <ESC> <F> <F> ergibt sich die in Bild 9-10 wiedergegebene
Darstellung.

---

3) Vgl. Kanzow, J.: Technische Entwicklungslinien des Kommunikations-
    Angebotes. In: ZfO, 46. Jg. 1977, S. 376
4) Vgl. Kanzow, J.: Technische Entwicklungslinien...., a. a. O., S. 376

```
▌═[·········1········2········3·········4·······5········6·····] 09:23:24
▌  Neuentwicklungen der Telefontechnik

   Die technische Entwicklung im Bereich des Fernsprechens ist
   gekennzeichnet durch die Einführung der digitalen Übertragungs-
   technik und der Ablösung der bisherigen elektro-mechanischen Wähl-
   systeme durch programmgesteuerte Wählsysteme, in denen Rechner die
   Steuerung des Vermittlungssystems übernehmen█
```

```
FORMAT FUSSNOTE Fußnotenzeichen: █

Geben Sie bitte Text ein!
Se1 Sp1            (⬆)·Das···376¶)                    Microsoft Word
```

Bild 9-10: Wahl des Befehls FORMAT FUSSNOTE

Die Bildschirmdarstellung zeigt, daß nun die Eingabe eines Fußnotenzeichens erwartet wird. Hier können Sie entweder eine bestimmte Eingabe machen oder - was in der Regel die bessere Lösung ist - eine automatische Numerierung wählen. Im letzten Fall brauchen Sie keine Eingabe vorzunehmen, sondern können den Befehl direkt bestätigen (Drücken der Taste <RETURN>).

Mit der Befehlsausführung wird automatisch im Text ein Fußnotenzeichen geschrieben (zu Anfang eine 1 und danach mit fortlaufender Numerierung) sowie in einem anderen Teil des Bildschirms ein entsprechendes Fenster für das Schreiben des Fußnotentextes reserviert (und beim ersten Mal ebenfalls eine 1 geschrieben). Das Ergebnis macht Bild 9-11 deutlich.

Nun können Sie den Fußnotentext eingeben. Anschließend ist dann zur weiteren Texterfassung wieder ein Rücksprung in den eigentlichen Text notwendig. Wählen Sie zu diesem Zweck den Befehl GEHEZU FUSSNOTE. Nach Auslösung des Befehls gelangen Sie automatisch an die Stelle zurück, wo sich das Fußnotenzeichen befindet. Positionieren Sie nun den Cursor hinter das Fußnotenzeichen, und geben Sie die schließende Klammer ein. Markieren Sie anschließend das Fußnotenzeichen einschließlich der Klammer, um beide Zeichen hochgestellt darzustellen (durch Betätigen der Tastenkombination <Alt>+<H>).

```
=[·········1········2········3········4=====[····5·········6····] 09:28:59
  Neuentwicklungen der Telefontechnik

  Die technische Entwicklung im Bereich des Fernsprechens ist
  gekennzeichnet durch die Einführung der digitalen Übertragungs-
  technik und der Ablösung der bisherigen elektro-mechanischen Wähl-
  systeme durch programmgesteuerte Wählsysteme, in denen Rechner die
  Steuerung des Vermittlungssystems übernehmen1
  ♦
  1
  ♦
```

```
BEFEHL: Ausschnitt Bibliothek Druck Einfügen Format Gehezu Hilfe Kopie
        Löschen Muster Quitt Rückgängig Suchen Übertragen Wechseln Zusätze
Bearbeiten Sie bitte Ihren Text oder unterbrechen Sie zum Hauptbefehlsmenü!
Sp2              (♠).·Das...·376¶)                        Microsoft Word
```

Bild 9-11: Bildschirm zum Erfassen von Fußnotentext

In ähnlicher Form müssen Sie vorgehen, wenn Sie die weiteren Fußnoten setzen
und formatieren wollen. Dabei wird die Numerierung automatisch vorgenommen, wenn Sie den Befehl FORMAT FUSSNOTE auslösen, ohne eine Eingabe
für das Fußnotenzeichen zu tätigen. Einen Überblick über die Vorgehensweise
beim Setzen von Fußnoten gibt Ihnen die folgende Checkliste:

Reihenfolge der Bearbeitung	Tastenfolge
1. Cursor auf gewünschte Position im Text	<Richtungstasten>
2. Befehl FORMAT FUSSNOTE wählen	<ESC> <F> <F>
3. Befehl ausführen	<RETURN>
4. Eingabe des Fußnotentextes	) Vgl. Witte,...
5. Wahl des Befehls GEHEZU FUSSNOTE	<ESC> <G> <F>
6. Richtungstaste <Nach rechts> betätigen	<Pfeil rechts>
7. Formatieren und Texterfassung fortsetzen	....

Musteraufgabe 9-6:   Überarbeitung und Drucken von Texten mit Fußnoten

Lösen Sie folgende Aufgaben:

a)   Laden Sie - sofern sich der Text nicht mehr auf dem Bildschirm befindet -
     zunächst den soeben erstellten Text "Text93" und positionieren Sie den
     Cursor in der neunten Zeile nach dem Satz mit dem zweiten Fußnotenzei-
     chen. Schreiben Sie nun folgenden Text:

     Nicht nur im dienstlichen, sondern auch im privaten Bereich hat sich das
     Telefon immer mehr durchgesetzt. Während es bis in die sechziger Jahre vor
     allem ein Medium der Ober- und Mittelschicht war, besitzen heute mehr als
     95 % aller Haushalte einen Hauptanschluß[1].

     Fügen Sie am Ende des Satzes ein automatisches Fußnotenzeichen ein, und
     geben Sie dann folgenden Text ein:

     Vgl. Brepohl, K.: Neue Medien in der Verwaltungs- und Büroarbeit. Köln
     1982

b)   Steuern Sie nun das zweite Fußnotenzeichen im Text an. Löschen Sie das
     Fußnotenzeichen einschließlich der zugehörigen Klammer. Prüfen Sie
     dann nach, wie sich der Löschvorgang auf den Fußnotentext ausgewirkt
     hat.

c)   Gehen Sie mit dem Cursor auf ein beliebiges Zeichen im ersten Satz des
     ersten Absatzes und markieren Sie den Satz. Setzen Sie diesen Satz an das
     Ende des Absatzes.

d)   Speichern Sie das Ergebnis unter dem Dateinamen "Text94" und erstellen
     Sie einen fehlerfreien Ausdruck.

9.3.2 Überarbeiten von Texten mit Fußnoten

Auch bei Texten mit Fußnoten kommt es häufig vor, daß später Änderungen
vorzunehmen sind. Typisch ist etwa das nachträgliche Einfügen, Löschen und
Verschieben von Fußnoten.

Für die Durchführung von Überarbeitungsarbeiten ist es von Vorteil, wenn die
jeweils betroffenen Fußnotenzeichen und Fußnoten im Text schnell aufgesucht
werden können. Eine wesentliche Hilfe hierbei ist der Befehl GEHEZU
FUSSNOTE. Er bietet - je nach Cursorposition - folgende Anwendungsmöglichkeiten:

a)   Sprungweises Ansteuern von Fußnotenzeichen:
     Im Rahmen von Überarbeitungsvorgängen kann es sinnvoll sein, be-
     stimmte im Text befindlichen Fußnotenzeichen aufzusuchen. Stehen Sie
     mit dem Cursor am Textanfang, können Sie durch Wahl des Befehls
     GEHEZU FUSSNOTE (Tastenfolge <ESC> <G> <F>) das erste
     Fußnotenzeichen anspringen. Um das nächstfolgende Fußnotenzeichen an-

steuern zu können, ist die Richtungstaste NACH RECHTS zu betätigen und dann wiederum der Befehl GEHEZU FUSSNOTE zu wählen.

b) Ansteuern der Fußnoten:

Um gezielt Einsicht in den Text der Fußnote nehmen zu können, müssen Sie zunächst das Fußnotenzeichen im Text markieren und dann ebenfalls den Befehl GEHEZU FUSSNOTE wählen und ausführen. Auf diese Weise gelangen Sie unmittelbar in den Fußnotentext, auf den sich das zuvor markierte Fußnotenzeichen bezieht. Um in den Text zurückzukehren, ist wiederum ein Auslösen des Befehl GEHEZU FUSSNOTE erforderlich.

Der Befehl GEHEZU FUSSNOTE hat somit eine dreifache Einsatzmöglichkeit. Dies zeigt im Zusammenhang die Übersicht in Bild 9-12.

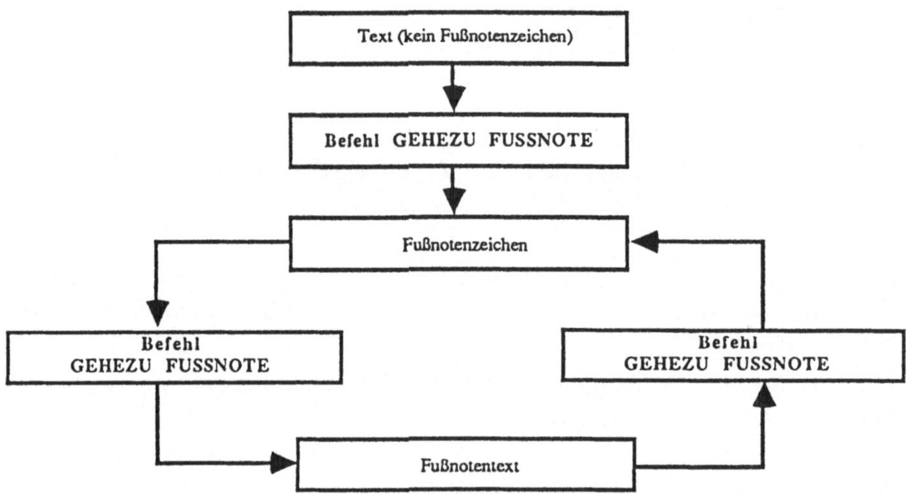

Bild 9-12: Cursor-Positionierung in Texten mit Fußnoten

Nunmehr können Sie die Teilaufgaben der Musteraufgabe 9-6 in Angriff nehmen und die verschiedenen Überarbeitungen vornehmen:

a) Einfügen von Fußnoten und Fußnotentext:
Nach Positionierung des Cursors können Sie zunächst den gewünschten Text erfassen und dann wie gehabt den Befehl FORMAT FUSSNOTE wählen und ausführen. Danach springt der Cursor (bei automatischer Numerierung) in den Fußnotenteil, wo der entsprechende Fußnotentext eingegeben werden kann (als Nummer wird im Beispiel automatisch die 3 erzeugt; die anderen betroffenen Fußnoten werden entsprechend in der Numerierung angepaßt). Der Rücksprung in den Text erfolgt mit dem Befehl GEHEZU FUSSNOTE. Auch hier wird automatisch eine korrekte Neunumerierung sämtlicher Fußnoten vorgenommen.

b)   Löschen von Fußnoten:
Wollen Sie eine Fußnote löschen, müssen Sie zunächst das Fußnotenzeichen anspringen. Wenn Sie dann die Löschtaste <DEL> betätigen, werden sowohl das Fußnotenzeichen im Text als auch die eigentliche Fußnote gelöscht. Gleichzeitig wird automatisch eine korrekte Neunumerierung sämtlicher Fußnoten vorgenommen.

c)   Verschieben von Fußnoten:
Sollen Sätze oder Absätze mit Fußnoten verschoben werden, müssen die Abschnitte zunächst entsprechend markiert und danach mit der Löschtaste <DEL> in den "Papierkorb" gelöscht werden. Nachdem die Einfügestelle angesteuert wurde, kann mit der Einfügetaste <INS> der zuvor markierte Text eingefügt werden. Die Fußnoten werden dabei automatisch verwaltet und neu durchnumeriert.

9.3.3 Drucken bei Texten mit Fußnoten

Nach Speicherung des soeben bearbeiteten Textes können Sie den Ausdruck vornehmen. Dazu bietet das Programm WORD grundsätzlich zwei Möglichkeiten. So haben Sie die Wahl, Fußnotentexte

a)   entweder auf derselben Seite anzubringen wie das entsprechende Fußnotenzeichen oder

b)   am Ende eines Bereiches auszudrucken.

Standardmäßig sieht das Programm vor, daß jeder Fußnotentext auf der Seite gedruckt wird, wo das zugehörige Fußnotenzeichen steht. Beim Befehl FORMAT BEREICH LAYOUT ist deshalb im Befehlsfeld "Fussnoten:" die Antwort "Selbe-Seite" standardmäßig vorgegeben. Wollen Sie alle Fußnotentexte am Ende eines Textes ausdrucken lassen, müssen Sie im Befehl FORMAT BEREICH LAYOUT eine Änderung beim Befehlsfeld "Fußnoten:" vornehmen und die Antwort "Ende" wählen.

9.4 Erstellen von Gliederungen

In vielen Fällen der betrieblichen Praxis weisen die anfallenden Texte einen mehr oder weniger logischen Aufbau auf. Dies ist natürlich unumgänglich, wenn es sich um Berichtstexte, längere Aufsätze oder wissenschaftliche Arbeiten handelt. In all diesen Fällen wird meist eine Gliederung zugrundegelegt. Sowohl beim Konzipieren der Gliederung als auch bei späteren Überarbeitungen sind Textprogramme nützlich, die Hilfen zur Verfügung stellen, die diese Arbeiten erleichtern.

Vorteilhaft ist eine solche Gliederungsfunktion aber nicht allein bei umfassenden Fließtexten. Weitere interessante Anwendungsfälle sind etwa:

-   das Sammeln und Systematisieren von Ideen zu bestimmten Themen;

- das Aufstellen von Tagesordnungen für Besprechungen und Sitzungen verschiedener Art;

- das Erstellen von Tätigkeitslisten ("Things to do-Listen");

- das Erstellen von Besprechungsprotokollen durch systematische Zuordnung von Gesprächsthemen zu Hauptpunkten;

- das Vorbereiten von Präsentationsmaterial (z. B. Folienvorlagen).

Die Gliederungshilfe beruht auf der Erfahrung, daß es einfacher ist, einen längeren Text zu entwerfen und zu formulieren, wenn bereits ein Gerüst von Überschriften, Zwischenüberschriften und Textmaterial existiert. Gliederung und Textdokument stellen dabei eine Einheit dar. Durch Deklaration als Gliederungspunkt werden diese automatisch auch Teil des Textdokumentes. Dies hat den Vorteil, daß Gliederungsüberschriften nur einmal eingegeben werden müssen.

Bei der Erstellung müssen die Gliederungspunkte - während des Schreibens oder nachträglich - in besonderer Form gekennzeichnet werden. Wichtig ist in vielen Fällen, daß eine ausreichende Zahl von Gliederungsstufen möglich ist und verschiedene Numerierungsarten zur Verfügung stehen. Die Numerierung der Kapitel und Unterkapitel kann dabei meist vom Programm automatisch vorgenommen werden.

Weitere Vorteile bietet die Nutzung der Gliederungsfunktion, wenn die erstellten Texte überarbeitet werden müssen. Da Textdokument und Gliederung eine Einheit bilden, können auch Überarbeitungen schnell realisiert werden. So kann man z. B. aufgrund des Ansteuerns eines Gliederungspunktes schnell an eine bestimmte Stelle eines Textes gelangen. Darüber hinaus wird auch die Umstellung erleichtert; Änderungen in der Gliederung führen automatisch zur notwendigen Umstellung im Textdokument.

MS-WORD verfügt ab der Version 3 über eine äußerst komfortable Gliederungsfunktion. Diese sollen Sie anhand des folgenden Anwendungsbeispiels genauer kennenlernen.

Musteraufgabe 9-7:   Schreiben und Überarbeiten von Gliederungen

a)   Es soll ein Vortragstext zum Thema "Stand und Entwicklungstendenzen moderner Telekommunikation" erstellt werden. Als erstes wird zu diesem Zweck eine Stichwortsammlung erstellt. Das Ergebnis ist die nachfolgende Stichwortliste, die zunächst in dieser noch nicht strukturierten Form im sog. Gliederungsbildschirm zu erfassen ist:

Netze der Bundespost
Fernsprechnetz
IDN-Netze
Weiterentwicklung zum ISDN

> Dienste der Bundespost
> Telex
> Teletex
> Telefax
> Bildschirmtext
> Datex-P
> Datex-L
> Fernsprechdienst

b) Strukturieren Sie die Gliederung nun in der Form, daß Sie die Begriffe der Liste jeweils als Unterpunkte zu den beiden Hauptpunkten "Netze der Bundespost" und "Dienste der Bundespost" zuordnen.

c) Fügen Sie auf der zweiten Ebene (nach der Zeile "Netze der Bundespost") ein: Heutige Netze. Plazieren Sie anschließend die Zeilen "Fernsprech-netz" und "IDN-Netze" auf die 3. Ebene.

d) Führen Sie eine automatische Numerierung der Gliederung durch.

e) Fügen Sie folgenden Gliederungspunkten die folgenden Textdateien als "Textkörper" zu:

> - Telefax: Text92.Txt
> - Bildschirmtext: Text91.Txt

Wechseln Sie danach noch einmal in den Gliederungsbildschirm, um die Auswirkungen zu sehen.

f) Lassen Sie sich nun das Dokument im Gliederungsbildschirm in verschiedenen Varianten anzeigen.

g) Positionieren Sie die Reihenfolge der Gliederung so um, daß die Behandlung der Dienste Telefax und Bildschirmtext im Ablauf genau umgekehrt erfolgt.

h) Speichern Sie das Ergebnis unter dem Dateinamen "Text95".

9.4.1 Erfassen einer Gliederung

Die Gliederung dient meist als Grundlage für einen ausführlichen Text. Deshalb findet sich für das Arbeiten mit der Gliederungsfunktion eine Unterscheidung zwischen zwei Bildschirm-Arten:

- Textbildschirm

- Gliederungs-Bildschirm.

Um eine Gliederung anlegen zu können, müssen Sie die bisher bekannte Textansicht verlassen und die sog. Gliederungsansicht aufrufen. In diesem Bildschirm kann der Aufbau eines Textdokumentes übersichtlich dargestellt werden.

Während der Textbildschirm für das Erfassen und Bearbeiten von Text benötigt wird, muß die Bildschirmart "Gliederungsansicht" gewählt werden, wenn Gliederungsüberschriften erfaßt oder umstrukturiert werden sollen. Der Wechsel zwischen beiden Ansichtsarten wird durch Betätigen der Tastenkombination <UMSCHALT> + <F2> realisiert.

Schalten Sie zur Lösung des Teiles a) der Musteraufgabe 9-7 durch Betätigen der Tastenkombination <UMSCHALT> + <F2> auf die Gliederungsansicht um. Dann wird die Ebene angezeigt, auf der man sich befindet; dies ist zunächst immer die Ebene 1 (vgl. Anzeige in der Statuszeile links unten).

Da jeder der angegebenen Begriffe eine Gliederungsüberschrift darstellen soll, können Sie nun der Reihe nach die Überschriften untereinander erfassen. Alle erfaßten Überschriften der Gliederung befinden sich damit auf derselben Wichtigkeitsebene.

In einem nächsten Schritt soll nun eine erste Strukturierung vorgenommen werden. Dazu kann einigen Überschriften eine geringere Bedeutung zugewiesen. Dies ist möglich, indem die Ebenen geändert werden. Die Zuordnung einer Überschrift zu einer Gliederungsebene können Sie mit folgenden Tastenkombinationen ändern:

a) Umschalten auf eine höhere Ebene: <ALT> + <9>

b) Umschalten auf eine niedrigere Ebene: <ALT> + <0>

Zur Lösung der Teilaufgabe b) steuern Sie bitte zunächst die Überschriftszeile "Fernsprechnetz"   an,   und   betätigen   Sie   die   Tastenkombination

```
[·········1·········2·········3·········4·········5·········6·····] 09:59:09
    Netze der Bundespost
        Heutige Netze
            Fernsprechnetz
            IDN-Netze
        Weiterentwicklung zum ISDN
    Dienste der Bundespost
        Telex
        Teletex
        Telefax
        Bildschirmtext
        Datex-P
        Datex-L
        Fernsprechdienst
    ◆




BEFEHL: Ausschnitt Bibliothek Druck Einfügen Format Gehezu Hilfe Kopie
        Löschen Muster Quitt Rückgängig Suchen Übertragen Wechseln Zusätze
Bearbeiten Sie bitte Ihren Text oder unterbrechen Sie zum Hauptbefehlsmenü!
Ebene 3          ()                                          Microsoft Word
```

Bild 9-13: Änderung der Gliederungsebene

<ALT> + <0>. Ergebnis ist, daß diese Zeile nach rechts eingerückt wird; in der Statuszeile erscheint hierfür die Anzeige "Ebene 2". Haben Sie die Zuordnung zur 2. Ebene für alle Überschriften vorgenommen, können Sie die Texteinfügung vornehmen und eine dritte Ebene in ähnlicher Form realisieren. Das Ergebnis zeigt das Bild 9-13.

Nun können Sie eine automatische Numerierung der Gliederung vornehmen. Im einzelnen ist dazu folgendes Vorgehen erforderlich:

Reihenfolge der Bearbeitung	Tastenfolge
1. Zeichen in der Gliederung markieren	<Richtungstasten>
2. Befehl BIBLIOTHEK NUMERIEREN wählen	<ESC> <B> <N>
3. Befehl ausführen	<RETURN>

Das Ergebnis zeigt der in Bild 9-14 wiedergegebene Bildschirm:

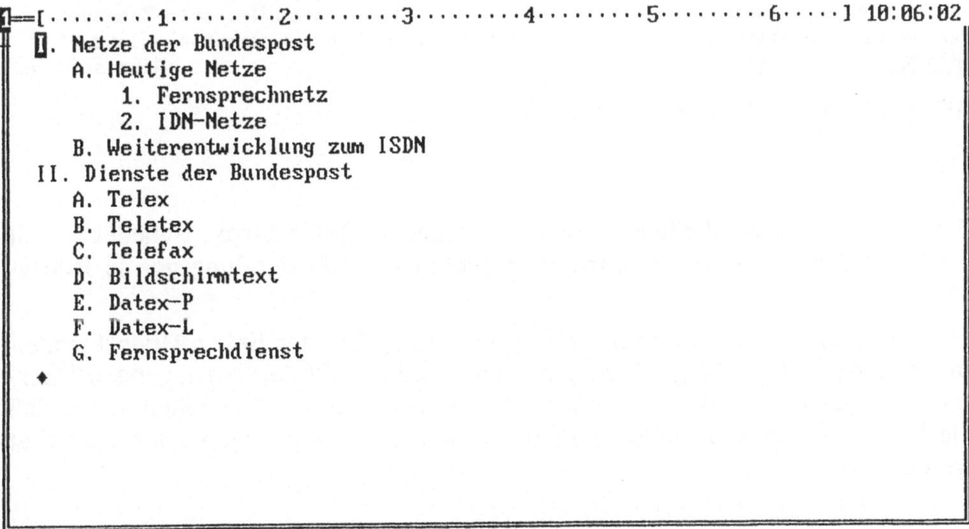

Bild 9-14: Automatisch numerierte Gliederung

Sie sollen nun Texte in die Gliederung einfügen. Wechseln Sie dazu mit der Tastenkombination <UMSCHALT> + <F2> in den Textbildschirm. Nun können Sie die beiden Textdateien an den gewünschten Positionen mit dem Befehl ÜBERTRAGEN ZUSAMMENFÜHREN einfügen.

```
=[·········1········2········3·········4·····[····5········6····· 10:19:29
  I. Netze der Bundespost
     A. Heutige Netze
        1. Fernsprechnetz
        2. IDN-Netze
     B. Weiterentwicklung zum ISDN
  II. Dienste der Bundespost
     A. Telex
     B. Teletex
     C. Telefax
T Fernkopieren ist ein Verfahren, das die Möglichkeit bietet,
  schriftliche Vorlagen schnell und über unbegrenzte Entfernungen
  original zu übertragen. Als Dienstleistung wird das Fernkopieren
  seit dem 1.1.1979 von der Deutschen Bundespost unter der
  Bezeichnung Telefax angeboten.
     D. Bildschirmtext
T Bildschirmtext (kurz Btx) ist eine Dienstleistung der Bundespost,
  die den Teilnehmern die Möglichkeit bietet, gezielt Informationen
  auf einem Bildschirm (Fernseh- oder Computerbildschirm) abzurufen
  oder Informationen zu versenden.
                                                        =TEXT95.TXT=
BEFEHL: Ausschnitt Bibliothek Druck Einfügen Format Gehezu Hilfe Kopie
        Löschen Muster Quitt Rückgängig Suchen Übertragen Wechseln Zusätze
Bearbeiten Sie bitte Ihren Text oder unterbrechen Sie zum Hauptbefehlsmenü!
Ebene 1          (¶)                                    Microsoft Word
```

Bild 9-15: Darstellung mit Textkörper

Wenn Sie anschließend den Gliederungsbildschirm wieder mit
<UMSCHALT>+<F2> aufrufen, ergibt sich die Darstellung wie in Bild 9-15.

Die Textkörper werden nun mit einem großen "T" in der linken Bildschirmleiste gekennzeichnet. Sie gehören dann zur jeweils direkt darüberliegenden Überschrift. Gehen sie danach in den Textbildschirm zurück. Sie sehen dann, daß die Überschriften nicht mehr eingerückt sind, aber auch hier weiter verwaltet werden.

9.4.2 Überarbeiten von Gliederungen im Text

Für das Bearbeiten von Texten ist es wichtig und interessant, daß man die Ansicht einer Gliederung ändern kann. Optionen, über die eine Gliederungsfunktion verfügt, sind etwa:

a)   das Erweitern der Ansicht, um z. B. dazugehörigen Text anzusehen;

b)   die Möglichkeit, Unterkapitel-Überschriften verschwinden zu lassen, um nur Hauptüberschriften zu betrachten. Dadurch kann etwa besser geprüft werden, ob eine Zuordnung auf einer richtigen Gliederungsstufe vorgenommen wurde.

Um im Gliederungsbildschirm unterschiedlich genaue Anzeigen zu einer Überschrift zu realisieren, gibt es folgende Optionen nach Ansteuerung der Überschrift:

Option	Taste im numerischen Block
Überschrift reduzieren (Ausblenden der niedrigeren Überschriftsebene und des Textkörpers)	-
Überschrift erweitern (Anzeige der nächstniedrigeren Überschriftsebene)	+
Überschrift global erweitern (Einblenden aller untergeordneten Überschriften)	*

Weiter Besonderheiten ergeben sich bezüglich des Einblendens von Textkörpern. Durch Betätigen von <UMSCHALT> + <+> kann ein Textkörper unter einer Überschrift eingeblendet werden; mit <UMSCHALT> + <-> kann ein Textkörper ausgeblendet werden.

Wichtig zu wissen ist, welche Bedeutung die Zeichen haben, die bei Betätigen der Ansichtsoptionen in der linken Bildschirmleiste erscheinen. Sofern das Pluszeichen am Rand erscheint, bedeutet dies, daß es untergeordnete Überschriften zu dieser Überschrift gibt. Ein kleines "t" bedeutet demgegenüber, daß es zu dieser Überschrift einen Textkörper gibt (dies müßte im Beispiel zweimal der Fall sein).

Unter Nutzung der Gliederungsfunktion können Dokumente außerdem schneller und effizienter bearbeitet werden. So ist es lediglich erforderlich, die Gliederungspunkte zu verschieben. Word sorgt automatisch dafür, daß auch alle untergeordneten Überschriften und der dazugehörige Text mit verschoben werden.

Voraussetzung zur Nutzung der Möglichkeiten ist der Wechsel in eine weitere Betriebsart: "Gliederungsaufbau bearbeiten". Diese können Sie, sofern Sie sich in der Gliederungsansicht befinden, mit der Tastenkombination <UMSCHALT> + <F5> aufrufen.

Somit lassen sich drei Stufen in Verbindung mit der Gliederungsfunktion unterscheiden:

a) Textansicht
b) Gliederungstext bearbeiten
c) Gliederungsaufbau bearbeiten.

Erst durch Wahl der Betriebsart "Gliederungsaufbau bearbeiten" können Sie Text umstellen und dabei immer die Gesamtstruktur im Auge behalten. Nach Betätigen der Tastenkombination <UMSCHALT> + <F5> erscheint folgende Bildschirmdarstellung (Hinweis: achten Sie auf das Wort "AUFBAU" in der Statuszeile):

```
▌═[·········1·········2·········3·········4·········5·········6·····] 10:28:51
▌ I. Netze der Bundespost
▌    A. Heutige Netze
▌         1. Fernsprechnetz
▌         2. IDN-Netze
▌    B. Weiterentwicklung zum ISDN
▌ II. Dienste der Bundespost
▌    A. Telex
▌    B. Teletex
▌ t  C. Telefax
▌ t  D. Bildschirmtext
▌    E. Datex-P
▌    F. Datex-L
▌    G. Fernsprechdienst
▌    ◆
▌
▌
▌
▌                                                          ═TEXT95.TXT═
BEFEHL: Ausschnitt Bibliothek Druck Einfügen Format Gehezu Hilfe Kopie
        Löschen Muster Quitt Rückgängig Suchen Übertragen Wechseln Zusätze
Bearbeiten Sie bitte Ihren Text oder unterbrechen Sie zum Hauptbefehlsmenü!
AUFBAU          (¶)                                      Microsoft Word
```

Bild 9-16: Bildschirm "Gliederungsaufbau bearbeiten"

In folgenden Teilschritten können Sie die Lösung der Teilaufgabe in Angriff
nehmen:

Reihenfolge der Bearbeitung	Tastenfolge
1. Umschalten auf Gliederungsansicht	<UMSCHALT> + <F2>
2. Auslösen "Gliederungsaufbau bearbeiten"	<UMSCHALT> + <F5>
3. Überschrift in der Gliederung markieren	<Pfeil rechts>
4. Löschtaste betätigen	<DEL>
5. Neue Position ansteuern	<Richtungstaste>
6. Einfügetaste betätigen	<INS>

Nach Verschieben der Gliederungspunkte bietet es sich an, erneut die Numerierung vorzunehmen. Wählen Sie dazu den Befehl BIBLIOTHEK NUMERIE-
REN.

Musteraufgabe 9-8:   Erstellen eines Organigramms mit der Funktion "Linienzeichnen"

Die Funktion "Zeichnen von Linien" eignet sich unter anderem recht gut für das Zeichnen von Organigrammen, die in einem Text plaziert werden sollen. Erstellen Sie das im folgenden dargestellte Organigramm und speichern Sie dies unter dem Dateinamen "Text96":

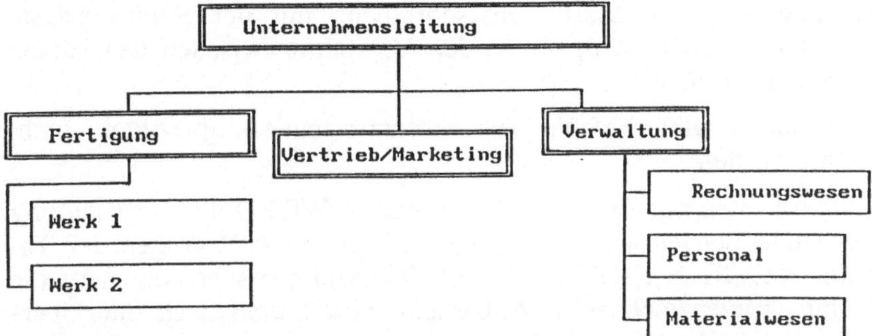

Gehen sie zur Lösung der Aufgabe in folgenden Teilschritten vor:

1) Zeichnen Sie zunächst mit einem größeren Rahmen das Kästchen für die Unternehmensleitung. Anschließend sind die Verbindungslinien zu zeichnen, dann die weiteren Kästchen.

2) Tragen Sie - nachdem sämtliche Linien gezeichnet sind - die Textinformationen in die Kästchen ein.

9.5 Erstellen von Semigraphiken (Linienzeichnen)

Textprogramme, die über die Möglichkeit der Erstellung von Semigraphiken verfügen, sind mitunter ebenfalls eine nützliche Hilfe. Auf diese Weise können z. B. Rahmen gezeichnet bzw. sehr schnell horizontale und vertikale Linien erzeugt werden. Typische Anwendungen hierfür sind etwa das Entwerfen von Organigrammen, das Zeichnen einfacher Blockgraphiken sowie das Hervorheben von Absätzen durch Umrahmung.

Bei der praktischen Realisierung von Semigraphiken in WORD sind zwei grundsätzliche Varianten zu unterscheiden:

a)   Arbeiten in der Betriebsart "Linienzeichnen"

b)   Arbeiten mit dem Befehl FORMAT RAHMEN.

zu a) Arbeiten in der Betriebsart "Linienzeichnen"
WORD verfügt ab der Version 4 über die Möglichkeit des Linienzeichnens mit Hilfe der Richtungstasten. Diese Funktion bietet sich unter anderem für das Erstellen von Organigrammen im Text an. Für die Nutzung der Funktion empfiehlt sich die Beachtung folgender Regeln:

- Bestimmen Sie zunächst das gewünschte Linienzeichen über Wahl des Befehls ZUSÄTZE und durch entsprechende Auswahl im Feld "Linienzeichen:".

- Positionieren Sie den Cursor auf die gewünschte Position und zeichnen Sie die Linien durch Bewegen der Richtungstasten;

- Das Einrahmen bereits bestehender Texte sollte vermieden werden;

- Sofern ein Kasten zu zeichnen ist, sollten Sie darauf achten, daß für eine Texteinfügung die Betriebsart "Überschreiben" mit der Funktionstaste <F5> gewählt werden muß, um in den Leerraum zwischen den Linien den Text zu plazieren;

- Zeilenschaltungen und Befehle zur Absatzformatierung sollten nicht durchgeführt werden.

Das Zeichnen von Linien mit Richtungstasten setzt in WORD die Umschaltung in die entsprechende Betriebsart voraus; dies erfolgt durch Betätigen der Tastenkombination <CTRL> + <F5>. In der Statuszeile erscheinen dann die Zeichen LZ (für "Linienzeichnen"). Außerdem wird automatisch der Überschreibmodus eingeschaltet (Vorsicht bei vorhandenem Text). Das Ausschalten der Funktion erfolgt entweder durch erneutes Betätigen der Tastenkombination <CTRL> + <F5> oder durch Betätigen der Taste <ESC>.

Unter Beachtung der genannten Regeln für das Nutzen der Linienfunktion können Sie nun die Lösung der Aufgabe in Angriff nehmen. Im einzelnen gilt für das Zeichnen von Linien somit folgendes Vorgehen:

Reihenfolge der Bearbeitung	Tastenfolge
1. Befehl ZUSÄTZE wählen	<ESC> <Z>
2. Linienzeichen auswählen	<Richtungstasten>
3. Befehl ausführen	<RETURN>
4. Ausgangspunkt für das Zeichnen ansteuern	<Richtungstasten>
5. Betriebsart "Linienzeichnen" einschalten	<CTRL> + <F5>
6. Ziehen der Linien	<Richtungstasten>
7. Betriebsart "Linienzeichnen" ausschalten	<CTRL> + <F5>

zu b) Arbeiten mit dem Befehl FORMAT RAHMEN
Der Befehl FORMAT RAHMEN bietet die Möglichkeit, markierte Absätze mit Rahmenlinien oder einem Kasten zu versehen. Es handelt sich hier also um eine besondere Form von Absatzformaten.

Bei Wahl des Befehls stehen im einzelnen folgende Optionen zur Verfügung:

a) Im ersten Befehlsfeld haben Sie die Wahl festzulegen, ob als Kennzeichnung eines Absatzes eine Linie dienen soll oder ob der Absatz insgesamt durch einen Kasten eingerahmt werden soll.

b)   Im zweiten Befehlsfeld "Linienart:" können Sie festlegen, ob es sich um normale Linien handeln soll oder ob die Ausgabe in Fettdruck bzw. als Doppellinie erfolgen soll.

c)   Wird im Befehlsfeld "Art:" die Option "Linie" gewählt, bieten die Befehlsfelder in der zweiten Zeile die Möglichkeit, die Position der Linien festzulegen. Optionen sind links, rechts, oben und unten.

Um eine gewählte Umrahmung wieder zu löschen, müssen Sie erneut den Befehl FORMAT RAHMEN wählen und hier im ersten Befehlsfeld die Option "Keine" einstellen.

9.6 Zusammenfassung

o   Der Datei-Manager bietet die Möglichkeit, ergänzende Kurzinformationen bei der Speicherung anzugeben, die bei einer späteren Textsuche genutzt werden können.

o   Das Erfassen von Kurzinformationen erfolgt in einem besonderen Eingabeformular nach Ausführung des Befehls ÜBERTRAGEN SPEICHERN und ermöglicht die Angabe von Titel, Namen der Autoren und Bearbeiter, Schlüsselworte, Kommentare und Versionen. Erstellungsdatum und Datum der letzten Überarbeitung werden automatisch verwaltet.

o   Mit der Auslösung des Befehls BIBLIOTHEK DATEI-MANAGER stehen verschiedene Optionen zur Verfügung, die es ermöglichen, gezielt Dateien zu suchen, selektierte Dateien zu laden, Kurzinformationen und Texte zu drucken sowie Kurzinformationen in differenzierter Form auf dem Bildschirm anzuzeigen.

o   Die Fußnotenverwaltung ist vor allem bei Berichten und Vortragstexten eine wesentliche Hilfe. So können Fußnoten im Text automatisch numeriert und - bei nachträglichem Löschen und Einfügen einer Fußnote - systemunterstützt renumeriert werden.

o   Für die Fußnotenverwaltung haben die Befehle FORMAT FUSSNOTE sowie GEHEZU FUSSNOTE besondere Bedeutung. Mit der Befehlsfolge FORMAT FUSSNOTE können Sie ein automatisches Einfügen von Fußnoten und Fußnotentext realisieren. Die Befehlsfolge GEHEZU FUSSNOTE ermöglicht ein gezieltes Ansteuern von Fußnotenzeichen sowie von Fußnoten.

o   Grundsätzlich erscheinen Fußnotentexte beim Druck auf derselben Seite, auf der sich die Fußnoten befinden. Eine Änderung ist möglich mit dem Befehl FORMAT BEREICH LAYOUT.

o   Bei der Nutzung der Gliederungsfunktion muß zwischen dem Text- und dem Gliederungsbildschirm unterschieden werden. Im Gliederungsbildschirm können Gliederungsüberschriften erfaßt und gezielt umstrukturiert werden. Über den Befehl BIBLIOTHEK NUMERIEREN kann eine automatische Numerierung der Gliederung erfolgen.

o   Mit der Funktion "Linienzeichnen" können im Textprogramm WORD einfache Semigraphiken erstellt werden.

9.7 Übungsaufgaben

Übungsaufgabe 9-1:   Erstellen und Bearbeiten eines Textes mit Fußnoten

a)   Erfassen Sie folgenden Text, und speichern Sie das Ergebnis auf Ihrer Arbeitsdiskette unter dem Namen "UEBUNG90":

> Vorteile, die sich durch die zusätzlichen Leistungsmerkmale des Telefons im Rahmen der Bürokommunikation ergeben, sind zum einen in einem störungsfreieren Arbeiten, zum anderen in schnelleren und besseren Informationen zu sehen[1]. Als Nachteil erweist sich, daß die neuen Anwendungsformen bisher lediglich unternehmensintern genutzt werden können, da die Ausstattung des öffentlichen Fernsprechnetzes mit elektronisch gesteuerten Wählsystemen und digitaler Übermittlungstechnik erst in den Anfängen steckt[2].
>
> Mit der Digitalisierung des öffentlichen Fernsprechnetzes eröffnet sich auch die Möglichkeit, die häufig für Fernsprechkonferenzen interessante Unterstützung der Sprachkommunikation durch die Übertragung von Festbildern über die gleiche Telefonleitung (z. B. über Fernkopierer oder Standbildtelefone) zu verbessern, da die Unterbrechungen der Sprachkommunikation wesentlich reduziert werden können und die Unterstützung somit gesprächsbegleitend erfolgen kann[3]. Dadurch ergibt sich in der Praxis oft ein erheblicher Zusatznutzen.

b)   Fügen Sie am Anfang des gespeicherten Textes "UEBUNG90" die Datei "Text94.Txt" und speichern Sie den Text unter dem Dateinamen "UEBUNG91". Erstellen Sie einen fehlerfreien Ausdruck, indem Sie einmal

- die Fußnoten auf der jeweils zugehörigen Textseite drucken;

- die Fußnoten geschlossen am Textende drucken.

Übungsaufgabe 9-2:   Arbeiten mit der Gliederungsfunktion

---

1)   Vgl. Witte, E.: Telekommunikation..., a. a. O., S. 66
2)   Vgl. auch Pfeffermann, K.; Reimann, H.: Kommunikation im Büro - ein Blick in die Zukunft. In: telcom-report, 4. Jg. 1981, S. 372
3)   Vgl. Hagmeyer, H.-Th.: Gleichzeitige Sprach-, Text- und Bildkommunikation über einen digitalen Fernsprechanschluß. Stuttgart, Berlin 1980, S. 88

a)   Zur Disposition der eigenen Aktivitäten an einem bestimmten Tag soll eine
     "Things to do-Liste" erstellt werden. Als erstes wird zu diesem Zweck
     eine Stichwortsammlung erstellt. Das Ergebnis ist die nachfolgende Stich-
     wortliste, die zunächst in dieser noch nicht strukturierten Form im sog.
     Gliederungsbildschirm zu erfassen ist:

> Schreiben an ÖAF
> Rechnungen abzeichnen
> Herrn Weber anrufen
> Zeugnis für Herrn Sieler formuliern
> Besprechung mit Herrn Herzig
> Seminarvorbereitung (Programmkonzept)
> Herrn Kieser anrufen
> Projektbesprechung (14 hst)
> Herrn Manogalt anrufen
> Frau Helmigkeit anrufen
> Herrn Drews schreiben
> Vieweg-Verlag anrufen
> Entwurf zur Fallstudie "Kali KG"

b)   Strukturieren Sie die Gliederung nun in der Form, daß Sie die Punkte der
     Aktivitäten-Liste jeweils als Unterpunkte zu den Hauptpunkten "Anrufe",
     "Briefe", "Besprechungen", "Allgemeine Verwaltung" und "Konzeptio-
     nen" zuordnen.

c)   Speichern Sie das Ergebnis unter dem Dateinamen "UEBUNG92".

Übungsaufgabe 9-3:   Erstellen einer einfachen Blockgraphik

Erstellen Sie die folgende Blockgraphik, die die Befehlsstruktur des Befehls
BIBLIOTHEK im Programm WORD veranschaulicht. Speichern sie das Ergebnis unter dem Dateinamen "UEBUNG93".

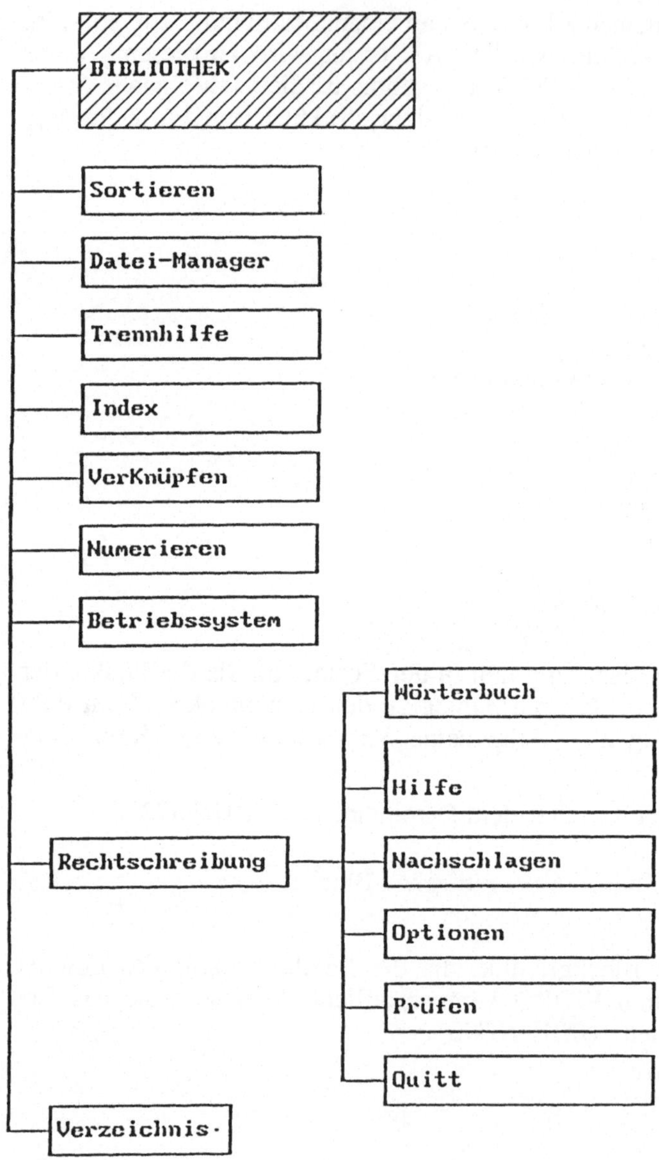

BIBLIOTHEK
Sortieren
Datei-Manager
Trennhilfe
Index
Verknüpfen
Numerieren
Betriebssystem
Rechtschreibung
Wörterbuch
Hilfe
Nachschlagen
Optionen
Prüfen
Quitt
Verzeichnis·

10 Besonderheiten bei der Textgestaltung

Bei der Erstellung von Dokumenten verschiedener Art (Berichte, Verträge, Bedienungsanleitungen und Broschüren) bestehen mitunter Gestaltungsanforderungen, die über das übliche Maß hinausgehen. Diese werden oft von sog. Desktop-Publishing-Programmen mit hohem Komfort und umfassender Funktionalität angeboten. MS-WORD zählt zu den PC-Textprogrammen, die auch in diesem Bereich über hervorragende Leistungsmerkmale verfügen.

Im folgenden Kapitel sollen zwei Aspekte der Dokumentengestaltung intensiver behandelt werden:

1. Erstellen von Texten im Mehrspaltenformat

2. Ausdruck von Texten mit Kopf- und/oder Fußzeilen.

Musteraufgabe 10-1:   Gestalten eines Textes im Mehrspaltenformat

a)   Laden Sie den unter dem Dateinamen "Text44.TXT" gespeicherten Text.

b)   Formatieren Sie den Text so, daß dieser bei einer gesamten Textbreite von 21 cm und eingestellten Rändern von jeweils 2 cm in zwei fortlaufenden Spalten ausgedruckt werden kann.

c)   Führen Sie eine automatische Silbentrennung durch, und lassen Sie sich danach anzeigen, wo der Spalten- und Seitenwechsel erfolgt.

d)   Speichern Sie den erstellten Mehrspaltentext unter dem Dateinamen "Text100", und erstellen Sie einen fehlerfreien Ausdruck. Den oberen Textteil zeigt Bild 10-1.

10.1   Erstellen von Mehrspaltentexten (Kolonnenschreiben)

Eine besondere Funktion von Textprogrammen, die viele Benutzer bei der Erfassung umfangreicher Berichte oder gar Bücher zu schätzen wissen, ist die Möglichkeit, einen Text in Kolonnenschreibweise zu erstellen. Dies bedeutet, daß auf einer Druckseite mehrere Spalten definiert werden können, in denen der Text bei der Erfassung und auch bei Überarbeitungsvorgängen kontinuierlich umläuft.

Nützlich ist die Möglichkeit der Mehrspaltenerfassung auch in Teilen von Texten. Beispiele sind etwa Gegenüberstellungen verschiedener Art: z. B. die Gegenüberstellung eines deutschsprachigen und eines fremdsprachigen Textes oder der Vergleich von Kosten und Leistungen.

Textverarbeitung hat sich zum
Hauptanwendungsgebiet für den
Personal Computer entwickelt.
Dies ist im wesentlichen auf
zwei Gründe zurückzuführen. Zum
einen sind die anfallenden Kosten gering; zum anderen konnten Funktionsumfang und Komfort
der Software in den letzten
Jahren stetig verbessert werden. Hinzu kommen die vielfältigen Einsatzmöglichkeiten: So
können neben Textverarbeitung
mit dem PC noch weitere Aufgaben schnell und problemlos erledigt werden.

PC-Textverarbeitungsprogramme
stellen dem Benutzer alle we-
sentlichen Textfunktionen zur
Verfügung. Hierzu zählen das
Erfassen, das Speichern und das
Drucken von Texten.   .

Ca. 80 % der Fehler bei der
Texteingabe werden unmittelbar
entdeckt. Von Vorteil ist deshalb die Nutzung von Geräten
der Textverarbeitung, die eine
komfortable Sofortkorrektur ermöglichen. Hierzu zählen z. B.
das Löschen, Einfügen und überschreiben von Zeichen.

In der beruflichen Praxis entstehen viele Texte außerdem
nicht selten in mehreren Arbeitsschritten. An der "Roh-
Fassung" werden vom Autor Korrekturen, Einfügungen, Umformatierungen und Kürzungen vorgenommen, die im dann folgenden
Arbeitsgang in den Text eingearbeitet werden müssen. Im Rahmen der nachträglichen Überarbeitung eines Textes sind häufig auch größere Textteile zu
löschen oder einzufügen. Dies
ist meist problemlos mit wenigen Arbeitsschritten möglich.

Umfangreiche Möglichkeiten ste-
hen in der Regel auch für die
Textgestaltung zur Verfügung.
So können z. B. mit fast allen
Textprogrammen Überschriften
zentriert und ein Text im
Blocksatz geschrieben werden.
Um bestimmte Textteile her-
vorzuheben, ist außerdem eine
gezielte Auszeichnung (Fett-

druck, Kursivschrift, Unterstreichen) möglich.

Textverarbeitung hat sich zum
Hauptanwendungsgebiet für den
Personal Computer entwickelt.
Dies ist im wesentlichen auf
zwei Gründe zurückzuführen. Zum
einen sind die anfallenden Kosten gering; zum anderen konnten Funktionsumfang und Komfort
der Software in den letzten
Jahren stetig verbessert werden. Hinzu kommen die vielfältigen Einsatzmöglichkeiten: So
können neben Textverarbeitung
mit dem PC noch weitere Aufgaben schnell und problemlos erledigt werden.

PC-Textverarbeitungsprogramme
stellen dem Benutzer alle we-
sentlichen Textfunktionen zur
Verfügung. Hierzu zählen das
Erfassen, das Speichern und das
Drucken von Texten.

Ca. 80 % der Fehler bei der
Texteingabe werden unmittelbar
entdeckt. Von Vorteil ist deshalb die Nutzung von Geräten
der Textverarbeitung, die eine
komfortable Sofortkorrektur ermöglichen. Hierzu zählen z. B.
das Löschen, Einfügen und überschreiben von Zeichen.

In der beruflichen Praxis entstehen viele Texte außerdem
nicht selten in mehreren Arbeitsschritten. An der "Roh-
Fassung" werden vom Autor Korrekturen, Einfügungen, Umformatierungen und Kürzungen vorgenommen, die im dann folgenden
Arbeitsgang in den Text eingearbeitet werden müssen. Im Rahmen der nachträglichen Überarbeitung eines Textes sind häufig auch größere Textteile zu
löschen oder einzufügen. Dies
ist meist problemlos mit wenigen Arbeitsschritten möglich.

Umfangreiche Möglichkeiten ste-
hen in der Regel auch für die
Textgestaltung zur Verfügung.
So können z. B. mit fast allen
Textprogrammen Überschriften
zentriert und ein Text im
Blocksatz geschrieben werden.
Um bestimmte Textteile her-

Bild 10-1: Mehrspaltentext (Beispiel)

Wichtig aus programmtechnischer Sicht ist, daß beim Schreiben in Kolonnenform das Programm eine Änderung in der Logik des Zeilen-Umbruchs vornimmt: Er muß nun pro Zeile mehrfach erfolgen; der Textzusammenhang besteht also nun teilzeilen-, nicht mehr zeilenweise.

10.1.1 Formatieren eines Textes als Mehrspaltentext

Grundsätzlich wird auch bei MS-Word ein Text nicht in mehreren Spalten geschrieben. Wollen Sie daran etwas ändern, so ist dies über den Befehl FORMAT BEREICH LAYOUT möglich. Nach Wahl der Befehlsfolge ergeben sich folgende Befehlsfelder:

```
FORMAT BEREICH LAYOUT Fußnoten: Selbe-Seite Ende
   Spaltenzahl: 1        Spaltenabstand: 1,25 cm
   Bereichswechsel:(Seite)Fortlaufend Spalte Gerade Ungerade
Wählen Sie bitte eine Option!
Se1 Sp1           ()                        Microsoft Word
```

Bild 10-2: Befehl FORMAT BEREICH LAYOUT

Für die Spaltenverarbeitung sind die beiden Befehlsfelder "Spaltenzahl:" und "Spaltenabstand:" von Interesse:

a) Im Befehlsfeld "Spaltenzahl:" können Sie angeben, wieviel Spalten der Text umfassen soll. Grundsätzlich kann ein Text in so viele Spalten unterteilt werden wie auf einer Seite möglich sind.

b) Im Befehlsfeld "Spaltenabstand:" können Sie den gewünschten Abstand zwischen den einzelnen Spalten festlegen (z. B. 1,5 cm oder 0,5 Zoll).

Die Bedeutung der Befehlsfelder veranschaulicht Bild 10-3.

Nehmen Sie nun die Lösung der Musteraufgabe 10-1 in Angriff und laden Sie die Datei "Text44.TXT". Stellen dann mit dem Befehl FORMAT BEREICH SEITENRAND die gewünschten Randmaße sowie die Breite des Textes neu ein. Danach ist der Befehl FORMAT BEREICH LAYOUT zu wählen und im Befehlsfeld "Spaltenzahl:" die Ziffer 2 einzugeben.

Nach Ausführung des Befehls verändert sich das Format der Darstellung am Bildschirm. Auf dem Bildschirm ist jedoch immer nur eine Spalte zu sehen. Die endgültige Realisierung des Mehrspaltentextes ist letztendlich nur bei der Druckausgabe erkennbar.

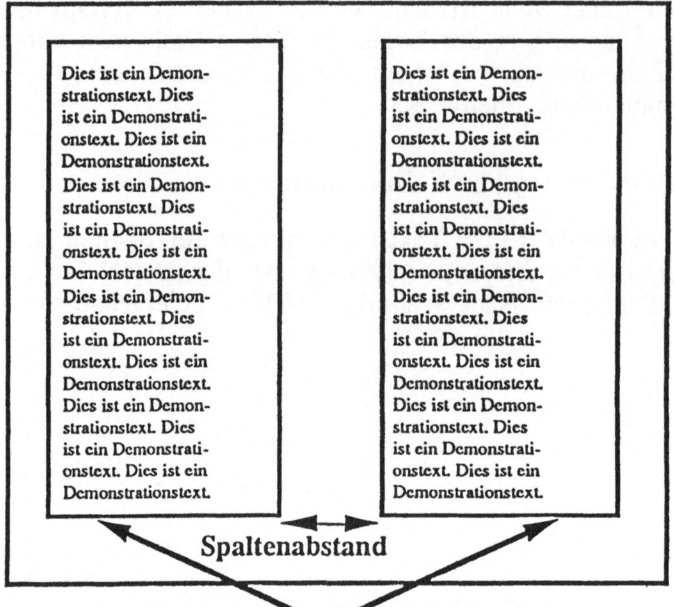

Bild 10-3: Aspekte der Spaltenformatierung

Sie haben allerdings die Möglichkeit, sich den Spalten- und Seitenwechsel vor dem endgültigen Ausdruck am Bildschirm anzeigen zu lassen. Wählen Sie dazu den Befehl DRUCK UMBRUCH-SEITE und führen Sie den Befehl für den Fall aus, daß die Option "Nein" bezüglich der Bestätigung gilt.

Nach Ausführung des Befehls wird der Spaltenbeginn in der ersten Zeile innerhalb der Markierungsleiste durch ein Spaltenumbruchsymbol angezeigt. Dies ist eine Ziffer sowie das Zeichen > >. Die Ziffer gibt dabei die Anordnung der Spalten auf der gedruckten Seite an (z. B. 1 und 2 bei zwei gebildeten Spalten).

Speichern Sie den Text abschließend und erstellen Sie mit dem Befehl DRUCK DRUCKER den gewünschten Ausdruck.

Musteraufgabe 10-2:   Steuerung des Spaltenumbruchs

a)   Erfassen Sie zunächst den folgenden Text in zwei unterschiedlichen Bereichen (Hinweis der Beginn eines neuen Bereiches ist durch eine Doppelpunktlinie gekennzeichnet):

Leistung von Teletex

Teletex bietet die Möglichkeit, Texte im üblichen Schriftbild zu versenden und zu empfangen. Die Geschwindigkeit der Übertragung ist enorm hoch. Um einen Brief von ca. 3000 Zeichen übertragen zu können, sind lediglich 10 Sekunden erforderlich. Außerdem ist von Vorteil, daß während der Übertragung der Lokalbetrieb nicht gestört wird.

Kosten von Teletex

Um Teletex nutzen zu können, ist zum einen ein geeignetes Endgerät anzuschaffen. Dies kann eine Schreibmaschine, eine Textautomat oder ein Computer sein. Wird z. B. ein PC installiert, dann müssen ca. 5000,-- DM als Zusatzkosten kalkuliert werden. Hinzu kommen Gebühren, die die Post für die einmalige Installation erhebt. Ferner sind die lfd. Kosten (eine monatliche Grundgebühr sowie die Gebühren für die Übertragung) zu berücksichtigen.

b) Formatieren Sie diesen Text als Mehrspaltentext, so daß sich Leistungs- und Kostendarstellung gegenüberstehen. Geben Sie als Spaltenabstand 1 cm ein.

c) Speichern Sie den Text unter dem Dateinamen "Text101" und erstellen Sie einen fehlerfreien Ausdruck.

10.1.2 Steuern des Spaltenumbruchs

Beim Arbeiten mit Mehrspaltentexten haben Sie selbstverständlich auch die Möglichkeit, selbst festzulegen, wann ein Spaltenumbruch erfolgen soll. Dazu ist eine entsprechende Angabe in der Bereichsmarke über den Befehl FORMAT BEREICH LAYOUT vorzunehmen.

Schreiben Sie zur Lösung der Musteraufgabe 10-2 zunächst die beiden Bereiche. Nehmen Sie dabei eine Bereichstrennung durch Betätigen der Tastenkombination <CTRL>+<RETURN> vor. Markieren Sie danach die Bereichsmarke und wählen Sie den Befehl FORMAT BEREICH LAYOUT. Verändern Sie die Standards in folgenden Befehlsfeldern:

- Spaltenzahl: "2" eingeben

- Spaltenabstand: "1 cm" eingeben.

- Wechsel: "Spalte" auswählen.

Fahren Sie dann in den unteren Textbereich, und wählen Sie erneut den Befehl FORMAT BEREICH LAYOUT mit den Einstellungen, die im ersten Fall gewählt wurden. Ergebnis ist der nachfolgende Text:

Leistung von Teletex

Teletex bietet die Möglichkeit, Texte im üblichen Schriftbild zu versenden und zu empfangen. Die Geschwindigkeit der Übertragung ist enorm hoch. Um einen Brief von ca. 3000 Zeichen übertragen zu können, sind lediglich 10 Sekunden erforderlich. Außerdem ist von Vorteil, daß während der Übertragung der Lokalbetrieb nicht gestört wird.

Kosten von Teletex

Um Teletex nutzen zu können, ist zum einen ein geeignetes Endgerät anzuschaffen. Dies kann eine Schreibmaschine, eine Textautomat oder ein Computer sein. Wird z. B. ein PC installiert, dann müssen ca. 5000,-- DM als Zusatzkosten kalkuliert werden. Hinzu kommen Gebühren, die die Post für die einmalig Installation erhebt. Ferner sind die lfd. Kosten (eine monatliche Grundgebühr sowie die Gebühren für die Übertragung) zu berücksichtigen.

Musteraufgabe 10-3:   Erstellen von Texten mit Kopf- und Fußzeilen

a)   Laden Sie den unter dem Dateinamen "Text44.TXT" gespeicherten Text.

b)   Erfassen Sie eine Kopfzeile mit folgendem Inhalt, die auf allen Seiten des Textes erscheinen soll:

Textverarbeitung: Anwendungsstand und Trends

c)   Erfassen Sie anschließend in einem gesonderten Absatz folgenden Text für eine Fußzeile, die auf allen Seiten des Textes erscheinen soll:

Copyright by E. Tiemeyer

d)   Nehmen Sie für die Positionierung der Kopf- und Fußzeile folgende Veränderungen der Randeinstellung vor:

- Seitenrand oben: 3 cm (statt bisher 5 cm)

- Seitenrand unten: 3 cm (statt bisher 2 cm)

- Abstand Kopfzeile von oben: 2 cm

- Fußzeile von unten: 2,5 cm.

e)   Stellen Sie sicher, daß die Positionierung der Kopf- und Fußzeilen so erfolgt, daß diese am linken Rand bündig mit dem zugehörigen Text abschließen.

f)   Speichern Sie den Text unter dem Dateinamen "Text102", und erstellen Sie einen fehlerfreien Ausdruck.

g)   Nehmen Sie eine Ergänzung der Fußzeile in der Form vor, daß in dieser Zeile auch die Seitennummer automatisch ausgewiesen wird (Hinweis: Setzen Sie dafür einen rechtsbündigen Tabulator an der Position 18,03 cm). Speichern Sie diesen Text unter dem Dateinamen "Text103", und erstellen Sie einen fehlerfreien Ausdruck.

10.2 Automatisches Erstellen von Kopf- und Fußzeilen

Eine weitere Möglichkeit moderner Textprogramme, die insbesondere bei umfangreichen Texten als zweckmäßig angesehen wird, besteht darin, gleichlautende Text-Zeilen am Kopf und/oder am Fuße der Seiten eines Dokumentes zu setzen. Dadurch kann die Übersichtlichkeit eines Textes für einen Leser mitunter erheblich verbessert werden.

Beispiele für Inhalte von Kopfzeilen sind: Kapitelüberschriften in längeren Dokumenten, Firmenbezeichnungen bei Brieftexten oder inhaltliche Kurzhinweise in Vertragstexten. Fußzeilen lassen sich z. B. für Copyright-Vermerke verwenden. Vorteilhaft sind Programme, die gleichzeitig sowohl eine Berücksichtigung von Kopf- als auch Fußzeilen ermöglichen. Außerdem besteht manchmal der Wunsch, daß als konstante Kopf- oder Fußinformation mehrere Zeilen möglich sind. Diese Option lassen nur wenige Programme zu.

10.2.1 Erstellen eines Textes mit Kopf- und Fußzeilen

Wenn Sie einen Text mit Kopf- und/oder Fußzeilen erstellen wollen, so können Sie dies bereits unmittelbar bei der Erfassung festlegen. Es besteht aber auch die Möglichkeit, diese Formatierung im nachhinein vorzunehmen. Damit wird deutlich, daß sich Kopf- und Fußzeilen auch noch in bereits vorhandene Texte einfügen lassen. Die Vorgehensweise ist in beiden Fällen grundsätzlich gleich.

Es empfiehlt sich, gewünschte Kopf- oder Fußzeilen am Anfang eines Textes zu schreiben (bei mehreren Bereichen mit unterschiedlichen Kopfzeilen an den Anfang eines Bereiches). Anschließend muß der Text für die Zeilen markiert und dann der Befehl FORMAT KOPF-/FUSSZEILE gewählt werden. Bei Wahl des Befehls ergeben sich folgende Befehlsfelder:

```
FORMAT KOPF-/FUSSZEILE Position: Oben Unten
Ungerade Seiten:(Ja)Nein     Gerade Seiten:(Ja)Nein     Erste Seite: Ja(Nein)
Wählen Sie bitte eine Option!
Sel Sp1          ()                                   Microsoft Word
```

Bild 10-4: Befehl FORMAT KOPF-/FUSSZEILE

In der ersten Zeile können Sie festlegen, ob ein zuvor markierter Text als Kopf- oder als Fußzeile gelten soll. Bei Kopfzeilen ist die Option "Oben"; bei Fußzeilen die Option "Unten" zu wählen.

In den folgenden drei Befehlsfeldern kann angegeben werden, daß bestimmte Seiten eines Textes nicht mit Kopf-/Fußzeilen versehen werden sollen. Das abgebildete Befehlsmenü zeigt, daß die Kopf-/Fußzeilen grundsätzlich auf allen Seiten (ausgenommen auf der ersten Seite) erscheinen. Alternativ können Sie festlegen, daß die Kopf- bzw. Fußzeilen auf Seitem mit ungerader Seitenzahl oder auf Seiten mit gerader Seitenzahl nicht erscheinen sollen (Option "Nein" in den Feldern einstellen). Außerdem ist auch ein Ausdruck auf der ersten Seite möglich (Option "Ja" im Feld "Erste Seite:" wählen).

Nun können Sie die Lösung der Musteraufgabe 10-3 in Angriff nehmen. Laden Sie dazu zunächst die Datei "Text44.TXT" und nehmen Sie eine Absatzschaltung am Textanfang vor. Schreiben Sie dann den gewünschten Text für die Kopfzeile: "Textverarbeitung: Anwendungsstand und Trends". Nachdem Sie wiederum eine Absatzschaltung mit <RETURN> vorgenommen haben, müssen Sie den Cursor erneut in der erfaßten Zeile positionieren und diese dann mit der Funktionstaste <F10> markieren. Danach ist dann der Befehl FORMAT KOPF-/FUSSZEILE zu wählen. Im nun erscheinenden Befehlsmenü müssen jetzt die notwendigen Einstellungen in der Form vorgenommen werden, wie dies in Bild 10-5 dargestellt ist.

```
=[··········1·········2·········3·········4·········5]·········6······ 16:47:03
 Textverarbeitung: Anwendungsstand und Trends

  Textverarbeitung hat sich zum Hauptanwendungsgebiet
  für den Personal Computer entwickelt. Dies ist im
  wesentlichen auf zwei Gründe zurückzuführen. Zum
  einen sind die anfallenden Kosten gering; zum
  anderen konnten Funktionsumfang und Komfort der
  Software in den letzten Jahren stetig verbessert
  werden. Hinzu kommen die vielfältigen
  Einsatzmöglichkeiten: So können neben
  Textverarbeitung mit dem PC noch weitere Aufgaben
  schnell und problemlos erledigt werden.

  PC-Textverarbeitungsprogramme stellen dem Benutzer
  alle wesentlichen Textfunktionen zur Verfügung.
  Hierzu zählen das Erfassen, das Speichern und das
  Drucken von Texten.

  Ca. 80 % der Fehler bei der Texteingabe werden
                                                       =TEXT44.TXT=
FORMAT KOPF-/FUSSZEILE Position:(Oben)Unten
Ungerade Seiten:(Ja)Nein        Gerade Seiten:(Ja)Nein     Erste Seite: Ja Nein
Wählen Sie bitte eine Option!
Se1 Sp45           ()                                      Microsoft Word
```

Bild 10-5: Einstellung eines Textes als Kopfzeile

Abschließend kann die Befehlsausführung mit der Taste <RETURN> bestätigt werden. Damit ist eine Kopfzeile eingerichtet. Dies wird auf dem Bildschirm dadurch angezeigt, daß in der Markierungsleiste am linken Absatzrand ein Caret-Zeichen (^) erscheint.

In ähnlicher Form können Sie nun die Fußzeile einrichten. Schreiben Sie den gewünschten Text ("Copyright by E. Tiemeyer") in einem gesonderten Absatz. Wählen Sie nach der Markierung den Befehl FORMAT KOPF-/FUSSZEILE und ändern Sie die Einstellung des Feldes "Position:" auf "Unten" sowie des Feldes "Erste Seite:" auf "Ja".

Zusammenfassend ergibt sich somit folgendes Vorgehen für das Zuordnen von Kopf- oder Fußzeilen zu einem Text:

Reihenfolge der Bearbeitung	Tastenfolge
1. Textanfang ansteuern	<CTRL> + <PgUp>
2. Text der Kopf-/Fußzeile schreiben	......
3. Absatzschaltung vornehmen	<RETURN>
4. Absatz markieren	<F10>
5. Befehl FORMAT KOPF-/FUSSZEILE wählen	<ESC> <F> <K>
6. Bestimmung als Kopf- bzw. Fußzeile	<O> oder <U>
7. Variation der Seitenwahl	<TAB> <Leertaste>
8. Befehl ausführen	<RETURN>

Schließlich sei noch darauf hingewiesen, daß der gesamte Vorgang auch zügig durch Betätigen einer bestimmten Funktionstastenkombination bewirkt werden kann. Nach Markierung des Absatzes ist dann entweder <CTRL> + <F2> (für Kopfzeilen) sowie <ALT> + <F2> (für Fußzeilen) zu betätigen.

10.2.2 Steuerung der Position von Kopf- und Fußzeilen

Bevor Sie den Ausdruck eines Textes vornehmen, für den Kopf- und Fußzeilen festgelegt sind, sollten Sie sich in jedem Fall vergewissern, daß die Zeilen auch wunschgemäß auf der Seite positioniert werden können. Dies betrifft sowohl die Einrückung in bezug auf den linken Rand als auch die Abstände vom Text und dem oberen bzw. unteren Seitenrand. Eine Orientierung für die Positionierung von Kopf- und Fußzeilen gibt die Darstellung in Bild 10-6.

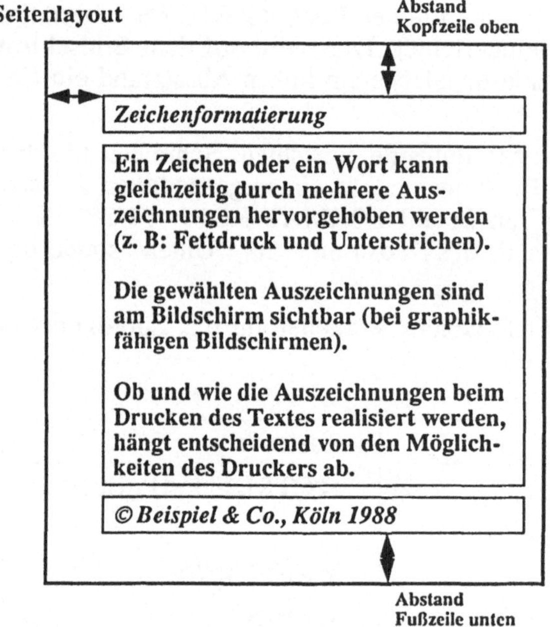

Bild 10-6: Seitenlayout für Kopf- und Fußzeilen

Wichtig ist also zum einen das Bestimmen der vertikalen Position von Kopf-
und Fußzeilen. Auch hierfür ist eine Standard-Positionierung vorgegeben.
Kopf- und Fußzeilen werden standardmäßig 1,25 cm unterhalb des oberen bzw.
oberhalb des unteren Blattrands ausgedruckt. Bei Änderung von Randmaßen
müssen Sie jedoch darauf achten, daß die Kopf- und Fußzeilen innerhalb der
Seitenränder positioniert werden. Eine Anpassung bzw. Änderung ist möglich
über den Befehl FORMAT BEREICH SEITENRAND. Nach Wahl des Befehls
ergibt sich die Bildschirmdarstellung von Bild 10-7.

Die Befehlsfelder zur Veränderung der Position stehen in der letzten Zeile
("Abstand Kopfzeile von oben:" bzw. "Fußzeile von unten:"). Bei der Eingabe
der Maßgröße im Feld "Abstand Kopfzeile von oben:" ist darauf zu achten, daß
ein Wert eingegeben wird, der kleiner ist als der für den oberen Seitenrand
festgelegte. Unter Umständen müssen auch die anderen Randmaße angepaßt
werden. Im Beispielfall sind folgende Werte zu ändern:

- Seitenrand oben: 3 cm (statt bisher 5 cm)
- Seitenrand unten: 3 cm (statt bisher 2 cm)
- Abstand Kopfzeile von oben: 2 cm
- Fußzeile von unten: 2,5 cm.

Meist besteht außerdem der Wunsch, daß die Kopf- bzw. Fußzeile bündig mit
dem zugehörigen Text ausgerichtet wird. Grundsätzlich positioniert WORD die

```
=[·········1·········2·········3·········4·····[···5··········6·····  16:16:41
  ^Textverarbeitung: Anwendungsstand und Trends
  ^Copyright by E. Tiemeyer
  Textverarbeitung hat sich zum Hauptanwendungsgebiet
  für den Personal Computer entwickelt. Dies ist im
  wesentlichen auf zwei Gründe zurückzuführen. Zum
  einen sind die anfallenden Kosten gering; zum
  anderen konnten Funktionsumfang und Komfort der
  Software in den letzten Jahren stetig verbessert
  werden. Hinzu kommen die vielfältigen
  Einsatzmöglichkeiten: So können neben
  Textverarbeitung mit dem PC noch weitere Aufgaben
  schnell und problemlos erledigt werden.

  PC-Textverarbeitungsprogramme stellen dem Benutzer
  alle wesentlichen Textfunktionen zur Verfügung.
  Hierzu zählen das Erfassen, das Speichern und das
  Drucken von Texten.


FORMAT BEREICH SEITENRAND Oben: 5 cm       Unten: 2 cm          Links: 5 cm
   Rechts: 2 cm     Seitenlänge: 30,5 cm   Breite: 20 cm        Bundsteg: 0 cm
   Abstand Kopfzeile von oben: 1,25 cm     Fußzeile von unten: 1,25 cm
Geben Sie bitte das Maß ein!
Se1 Sp1            (x)                                       Microsoft Word
```

Bild 10-7: Positionierung von Kopf-/Fußzeilen

Zeilen unmittelbar an der linken Papierkante (es wird also nicht von der Rand-
linie ausgegangen). Um nun eine Änderung entsprechend des Textes vornehmen zu können, müssen Sie eine Absatzeinrückung mit den Maßen vornehmen,
die im Text für den linken Seitenrand bestimmt sind (im Beispielfall 5 cm).

Im einzelnen ist folgendes Vorgehen für das korrekte Einrücken der Kopf- und
Fußzeilen im Beispielfall erforderlich:

Reihenfolge der Bearbeitung	Tastenfolge
1. Kopf-/Fußzeilen markieren	<F10> mit Erweiterung
2. Befehl FORMAT ABSATZ wählen	<ESC> <F> <A>
3. Befehlsfeld "Linker Einzug:" ansteuern	<TAB>
4. Eingabe im Befehlsfeld vornehmen	5
5. Befehl ausführen	<RETURN>

Damit sind die Vorbereitungen für das Erstellen des Textes im gewünschten
Format beendet. Speichern Sie den Text unter dem Dateinamen "Text102", und
erstellen Sie einen Ausdruck mit dem Befehl DRUCK DRUCKER. Ergebnis ist
ein Text, der die erstellten Kopf- und Fußzeilen automatisch auf den entsprechenden Seiten enthält.

10.2.3 Einfügen von Seitenzahlen in Kopf- oder Fußzeilen

WORD bietet die Möglichkeit, in eine erstellte Kopf- oder Fußzeile beim Ausdruck die jeweils zutreffende Seitennummer zu integrieren. Dazu muß der vorhandene Standard-Textbaustein SEITE lediglich positionsgerecht eingefügt werden.

Positionieren Sie zur Lösung der Aufgabe zunächst den Cursor hinter das letzte Zeichen in der erfaßten Fußzeile. Richten Sie dann mit dem Befehl FORMAT TABUALTOR SETZEN an der Position 18,03 cm einen rechtsbündigen Tabulator ein, und positionieren Sie den Cursor an diese Stelle. Wählen Sie den Befehl EINFÜGEN und betätigen Sie die Auswahltaste <F1>. Aus der angezeigten Liste ist nun der Baustein SEITE auszuwählen und der Befehl mit <RETURN> auszuführen.

Ergebnis ist die in Bild 10-8 wiedergegebene Bildschirmdarstellung:

```
=0·········1······[2·······3·······4·······5·······6······  16:25:52
  ^                Textverarbeitung: Anwendungsstand und Trends
  ^                Copyright by E. Tiemeyer                      (Seite)

   Textverarbeitung hat sich zum Hauptanwendungsgebiet
   für den Personal Computer entwickelt. Dies ist im
   wesentlichen auf zwei Gründe zurückzuführen. Zum
   einen sind die anfallenden Kosten gering; zum
   anderen konnten Funktionsumfang und Komfort der
   Software in den letzten Jahren stetig verbessert
   werden. Hinzu kommen die vielfältigen
   Einsatzmöglichkeiten: So können neben
   Textverarbeitung mit dem PC noch weitere Aufgaben
   schnell und problemlos erledigt werden.

   PC-Textverarbeitungsprogramme stellen dem Benutzer
   alle wesentlichen Textfunktionen zur Verfügung.
   Hierzu zählen das Erfassen, das Speichern und das
   Drucken von Texten.
                                                    =TEXT103.TXT=
BEFEHL: Ausschnitt Bibliothek Druck Einfügen Format Gehezu Hilfe Kopie
        Löschen Muster Quitt Rückgängig Suchen Übertragen Wechseln Zusätze
Bearbeiten Sie bitte Ihren Text oder unterbrechen Sie zum Hauptbefehlsmenü!
Se1 Sp20        (x)                                       Microsoft Word
```

Bild 10-8: Formatieren mit dem Baustein SEITE

Die Darstellung zeigt, daß nun ein Platzhalter in der Fußzeile eingefügt wurde. Dadurch wird bewirkt, daß beim Ausdruck des Textes an Stelle von (Seite) die jeweils zutreffende Seitennummer automatisch bei der Fußzeile mit ausgedruckt wird. Auch das Format dieser Seitenangabe ist noch steuerbar (dazu ist eine entsprechende Einstellung mit dem Befehl FOMART BEREICH PAGINIERUNG notwendig).

10.3   Zusammenfassung

o   Die Formatierung eines Textes im Mehrspaltenformat ist interessant, wenn
    Berichte, Broschüren oder gar Bücher unter Einsatz des Textprogramms
    erstellt werden sollen.

o   Um einen Text im Mehrspaltenformat zu erzeugen, müssen Sie nach Wahl
    der Befehlsfolge FORMAT BEREICH LAYOUT die gewünschten Ein-
    stellungen in den Feldern "Spaltenzahl:" und "Spaltenabstand:" vorneh-
    men.

o   Nach Wahl des Befehls DRUCK UMBRUCH-SEITE wird der jeweilige
    Spaltenbeginn durch ein Spaltenumbruchssymbol in der Markierungsleiste
    angezeigt.

o   Zur besseren Orientierung für den Leser bietet es sich insbesondere bei
    längeren Texten an, die Seiten beim Ausdruck mit konstanten Kopf-
    und/oder Fußzeilen zu versehen. WORD ermöglicht die gleichzeitige Be-
    rücksichtigung von Kopf- und Fußzeilen.

o   Zur Erzeugung von Kopf- oder Fußzeilen muß der Text zunächst am An-
    fang des Textbereiches erfaßt werden. Nach Markierung kann dann über
    den Befehl FORMAT KOPF-/FUSSZEILE festgelegt werden, ob der
    Text als Kopf- oder als Fußzeile beim Ausdruck erscheinen soll.

o   Eine vertikale Positionierung von Kopf-/Fußzeilen erfolgt mit dem Befehl
    FORMAT BEREICH SEITENRAND und entsprechenden Eintragungen in
    den letzten beiden Befehlsfeldern.

o   Zur horizontalen Positionierung sollten Kopf-/Fußzeilen bündig mit dem
    zugehörigen Text ausgerichtet sein. Dazu muß eine Absatzeinrückung mit
    den Maßen vorgenommen werden, die im Text für den Seitenrand gelten
    (linker bzw. rechter Seitenrand)

o   In Kopf- oder Fußzeilen kann die jeweilige Seitennummer für den Aus-
    druck eingefügt werden. Dazu ist der Standard-Textbaustein SEITE an der
    gewünschten Position einzufügen.

10.4   Übungsaufgaben

Übungsaufgabe 10-1:   Schreiben von Mehrspaltentext

a)   Laden Sie den auf Ihrer Arbeitsdiskette unter dem Dateinamen "UE-
     BUNG21.TXT" gespeicherten Text.

b) Stellen Sie das Format für das Seitenlayout so ein, daß der Text in zwei Spalten ausgegeben werden kann. Als Spaltenbreite soll ein Wert von 1,7 cm gelten.

c) Speichern Sie - nachdem Sie eine automatische Silbentrennung vorgenommen haben - das Ergebnis unter dem Dateinamen "UEBUNG10" und erstellen Sie einen fehlerfreien Ausdruck.

d) Steuern Sie einen nachträglichen Spaltenwechsel in der Form, daß ab der Zwischenüberschrift "Was muß die Sekretärin von der modernen Büro- und Informationstechnik wissen?" eine neue Spalte beginnt. Drucken Sie den Text anschließend zu Kontrollzwecken aus.

Übungsaufgabe 10-2:   Text mit Kopf- und Fußzeilen versehen

a) Laden Sie den unter dem Dateinamen "UEBUNG48.TXT" gespeicherten Text.

b) Erfassen Sie eine Kopfzeile mit folgendem Inhalt, die - mit Ausnahme der ersten Seite - auf allen Seiten des Textes erscheinen soll:

Moderne Bürosysteme im Vormarsch

c) Erfassen Sie anschließend in einem gesonderten Absatz folgenden Text für eine Fußzeile, die auf allen Seiten des Textes erscheinen soll:

Vortrag anläßlich der Orgatechnik 88

d) Nehmen Sie nun eine Ergänzung der Fußzeile in der Form vor, daß in dieser Zeile auch die Seitennummer automatisch ausgewiesen wird.

e) Speichern Sie den Text unter dem Dateinamen "UEBUNG11", und erstellen Sie einen fehlerfreien Ausdruck.

11 Besonderheiten bei der Druckausgabe

In Kapitel 2 wurde bereits dargestellt, wie ein erfaßter Text über ein fest vorgegebenes Format auf einem angeschlossenen Drucker ausgegeben werden kann (über Anwendung des Befehls DRUCK DRUCKER). In der Praxis werden an das Drucken jedoch häufig besondere Anforderungen gestellt.

Textprogramme bieten heute dem Benutzer verschiedene Unterstützungen für die Druckausgabe an. Durch eine Anwendung dieser Funktionen besteht mitunter die Möglichkeit,

a)   eine erhebliche Zeitersparnis zu erreichen; typische Funktionen sind etwa der Probedruck oder das Weiterarbeiten am Bildschirm während der Druckausgabe (auch als "Drucken im Hintergrund" bezeichnet);

b)   die Übersicht vor der eigentlichen Druckausgabe zu erhöhen; Beispiele hierfür sind die Anzeige des Seitenumbruchs sowie die Möglichkeit des Sofortdrucks (Simulation der Schreibmaschine);

c)   eine gezielte Auswahl des Druckablaufs vornehmen zu können; so lassen sich z. B. bei guten Programmen verschiedene Drucker anwählen, der Druckvorgang unterbrechen bzw. abbrechen, bestimmte Seiten selektiv drucken oder verschiedene Möglichkeiten des Seitenvorschubs einstellen.

Wollen Sie diese Vorteile nutzen, dann sollten Sie sich intensiv mit den Besonderheiten bei der Druckausgabe auseinandersetzen. Einen Überblick über die Möglichkeiten der Druckausgabe in MS-Word gibt Ihnen das Befehlsmenü, das bei Wahl des Befehls DRUCK erscheint, in Bild 11-1.

```
DRUCK: Drucker Serienbrief soFort Platte/Diskette Optionen
       Warteschlange Umbruch-Seite Textbaustein
Druckt die Datei im aktiven Ausschnitt
Se1 Sp1          ()                                    Microsoft Word
```

Bild 11-1: Untermenü des Befehls DRUCK

Die Bedeutung der einzelnen Unter-Befehle des Befehls DRUCK soll mit Ausnahme der Befehle "Serienbrief" (vgl. Kapitel 7) und "Textbaustein" (vgl. Kapitel 6) in dem folgenden Kapitel erläutert werden.

Musteraufgabe 11-1:   Auswahl und Einstellung von Druckoptionen

a) Laden Sie zunächst den auf Ihrer Arbeitsdiskette befindlichen und im
    Rahmen der Bearbeitung des Kapitels 2 erstellten Textes "Text02.TXT".
    Ergebnis muß die Anzeige des folgenden Textes auf dem Bildschirm sein:

> Textverarbeitung hat sich zum Hauptanwendungsgebiet für den
> Personal Computer entwickelt. Dies ist im wesentlichen auf zwei
> Gründe zurückzuführen. Zum einen sind die anfallenden Kosten
> gering; zum anderen konnten Funktionsumfang und Komfort der
> Software in den letzten Jahren stetig verbessert werden. Hinzu
> kommen die vielfältigen Einsatzmöglichkeiten: So können neben
> Textverarbeitung mit dem PC noch weitere Aufgaben schnell und
> problemlos erledigt werden.

b) Wählen Sie anschließend den Befehl DRUCK OPTIONEN und prüfen Sie,
    welche Drucker ausgewählt werden können. Nehmen Sie eine Anpassung
    des angeschlossenen Druckers entsprechend Ihren Wünschen vor.

c) Setzen Sie den Text in Blocksatz und realisieren Sie verschiedene Aus-
    zeichnungen im ersten Satz des geladenen Textes (z. B. Fettdruck, Verän-
    derung von Schriftart und Schriftgrad). Führen Sie dann die Option "Kon-
    zeptdruck" aus.

d) Stellen Sie jetzt die Option "Konzeptdruck" wieder auf "Nein", und druk-
    ken Sie danach den Text in vierfacher Ausfertigung in einem Durchgang
    aus (Realisierung des sog. Mehrfachdrucks).

11.1   Auswahl und Einstellung von Druckoptionen

11.1.1 Anpassung des angeschlossenen Druckers (Druckerwahl)

Die Möglichkeiten der Textgestaltung hängen im wesentlichen von dem angeschlossenen Drucker ab. Da an einen Personal Computer eine Vielzahl von
Druckern anschließbar ist, ist es im Zusammenhang mit der Druckausgabe von
besonderer Bedeutung, daß der an den Computer angeschlossene Drucker von
dem verwendeten Textprogramm unterstützt wird.

Diese Anpassungen können Sie mit dem Befehl DRUCK OPTIONEN realisieren. Bei Aufruf des Befehls erscheinen auf dem Bildschirm folgende Befehlsfelder:

```
╢═[·········1·········2·········3·········4═══════·5·········6·····] 20:53:29
 │ Textverarbeitung hat sich zum Hauptanwendungsgebiet für den
 │ Personal Computer entwickelt. Dies ist im wesentlichen auf zwei
 │ Gründe zurückzuführen. Zum einen sind die anfallenden Kosten
 │ gering; zum anderen konnten Funktionsumfang und Komfort der
 │ Software in den letzten Jahren stetig verbessert werden. Hinzu
 │ kommen die vielfältigen Einsatzmöglichkeiten: So können neben
 │ Textverarbeitung mit dem PC noch weitere Aufgaben schnell und
 │ problemlos erledigt werden.
 │ ♦
 │


DRUCK OPTIONEN Drucker: ▌IBMGRAPH▐          Druckeranschluß: LPT1:
 Exemplare: 1                               Konzept: Ja(Nein)
 Verborgener Text: Ja(Nein)                 Kurzinformation: Ja(Nein)
 Umfang:(Alles)Markierung Seiten            Seitenzahlen:
 Absatzkontrolle:(Ja)Nein                   Warteschlange: Ja(Nein)
 Vorschub: Seite(Endlos)Schacht1 Schacht2 Schacht3 Verschiedene
Geben Sie bitte einen Druckernamen ein oder wählen Sie einen mit F1!
Se1 Sp1          ()                                         Microsoft Word
```

Bild 11-2: Befehlsfelder bei DRUCK OPTIONEN

Die Befehlsfelder bieten Ihnen die Möglichkeit, vorhandene Druckparameter zu prüfen oder zu ändern. Dabei gilt es zu beachten, daß bestimmte gewählte Antworten auch dann im Programm gespeichert bleiben, wenn das Gerät ausgeschaltet wird (z. B. Eingaben in den Befehlsfeldern "Drucker:", "Druckeranschluß:", "Konzept:" und "Vorschub:").

Das Programm MS-Word unterstützt eine Vielzahl unterschiedlicher Drucker. Die entsprechenden Druckersteuerungen sind als Dateien auf den mitgelieferten Disketten gespeichert. Bei der Installation des Programms konnten Sie einen oder mehrere Drucker angeben und diese auf der Programmdiskette bzw. der Festplatte für einen direkten Zugriff verfügbar machen.

Ein weiteres Befehlsfeld zur Anpassung des Druckers findet sich im Befehl DRUCK OPTIONEN mit der Bezeichnung "Druckeranschluß:". In diesem Feld können Sie den Druckerausgang festlegen (seriell oder parallel). Eine mögliche Eingabe ist beispielsweise "LPT1:" (alternativ: LPT2:, LPT3:, COM1: sowie COM2:).

Das Vorgehen im Überblick zur Realisierung einer neuen Druckerbeschreibungsdatei durch Eingabe im Befehlsfeld zeigt die folgende Checkliste:

Reihenfolge der Bearbeitung	Tastenfolge
1. Wahl des Befehls DRUCK OPTIONEN	<ESC> <D> <O>
2. Eingabe der Druckerdatei-Beschreibung	......
3. Befehlsfeld "Druckeranschluß:" ansteuern	<TAB>
4. Option wählen	<F1> <Richtungstaste>
5. Befehl ausführen	<RETURN>

Alternativ kann die Einrichtung eines aktuellen Druckers auch über die Auswahl realisiert werden. Ein Verzeichnis der unterstützten Druckernamen kann im Befehlsfeld "Drucker:" des Befehls DRUCK OPTIONEN abgerufen werden. Dies sollten Sie zur Lösung der Teilaufgabe b) nun durchführen.

Im einzelnen ist nach Wahl des Befehls DRUCK OPTIONEN folgendes Vorgehen erforderlich:

a)   Betätigen der Funktionstaste <F1>; Folge: es wird eine Anzahl von Druckern angezeigt (Voraussetzung: die jeweiligen Druck-Dateien sind auf der eingelegten Diskette gespeichert oder wurden bei der Installation auf der Festplatte angegeben);

b)   Auswahl des entsprechenden Druckers durch Ansteuerung über Richtungstasten;

c)   Unter Umständen Feld "Druckeranschluß:" mit der TAB-Taste ansteuern und eine Auswahl mit <F1> und Richtungstasten vornehmen;

d)   Bestätigung der Druckerwahl mit der Taste <RETURN>.

Beachten Sie, daß die Wahl von Drucker und Druckeranschluß solange erhalten bleibt, bis Sie hier eine Änderung vornehmen. Dies gilt auch nach Verlassen des Programms.

11.1.2 Drucken als Konzept

Aus Zeitgründen kann es häufig sinnvoll sein, von einem Text schnell einen Probedruck anzufertigen. Eine Möglichkeit hierzu bietet beim Befehl DRUCK OPTIONEN das Befehlsfeld "Konzept:". Grundsätzlich ist im Antwortmenü "Nein" vorgegeben; wollen Sie einen Probedruck erstellen, dann ist die Antwort "Ja" zu wählen.

Der Drucker arbeitet in diesem Fall mit maximaler Geschwindigkeit. Beim Ausdruck fehlt dem Text dann allerdings noch der letzte "Schliff". Dies gilt insbesondere für Drucker, die mit Mikroschrittausgleich arbeiten. Je nach Druckerinstallation werden gewählte Sonderauszeichnungen (z. B. Fettdruck, Unterstreichen), Schriftartenwechsel und bestimmte Absatzformatierungen (z.B. Blocksatz) nun nicht berücksichtigt.

Nehmen Sie zur Lösung der Teilaufgabe b) von Musteraufgabe 11-1 zunächst die Formatierung im Blocksatz vor (Betätigen der Tastenkombination <ALT>+<B>). Danach markieren Sie bitte den ersten Satz mit <UMSCHALT>+<F8> und nehmen hier die gewünschten Auszeichnungen vor. Abschließend können Sie den Konzeptdruck realisieren. Im einzelnen ist folgendes Vorgehen notwendig:

Reihenfolge der Bearbeitung	Tastenfolge
1. Wahl des Befehls DRUCK OPTIONEN	<ESC> <D> <O>
2. Ansteuern des Befehlsfeldes "Konzept:"	3 x <TAB>
3. Wahl der Option "Ja"	<Leertaste>
4. Ausführung des Befehls	<RETURN>
5. Auslösung des Druckvorganges	<RETURN>

Hinweis: Welche Formatierungen nicht realisiert werden, hängt im Detail von der Art des angeschlossenen Druckers ab.

11.1.3 Drucken in mehrfacher Auflage

Häufig sollen von einem Schriftstück mehrere Ausfertigungen gleichzeitig erstellt werden. Dann ist es von Vorteil, wenn in einem Textprogramm die Möglichkeit besteht, die Anzahl der Ausfertigungen einmal festzulegen, um damit ein wiederholtes Auslösen des Druckbefehls zu vermeiden.

In MS-Word können Sie diesen Vorteil realisieren durch Wahl des Befehls DRUCK OPTIONEN und anschließender Ansteuerung des Befehlsfeldes "Exemplare:". Das Programm erwartet nun in diesem Befehlsfeld die Eingabe der gewünschten Anzahl der zu druckenden Texte.

Zur Lösung der Teilaufgabe c) von Musteraufgabe 11-1 ergibt sich folgendes Vorgehen:

Reihenfolge der Bearbeitung	Tastenfolge
1. Wahl des Befehls DRUCK OPTIONEN	<ESC> <D> <O>
2. Ansteuern des Befehlsfeldes "Exemplare:"	2 x <TAB>
3. Gewünschte Text-Anzahl eingeben	4
4. Ausführung des Befehls	<RETURN>
5. Auslösung des Druckvorganges	<RETURN>

Ergebnis ist, daß der Text viermal hintereinander gedruckt wird. Hätte es sich um einen Text gehandelt, der mehrere Seiten umfaßt, so wären zuerst alle Seiten des ersten Exemplares gedruckt worden. Danach würden der Reihe nach die weiteren Exemplare gedruckt werden.

11.1.4 Drucken eines Textes mit Zeilennummern

Eine weitere besondere Möglichkeit besteht darin, einen Text vor der Druckspalte mit Zeilennummern zu versehen (sinnvoll z. B. bei der Erstellung eines Übungstextes für Schreibübungen).

Wählen Sie zu diesem Zweck zunächst den Befehl FORMAT BEREICH ZEILENNUMMERN. Ergänzend kann über diesen Befehl gezielt die Position der Zeilennummern festgelegt werden; z. B. kann im Befehlsfeld "Druckintervall:" durch Eingabe der Zahl 5 festgelegt werden, daß jede 5. Zeile numeriert werden sollen.

Musteraufgabe 11-2:   Steuerungsmöglichkeiten des Druckvorganges

a)   Laden Sie den auf Ihrer Arbeitsdiskette befindlichen Text "Text110" und fügen Sie am Anfang nach der Überschrift den Text mit dem Dateinamen "Text01" ein. Realisieren Sie danach einen automatischen Seitenumbruch über Wahl des Befehls DRUCK UMBRUCH-SEITE und positionieren Sie anschließend den Cursor über direkte Befehlswahl auf die 4. Seite des Textes. (Hinweis: Sofern Sie keinen Zugriff auf diese Dateien haben, laden Sie einen beliebigen anderen Text, der über mindestens 10 Seiten verfügt).

b)   Drucken Sie danach die Seiten 2 - 5 sowie die 8. Seite des Textes.

c)   Markieren Sie anschließend den letzten Absatz des Textes und drucken Sie diesen aus.

d)   Realisieren Sie den Ausdruck des gesamten Textes in der Form, daß während des Druckens gleichzeitig am Bildschirm ein neuer Text eingegeben werden kann (Drucken als Hintergrundfunktion).

e)   Im folgenden soll der Druckvorschub gesteuert werden. Wählen Sie dazu die Option "SEITE", und führen Sie den Druckvorgang durch.

11.2   Steuerungsmöglichkeiten des Druckvorganges

11.2.1 Anzeigen und Verändern des Seitenumbruchs

Bei der generellen Erläuterung des Druckbefehls wurde bereits herausgestellt, daß das Programm automatisch einen Seitenumbruch entsprechend der vorgegebenen Bereichs- und Absatzformate vornimmt.

Für den Benutzer eines Textprogramms ist es unter Umständen von Vorteil, vor der endgültigen Druckausgabe darüber informiert zu sein, wie der Seitenumbruch erfolgt und diesen gegebenenfalls zu verändern. Ansonsten kann es passieren, daß einzelne Absätze in wenig sinnvoller Weise auseinandergerissen werden (z. B. Überschriften oder tabellarische Aufstellungen).

Um einen Überblick darüber zu haben, wie bei der nächsten Druck-Ausgabe der Seitenumbruch erfolgt, können Sie den Befehl DRUCK UMBRUCH-SEITE nutzen (realisierbar durch Betätigen der Tastenfolge <ESC> <D> <U> oder durch Drücken der Tastenkombination <CTRL> + <F9>). Die vorherige Anwendung dieses Befehls ist darüber hinaus dann erforderlich, wenn man in einem überarbeiteten Text eine bestimmte Textseite gezielt anspringen möchte.

Bei Wahl der Befehlsfolge <ESC> <D> <U> haben Sie die Möglichkeit, zu entscheiden, ob Sie den Seitenumbruch ausdrücklich bestätigen wollen oder ob dies nicht erforderlich ist.

Zur Lösung der Teilaufgabe a) von Musteraufgabe 11-2 laden Sie bitte zunächst die Datei "Text110.TXT" mit dem Befehl ÜBERTRAGEN LADEN und fügen Sie danach den Text "Text01.TXT" mit dem Befehl ÜBERTRAGEN ZU-SAMMENFÜHREN am Anfang des Textes ein. Im Beispielfall sollen Sie nun die Seiten neu umbrechen, indem Sie einen automatischen Seitenumbruch organisieren. Der Seitenumbruch soll also ohne ausdrückliche Bestätigung durch den Bediener vorgenommen werden. Im erscheinenden Befehlsfeld "Seitenwechsel bestätigen:" kann folglich die vorgegebene Antwort "Nein" akzeptiert werden.

Im einzelnen ergibt sich somit folgendes Vorgehen zur Realisierung eines automatischen Seitenumbruchs:

Reihenfolge der Bearbeitung	Tastenfolge
1. Befehl DRUCK UMBRUCH-SEITE wählen	<ESC> <D> <U>
2. Befehl ausführen	<RETURN>

Während der Befehlsausführung gibt das Programm in der Meldungszeile dem Benutzer jeweils einen Hinweis darauf, welche Seite gerade formatiert wird (also für einen Seitenumbruch aufbereitet). Bei Beendigung erscheint kurz der Hinweis, wieviel Seiten formatiert wurden. Dann wird die Anzahl der Zeilen und Wörter des Textes angezeigt.

Nun können Sie durch Blättern im Text nachprüfen, wo der jeweilige Seitenwechsel beim Druck vom Programm durchgeführt wird. Eine Druckausgabe ergibt sich bei Ausführung dieses Befehls noch nicht; durch punktierte Linien wird am Bildschirm lediglich angezeigt, wo der Seitenwechsel erfolgt.

Außerdem können Sie nun über den Befehl GEHEZU BILDSCHIRMSEITE direkt eine bestimmte Textseite ansteuern. Wenn Sie z. B. diesen Befehl wählen und die Ziffer 4 angeben, springt der Cursor nach der Befehlsausführung unmittelbar an den Anfang der 4. Seite.

Neben dem gerade durchgeführten automatischen Seitenumbruch ist auch die Realisierung eines steuerbaren Seitenumbruchs vor dem Drucken möglich. In diesem Fall muß beim Befehl DRUCK UMBRUCH-SEITE die Antwortvorgabe "Ja" im Befehlsfeld "Seitenwechsel bestätigen:" gewählt werden.

Nach Auslösen des Befehls wird zunächst die erste Textseite formatiert, und es erscheint eine punktierte Linie, um die Stelle zu kennzeichnen, wo der Seitenumbruch vorgenommen wird. Der vorgeschlagene Seitenumbruch kann entweder akzeptiert werden (<J> für Ja eingeben), mit den Pfeiltasten nach oben korrigiert werden oder (wenn vorher ein manueller Umbruch mit der Tastenkombination <CTRL>+<UMSCHALT>+<RETURN> vorgenommen wurde) durch Eingabe des Buchstabens <L> gelöscht werden. Entsprechende Aufforderungen zur Benutzerreaktion erscheinen in der Meldungszeile.

Nach Bestätigung oder Änderung des Seitenwechsels werden vom Programm die jeweils neuen Seitenumbrüche berechnet und am Bildschirm angezeigt. Sobald sämtliche Umbrüche realisiert sind, wird die Befehlsausführung beendet. Einen Überblick über die Vorgehensweise gibt Bild 11-3.

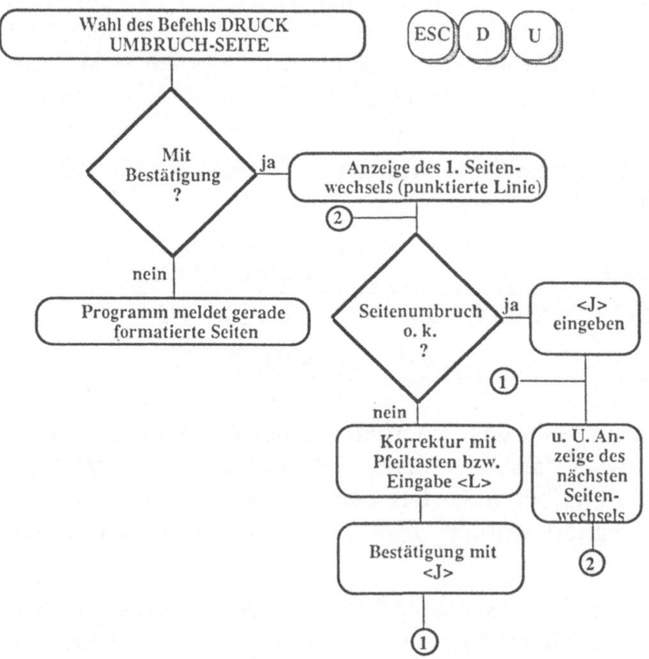

Bild 11-3: Vorgehensweise zur Steuerung des Seitenumbruchs

11.2.2 Gezieltes Drucken von Seiten und Abschnitten

Nicht immer ist es notwendig, den gesamten Text neu auszudrucken. Manchmal reicht der Ausdruck bestimmter Seiten oder gar einzelner Teilabschnitte. Dies gilt insbesondere nach Überarbeitungsvorgängen.

Um in MS-Word eine gezielte Druckausgabe vornehmen zu können, müssen Sie den Befehl DRUCK OPTIONEN wählen und dort die Befehlsfelder "Umfang:" und (evtl. danach) "Seitenzahlen:" ansteuern.

Über das Befehlsfeld "Umfang:" können Sie eine Eingrenzung für den Ausdruck vornehmen. Grundsätzlich ist also die Antwort "Alles" hell unterlegt; nehmen Sie keine Änderung vor, dann werden immer alle Seiten des gerade im Hauptspeicher befindlichen Textes gedruckt.

Mit der Wahl der Antwort "Markierung" kann ein zuvor im Text markierter Abschnitt gedruckt werden. Die Wahl der Antwort "Seiten" bietet schließlich die Möglichkeit, nur bestimmte genau angegebene Textseiten auszudrucken. Die Angabe dieser Seiten muß im folgenden Befehlsfeld "Seitenzahlen:" vorgenommen werden.

Hier ist eine Zahlenangabe erforderlich (unter Umständen auch die Eingabe mehrerer Zahlen). Beispiele:

- Eingabe der Zahl 5 (es soll die Seite 5 gedruckt werden)

- Eingabe 3; 7; 15 (es sollen die Seiten 3, 7 und 15 gedruckt werden).

- Eingabe 3-15 (es sollen die Seiten 3 - 15 gedruckt werden; alternativ können Sie in diesem Fall auch eingeben: 3:15).

Im Anwendungsbeispiel sollen Sie die Seiten 2-5 sowie die Seite 8 des geladenen Textes ausdrucken. Dann ist folgendes Vorgehen notwendig:

Reihenfolge der Bearbeitung	Tastenfolge
1. Befehl DRUCK OPTIONEN wählen	<ESC> <D> <O>
2. Befehlsfeld "Umfang:" ansteuern	6 x <TAB>
3. Option "Seiten" wählen	<S>
4. Befehlsfeld "Seitenzahlen:" ansteuern	<TAB>
5. Seitenzahlen eingeben	2-5;8
6. Befehl ausführen	<RETURN>
7. Druckbefehl auslösen	<RETURN>

Ergebnis ist dann der Ausdruck der gewünschten Textseiten.

Um einen markierten Textabschnitt gezielt zu drucken, ist zunächst eine entsprechende Markierung notwendig. Steuern Sie zunächst den letzten Absatz des Textes an, und gehen Sie dann wie folgt vor:

Reihenfolge der Bearbeitung	Tastenfolge
1. Textmarkierung vornehmen (z. B. Absatz)	<F10>
2. Befehl DRUCK OPTIONEN wählen	<ESC> <D> <O>
3. Befehlsfeld "Umfang:" ansteuern	6 x <TAB>
4. Option "Markierung" wählen	<M>
5. Befehl ausführen	<RETURN>
6. Druckbefehl auslösen	<RETURN>

Ergebnis ist ein Ausdruck des markierten Textabschnittes.

11.2.3 Drucken als Hintergrundfunktion

In der Praxis ist es häufig von Nachteil (insbesondere bei längeren Texten), wenn während der Druckausgabe nicht weitergearbeitet werden kann, sondern gewartet werden muß, bis der gesamte Text gedruckt ist.

Eine erhebliche Zeitersparnis ergibt sich, wenn Drucken als Hintergrundfunktion möglich ist. In diesem Fall können Sie am Bildschirm einen neuen Text erfassen oder überarbeiten, während gleichzeitig ein anderer Text ausgedruckt wird.

Um "im Hintergrund" drucken zu können, muß im Befehl DRUCK OPTIONEN das Befehlsfeld "Warteschlange:" angesteuert und hier die Antwort "Ja" gewählt werden. Nachdem der Befehl DRUCKER ausgelöst wurde, werden zunächst alle Seiten formatiert; dann kann ein anderer Text zur Bearbeitung am Bildschirm erfaßt oder aufgerufen werden.

Während des Druckens haben Sie gleichzeitig die Möglichkeit, den Druckablauf über den Befehl DRUCK WARTESCHLANGE zu steuern; z. B., den Druckvorgang zu unterbrechen oder neu auszulösen. Im einzelnen werden bei Auslösen des Befehls vier Befehlsfelder zur Auswahl angeboten:

Pause: die Wahl des Befehlsfeldes "Pause" ermöglicht es, den Druckvorgang vorübergehend zu unterbrechen.

Weiter: mit diesem Befehl können Sie den Druck wieder an der Stelle fortsetzen, wo der Druckvorgang unterbrochen wurde.

Neustart: die Wahl diese Befehlsfeldes gestattet es, den Druckvorgang neu zu beginnen.

Stopp: ermöglicht den endgültigen Abbruch des Druckvorganges.

Den Ablauf für das "Drucken im Hintergrund" können Sie der folgenden Übersicht entnehmen:

Reihenfolge der Bearbeitung	Tastenfolge
1. Wahl des Befehls DRUCK OPTIONEN	<ESC> <D> <O>
2. Befehlsfeld "Warteschlange:" ansteuern	9 x <TAB>
3. Option "Ja" wählen	<Leertaste>
4. Befehl ausführen	<RETURN>
5. Druckbefehl auslösen	<RETURN>

Nun können Sie auch während der Druckausgabe einen beliebigen Text eingeben. Testen Sie dabei gleichzeitig auch die Optionen im Befehl DRUCK WAR-
TESCHLANGE; z. B. Pause, Weiter und Stopp.

Den Ablauf für das "Drucken im Hintergrund" können Sie Bild 11-4 entnehmen.

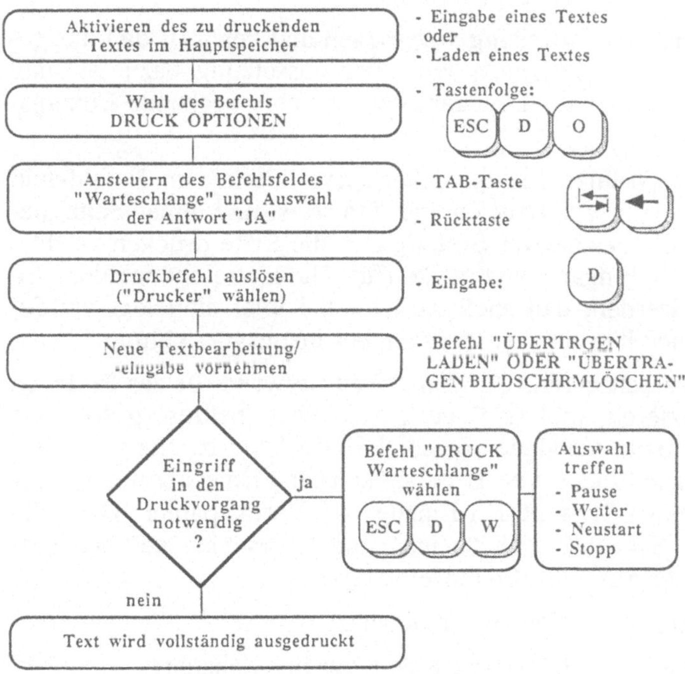

Bild 11-4: Schematische Darstellung des Ablaufs "Drucken im Hintergrund"

11.2.4 Steuerung des Seitenvorschubes

Bei herkömmlichen Schreibmaschinen besteht die Notwendigkeit, jede einzelne Seite gesondert (von Hand) einzuspannen. Dadurch geht erhebliche Zeit verloren. Textprogramme bieten hier mitunter einen weitergehenden Komfort. Besondere Vorteile ergeben sich, wenn ein automatischer Papiertransport - sowohl von gefalzten Endlospapier-Bahnen als auch von Einzelblättern - möglich ist. Dabei muß das System dann einen positionsgerechten Papier-Vorschub (engl.: form feed) vornehmen.

Die Art des Seitenvorschubs, die beim Ausdruck von Ihrem Drucker erfolgen soll, können Sie bei MS-Word über den Befehl DRUCK OPTIONEN im Befehlsfeld "Vorschub:" bestimmen. Im einzelnen weist das Befehlsfeld folgende Varianten auf: Seite, Endlos, Schacht1, Schacht2, Schacht3 und Verschiedene.

Ob die Möglichkeiten realisierbar sind, das hängt vor allem von dem angeschlossenen Drucker ab. Grundsätzlich lassen sich allerdings über das Befehlsfeld "Vorschub" folgende Alternativen ausführen:

a)	Endlosdruck. Dies ist standardmäßig vorgesehen und bewirkt, daß der gesamte Text fortlaufend ausgedruckt wird. Voraussetzung dazu ist, daß Endlospapier eingelegt und der Drucker über eine entsprechende Einzugsvorrichtung verfügt.

b)	Seitenweiser Druck. Wählen Sie die Alternative "Seite" im Befehlsfeld "Vorschub:", dann bleibt der Drucker vor dem Ausdruck einer Seite stehen und wartet auf die gesonderte Bestätigung, die Seite drucken zu dürfen. Dies kann durch Eingabe von <J> (für "Ja") erreicht werden. So kann sichergestellt werden, daß auch tatsächlich Papier eingelegt wurde. Voraussetzung ist auch hier eine entsprechende Einzugsvorrichtung.

c)	Auswahl von Druckerschächten. Um den Arbeitsaufwand für das Einlegen von Papier zu reduzieren, gibt es Drucker, die über mehrere gesonderte Schächte für den Einzug verfügen. Beispielsweise kann es sinnvoll sein, im ersten Schacht den Einzug von Briefpapier (mit Firmenabsender) vorzusehen und im zweiten Schacht den Einzug von Normalpapier. Die Vorgaben "Schacht1", "Schacht2", "Schacht3" und "Verschiedene" ermöglichen hier eine gezielte Auswahl. Im einzelnen gilt:

	- Schacht1: Papiereinzug aus dem ersten Schacht;

	- Schacht2: Ausdruck auf dem Papier aus dem zweiten Schacht;

	- Schacht3: Papiereinzug aus dem dritten Schacht;

	- Verschieden: 1. Blatt aus dem 1. Schacht; sonstige aus dem 2. Schacht.

Wählen Sie nun zur Lösung der Teilaufgabe e) im Befehl DRUCK OPTIONEN das Befehlsfeld "Vorschub:", und stellen Sie hier die Option "Seite" ein. Lösen Sie danach den Druckvorgang aus und beobachten Sie die Reaktion Ihres Systems. Einen Überblick über die Bedeutung der Befehlsoptionen zur Steuerung des Seitenvorschubes gibt Bild 11-5.

1) Seite: seitenweises Drucken;
                    nach Druck jeder Seite
                    muß durch <J> der
                    Weiterdruck aus-
                    gelöst werden

2) Endlos: Ausdruck des gesam-
                    ten Dokumentes ohne
                    Unterbrechung (bei
                    Druckern mit Selbst-
                    einzug)

3)
    - Schacht 1:   Entnahme des Papiers
    - Schacht 2:   aus jeweils gewählten
    - Schacht 3:   Druckerschacht

4) Verschiedene: 1. Blatt = Schacht 1
                    Folgeblätter = Schacht 2

Bild 11-5: Steuerung des Seitenvorschubes

Musteraufgabe 11-3:   Druckdateien anlegen und Sofortdruck

a) Erfassen Sie den folgenden Text und speichern Sie diesen als Druckdatei
    im ASCII-Format mit einem geeigneten Dateinamen:

    Meier, Karl
    Schulze, Hans
    Müller, Martin
    Lehmann, Ursula
    Haller, Dorothea
    Hartbecke, Alwin
    Huber, Martha
    Wenzel, Toni
    Adams, Georg
    Meyer, Lisa
    Maier, Ernst
    Karpow, Viktor

b) Erfassen Sie folgenden Text unter Nutzung der Möglichkeit des Sofort-
    drucks:

    Herrn
    Hans Müller
    Flurstr. 10

    4000 Düsseldorf 4

11.3   Druckdateien anlegen und Sofortdruck realisieren

11.3.1 Anlegen von Druckdateien

Mitunter besteht der Wunsch, die mit dem Textprogramm erstellten Texte in einem anderen Programm wiederum zu verwenden (z. B. eine Personal-Liste in einem Tabellenkalkulationsprogramm). Aus Zeitersparnisgründen kann es außerdem sinnvoll sein, einen Text zunächst für den Druck aufzubereiten und in dieser Form in einer Datei abzulegen, um erst zu einem späteren Zeitpunkt den Druck zu realisieren.

MS-Word bietet für diese Anwendungsfälle die Wahl des Befehls DRUCK PLATTE/DISKETTE. Nach Eingabe des Textes und Auswahl des Befehls erscheint die Aufforderung, einen geeigneten Namen einzugeben. Bei der Vergabe des Namens ist darauf zu achten, daß dieser nicht bereits vergeben wurde. Außerdem sollte auf die Besonderheit der Datei hingewiesen werden und deshalb sinnvollerweise ein besonderes Suffix (z. B. ".DBS") vergeben werden. So ergibt sich eine Abgrenzung von den mit ".TXT" gekennzeichneten Textdateien. Mit dem Suffix DBS wird eine ASCII-Version Ihres Textes erzeugt.

Nach Erfassung der Namensliste ergibt sich für den Beispielfall folgendes Vorgehen:

Reihenfolge der Bearbeitung	Tastenfolge
1. Befehl DRUCK PLATTE/DISKETTE wählen	<ESC> <D> <P>
2. Namen der Druckdatei eingeben	Text113.DBS
3. Befehl ausführen	<RETURN>

Es folgen nach Ausführung des Befehls Hinweise zur Seitenformatierung.

11.3.2 Sofortdruck

In der Praxis kommt es häufig vor, daß der Wunsch besteht - ähnlich wie mit einer Schreibmaschine - eine unmittelbar der Eingabe folgende Druckausgabe realisieren zu können. Dies gilt zum Beispiel für den Fall, daß Sie Texte positionsgerecht in vorhandene Vordrucke einpassen müssen oder nur einen Kurztext schreiben müssen, der nicht in einer Datei gespeichert werden soll.

MS-Word bietet die Möglichkeit einer Simulation der Schreibmaschine über die Wahl des Befehls DRUCK SOFORT. Nach Auslösung des Befehls (Tastenfolge <D> <F>) erscheint zunächst in der Meldungszeile die Aufforderung: "Geben Sie bitte Text ein!". Nun können Sie zumindest nach jeder Zeile einen Sofortdruck realisieren, indem Sie nach der Eingabe die Taste <RETURN> betätigen. Allerdings erscheint der eingegebene Text in diesem Fall nicht auf dem Bildschirm. Eine Rückkehr zur Bildschirmeingabe erfolgt durch Betätigen der ESC-Taste.

Generell dient der Befehl DRUCK SOFORT dazu, die Unzulänglichkeiten und Verzerrungen der Bildschirm-Darstellung auszuschalten und dem Bediener die gedruckte Text-Form unmittelbar vor Augen zu führen.

11.4   Zusammenfassung

o   Der Hauptbefehl DRUCK enthält verschiedene Unterbefehle, die mitunter erheblich zur Einsparung von Zeit sowie zur Verbesserung der Druckqualität beitragen.

o   Standardmäßig müssen Sie den Befehl DRUCK DRUCKER wählen, um einen erfaßten und überarbeiteten Text ausdrucken zu können. Voraussetzung ist, daß dieser im Hauptspeicher aktiviert ist.

o   Über den Befehl DRUCK OPTIONEN erhalten Sie verschiedene Angebote zur Wahl von Druckparametern sowie zur Steuerung des Druckablaufes. Hierzu zählen etwa

-   die Auswahl des angeschlossenen Druckers (Befehlsfeld "Drucker:");

-   die Möglichkeit des Probedrucks (Befehlsfeld "Konzept:");

-   das Drucken im Hintergrund (Befehlsfeld "Warteschlange:");

-   der Mehrfachdruck (Befehlsfeld "Exemplare:");

-   das gezielte Drucken von Seiten und Abschnitten (Befehlsfelder "Umfang:" und "Seitenzahlen:")

-   die Steuerung des Papiervorschubes (Befehlsfeld "Vorschub:").

o   Mit dem Befehl DRUCK WARTESCHLANGE kann der Ausdruck eines Textes dann gesteuert werden (Unterbrechen oder Abbrechen des Druckvorganges), wenn der Druckvorgang "im Hintergrund" abläuft. Voraussetzung hierzu ist, daß beim Befehl DRUCK OPTIONEN im Befehlsfeld "Warteschlange:" die Antwort "JA" gewählt wurde.

o   Mit dem Befehl DRUCK SEITENUMBRUCH besteht die Möglichkeit, sich den für die Druckausgabe vorgesehenen Seitenumbruch eines Textes auf dem Bildschirm anzeigen zu lassen (die Anzeige erfolgt durch eine punktierte Linie) und diesen gegebenenfalls zu ändern.

o   Der Befehl DRUCK SOFORT kann für Sie vorteilhaft sein, wenn Sie lediglich schnell eine Adresse auf ein Etikett bzw. einen Briefumschlag schreiben wollen. In diesem Fall werden Sie nach Wahl des Befehls aufgefordert, den gewünschten Text einzugeben. Der Ausdruck erfolgt sofort nach Betätigen der Return-Taste.

o   Der Befehl DRUCK PLATTE/DISKETTE ermöglicht es, eine für den Druck umbrochene Textfassung in einer Druckdatei abzulegen. Dies ist sinnvoll, wenn der Text in einem anderen Programm verwendet oder der Druck erst später vorgenommen werden soll.

11.5   Übungsaufgaben

Übungsaufgabe 11-1:   Drucken in mehrfacher Auflage

Die folgende Besprechungsnotiz soll in dreifacher Ausfertigung erstellt werden:

Projektantrag

Gespräch am 25.01.86
Teilnehmer:
Herr Müller
Herr Schmitz
Herr Salzer

Gegenstand der Besprechung war die von der Gruppe Marketing vorgelegte Kostenübersicht. Gekürzt wurde der Betrag für zusätzliches Mobiliar um 15000 DM. Die Umzugskosten (18000 DM) gehören zum Reparaturetat, nicht in dieses Projekt.

Die ursprünglichen Gesamtkosten von 423000 DM betragen nun nur noch etwa 390000 DM. Auf dieser Basis soll nun von der Gruppe Marketing so schnell wie möglich ein Programm ausgearbeitet werden.

Schmitz

Übungsaufgabe 11-2:   Anzeigen und Verändern des Seitenumbruchs

a)   Laden Sie den auf Ihrer Diskette befindlichen Text "UEBUNG48.Txt."

b)   Realisieren Sie die Funktion DRUCK UMBRUCH-SEITE, ohne daß eine ausdrückliche Bestätigung vorzunehmen ist.

c)   Realisieren Sie die Funktion DRUCK SEITENUMBRUCH, so daß jeweils eine Bestätigung oder Veränderung des Seitenumbruchs vorgenommen werden kann:

  -   Bestätigen Sie die ersten beiden unterbreiteten Vorschläge;

  -   Verändern Sie den Seitenumbruch beim dritten Vorschlag, indem Sie den Umbruch um drei Zeilen nach oben plazieren.

Übungsaufgabe 11-3:   Drucken als Hintergrundfunktion

a)   Laden Sie den auf Ihrer Diskette befindlichen Text "UEBUNG48.Txt".

b)   Lösen Sie die Funktion "Drucken im Hintergrund" aus.

c)   Laden Sie den Text "UEBUNG20" und löschen Sie den zweiten Absatz!

d)   Unterbrechen Sie danach den Druckvorgang!

e)   Lösen Sie nach kurzer Zeit eine Fortsetzung des Druckens aus!

Übungsaufgabe 11-4:   Auslösen des Befehls DRUCK SOFORT

Erfassen Sie folgenden Text unter Nutzung der Möglichkeit des Sofortdrucks!

Drucksache

Firma
Karl Wegener
Hauptstr. 4

4220 Dinslaken

12 Erleichterungen zur Bedienung

Die Benutzung des Programms kann erheblich beschleunigt und auch mitunter individuellen Wünschen in bestimmten Grenzen angepaßt werden.

Ein Beispiel für eine Individualisierung des Arbeitens ist die Möglichkeit, die Bildschirmanzeige wunschgemäß einzustellen. Hierzu zählen

- die Anzeige des Textes mit Steuerzeichen;

- die Druckbild-Anzeige eines Textes;

- das Ausschalten der Anzeige von Hauptbefehlsmenü und Ausschnittrahmen;

- die Anzeige von Zeilennummern und Zeilenlineal;

- das Bestimmen der Hintergrundfarbe der Ausschnitte.

Außerdem stehen verschiedene Möglichkeiten zur Wahl, die Arbeit mit dem Programm zu beschleunigen. Beispiele hierfür sind:

- die Anwendung der Fenstertechnik;

- das Arbeiten mit der Maussteuerung;

- die Nutzung der angebotenen Funktionstastenbelegung;

- die Anwendung von Makros (Standardmakros oder selbst erstellte Makros).

Einen Überblick über die Möglichkeiten zur Erleichterung und Beschleunigung der Programmbedienung sowie typische Anwendungsbereiche dieser Möglichkeiten gibt Bild 12-1.

Musteraufgabe 12-1:   Einrichten eines individuellen Bildschirms

Laden Sie zunächst die auf Ihrer Arbeitsdiskette befindliche Textdatei "Text03.TXT", und bearbeiten Sie folgende Teilaufgaben:

a) Lassen Sie sich alle Steuerzeichen im Text anzeigen, um auf diese Weise zu prüfen, ob der Text formatgerecht erfaßt wurde. Gehen sie nach Beenden der Prüfung und evtl. vorgenommener Korrektur wieder in den ursprünglichen Modus zurück, bei dem keine Steuerzeichen angezeigt werden.

b)   Schreiben Sie als nächstes folgende Überschrift zu dem Text:

Textverarbeitung: Anwendungsstand und Entwicklungstendenzen

Formatieren Sie die Überschrift mit dem Schriftgrad 16 und lassen Sie sich danach den Text am Bildschirm als Druckbild anzeigen.

c)   Erweitern Sie nun den Darstellungsbereich auf Ihrem Bildschirm, indem Sie erstens die Anzeige des Hauptmenüs ausschalten und zweitens den Ausschnittrahmen verschwinden lassen.

d)   Lassen Sie sich in der Statuszeile ergänzend zur Seiten- und Spaltenangabe auch die Zeilenposition des Cursors anzeigen. Positionieren Sie zu Kontrollzwecken den Cursor auf die fünfte Zeile des Textes. Ergebnis muß die Bildschirmdarstellung wie in Bild 12-2 sein.

Möglichkeiten (Was?)	Anwendungssituationen (Wann?)
1) Einrichten eines individuellen Bildschirms - Text mit Steuerzeichen - Druckbild-Darstellung - Ausschalten von Befehlsmenü und Ausschnittrahmen - Anzeige von Zeilennummern/Zeilenlineal	- Kontrolle der Textgestaltung - Anzeige des tatsächlichen Zeilenumbruchs - Erweiterung der Textdarstellung - Verbesserung der Übersicht
2) Arbeiten in der Fenstertechnik	- einfachere Textüberarbeitung - bessere Textmontage
3) Befehlsauslösung über Funktionstasten	- Beschleunigung der Auslösung von Standard-Befehlsfolgen (z. B. Laden, Drucken, Speichern)
4) Nutzung der Maussteuerung	- Beschleunigung des Bildlaufs - Vereinfachung von Textmarkierungen - schnelle Befehlsauslösung
5) Anwendung von Makros	- Vereinfachung bei der Anwendung wiederholt vorkommender Befehlsfolgen

Bild 12-1: Erleichterungen zur Programmnutzung (Alternativen)

```
▌[········1·········2·········3·······4·······5·········6····]· 09:54:32
Textverarbeitung: Anwendungsstand
und Entwicklungstendenzen

Textverarbeitung hat sich zum Hauptanwendungsgebiet für den
Personal Computer entwickelt. Dies ist im wesentlichen auf zwei
Gründe zurückzuführen. Zum einen sind die anfallenden Kosten
gering; zum anderen konnten Funktionsumfang und Komfort der
Software in den letzten Jahren stetig verbessert werden. Hinzu
kommen die vielfältigen Einsatzmöglichkeiten: So können neben
Textverarbeitung mit dem PC noch weitere Aufgaben schnell und
problemlos erledigt werden.

PC-Textverarbeitungsprogramme stellen dem Benutzer alle
wesentlichen Textfunktionen zur Verfügung. Hierzu zählen das
Erfassen, das Speichern und das Drucken von Texten.

Ca. 80 % der Fehler bei der Texteingabe werden unmittelbar
entdeckt. Von Vorteil ist deshalb die Nutzung von Geräten der
Textverarbeitung, die eine komfortable Sofortkorrektur
ermöglichen. Hierzu zählen z. B. das Löschen, Einfügen und
Überschreiben von Zeichen.

In der beruflichen Praxis entstehen viele Texte außerdem nicht
Se1 Ze5 Sp26     (·)                                      TEXT03.TXT
```

Bild 12-2: Bildschirmdarstellung mit Zeilenanzeige

12.1   Einrichten eines individuellen Bildschirms

Jeder Nutzer eines Textprogramms hat eigene Vorstellungen darüber, in welcher Form er am liebsten mit dem Programm arbeiten möchte. Dies betrifft
z. B. auch die Art der Bildschirmanzeige. Das Textprogramm WORD bietet Ihnen nun verschiedene Möglichkeiten, den Bildschirm an die persönlichen Anforderungen anzupassen.

```
ZUSÄTZE Sonderzeichen sichtbar: Nein Teilweise Alle
  Darstellungsform: Druckbild(Normal)        Hauptbefehlsmenü sichtbar:(Ja)Nein
  Farbe Menü: 0        Warnton aus: Ja(Nein)       Bildschirm: Graphik(Text)
  Ausschnittsrahmen:(Ja)Nein                     Zeilennummern: Ja(Nein)
  Zeitformat: 12(24)    Dezimaltrennzeichen: .(,)  Abstand Tabstopps: 1,25 cm
  Maßeinheit: Zoll(Cm)10er-Teilung 12er-Teilung Punkt  Linienzeichen: (|)
  Kurzinformation:(Ja)Nein                       Geschwindigkeit: 3
  Rechtschreibung: C:\WORD
Wählen Sie bitte eine Option!
Se1 Sp1          ()                ?                        Microsoft Word
```

Bild 12-3: Menü beim Befehl ZUSÄTZE

Zur Variation der Bildschirmdarstellung steht in WORD im wesentlichen der Befehl ZUSÄTZE zur Verfügung. Darüber hinaus können spezielle Einstellungen auch im Befehl AUSSCHNITT OPTIONEN erfolgen. Um einen ersten Einblick in die Möglichkeiten zu erhalten, wählen Sie einmal den Befehl ZU-SÄTZE. Ergebnis ist dann das in Bild 12-3 dargestellte Menü.

Um die Optionen im Detail auszutesten, laden Sie bitte zunächst einmal den gewünschten Text (im Beispiel die Datei "Text03.TXT"), und führen Sie dann die verschiedenen Teilaufgaben von Musteraufgabe 12-1 durch. Im einzelnen ergeben sich - wie die Anwendung zeigt - folgende Möglichkeiten:

Anzeige von Steuerzeichen

Zur Organisation der Textgestaltung sind in einem Text verschiedene Steuerzeichen eingefügt (z. B. zur Kennung von Zeilen- und Absatzschaltungen, zur Unterscheidung zwischen geschützten und ungeschützten Leerschritten, zur Anzeige von Tabulatoren). Diese Steuerzeichen erscheinen grundsätzlich nicht auf dem Bildschirm und beim Druck.

Um Fehlerursachen nachzugehen, kann es manchmal sinnvoll sein, sich einige oder alle Steuersymbole am Bildschirm anzeigen zu lassen, die im Text enthalten sind. Dies wird möglich durch Änderung der Einstellung im Feld "Sonderzeichen sichtbar:", das nach Wahl des Befehls ZUSÄTZE als erstes erscheint. Nach Änderung auf die Option "Alle" und Ausführung des Befehls mit <RETURN> ergibt sich die in Bild 12-4 wiedergegebene Darstellung.

```
▯═[········1········2········3········4═····5·········6·····] 09:33:08
  ▯extverarbeitung·hat·sich·zum·Hauptanwendungsgebiet·für·den·
  Personal·Computer·entwickelt.·Dies·ist·im·wesentlichen·auf·zwei·
  Gründe·zurückzuführen.·Zum·einen·sind·die·anfallenden·Kosten·
  gering;·zum·anderen·konnten·Funktionsumfang·und·Komfort·der·
  Software·in·den·letzten·Jahren·stetig·verbessert·werden.·Hinzu·
  kommen·die·vielfältigen·Einsatzmöglichkeiten:·So·können·neben·
  Textverarbeitung·mit·dem·PC·noch·weitere·Aufgaben·schnell·und·
  problemlos·erledigt·werden.¶
  ¶
  PC-Textverarbeitungsprogramme·stellen·dem·Benutzer·alle·
  wesentlichen·Textfunktionen·zur·Verfügung.·Hierzu·zählen·das·
  Erfassen,·das·Speichern·und·das·Drucken·von·Texten.¶
  ¶
  Ca.·80·%·der·Fehler·bei·der·Texteingabe·werden·unmittelbar·
  entdeckt.·Von·Vorteil·ist·deshalb·die·Nutzung·von·Geräten·der·
  Textverarbeitung,·die·eine·komfortable·Sofortkorrektur·
  ermöglichen.·Hierzu·zählen·z.·B.·das·Löschen,·Einfügen·und·
  Überschreiben·von·Zeichen.¶
  ¶
                                                      ═TEXT03.TXT═
BEFEHL: Ausschnitt Bibliothek Druck Einfügen Format Gehezu Hilfe Kopie
        Löschen Muster Quitt Rückgängig Suchen Übertragen Wechseln Zusätze
Bearbeiten Sie bitte Ihren Text oder unterbrechen Sie zum Hauptbefehlsmenü!
Se1 Sp1          (·)                                   Microsoft Word
```

Bild 12-4: Text mit Steuerzeichen (Beispiel)

Nun können Sie etwa erkennen, ob im Beispielfall bei der Erfassung der Abkürzungen "z. B." eine geschützte Leerstelle vorgenommen wurde. In den beiden Fällen, in denen diese Abkürzung erscheint, ist zwischen beiden Buchstaben ein Punkt eingefügt. Dies bedeutet, daß der Text noch "normal" erfaßt wurde. Nehmen Sie nun eine Korrektur vor, indem Sie zunächst den Leerschritt löschen und dann die Tastenkombination <CTRL> + <Leertaste> betätigen. Dann sehen Sie durch die Anzeige von Sonderzeichen die Veränderung; der Punkt wird jetzt gelöscht, so daß eine geschützte Leerstelle gegeben ist. Wollen Sie die Anzeige der Steuerzeichen wieder ausschalten, dann müssen Sie im Befehl ZUSÄTZE wieder die Einstellung auf "Nein" ändern.

Vorschau auf das Druckbild

Bei der Änderung der Zeichengröße ändert sich mitunter der Zeilenumbruch beim Druck. Um dies darstellen zu können, ist eine Vorschaumöglichkeit auf das Druckbild nützlich. Der Text wird in diesem Fall - sofern ein entsprechender Bildschirm sowie eine Graphikkarte installiert sind - auf dem Bildschirm bezüglich des Zeilenumbruchs so dargestellt, wie er später gedruckt wird.

Schreiben Sie zur Lösung der zweiten Teilaufgabe zunächst die Überschrift, und grenzen Sie diese vom übrigen Text durch eine Leerzeile ab. Markieren Sie danach den Überschriftstext mit der Funktionstaste <F10>, und geben Sie im Befehlsfeld "Schriftgrad:" den Wert 16 ein. Um das Druckbild zu sehen, müssen Sie den Befehl ZUSÄTZE auslösen und hier im Befehlsfeld "Darstellungsform:" die Option "Druckbild" einstellen. Nach Ausführung des Befehls ergibt sich die in Bild 12-5 wiedergegebene Darstellung.

Die Bildschirmdarstellung zeigt, daß nun durch die größere Zeichendarstellung ein Zeilenumbruch notwendig wird. Ein Wechsel zischen Druckbild und Normaldarstellung ist alternativ durch Betätigen der Tastenkombination <ALT> + <F7> möglich.

Erweiterung des Bereiches zur Textdarstellung

WORD bietet zwei Möglichkeiten, um die Textanzeige auf dem Bildschirm zu erweitern:

- Abschalten der Befehlsmenü-Anzeige
- Darstellung ohne Ausschnittrahmen.

Diese sollen Sie anhand der dritten Teilaufgabe austesten.

Wird die Befehlsmenüanzeige nicht benötigt, so kann diese ausgeschaltet werden. Erreicht wird das Ausschalten, indem im Befehl ZUSÄTZE das Feld "Hauptbefehlsmenü sichtbar:" auf die Option "Nein" eingestellt wird. In diesem Fall werden auf dem Bildschirm nur noch in der letzten Zeile die Bereichs- und Spaltenangabe (u. U. noch die Angabe der Zeile) sowie der Name des bearbeiteten Textes angezeigt. Durch Betätigen der Taste <ESC> kann das

```
▌═[········1········2········3········4═══[····5·········6····] 09:42:40
┃  Textverarbeitung: Anwendungsstand
┃  und Entwicklungstendenzen
┃
┃  Textverarbeitung hat sich zum Hauptanwendungsgebiet für den
┃  Personal Computer entwickelt. Dies ist im wesentlichen auf zwei
┃  Gründe zurückzuführen. Zum einen sind die anfallenden Kosten
┃  gering; zum anderen konnten Funktionsumfang und Komfort der
┃  Software in den letzten Jahren stetig verbessert werden. Hinzu
┃  kommen die vielfältigen Einsatzmöglichkeiten: So können neben
┃  Textverarbeitung mit dem PC noch weitere Aufgaben schnell und
┃  problemlos erledigt werden.
┃
┃  PC-Textverarbeitungsprogramme stellen dem Benutzer alle
┃  wesentlichen Textfunktionen zur Verfügung. Hierzu zählen das
┃  Erfassen, das Speichern und das Drucken von Texten.
┃
┃  Ca. 80 % der Fehler bei der Texteingabe werden unmittelbar
┃  entdeckt. Von Vorteil ist deshalb die Nutzung von Geräten der
┃  Textverarbeitung, die eine komfortable Sofortkorrektur
┃══════════════════════════════════════════════════════════TEXT03.TXT═
BEFEHL: Ausschnitt Bibliothek Druck Einfügen Format Gehezu Hilfe Kopie
        Löschen Muster Quitt Rückgängig Suchen Übertragen Wechseln Zusätze
Microsoft Word Version 4.0              (S/N 034099D-400-6072848)
Se1 Sp26          (·)                                    Microsoft Word
```

Bild 12-5: Textanzeige als Druckbild

Menü allerdings bei Bedarf wieder sichtbar gemacht werden. Nach Ausführung eines Befehls verschwindet das Menü dann wieder.

Im Normalfall enthält der Bearbeitungsbildschirm in WORD einen doppelten Ausschnittrahmen. Diese Umrahmung kann allerdings bei der Bearbeitung nur eines Textes ganz entfallen. Dadurch stehen zwei weitere Zeilen und Spalten für die Textdarstellung zur Verfügung. Zum Löschen der Umrahmung müssen Sie nach Wahl des Befehls ZUSÄTZE im Feld "Ausschnittrahmen:" die Option auf "Nein" ändern. Beachten Sie allerdings, daß das Löschen der Ausschnittumrahmung bei Nutzung der Maussteuerung (vgl. Kapitel 12.4) nicht sinnvoll ist, da sonst bestimmte Mausfunktionen nicht mehr genutzt werden können (z. B. für das Blättern im Bildschirm).

Anzeige von Zeilennummern

In der Statuszeile werden standardmäßig unten links auf dem Bildschirm die Textseite sowie die Spaltenposition des Cursors angezeigt. Zusätzlich kann auch die Zeilennummer der Cursorposition am Bildschirm permanent angezeigt werden. Dazu ist - wie im Beispielfall gewünscht - der Befehl ZUSÄTZE zu wählen und hier im Feld "Zeilennummern:" die Option auf "Ja" einzustellen.

Das Einstellen dieser Option hat den Vorteil, daß man nun genau weiß, an welcher Stelle eines Textes man sich gerade befindet. Hinzu kommt, daß nun auch bekannt ist, wieviel Text man schon geschrieben hat.

Bestimmen der Farbe des Menüs und des Ausschnitthintergrundes

Sofern Sie über einen Farbbildschirm verfügen, können Sie auch die Farbein-
stellungen Ihren Vorstellungen entsprechend ändern. Möglich ist sowohl eine
Veränderung der Farbe des Ausschnitthintergrundes als auch eine Veränderung
in der farblichen Anzeige der Menübefehle.

Durch eine farbliche Differenzierung der Menübefehle von den Eingabefeldern
kann die Übersicht bei Anwendung der Menütechnik zur Befehlsauslösung erheblich verbessert werden. Um eine Änderung vorzunehmen, müssen Sie im
Befehl ZUSÄTZE das Feld "Farbe Menü:" ansteuern und hier eine Farbziffer
(Ziffer von 0 - 13) eingeben oder auswählen. Eine Auswahl erfolgt durch Betätigen der Funktionstaste <F1> zwecks Anzeige einer Liste der möglichen Far-
ben. Durch Ansteuern der Option mit der Richtungstaste kann anschließend
eine Auswahl vorgenommen werden.

Um die Hintergrundfarbe des Bildschirmausschnittes zu ändern, muß der Befehl AUSSCHNITT OPTIONEN gewählt werden und im Feld "Hintergrundfarbe:" die gewünschte Farbe eingestellt werden.

Wechsel zwischen dem schnellen Textmodus und dem Graphikmodus

Bereits im ersten Kapitel des Buches wurde bei der Vorstellung der verschiedenen Möglichkeiten des Programmstarts auf die Unterscheidung zwischen
Text- und Graphikmodus hingewiesen. Im Rahmen des Arbeitens mit dem Programm kann ein direkter Wechsel erfolgen. Dies ist möglich, indem entweder
im Befehl ZUSÄTZE die Einstellung im Feld "Bildschirm:" variiert wird oder
durch Betätigen der Tastenkombination <ALT> + <F9>.

Der Textmodus ermöglicht ein schnelleres Arbeiten bei der Erfassung von
Texten. Der Graphikmodus zeigt demgegenüber die Zeichenformatierung genauer an (z. B. Kursivschrift).

Individualisierung der Geschwindigkeit

Eine weitere Beschleunigung der Arbeit können Sie erreichen durch Veränderung der Geschwindigkeits-Option. Dazu ist nach Wahl des Befehls ZUSÄTZE
im Feld "Geschwindigkeit:" eine Ziffer zwischen 0 und 9 einzugeben.

Ein- bzw. Ausblenden des Zeilenlineals

Bei dem Arbeiten mit Tabulatoren sowie bei der Formatierung von Absätzen
(z. B. Einrückungen) kann die Einblendung eines Zeilenlineals am oberen Bildschirmrand von Vorteil sein. Dies kann dauerhaft dadurch erreicht werden, daß
im Befehl AUSSCHNITT OPTIONEN im Befehlsfeld "Zeilenlineal:" die Op-

tion "Ja" gewählt wird. Dann lassen sich sowohl gesetzte Tabstopps als auch die Randfestlegungen und Ausschließungen unmittelbar erkennen. Steht die Option dagegen in dem Befehlsfeld auf "Nein", so erscheint das Zeilenlineal nur vorübergehend bei Wahl der Befehlsfolgen FORMAT TABULATOR oder FORMAT ABSATZ.

Anzeige der Druckformatspalte

Über den Befehl AUSSCHNITT OPTIONEN besteht weiterhin die Möglichkeit, sich vergebene Druckformate am Bildschirm anzeigen zu lassen (zu Druckformaten vgl. näher Kapitel 13). Dazu muß im Feld "Druckformatspalte:" die Option auf "Ja" eingestellt werden.

Einen zusammenfassenden Überblick über die Anwendung der Möglichkeiten zur Einrichtung eines individuellen Bildschirms gibt Ihnen Bild 12-6.

Möglichkeiten (Was?)	Befehle/Befehlsfelder (Wie?)
1) Anzeige von Steuerzeichen im Text	ZUSÄTZE Sonderzeichen sichtbar: Alle oder Teilweise
2) Vorschau auf das Druckbild	ZUSÄTZE Darstellungsform: Druckbild
3) Ausschalten des Befehlsmenüs	ZUSÄTZE Hauptbefehlsmenü sichtbar: Nein
4) Darstellung ohne Ausschnittrahmen	ZUSÄTZE Ausschnittrahmen: Nein
5) Anzeige von Zeilennummern	ZUSÄTZE Zeilennummern: Ja
6) Farbvariation - Menübefehl - Ausschnitthintergrund	ZUSÄTZE Farbe Menü: 0 - 9 AUSSCHNITT OPTIONEN Hintergrundfarbe: 0 - 14
7) Wechsel des Betriebsmodus	ZUSÄTZE Bildschirm: Text oder Graphik
8) Variation der Schnelligkeit der Cursor-Bewegung	ZUSÄTZE Geschwindigkeit: 0 - 9
9) Einblenden des Zeilenlineals	AUSSCHNITT OPTIONEN Zeilenlineal: Ja
10) Anzeige der vergebenen Druckformate	AUSSCHNITT OPTIONEN Druckformatspalte: Ja

Bild 12-6: Einrichten eines individuellen Bildschirms (Überblick)

Musteraufgabe 12-2:   Arbeiten mit der Fenstertechnik

a)   Laden Sie zunächst den auf Ihrer Arbeitsdiskette befindlichen Text mit dem Dateinamen "Text01".

b)   Teilen Sie den Bildschirm anschließend so auf, daß sich im unteren Teil ein zweiter Ausschnitt ergibt. Dieser neue Ausschnitt soll in der 11. Zeile beginnen.

c)   Laden Sie in den unteren Textausschnitt die Datei mit dem Dateinamen "Text02"

d)   Kopieren Sie den gesamten Absatz in den oberen Text zwischen dem ersten und zweiten Absatz.

e)   Verschieben Sie den 1. Ausschnitt nach unten (bis Zeile 15).

f)   Fahren Sie danach wieder in den 2. Ausschnitt und wählen Sie die Zoom-Funktion.

g)   Löschen Sie den unteren Bildschirmausschnitt.

12.2   Arbeiten mit der Fenstertechnik

Eine Besonderheit der modernen Softwareprodukte besteht in der Möglichkeit, verschiedene Fenster auf dem Bildschirm darzustellen. Unter dem Begriff "Fenstertechnik" wird allgemein die Funktion verstanden, rechteckige Teilbereiche auf dem Bildschirm zu generieren, die selbst wieder wie eigene Bildschirme behandelt werden können.

12.2.1 Sinnvolle Anwendungen der Fenstertechnik in der Textverarbeitung

Die Fenstertechnik bietet in verschiedenen Fällen dem Benutzer erhebliche Erleichterungen. Exemplarisch seien folgende Anwendungsmöglichkeiten genannt:

a)   Wird ein Text überarbeitet, ist es evtl. zweckmäßig, ein zusätzliches Fenster einzurichten, um einen anderen (früheren oder späteren) Teil desselben Textes sichtbar zu machen.

b)   Ist ein Text zu erstellen, bei dem aus verschiedenen anderen Texten Teile übernommen werden können, bietet es sich an, einen gesonderten Ausschnitt zu erstellen, in den jeweils die Texte geladen werden, aus denen Teile übernommen werden können. Auf diese Weise kann ein gezieltes Kopieren von Textabschnitten erheblich erleichtert und beschleunigt werden.

c) Wird ein Text unmittelbar am Bildschirm entworfen und erfaßt, dann kann es z. B. sinnvoll sein, eine vorliegende Gliederung in ein gesondertes Fenster zu laden und in einem anderen Fenster den Text zu formulieren (Text und zugrundeliegende Gliederung sind so gleichzeitig auf dem Bildschirm sichtbar). Alternativ kann auch ein neuer Abschnitt für Notizen zum Text (als Stichwort-Sammlung) eingerichtet werden.

d) Handelt es sich um einen Bausteintext, kann man in einen besonderen Ausschnitt evtl. nutzbare Textbausteine laden und auf Verwendbarkeit zu prüfen.

e) Handelt es sich um einen Text mit Fußnoten (z. B. Zitatquellen), dann ist es unter Umständen sinnvoll, neben dem Textausschnitt ein besonderes Fenster für die Fußnoten einzurichten.

Generell kann festgestellt werden, daß sich das Arbeiten mit der Fenstertechnik anbietet, um die Textmontage (z. B. das Umstellen oder Einfügen einzelner Textelemente und Textblöcke) zu vereinfachen. Dabei können verschiedene Teile desselben Textes oder mehrere Dokumente gleichzeitig auf den Bildschirm geholt werden. Zur Bearbeitung der jeweiligen Texte kann dann meist mit einer bestimmten Funktionstaste leicht zwischen den Fenstern umgeschaltet werden.

12.2.2 Einrichten von Bildschirmausschnitten

In MS-Word besteht die Möglichkeit, bis zu acht verschiedene Fenster am Bildschirm einzurichten. Grundlage hierfür bildet der Befehl AUSSCHNITT. Die Unterbefehle, die sich nach Aktivierung des Befehls ergeben, zeigt Ihnen Bild 12-7.

```
AUSSCHNITT: Teilen Löschen Verschieben Optionen

Teilt den aktiven Textausschnitt oder öffnet einen Fußnotenausschnitt
Se1 Sp1          ()                              Microsoft Word
```

Bild 12-7: Unterbefehle des Befehls AUSSCHNITT

Zur Einrichtung von Bildschirmausschnitten dient der Unterbefehl TEILEN. In diesem Fall würde der gerade aktivierte Arbeitsbereich auf dem Bildschirm unterteilt. Grundsätzlich ergeben sich drei Möglichkeiten der Unterteilung:

a) Waagerecht
Hier kann die Zeile eingegeben werden, wo der neue Ausschnitt beginnen soll
(Hinweis: die Zeilennummer darf nicht kleiner als drei sein). Der neue Ausschnitt wird dabei grundsätzlich unterhalb des aktivierten Arbeitsbereiches gebildet.

b) Senkrecht
Hier kann die Spalte eingegeben werden, wo der neue Ausschnitt beginnen soll
(Hinweis: maximal sind drei Ausschnitte nebeneinander möglich). Der neue
Ausschnitt wird dabei grundsätzlich rechts vom aktivierten Arbeitsbereich
gebildet.

c) Fußnote
Bei Texten mit Fußnoten ist es insbesondere bei größerem Seitenumfang sehr
umständlich, wenn lediglich per Bildlauffunktion an das Textende gegangen
werden kann, um einen Fußnotentext einzugeben. Einfacher und übersichtlicher
ist in diesem Fall das Einrichten eines Fußnotenausschnittes, so daß sich auf
dem Bildschirm sowohl der Fußnotentext als auch deren Fußnotenzeichen befinden.

Die Möglichkeiten veranschaulicht im Überblick Bild 12-8.

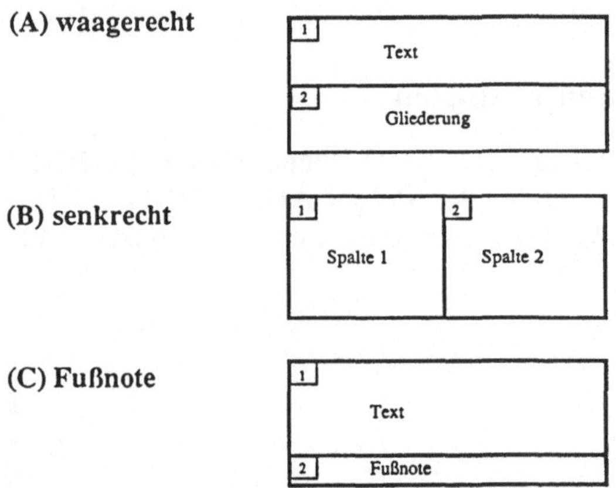

Bild 12-8: Möglichkeiten der Ausschnittbildung

In der Musteraufgabe 12-2 sollen Sie nach Laden der Datei mit dem Befehl
ÜBERTRAGEN LADEN in der Teilaufgabe b) einen waagerechten Ausschnitt
einrichten. Positionieren Sie den Cursor dazu zunächst auf die Zeile 11 und
wählen Sie dann die Befehlsfolge AUSSCHNITT TEILEN WAAGERECHT.
Eine Eingabe im Befehlsfeld "Bei Zeile" ist entbehrlich, da hier schon der Wert
11 erscheint. Wenn der neu einzurichtende untere Ausschnitt zunächst keinen
Text enthalten soll, stellen Sie im folgenden Befehlsfeld "Bildschirmlöschen im
neuen Ausschnitt:" die Option auf "Ja". Das Vorgehen im Überblick veranschaulicht die folgende Checkliste:

Reihenfolge der Bearbeitung	Tastenfolge
1. Cursor auf die Teilungsstelle bewegen	<Richtungstasten>
2. Befehl AUSSCHNITT TEILEN wählen	<ESC> <A> <T>
3. Option WAAGERECHT wählen	<W>
4. Eingabe vornehmen (unter Umständen)	11
5. Nächstes Befehlsfeld ansteuern	<TAB>
6. Option wählen (z. B. Ja)	<J>
7. Befehl ausführen	<RETURN>

Nach Ausführung des Befehls ist der Bildschirm in zwei Abschnitte geteilt. Zur weiteren Bearbeitung ist der Cursor im unteren Bildschirm positioniert. Nur in dem aktivierten Ausschnitt kann jetzt ein Text bearbeitet werden. Einen Hinweis auf den gerade aktivierten Ausschnitt gibt die Nummer am linken oberen Ausschnittrahmen. Ist diese markiert (wie im Beispielfall die 2 für den zweiten Ausschnitt), dann kann in diesem Bildschirmbereich ein Text erfaßt und bearbeitet werden.

Bild 12-9 zeigt als Beispiel, wie sich der Bildschirm nach der waagerechten Teilung darstellt.

```
1═══════════════════════════════════════════════ 18:29:50
║ PC-Textverarbeitungsprogramme stellen dem Benutzer alle
║ wesentlichen Textfunktionen zur Verfügung. Hierzu zählen das
║ Erfassen, das Speichern und das Drucken von Texten.
║
║ Ca. 80 % der Fehler bei der Texteingabe werden unmittelbar
║ entdeckt. Von Vorteil ist deshalb die Nutzung von Geräten der
║ Textverarbeitung, die eine komfortable Sofortkorrektur
║ ermöglichen. Hierzu zählen z. B. das Löschen, Einfügen und
║ Überschreiben von Zeichen.
║                                          ═══════TEXT01.TXT═
2═══════════════════════════════════════════════
║ ▮
║
║
║
║
║


BEFEHL: Ausschnitt Bibliothek Druck Einfügen Format Gehezu Hilfe Kopie
        Löschen Muster Quitt Rückgängig Suchen Übertragen Wechseln Zusätze
Bearbeiten Sie bitte Ihren Text oder unterbrechen Sie zum Hauptbefehlsmenü!
Se1 Sp1              ()                              Microsoft Word
```

Bild 12-9: Geteilter Bildschirm

12.2.3 Arbeiten mit Ausschnitten

Im Beispielfall sollen Sie in den unteren Ausschnitt zunächst einen Text laden.
Dies können Sie - sofern Sie sich in diesem Ausschnitt befinden - wie gehabt
mit dem Befehl ÜBERTRAGEN LADEN erreichen. Danach befindet sich dann
im unteren Ausschnitt die Datei "Text02", während im oberen Ausschnitt weiterhin der bisherige Text (Text01) verfügbar ist.

```
1════════════════════════════════════════════════════════════════ 18:36:04
  PC-Textverarbeitungsprogramme stellen dem Benutzer alle
  wesentlichen Textfunktionen zur Verfügung. Hierzu zählen das
  Erfassen, das Speichern und das Drucken von Texten.

  Ca. 80 % der Fehler bei der Texteingabe werden unmittelbar
  entdeckt. Von Vorteil ist deshalb die Nutzung von Geräten der
  Textverarbeitung, die eine komfortable Sofortkorrektur
  ermöglichen. Hierzu zählen z. B. das Löschen, Einfügen und
  Überschreiben von Zeichen.
  ════════════════════════════════════════════════════════TEXT01.TXT═
2═══════════════════════════════════════════════════════════════════
  Textverarbeitung hat sich zum Hauptanwendungsgebiet für den
  Personal Computer entwickelt. Dies ist im wesentlichen auf zwei
  Gründe zurückzuführen. Zum einen sind die anfallenden Kosten
  gering; zum anderen konnten Funktionsumfang und Komfort der
  Software in den letzten Jahren stetig verbessert werden. Hinzu
  kommen die vielfältigen Einsatzmöglichkeiten: So können neben
  Textverarbeitung mit dem PC noch weitere Aufgaben schnell und
  problemlos erledigt werden.
  ════════════════════════════════════════════════════════TEXT02.TXT═
BEFEHL: Ausschnitt Bibliothek Druck Einfügen Format Gehezu Hilfe Kopie
        Löschen Muster Quitt Rückgängig Suchen Übertragen Wechseln Zusätze
461 Zeichen
Se1 Sp1            ()                                       Microsoft Word
```

Bild 12-10: Darstellung verschiedener Texte in Ausschnitten

Um nun zwischen den Ausschnitten hin und her zu schalten, brauchen Sie lediglich die Funktionstaste <F1> zu betätigen. Mit diesem Wissen können Sie
jetzt auch die Teilaufgabe b) in Angriff nehmen und den Absatz des unteren
Textes in den oberen Text kopieren. Im einzelnen sind hierzu folgende Teilschritte erforderlich:

Reihenfolge der Bearbeitung	Tastenfolge
1. Zu kopierenden Text markieren	<F10>
2. Befehl KOPIE wählen und ausführen	<ESC> <K> <RETURN>
3. Neuen Ausschnitt ansteuern	<F1>
4. Einfügestelle ansteuern	<Richtungstasten>
5. Einfügetaste betätigen	<INS>

12.2.4 Variation von Ausschnitten

Mitunter können verschiedene Optionen während des Arbeitens mit Ausschnitten gewünscht werden. Hierzu gehört z. B. der Wunsch, einen Ausschnitt zu verschieben bzw. dessen Größe zu verändern oder vorübergehend einen gesamten Ausschnitt auszublenden, so daß mehr Platz für andere Ausschnitte verfügbar ist.

Im Beispielfall sollen Sie zunächst den 1. Ausschnitt vergrößern und bis zur 15. Zeile nach unten bewegen. Hierzu müssen Sie den Befehl AUSSCHNITT VERSCHIEBEN wählen. Diese Befehlsfolge ermöglicht es, den Rahmen eines Ausschnittes an eine andere Stelle zu bewegen. Dabei ist die entsprechende Zeile bzw. Spalte einzugeben. Im einzelnen ist folgendes Vorgehen zur Lösung der Musteraufgabe 12-2 erforderlich:

Reihenfolge der Bearbeitung	Tastenfolge
1. Befehl AUSSCHNITT VERSCHIEBEN wählen	<ESC> <A> <V>
2. Ausschnitt-Nr. angeben	<1>
3. Befehlsfeld "In Zeile:"(Spalte) ansteuern	<TAB>
4. Neues Maß eingeben	15
5. Befehl ausführen	<RETURN>

Ergebnis ist dann die im folgenden Bild 12-11 wiedergegebene Bildschirmdarstellung.

Eine weitere interessante Option ist das Zoomen von Ausschnitten. Auf diese Weise kann z. B. ein Ausschnitt vorübergehend ausgeblendet werden. Steuern Sie zur Anwendung dieser Möglichkeit zunächst den Ausschnitt an, der ausgeblendet werden soll. Anschließend ist die Tastenkombination <CTRL>+<F1> zu betätigen (die sog. Zoom-Funktion). Der Ausschnitt wird ausgeblendet, und in der Statuszeile erscheint das Kürzel ZM (für Zoomen). Um wieder auf die Originalgröße zurückzukehren, müssen Sie erneut die Tastenkombination <CTRL>+<F1> betätigen.

Weitere Möglichkeiten der Ausschnitt-Variation finden Sie bei Wahl des Befehls AUSSCHNITT OPTIONEN. So kann hier etwa der aktive Ausschnitt verändert werden (durch Eingabe der Ausschnittnummer), eine bestimmte Hintergrundfarbe gewählt werden sowie das Zeilenlineal ein- oder ausgeschaltet werden.

12.2.5 Löschen von Ausschnitten

Durch Eingabe der Ausschnittnummer können Sie nach Wahl der Befehlsfolge AUSSCHNITT LÖSCHEN einen eingerichteten Ausschnitt wieder entfernen.

```
1══════════════════════════════════════════════════════ 18:45:28
  Textverarbeitung mit dem PC noch weitere Aufgaben schnell und
  problemlos erledigt werden.

  Ca. 80 % der Fehler bei der Texteingabe werden unmittelbar
  entdeckt. Von Vorteil ist deshalb die Nutzung von Geräten der
  Textverarbeitung, die eine komfortable Sofortkorrektur
  ermöglichen. Hierzu zählen z. B. das Löschen, Einfügen und
  Überschreiben von Zeichen.

  In der beruflichen Praxis entstehen viele Texte außerdem nicht
  selten in mehreren Arbeitsschritten. An der "Roh-Fassung" werden
  vom Autor Korrekturen, Einfügungen, Umformatierungen und Kürzungen
  vorgenommen, die im dann folgenden Arbeitsgang in den Text
  eingearbeitet werden müssen. Im Rahmen der nachträglichen
══════════════════════════════════════════════════════TEXT01.TXT═╝
2══════════════════════════════════════════════════════
  Textverarbeitung hat sich zum Hauptanwendungsgebiet für den
  Personal Computer entwickelt. Dies ist im wesentlichen auf zwei
  Gründe zurückzuführen. Zum einen sind die anfallenden Kosten
══════════════════════════════════════════════════════TEXT02.TXT═╝
BEFEHL: Ausschnitt Bibliothek Druck Einfügen Format Gehezu Hilfe Kopie
        Löschen Muster Quitt Rückgängig Suchen Übertragen Wechseln Zusätze
Bearbeiten Sie bitte Ihren Text oder unterbrechen Sie zum Hauptbefehlsmenü!
Se1 Sp1          (Textver...den.¶)                        Microsoft Word
```

Bild 12-11: Bildschirm nach Ausschnittverschiebung

Bei Wahl des Befehls wird als Antwort in dem Befehlsfeld immer die Nummer des Ausschnittes vorgeschlagen, der gerade aktiviert ist (Hinweis: Um zwischen einzelnen Ausschnitten zu wechseln, ist die Taste <F1> zu betätigen).

Steuern Sie im Beispielfall den 2. Ausschnitt an, und wählen Sie den Befehl AUSSCHNITT LÖSCHEN. Sie können danach den Befehl unmittelbar durch Betätigen der Taste <RETURN> ausführen. Sofern der Text in dem Ausschnitt, der gelöscht werden soll, vorher nicht gespeichert wurde, erscheint zunächst eine Abfrage, mit der das Löschen ausdrücklich bestätigt werden muß.

Musteraufgabe 12-3:　　Arbeiten mit Funktionstasten/Tastenkombinationen

Lösen Sie einmal der Reihe nach folgende Aufgaben, indem Sie zur Durchführung der Befehle die angebotenen Funktionstasten betätigen. Nehmen Sie als Orientierung die beigefügte Übersicht (vgl. Bild 12-12) zur Hilfe:

a)　　Laden Sie den auf Ihrer Arbeitsdiskette befindlichen Text mit dem Dateinamen "Text42.TXT".

b)　　Rufen Sie das Rechtschreibprogramm auf und führen Sie die Prüfung durch.

c)   Richten Sie anschließend einen Bildschirmausschnitt bei der Zeile 10 ein. Laden Sie in den unteren Ausschnitt den Text mit dem Dateinamen "Text03".

d)   Markieren Sie den gesamten Text, der sich im unteren Ausschnitt befindet, und kopieren Sie den Text in den Zwischenspeicher.

e)   Bewegen Sie den Cursor in den oberen Bildschirmausschnitt, und fügen Sie die im Zwischenspeicher befindliche Textkopie am Textanfang ein.

f)   Drucken Sie abschließend den Text aus, der sich nun im oberen Ausschnitt befindet.

12.3   Nutzung der Befehlsauslösung über Funktionstasten

Insbesondere nach einiger Zeit des Arbeitens mit dem Textprogramm besteht mitunter der Wunsch, statt der Menüsteuerung viele Befehle direkt mit einer bestimmten Funktionstaste auszulösen. Hierfür stehen in Word eine Vielzahl von Möglichkeiten zur Verfügung, die bereits bei den einzelnen Teilgebieten erwähnt wurden.

Im folgenden finden Sie in übersichtlicher Form eine Zusammenstellung sämtlicher Funktionstasten, mit denen Sie unter Umständen die Befehlsauslösung erheblich beschleunigen können.

Zur Lösung der Musteraufgabe 12-3 ist somit in den einzelnen Teilschritten folgendes Vorgehen erforderlich:

a)   Betätigen der Tastenkombination <CTRL> + <F7> und Auswahl des Dateinamens "Text42".

b)   Der Aufruf des Rechtschreibprogramms erfolgt durch Wahl der Tastenkombination <ALT> + <F6>.

c)   Wählen Sie den Befehl AUSSCHNITT TEILEN WAAGERECHT und richten Sie den gewünschten Ausschnitt bei der Zeile 10 ein. Das Laden der Datei erfolgt durch Betätigen der Tastenkombination <CTRL> + <F7> und Auswahl des Dateinamens "Text03".

d)   Betätigen der Tastenkombination <UMSCHALT> + <F10>. Anschließend wählen Sie den Befehl KOPIE durch Drücken der Tastenkombination <ALT> + <F3>.

e)   Mit der Funktionstaste <F1> kann der Ausschnitt gewechselt werden. Sofern Sie sich am Textanfang befinden - unter Umständen müssen Sie zunächst die Tastenkombination <CTRL> + <PgUp> betätigen -, können Sie die Einfügetaste <INS> drücken und damit den Text einfügen.

f)   Der Text kann durch Betätigen der Tastenkombination <CTRL> + <F8> unmittelbar gedruckt werden.

Funktionstastenbelegung bei Word 4.0

1. Die Funktionstastenbelegung	2. Die Funktionstastenbelegung in Verbindung mit <SHIFT>	3. Die Funktionstastenbelegung in Verbindung mit <CTRL>	4. Die Funktionstastenbelegung in Verbindung mit <ALT>
F1 nächster Ausschnitt	Shift F1 letzte Aktion zurücknehmen	Ctrl F1 Ausschnitt zoomen	Alt F1 Tabulator setzen
F2 Rechnen im Text	Shift F2 Gliederung Ansicht	Ctrl F2 Kopfzeile bestimmen	Alt F2 Fußzeile definieren
F3 Textbaustein aufrufen	Shift F3 Makro aufzeichnen	Ctrl F3 Einzelschrittmodus Makros aufrufen	Alt F3 Kopie
F4 Wiederholung	Shift F4 Suche wiederholen	Ctrl F4 Liste aktualisieren	Alt F4 Bereichsdefinition ändern
F5 Überschreiben	Shift F5 Gliederung bearbeiten	Ctrl F5 Linie zeichnen	Alt F5 Gehezu Bildschirmseite
F6 Cursor erweitern	Shift F6 Spalten markieren	Ctrl F6 nicht belegt	Alt F6 Rechtschreibprogramm aufrufen
F7 vorhergehendes Wort	Shift F7 vorhergehender Satz	Ctrl F7 Text laden	Alt F7 Darstellungsweise Druckbild oder Normal
F8 nächstes Wort	Shift F8 nächster Satz	Ctrl F8 Text drucken	Alt F8 Schriftart anzeigen
F9 vorhergehender Absatz	Shift F9 aktuelle Zeile markieren	Ctrl F9 Seitenumbruch	Alt F9 Text-/ oder Graphikmodus
F10 nächster Absatz	Shift F10 kompletten Text markieren	Ctrl F10 Text speichern	Alt F10 Druckformat festhalten

Bild 12-12: Funktionstastenbelegung zur Befehlswahl

Musteraufgabe 12-4:   Einsatz der Maus

a)   Laden Sie den Text mit dem Dateinamen "Text03", indem Sie hierzu die installierte Maussteuerung nutzen.

b)   Bewegen Sie den Cursor mit der Maus an das Textende.

c)   Führen Sie die im folgenden gewünschten Markierungsaktivitäten mit der Maus der Reihe nach durch, und löschen Sie den markierten Textabschnitt:

   - letzten Satz des vierten Absatzes

   - die Wortfolge "in der Regel" im letzten Absatz.

d)   Verschieben Sie den letzten Absatz vor den vierten Absatz unter Nutzung der Maussteuerung.

e)   Speichern Sie den Text unter dem Dateinamen "Text120".

12.4   Nutzung der Maussteuerung

Bei der Überarbeitung von Texten sowie bei der Auslösung von Befehlen erspart die Nutzung einer Maus mitunter erhebliche Zeit. So läßt sich der Cursor schnell durch den Text bewegen, können Befehle zügig ausgelöst sowie eine Markierung von Textteilen schnell vorgenommen werden. Die wesentlichen Möglichkeiten des Maus-Einsatzes sind zum einen die Befehlswahl, zum anderen der Bildlauf mit der Maus.

Befehlswahl und Befehlsrealisierung mit der Maus

Mit der Maus kann das Auslösen von Befehlen mitunter schneller bewirkt werden. Im einzelnen gelten folgende Regeln:

Optionen	Realisierung
- Befehl/Unterbefehl wählen	- Befehlswort anklicken - rechte Maustaste drücken
- Befehlsoption auswählen	- Option im Befehlsfeld ansteuern - rechte Maustaste drücken
- Antwortliste anfordern	- Befehlsfeld ansteuern - rechte Maustaste drücken
- Befehl ausführen	- Befehlswort ansteuern - linke Maustaste drücken
- Befehl abbrechen	- Stelle im Befehlsbereich ansteuern - beide Maustasten drücken

In Musteraufgabe 12-4 soll das Laden eines Textes über Maussteuerung realisiert werden. Dazu ist der Mauszeiger zunächst auf das Befehlswort ÜBERTRAGEN zu positionieren und dann die Maustaste zu betätigen. Ähnlich ist der Unterbefehl LADEN auszulösen. Um dann eine Auswahlliste der Dateinamen anzeigen zu lassen, muß das Befehlsfeld angesteuert und dort die rechte Maustaste betätigt werden. In der Anwortliste kann nun der Dateiname angesteuert und dann der Befehl durch Betätigen der rechten Maustaste ausgelöst werden.

Bildlauf mit der Maus

Bei angeschlossener Maus kann das Ansteuern unter Umständen schneller realisiert werden als mit den verfügbaren Funktionstasten. Die Optionen für den Bildlauf zeigt folgende Zusammenstellung

Optionen	Realisierung

1)   Vertikaler Bildlauf
     - nach unten
     - nach oben
	Mauszeiger auf linke Ausschnittseite
	- linke Maustaste drücken
	- rechte Maustaste drücken

2)   Horizontaler Bildlauf
     - nach links
     - nach rechts
	Mauszeiger auf untere Ausschnittseite
	- linke Maustaste drücken
	- rechte Maustaste drücken

Um in der Musteraufgabe an das Textende zu gelangen, müssen Sie also zunächst den Mauszeiger auf die linke Ausschnittseite positionieren und dann die rechte Maustaste drücken.

Markieren und Löschen unter Nutzung der Maussteuerung

Ein weiterer Vorteil der Maussteuerung ist die Möglichkeit, schnell und gezielt Textteile für Bearbeitungszwecke zu markieren. Die möglichen Optionen und ihre Realisierung zeigt folgende Aufstellung:

Optionen	Realisierung
- Zeichen markieren	- Zeichen und linke Maustaste
- Wort markieren	- Zeichen im Wort und rechte Maustaste
- Satz markieren	- Zeichen im Satz und beide Maustasten
- Zeile markieren	- Markierungsleiste und linke Maustaste
- Absatz markieren	- Markierungsleiste und rechte Maustaste
- gesamten Text markieren	- Markierungsleiste und beide Maustasten
- Textblock	- 1. Zeichen markieren, linke Maustaste

In den Fällen 3 - 6 sollten Sie den Mauszeiger zunächst in der linken Markierungsleiste positionieren, und zwar an der Stelle, an der sich der Satz, die Zeile oder der Absatz befindet.

Zur Lösung der Musteraufgabe muß für das Löschen des Satzes dieser zunächst markiert werden. Unter Einsatz der Maus ist dazu der Mauszeiger zunächst auf ein beliebiges Zeichen im Satz zu positionieren und dann beide Maustasten zu betätigen. Anschließend kann die Löschtaste <DEL> betätigt werden.

Um die Wortfolge "in der Regel" zu markieren, müssen Sie zunächst das erste Zeichen "i" markieren und dann die linke Maustaste festhalten. Anschließend können Sie die Markierung bis zum letzten Zeichen des Wortes "Regel" fortsetzen und dann die Löschtaste drücken.

Überarbeitung von Textabschnitten mit der Maus

Die Nutzung der Maus bietet außerdem Zeitvorteile, wenn bestimmte Textabschnitte im nachhinein umgestellt werden sollen. Im einzelnen ist folgendes Vorgehen erforderlich:

1. Textabschnitt markieren, der umgestellt werden soll

2. Mauszeiger auf die Einfügestelle positionieren

3. Betätigen einer Tastenkombination von <CTRL> und Maustaste.

Für den dritten Teilschritt stehen folgende Optionen zur Verfügung, wenn sich der Mauszeiger im Bildschirmausschnitt befindet:

- linke Maustaste: Einfügung vor dem Zeichen
- rechte Maustaste: Einfügung vor einem Wort
- beide Maustasten: Einfügung vor einem Satz

Befindet sich der Mauszeiger in der Markierungsleiste, dann gelten folgende Bedingungen:

- linke Maustaste: Einfügung am Anfang einer Zeile
- rechte Maustaste: Einfügung vor einem Absatz
- beide Maustasten: Einfügung am Anfang des Textes.

Abschließend noch folgender genereller Hinweis: die gleiche Vorgehensweise gilt analog für das Kopieren von Textblöcken. Im dritten Teilschritt muß statt der Taste <CTRL> lediglich die Umschalttaste <SHIFT> betätigt werden.

Zur Lösung der Teilaufgabe c) von Musteraufgabe 12-4 muß im Beispiel zunächst der letzte Absatz markiert werden (Mauszeiger an der Markierungsleiste positionieren und dann die rechte Maustaste drücken). Danach können Sie die neue Position auf der Markierungsleiste ansteuern, dann die Taste <CTRL> festhalten und abschließend die rechte Maustaste betätigen.

Da immer wieder unter Nutzung der Fenstertechnik Teile aus einem bereits vorhandenen Text übernommen werden sollen, empfiehlt sich für diese Anwendung das Anlegen eines Makros:

a) Laden Sie den Text mit dem Dateinamen "Text01", und legen Sie ein Makro an, mit dem ein zweiter waagerechter Ausschnitt in der Zeile 12 eingerichtet wird. Dieser Ausschnitt soll zunächst keinen Text beinhalten.

b) Speichern Sie das Makro unter dem Namen "Ausschnitt_bilden.mak". Außerdem soll das Makro über den Steuercode ^FT abrufbar sein (FT für Fenster teilen).

c) Führen Sie das Makro in verschiedenen Variationen aus, nachdem Sie sich an das Ende des Textes plaziert haben.

d) Ergänzen Sie das soeben erstellte Makro in der Form, daß ein Aufruf einer neuen Datei über Auswahltasten erfolgen kann. Speichern Sie dieses Makro unter dem Namen "Ausschnitt_Laden.mak" und unter dem Steuercode ^FL (FL für Fenster und Laden).

e) Speichern Sie die beiden zuvor erstellten Makros in der Datei "Makro.TBS".

12.5   Arbeiten mit Makros

In vielen Anwendungen mit einem Textprogramm müssen bestimmte Befehlsfolgen immer wieder durchgeführt werden. Um wiederholte Eingaben überflüssig zu machen, können in WORD4 mehr oder weniger umfangreiche Makros angelegt werden.

Im Lieferumfang des Programms sind bereits einige vorgegebene Makros enthalten. Darüber hinaus können Sie entsprechend Ihren individuellen Vorstellungen eine Vielzahl eigener Makros erstellen. Diese müssen dann als Textbaustein gespeichert werden. Verfügbar sind die so gespeicherten Makros auch später noch durch einfachen Zugriff (etwa mittels eines festgelegten Tastendrucks). Bei Ablauf des Makros werden dann die Befehls- und Tastenfolgen automatisch in der vorgegebenen Reihenfolge ausgeführt.

12.5.1 Schreiben und Benennen eines Makrobefehls

In Musteraufgabe 12-5 soll ein Makro zum Erstellen eines neuen Bildschirmausschnittes erfaßt werden. Um dies durchzuführen, wollen wir uns noch einmal die Tastenfolge anschauen, die diese Lösung bewirkt:

Reihenfolge der Bearbeitung	Tastenfolge
1. Befehl AUSSCHNITT TEILEN wählen	<ESC> <A> <T>
2. Option WAAGERECHT wählen	<W>
3. Zeilenangabe vornehmen	12
4. Nächstes Befehlsfeld anspringen	<TAB>
4. Option "Ja" wählen	<J>
5. Befehl ausführen	<RETURN>

Wenn Sie sich diese Tastenfolgen vergegenwärtigen, haben Sie schon die wesentlichen Voraussetzungen für das Schreiben eines Makros verfügbar. Für das Erstellen des Makros gibt es nun zwei Möglichkeiten:

a)   Schreiben des Makrobefehls durch direkte Eingabe über Tastatur;

b)   Erstellen des Makros durch Aufzeichnen der Tastaturanschläge unter Nutzung des Makro-Recorders.

zu a) Direkteingabe der Makrobefehlsfolge über Tastatur
Um das Makro über Tastatureingabe erstellen zu können, müssen Sie wissen, wie die Funktionstasten für die Makroerstellung in WORD benannt sind. Die wichtigsten zeigt die folgende Zusammenstellung:

Im Buch verwandte Bezeichnung	Tastenabkürzung für Makros
<Alt>-Taste	<alt>
<Ctrl>-Taste	<ctrl>
<DEL>-Taste (Löschtaste)	<del>
<ESC>-Taste (Unterbrechen)	<unt>
<INS>-Taste (Einfügetaste)	<einf>
<Leertaste>	<leertaste>
<RETURN>-Taste	<return>
<RÜCK>-Taste	<rücktaste>
<UMSCHALT>-Taste	<umschalten>
<TAB>-Taste	<tab>

Mit diesem Wissen können Sie nun das Makro von Hand eingeben. Steuern Sie in dem geladenen Text mit dem Namen "Text01" eine leere Zeile an (z. B. am Textende). Das in dieser Zeile einzugebende Makro muß folgendes Aussehen haben:

<unt>atw12<tab>j<return>

Nun muß das Makro noch gespeichert werden. Makros werden in WORD als eine besondere Kategorie von Textbaustein angesehen; deshalb erfolgt die Speicherung in ähnlicher Weise. Wählen Sie somit nach Markieren des Makros den Befehl LÖSCHEN und geben Sie dann den gewünschten Makronamen ein.

Wichtig ist nun, daß Sie wissen, wie ein Makroname aufzubauen ist.

Zunächst muß der gewünschte Name eingegeben werden. Anschließend können Sie einen Steuercode angeben, der später einen schnelleren Aufruf des Makros ermöglicht. Dazu muß zuerst das Caret-Zeichen eingegeben werden (^) und dann jene Tasten angegeben werden, aus denen der Steuercode bestehen soll. Dazu ist zunächst der Tastencode für die Control-Taste anzugeben. Im Beispielfall ist folgende Eingabe notwendig:

Ausschnitt_bilden.mak^<CTRL F>T

Die Bilddarstellung vor Ausführung des Befehls veranschaulicht Bild 12-13.

```
=[·········1·········2·········3·········4········5·········6·····] 19:05:34
  Arbeitsschritten möglich.

  Umfangreiche Möglichkeiten stehen in der Regel auch für die
  Textgestaltung zur Verfügung. So können z. B. mit fast allen
  Textprogrammen Überschriften zentriert und ein Text im Blocksatz
  geschrieben werden. Um bestimmte Textteile hervorzuheben, ist
  außerdem eine gezielte Auszeichnung (Fettdruck, Kursivschrift,
  Unterstreichen) möglich.

  <unt>atw12<tab>j<return>
  ◆

                                                        =TEXT01.TXT=
LÖSCHEN in: Ausschnitt_bilden.mak^<CTRL F>T

Geben Sie bitte einen Textbausteinnamen ein oder wählen Sie einen mit F1!
Se1 Sp25          ()                    ?                    Microsoft Word
```

Bild 12-13: Makro eingeben und benennen

Zusammenfassend ergibt sich folgender Ablauf für das Erstellen und Benennen eines Makros durch Direkteingabe über Tastatur:

Reihenfolge der Bearbeitung	Tastenfolge
1. Leere Textzeile ansteuern	<Richtungstasten>
2. Makro eingeben	<unt>.....
3. Makro insgesamt markieren	<F10>
4. Befehl LÖSCHEN wählen	<ESC> <L>
5. Makro-Namen eingeben	Ausschnitt_bilden.mak
6. Steuercode eingeben	^<CTRL F>T
7. Befehl ausführen	<RETURN>

Beachten Sie unbedingt noch folgenden Hinweis zur Vergabe von Steuercodes: Die Tasten A, S, E und B können nicht als Steuercodes für Makros verwendet werden, da sie für die Serienbriefschreibung bzw. für das Springen zwischen Formularfeldern reserviert sind.

zu b) Nutzung des Makro-Recorders
Das direkte Eingeben des Makros über Tastatur ist mitunter recht umständlich und zeitaufwendig. In den meisten Fällen können Sie ein Makro schneller aufbauen, indem Sie den sog. Makro-Recorder nutzen. Dieser wirkt quasi wie ein Kassettenrecorder und zeichnet bei der Eingabe von Befehlsfolgen automatisch die Tastenfolgen auf und speichert diese als Makro.

Nach Ansteuern der leeren Textzeile, in der das Makro aufgezeichnet werden soll, können Sie den Makro-Recorder durch Betätigen der Tastenkombination <UMSCHALT> + <F3> einschalten. Diese Einschaltung ist erkennbar durch die Anzeige MA in der Statuszeile. Anschließend kann der gewünschte Befehlsablauf - wie oben dargestellt - eingegeben werden; WORD zeichnet nun jeden Tastendruck in einem Makrocode auf. Am Ende der Aufzeichnung muß erneut die Tastenkombination <UMSCHALT> + <F3> betätigt werden, so daß der Makro-Recorder ausgeschaltet ist.

Die Anzeige MA in der Statuszeile wird dann gelöscht. Gleichzeitig mit dem Ausschalten des Makro-Recorders erscheint automatisch der Befehl KOPIE und es wird die Eingabe eines Makronamens erwartet.

Im Beispielfall müssen Sie nun den Namen eingeben. Der Aufbau sollte wiederum in folgender Form erfolgen:

Ausschnitt_bilden^<CTRL F>T.

Zusammenfassend ergibt sich folgender Ablauf für das Schreiben und Benennen eines Makrobefehls unter Nutzung des Makrorecorders:

Reihenfolge der Bearbeitung	Tastenfolge
1. Makro-Recorder aktivieren	<UMSCHALT> + <F3>
2. Tasten-/Befehlsfolgen eingeben	.....
3. Makro-Recorder ausschalten	<UMSCHALT> + <F3>
4. Makronamen eingeben	Ausschnitt_bilden.mak
5. Steuercode eingeben	^<CTRL F>T
6. Befehl ausführen	<RETURN>

Das Erstellen des Makros unter Nutzung des Makro-Recorders hat Ihnen sicherlich gezeigt, daß dieses Vorgehen einfacher und schneller ist. Dennoch ist die Kenntnis der zuerst angesprochenen Variante insbesondere für komplexere Fälle unentbehrlich. So lassen sich in ein Makro z. B. auch Kommentare und Abfragen einbauen; dies ist jedoch nur über die Direkteingabe möglich. In der Praxis empfiehlt sich deshalb oft auch eine Kombination beider Möglichkeiten.

12.5.2 Ausführen eines Makros

Für das Aufrufen und Ausführen eines Makrobefehls gibt es prinzipiell zwei Möglichkeiten:

a) Zum einen können Sie ein Makro unter Nutzung des vergebenen Namens zur Ausführung bringen. In diesem Fall wird das Makro ähnlich wie ein Textbaustein über den Befehl EINFÜGEN oder durch die Bausteintaste <F3> zur Ausführung gebracht.

b) Zum anderen kann man die vergebene Tastenkombination nutzen. In Verbindung mit der Taste <CTRL> muß dann der Code (ein oder zwei Buchstaben) eingegeben werden.

zu a) Nutzung des Namens für den Makroaufruf

Gehen Sie im Beispielfall nach Löschen des noch vorhandenen Ausschnittes zunächst so vor, daß Sie die Stelle im Text ansteuern, an der das Makro ausgeführt werden soll. Wählen Sie nun den Befehl EINFÜGEN und lassen Sie sich dann eine Liste der vergebenen Makronamen mit der Funktionstaste <F1> anzeigen. Dieses Vorgehen empfiehlt sich, wenn sowohl der Makroname als auch der vergebene Tastenschlüssel nicht mehr genau bekannt sind. Das Vorgehen im Überblick veranschaulicht folgende Checkliste:

Reihenfolge der Bearbeitung	Tastenfolge
1. Ansteuern der Textstelle, an der das Makro ausgeführt werden soll	<Richtungstasten>
2. Wahl des Befehls EINFÜGEN	<ESC> <E>
3. Liste der Makronamen anzeigen lassen	<F1>
4. Gewünschten Makronamen markieren	<Richtungstasten>
5. Befehl ausführen	<RETURN>

Nach Ausführung des Befehls wird automatisch der gewünschte zweite Bildschirm eingerichtet.

Sofern der Makroname bekannt ist, können Sie den Aufruf beschleunigen, indem Sie die Bausteintaste <F3> nutzen. Löschen Sie zunächst den gerade eingerichteten Ausschnitt mit dem Befehl AUSSCHNITT LÖSCHEN, und gehen Sie dann in folgender Weise vor:

Reihenfolge der Bearbeitung	Tastenfolge
1. Ansteuern der Textstelle, an der das Makro ausgeführt werden soll	<Richtungstasten>
2. Namen des Makros schreiben	Ausschnitt_bilden.mak
3. Bausteintaste drücken	<F3>

Das Ergebnis muß dann wiederum die gewünschte Ausschnittbildung sein.

zu b) Nutzung der Tastenkombination für den Makroaufruf

Der schnellste Weg zum Aufrufen eines Makros ist dann möglich, wenn Sie bei der Speicherung des Makros einen Steuercode vergeben haben. In diesem Fall brauchen Sie nicht den vollen Namen des Makros mehr zu schreiben, sondern lediglich die festgelegte Tastenkombination in Verbindung mit der Taste <CTRL> betätigen. Im einzelnen ergibt sich folgendes Vorgehen:

Reihenfolge der Bearbeitung	Tastenfolge
1. Ansteuern der Textstelle, an der das Makro ausgeführt werden soll	<Richtungstasten>
2. Steuercode drücken	<CTRL>+FT

Das Ergebnis muß erneut - sofern Sie vorher den Ausschnitt gelöscht haben - die gewünschte Aufteilung in zwei Bildschirmausschnitte sein sein.

Sollte ein erstelltes Makro nicht wie gewünscht zur Ausführung gebracht werden können, können Sie auch einen schrittweisen Test durchführen. Dazu ist mit der Tastenkombination <CTRL>+<F3> die Betriebsart "Einzelschritt" aufzurufen und mit der Leertaste ein schrittweiser Ablauf des Makros realisierbar. So kann schnell eine mögliche Fehlerursache herausgefiltert werden.

Ein weiterer Wunsch kann darin bestehen, ein Makro aufzurufen, das bereits vordefiniert ist. Die vordefinierten Makros sind unter der Datei MAKRO.TBS abgespeichert. Um diese Datei für den Zugriff verfügbar zu machen, müssen Sie zunächst den Befehl ÜBERTRAGEN TEXTBAUSTEINE ZUSAMMENFÜHREN wählen und dabei die Datei MAKRO.TBS angeben. Wenn Sie nun den Befehl EINFÜGEN wählen und die Funktionstaste <F1> betätigen, sehen Sie die Makros, die vordefiniert sind und damit für jeden Benutzer verfügbar sind.

12.5.3 Bearbeiten eines Makrobefehls

Mitunter sollen erstellte Makros verändert oder erweitert werden. In diesem Fall ist der Makroinhalt zunächst auf den Bildschirm bereitzustellen. Dazu muß

der Befehl EINFÜGEN gewählt werden und dann unbedingt nach Angabe des
Makronamens das Zeichen ^ eingegeben werden (ansonsten würde ja das Makro zur Ausführung gebracht werden). Im einzelnen ist folgendes Vorgehen erforderlich:

Reihenfolge der Bearbeitung	Tastenfolge
1. Leere Zeile im Text ansteuern	<Richtungstasten>
2. Befehl EINFÜGEN wählen	<ESC> <E>
3. Auswahltaste betätigen	<F1>
4. Zu bearbeitendes Makro markieren	<Richtungstasten>
5. Caret-Zeichen eingeben	<^>
6. Befehl ausführen	<RETURN>

Ergebnis ist, daß der Makroinhalt in der zuvor angesteuerten Textzeile auf dem
Bildschirm erscheint und damit zu Bearbeitungszwecken zur Verfügung steht.
Ergänzen Sie nun vor dem Makronamen folgende Befehlsfolge:

<unt>ÜL<F1>

Markieren Sie anschließend das Makro und speichern Sie dieses durch Wahl
des Befehls LÖSCHEN und Angabe des folgenden Namens:

Ausschnitt_Laden.mak^<CTRL F>L.

Beachten Sie noch folgenden Hinweis für das Bearbeiten eines Makros: Sie dürfen in einem Makro keine Absatzschaltungen mit der Taste <RETURN> vornehmen; erlaubt sind lediglich Zeilenschaltungen mit der Tastenkombination
<UMSCHALT> + <RETURN>.

Wenn Sie nun das Arbeiten mit WORD verlassen, ohne die Makros zu speichern, so wären diese beim nächsten Aufruf nicht mehr vorhanden. Wählen Sie
deshalb abschließend den Befehl ÜBERTRAGEN TEXTBAUSTEINE SPEI-
CHERN, und geben Sie den Dateinamen "Makro.TBS" ein. Wenn Sie dem-
nächst wieder mit den Makros arbeiten wollen, müssen Sie diese zunächst mit
dem Befehl ÜBERTRAGEN TEXTBAUSTEINE ZUSAMMENFÜHREN verfügbar machen.

12.6   Zusammenfassung

o   Im Textverarbeitungsprogramm WORD bieten sich verschiedene Mög-
    lichkeiten zur individuellen Einstellung des Bearbeitungs-Bildschirms.
    Über den Befehl ZUSÄTZE lassen sich unter anderem Text mit Steuerzei-
    chen anzeigen, Hauptbefehlsmenü und Ausschnittrahmen ausschalten,
    Zeilennummern in der Statuszeile anzeigen sowie die Darstellungsform auf

Druckbild ändern. Der Befehl AUSSCHNITT OPTIONEN ermöglicht die Anzeige eines Zeilenlineals, die Veränderung der Hintergrundfarbe sowie eine Anzeige der Druckformatspalte.

o Das Arbeiten mit Ausschnitten (die sog. Fenstertechnik) bietet vor allem für eine schnelle Textmontage wesentliche Vorteile. Für das Einrichten von Ausschnitten steht der Befehl AUSSCHNITT TEILEN zur Verfügung, mit dem sowohl eine waagerechte als auch eine senkrechte Teilung des Bildschirms möglich ist. Ein schneller Wechsel zwischen Ausschnitten ist mit der Funktionstaste <F1> möglich.

o Die Funktionstasten in WORD4 sind vierfach belegt. Bei entsprechender Kenntnis der Tastenbelegung kann so die Auslösung von häufig vorkommenden Befehlen mitunter erheblich schneller als über Menüabfolgen realisiert werden.

o Sofern eine Maus installiert ist, kann diese insbesondere beim Markieren von Textabschnitten, für den Bildlauf und für die Befehlsauslösung genutzt werden.

o Müssen bestimmte umfassende Befehlsfolgen immer wieder durchgeführt werden, bietet sich das Erstellen und Arbeiten mit Makros an. Die Aufzeichnung erfolgt sinnvollerweise unter Einschaltung eines Makrorecorders (mit der Tastenkombination <UMSCHALT> + <F3>). Ausgeführt werden Makros in ähnlicher Form wie der Aufruf von Textbausteinen; z. B. über die Wahl des Befehls EINFÜGEN. Alternativ kann aber auch die vergebene Tastenkombination betätigt werden.

12.7 Übungsaufgaben

Übungsaufgabe 12-1:   Einstellungen zur Bildschirmdarstellung

Sie sollen nun die aktuelle Darstellungsweise Ihres Bildschirms einmal überprüfen und - soweit erforderlich - eine Änderung auf folgende Standardeinstellungen vornehmen:

a)   Ausblenden der Anzeige von Steuerzeichen.

b)   Wahl der Darstellungsform "Normal".

c)   Permanente Anzeige des Hauptbefehlsmenüs.

d)   Doppelte Umrahmung des Bildschirmausschnittes.

e)   Einstellung der Betriebsart "Graphikmodus".

f)   Einstellung der Geschwindigkeitsstufe 3.

g)   Ausblendung der Druckformatspalte.

Übungsaufgabe 12-2:   Anwendung der Fenstertechnik

a)   Laden Sie zunächst den auf Ihrer Arbeitsdiskette befindlichen Text mit
      dem Dateinamen "UEBUNG20".

b)   Teilen Sie den Bildschirm anschließend so auf, daß sich im unteren Teil
      ein zweiter Ausschnitt ergibt und in diesem zunächst kein Text erscheint.
      Dieser neue Ausschnitt soll in der Zeile 13 beginnen.

c)   Laden Sie in den unteren Textausschnitt die Datei mit dem Dateinamen
      "UEBUNG21"

d)   Kopieren Sie den 2. Absatz "Die Einführung....." in den oberen Text (und
      zwar an das Textende).

e)   Speichern Sie den neuen Text unter dem Dateinamen "UEBUNG12".

Übungsaufgabe 12-3:   Arbeiten mit Makros

Es soll ein Makro erstellt werden, das eine Individualisierung der Bildschirmdarstellung ermöglicht. Laden Sie dazu beispielhaft die Datei "UE-
BUNG20.Txt". Beachten Sie zur Lösung der Aufgabe folgende Hinweise:

a)   Die Bildschirmdarstellung soll durch das Makro in folgender Form organi-
      siert sein:

      - Textanzeige am Bildschirm mit allen Steuerzeichen;

      - als Darstellungsform ist die Option "Druckbild" zu wählen;

      - die Anzeige des Befehlsmenüs soll ausgeschaltet sein;

      - es soll die Betriebsart "Text" gelten;

      - es soll kein Ausschnittrahmen erscheinen;

      - Anzeige der Zeilenposition des Cursors in der Statuszeile;

      - Anzeige des Zeilenlineals.

b)   Die Aufzeichnung des Makros soll unter Nutzung des Makro-Recorders
      erfolgen. Das Makro soll den Namen "Bildschirm.mak" erhalten und über
      den Steuercode ^ID (für individuelle Darstellung) abrufbar sein.

c)   Speichern Sie das Makro nun auch in der Bausteindatei "UE-
      BUNG12.TBS" und löschen Sie danach den gesamten Bildschirm. Stellen
      Sie außerdem die Optionen wieder auf die Situation im Ausgangsstadium.

d)   Bringen Sie nun das zuvor erstellte Makro in den möglichen Varianten zur
      Ausführung.

e)   Lassen Sie sich das Makro anzeigen, so daß es für Bearbeitungszwecke zur
      Verfügung steht.

13 Erstellen und Verwenden von Druckformatvorlagen

Bei der Gestaltung und dem Ausdruck von Texten wurde deutlich, daß im Programm standardmäßig bestimmte Optionen eingestellt sind. Diese sind in der Datei "Standard.DFV" (DFV für Druckformatvorlage) gespeichert und werden beim Programmstart automatisch mit geladen. Damit sind bereits Festlegungen für die Formatierung von Seiten, Absätzen und Zeichen vorgenommen.

Die festgelegten Standardwerte müssen - wie Sie bereits gesehen haben - oft den Bedürfnissen der Anwendung angepaßt werden (dies gilt z. B. bei Verwendung von Endlosformularsätzen mit der Seitenlänge von 30,5 cm). Um den Aufwand für sich wiederholende Formatfestlegungen zu reduzieren, besteht die Möglichkeit, selbst eigene Druckformatvorlagen anzulegen und diese bei Bedarf schnell einem bestimmten Text zuzuordnen.

Druckformatvorlagen eignen sich also insbesondere für den Fall, daß wiederholt Texte in einem bestimmten Format zu erstellen sind. Sie sind außerdem eine hervorragende Möglichkeit für Firmen, die ihren Schriftstücken ein einheitliches Schriftbild geben wollen (unabhängig vom Verfasser und Bearbeiter eines Schriftstückes).

In der WORD-Version 4 finden sich verschiedene Standard-Druckformatvorlagen für bestimmte Anwendungen (z. B. Briefe, Gliederungen). Diese können gezielt zum Formatieren bestimmter Texte verwendet werden. Sofern sich die Druckformatvorlagen einem Text zuordnen lassen, kann dieser nun mit wenigen Tastenanschlägen formatiert werden.

Den Nutzen der schnellen Textformatierung über Druckformatvorlagen können Sie aber auch für den Fall erzielen, daß die Standardvorgaben nicht verwendet werden können. WORD bietet nämlich die Möglichkeit, selbst eigene Druckformatvorlagen zu erstellen und diese den erstellten Texten zuzuordnen.

Im wesentlichen lassen sich zwei Teilschritte beim Arbeiten mit Druckformatvorlagen zu unterscheiden:

1) Erstellen und Speichern von Druckformaten:
   a) Planen der Textgestaltung (Benennen des Druckformates über den Befehl EINFÜGEN);
   b) Festlegen der Formatierungsmerkmale (Verwendung des Befehls FORMAT);
   c) Speichern von Druckformatvorlagen (über das Menü MUSTER).

2) Zuordnen von Druckformaten zu einem Text:

a)   Laden des zu formatierenden Textes;

b)   Zuordnen des Druckformates (über den Befehl FORMAT DRUCKFORMATVORLAGE);

c)   Gestalten des Textes mit der Druckformatvorlage.

Musteraufgabe 13-1:   Erstellen und Verwenden von Druckformatvorlagen

Im Rahmen der Vorplanung wird in einer Abteilung eines Unternehmens festgelegt, daß Berichtstexte nach einem einheitlichen Schema gestaltet werden sollen. Im einzelnen sollen folgende Formate gelten, die in einer Druckformatvorlage zu fixieren sind:

- Hauptüberschriften sollen grundsätzlich in Fettdruck und mit Unterstreichungen erscheinen;

- auf der Absatzebene sind regelmäßig Einrückungen vorzunehmen (dabei soll eine Einrückung links von 0,5 cm erfolgen);

- Für den Ausdruck soll Papier mit einer Länge von 30,5 cm verwendet werden soll. Darüber hinaus soll der Text mit Angabe von Seitenzahlen sowie in zwei Spalten ausgedruckt werden.

a)   Erstellen sie eine Druckformatvorlage für das Erstellen von Berichtstexten dieser Art. Speichern Sie diese unter dem Dateinamen "Bericht.DFV".

b)   Laden Sie die unter dem Dateinamen "Text44.Txt" gespeicherte Datei und formatieren Sie diesen Text unter Nutzung der erstellten Druckformatvorlagen in folgender Weise:

- Erfassen einer Überschrift und Zuordnen des Formates;
- Zuordnen des Bereichsformates.

13.1 Vorgehensweise bei dem Erstellen und Speichern von Druckformatvorlagen

Grundlage für die Erstellung und Speicherung der Druckformatvorlagen ist ein anderes Hauptmenü: Sie müssen nun im Menü MUSTER arbeiten, in das Sie durch Eingabe des Buchstabens <M> gelangen, wenn Sie sich im Befehlsbereich befinden (Wichtiger Hinweis: ein Rücksprung in das Hauptmenü TEXT erfolgt durch Eingabe des Buchstabens <T>).

Im Menü MUSTER müssen Sie zunächst eine Benennung des Druckformates vornehmen. Dies erfolgt über den Befehl EINFÜGEN. Wenn Sie den Befehl aufrufen, erscheint ein anderes Untermenü als das, das Sie im Menü TEXT kennengelernt haben:

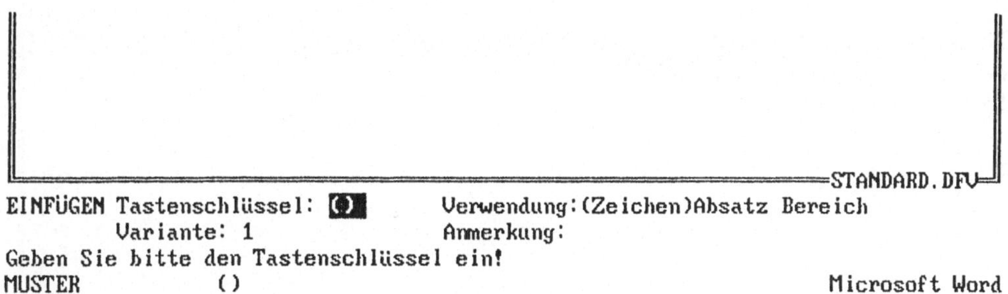

Bild 13-1: Befehl EINFÜGEN zum Benennen von Druckformatvorlagen

Die Befehlsfelder haben im einzelnen folgende Bedeutung:

a) Tastenschlüssel
Er stellt einen Kenncode für den späteren Formataufruf und die sich dann ergebende Textzuordnung dar. Er ist vergleichbar mit der Tastenkombination der Direktformatierung (z. B. <Alt>+<F> für Fettdruck). Wichtig ist, daß der Papierkorb () leer ist, wenn Sie ein ganz neues Druckformat erstellen wollen. Im allgemeinen werden als Tastenschlüssel zwei Zeichen gewählt.

b) Verwendung
Druckformatvorlagen können auf den verschiedenen Ebenen "Zeichen", "Absatz" oder "Bereich" festgelegt werden. Hier ist dann eine entsprechende Auswahl zu treffen.

c) Variante
Hier können Sie eine weitere Unterscheidung für die Druckformate festlegen (z. B. eine Variante mehrerer Zeichenformate). Die Anzahl der festlegbaren Varianten kann durch das Betätigen der Funktionstaste <F1> angezeigt werden.

d) Anmerkung
Hier können Sie eine Erläuterung zum Inhalt des Druckformates einfügen; z. B. Zeichen fett, unterstrichen bei der Zeichenfestlegung.

Im Anwendungsbeispiel (Musteraufgabe 13-1) können die Befehlsfelder der Reihe nach z. B. wie folgt ausgefüllt sein:

a) Benennen des Zeichendruckformates
Tastenschlüssel: ZF; Verwendung: Zeichen; Variante: 1; Anmerkung: Zeichen fett unterstrichen.

Nach Befehlsbestätigung erscheint auf dem Bildschirm Bild 13-2.

b) Benennen des Absatzdruckformates
Tastenschlüssel: AF; Verwendung: Absatz; Variante:1; Anmerkung: Einrükkung 0,5 cm.

Hinweis: aus Reihenfolgegründen muß die Schreibmarke im Muster nach unten geführt werden, bevor der Befehl EINFÜGEN für das Absatzformat ausgelöst wird.

Den MUSTER-Bildschirm zeigt Bild 13-3.

Bild 13-2: Muster-Bildschirm Nr. 1 (bei Zeichenformatierung)

Bild 13-3: Muster-Bildschirm Nr. 2

c) Benennen des Bereichdruckformates

Tastenschlüssel: BF; Verwendung: Bereich; Variante: 1; Anmerkung: 30,5; zweispaltig; Pagina.

Danach weist der MUSTER-Bildschirm folgende Darstellung auf, wie sie Bild 13-4 zeigt.

```
=[·········1········2·········3·········4········5········6····] 01:25:26
  1   ZF Zeichen 1                          Zeichen fett unterstrichen
        Pica (Modern a) 12.
  2   AF Absatz 1                            Einrückung 0,5 cm
        Pica (Modern a) 12. Linker Einzug.
  3   BF Bereich 1                           30,5 cm; zweispaltig; Pagina
        Seite: Wechsel der Seitenlänge 29,7 cm; Breite 21 cm. Seitenzahl
        arabische Ziffern. Seitenrand oben 2,5 cm; Seitenrand unten 2 cm; Li
        cm; Rechts 2 cm. Abstand Kopfzeile von oben 1,25 cm. Abstand Fußzeil
        unten 1,25 cm. Fußnoten auf der selben Seite.
  ◆

                                                           =STANDARD.DFV=
BEFEHL: Text Druck Einfügen Format Hilfe Kopie
        Löschen Name Rückgängig Übertragen
Druckt den Inhalt der gegenwärtig benutzten Druckformatvorlage
MUSTER              ()                                      Microsoft Word
```

Bild 13-4: Muster-Bildschirm Nr. 3

Nach diesen Vorarbeiten können Sie nun die jeweilige Benennung der Reihe nach markieren und jeweils den Befehl FORMAT im Menü Muster zur Festlegung der Formatierungsmerkmale aufrufen. Bei Aufruf des Befehls erscheint automatisch die beim Befehlsfeld "Verwendung" angegebene Textebene. Hier können Sie nun - wie bei der direkten Formatierung mit den FORMAT-Befehlen kennengelernt - die gewünschten Eingaben vornehmen.

Im einzelnen sind folgende Festlegungen notwendig:

- bei der Zeichenformatierung sind z. B. die Befehlsfelder "Fett:" und "Unterstrichen:" auf "Ja" einzustellen;

- bei der Absatzformatierung ist im Befehlsfeld "Einrückung:" die Eingabe von 0,5 cm vorzunehmen;

- bei der Bereichsformatierung ist beim Befehl FORMAT BEREICH SEITENRAND im Befehlsfeld "Seitenlänge:" die Maßeinheit 30,5 einzugeben; beim Befehl FORMAT BEREICH PAGINIERUNG ist die erste Antwort auf "Ja" einzustellen sowie beim Befehl FORMAT BEREICH LAYOUT im Feld "Spaltenzahl:" die Ziffer 2 einzugeben.

Nun ist die Druckformatvorlage fertiggestellt. Um sie später gezielt wiederverwenden zu können, muß sie noch gespeichert werden. Dies erfolgt im Menü MUSTER durch Wahl des Befehls ÜBERTRAGEN SPEICHERN und Eingabe des Dateinamens (z. B. "Bericht"). Nach Ausführung des Befehls legt das Programm automatisch ein Suffix "DFV" zur Kennzeichnung der Datei an (im Beispiel ergibt sich also die Dateibezeichnung "Bericht.DFV").

13.2   Einsatz von Druckformatvorlagen

Um die gespeicherte Druckformatvorlage in einem Text nutzen zu können, müssen Sie diesen Text zunächst in den Hauptspeicher laden. Danach ist der Befehl FORMAT DRUCKFORMAT VERBINDEN zu wählen und der gewünschte Dateiname des Druckformates einzugeben oder auszuwählen (im Beispiel also "Bericht.DFV").

Um die in der Vorlage festgehaltenen Druckformate einem Text zuzuweisen, müssen Sie wie folgt vorgehen:

- Markieren des Textteils

- Eingabe des Tastenschlüssels.

Soll z. B. die frei gewählte Überschrift entsprechend der Vorlage ausgezeichnet werden, dann ist diese zunächst zu markieren und anschließend die Alt-Taste zu betätigen und danach der Tastenschlüssel (im Beispiel Z und F) einzugeben. Danach ist der Text sofort wunschgemäß gestaltet. In ähnlicher Form können nun Absätze und Bereiche mit dem zuvor eingegebenen Tastenschlüssel formatiert werden.

Beachten Sie abschließend noch folgenden wichtigen Hinweis bei Verwendung von Druckformatvorlagen: Sie können auch in diesem Fall weiterhin eine Direktformatierung mit ALT-Kombinationstasten vornehmen. Allerdings gilt jetzt, daß zusätzlich die Taste X betätigt werden muß. Um also z. B. eine Direkt-Auszeichnung in Fettschrift vorzunehmen, muß die Tastenkombination <ALT> + <X> + <F> betätigt werden.

13.3   Vorteile und Anwendungsmöglichkeiten von Druckformatvorlagen

Im Rahmen der direkten Formatierung von Texten werden Sie festgestellt haben, daß Sie eine bestimmte Kombination von Formatierungen wiederholt für Ihre Textgestaltung nutzen. Hinzu kommt, daß in der kaufmännischen Praxis

Texte einer bestimmten Art auch in gleicher Weise gestaltet werden sollen (etwa Texte mit Fußnoten, Geschäftsbriefe oder Aktennotizen). In solchen Fällen kann die Verwendung von Druckformatvorlagen Vorteile bringen.

Kennzeichen der Verwendung von Druckformatvorlagen ist, daß ein Text nicht mehr mit den entsprechenden Formatierungsmerkmalen erfaßt werden muß. Die Zuordnung von Formatierungen zu einem Text erfolgt vielmehr über ein bereits gespeichertes Druckformat. Wird dieses Druckformat einem Text zugewiesen, dann bedeutet dies, daß jede andere Druckformatvorlage, die dem Text bisher zugeordnet war, durch das neue Format ersetzt wird.

Im Vergleich zur direkten Formatierung (wie in Kapitel 4 dargestellt) können Texte schneller und leichter gestaltet werden, da

- die jeweiligen Formatierungsmerkmale nicht mehr einzeln per Hand eingestellt werden müssen

- das einzelne Ändern von Formatierungsmerkmalen nicht mehr erforderlich ist (bei einem Wechsel der Textart müssen keine umfassenden Arbeiten zwecks Neu-Formatierung vorgenommen werden).

13.4 Übungsaufgaben

Übungsaufgabe 13-1: Erstellen und Verwenden von Druckformatvorlagen

Im Rahmen der Vorplanung wird in der Abteilung Forschung & Entwicklung eines Unternehmens festgelegt, daß wissenschaftliche Publikationen nach einem einheitlichen Schema gestaltet werden sollen. Im einzelnen sollen folgende Formate gelten, die in einer Druckformatvorlage zu fixieren sind:

- Hauptüberschriften sollen grundsätzlich in Fettdruck und mit dem Schriftgrad 16 erscheinen;

- Zwischenüberschriften sollen in Fettdruck und im Schriftgrad 14 ausgedruckt werden;

- auf der Absatzebene sind regelmäßig Einrückungen vorzunehmen (dabei soll eine Einrückung links von 2 cm erfolgen);

- Für den Ausdruck soll Papier mit einer Länge von 30,5 cm verwendet werden. Darüber hinaus soll der Text mit Angabe von Seitenzahlen ausgedruckt werden.

a) Erstellen sie eine Druckformatvorlage für das Erstellen von Berichtstexten dieser Art. Speichern Sie diese unter dem Dateinamen "UEBUNG1.DFV".

b) Laden Sie die unter dem Dateinamen "UEBUNG21.Txt" gespeicherte Datei und formatieren Sie diesen Text unter Nutzung der erstellten Druckformatvorlagen in folgender Weise:

- Zuordnen des Formates der Hauptüberschrift;
- Zuordnen des Formates für die Zwischenüberschrift: "Was..";
- Zuordnen des Bereichsformates.

Lösungen zu den Übungsaufgaben

Lösungen zu den Übungsaufgaben von Kapitel 1

Lösung zu Übungsaufgabe 1-1

a)

Ziel	Eingaben/zu betätigende Tasten
Starten des Programms ohne Besonderheiten	WORD
Starten des Programms und Laden der Datei "Text1"	WORD Text1
Starten im Graphikmodus	WORD/G
Starten mit kleinerer Zeichengröße	WORD/H

b) Zum Starten mit gleichzeitigem Laden der zuletzt bearbeiteten Datei müssen Sie folgende Eingabe nach Starten des Betriebssystem vornehmen (sowie unter Umständen nach Wahl des Zugriffspfades): WORD/L. Ergebnis ist dann das Laden der zuletzt bearbeiteten Datei.

c)

Beschreibung	Begriff
Positionszeichen zur Textaufnahme	Cursor
oberer Hauptbereich des Bildschirms	Textbereich
Hinweiszeile für Fehlermeldungen	Meldungszeile
unterste Bildschirmzeile	Statuszeile
rautenförmige Marke auf dem Bildschirm	Endemarke

Lösung zu Übungsaufgabe 1-2

a)

1) Eingabe der Tastenfolge <Ü> <B> <G>

2) Positionieren mit der Leertaste; Betätigen der Returntaste

3) Ansteuern und Anklicken mit der Maus

b)
Schalten Sie zunächst mit der Funktionstaste <Caps Lock> auf Großschreibung um. Geben Sie dann Ihren Namen ein. Nehmen Sie anschließend durch erneutes Betätigen von <Caps Lock> die Umschaltungsarretierung wieder heraus.

c)
Nach Betätigen der Tastenfolge <ESC> <Ü> <S> müssen Sie die Tastenkombination <ALT> + <?> betätigen.

d)
Folgende Tasten/Tastenkombinationen sind zu betätigen:

1. <ESC>-Taste

2. <TAB>-Taste oder Richtungstaste

3. Leertaste oder Rücktaste

4. Tastenkombination <UMSCHALT> + <TAB> oder Richtungstaste

5. <ESC>-Taste.

Lösungen zu den Übungsaufgaben von Kapitel 2

Lösung zu Übungsaufgabe 2-1

a) Eingabe des Textes; unmittelbare Absatzschaltung mit der RETURN-Taste; evtl. anfallende Sofortkorrekturen sind mit den Tasten <Del>, <F5> oder der <Rücktaste> zu realisieren.

b) Abspeichern des Textes über den Befehl ÜBERTRAGEN SPEICHERN (Eingabe <ESC> <Ü> und <S> und anschließender Eingabe des Dateinamens "UEBUNG20"). Die Ausführung des Befehls erfolgt mit der Taste <RETURN>.

c) Druckausgabe durch Auslösen des Befehls DRUCK DRUCKER (Eingabe <ESC> <D> und <D>);

Lösung zu Übungsaufgabe 2-2

a) Eingabe des Textes; unmittelbare Absatzschaltung mit der RETURN-Taste; evtl. anfallende Sofortkorrekturen sind mit den Tasten <Del>, <F5> oder der <Rücktaste> zu realisieren.

b) Ansteuern des Textendes und Aufruf des Befehls ÜBERTRAGEN ZUSAMMENFÜHREN. Nach Eingabe oder Auswahl des Dateinamens "UEBUNG20" kann der Befehl mit <RETURN> ausgeführt werden.

c) Abspeichern des Textes über den Befehl ÜBERTRAGEN SPEICHERN (Eingabe <ESC> <Ü> und <S> und anschließender Eingabe des Dateinamens "UEBUNG21"). Die Ausführung des Befehls erfolgt mit der Taste <RETURN>.

d) Druckausgabe durch Auslösen des Befehls DRUCK DRUCKER (Eingabe <ESC> <D> und <D>);

Lösung zu Übungsaufgabe 2-3

a)
1. Rücktaste

2. Löschtaste <DEL>

3. Funktionstaste <F5>

4. Funktionstaste <F5>

b)

1. Tastenfolge <ESC> <Ü> <S> oder Tastenkombination <CTRL>+ <F10>

2. Tastenfolge <ESC> <D> <D> oder Tastenkombination <CTRL>+ <F8>

3. Tastenfolge <ESC> <Ü> <L> oder Tastenkombination <CTRL>+ <F7>

Lösung zu Übungsaufgabe 2-4

a)

Reihenfolge der Bearbeitung	Tastenfolge
1. Befehl ÜBERTRAGEN SPEICHERN wählen	<ESC> <Ü> <S>
2. Dateinamen eingeben	Leistung
3. Befehl ausführen	<RETURN>

b)

Reihenfolge der Bearbeitung	Tastenfolge
1. Befehl ÜBERTRAGEN LADEN wählen	<ESC> <Ü> <L>
2. Dateinamen auswählen	<F1> <Pfeiltaste>
3. Befehl ausführen	<RETURN>

Lösung zu Übungsaufgabe 2-5

a) Befehlsfolge ÜBERTRAGEN OPTIONEN

b) Befehlsfolge DRUCK OPTIONEN und Befehlsfeld "Drucker:"

c) Befehlsfolge DRUCK DRUCKER

d) Befehlsfolge ÜBERTRAGEN BILDSCHIRMLÖSCHEN

e) Befehlsfolge ÜBERTRAGEN ZUSAMMENFÜHREN

Lösungen zu den Übungsaufgaben von Kapitel 3

Lösung zu Übungsaufgabe 3-1

a) Befehl ÜBERTRAGEN LADEN auslösen und Dateinamen "UEBUNG30" eingeben oder auswählen.

b) Jeweilige Markierungsfunktion wählen und anschließend Löschtaste <DEL> betätigen:

1. Wortmarkierung <F8> oder <F7> für "Deutsche";

2. Zeichen "i" von "inter" markieren, danach <F6> (Erweiterungstaste) betätigen, zuletzt 4 x Richtungstaste "Nach rechts" drücken;

3. Satzmarkierung mit <UMSCHALT> + <F8> (vorher ein beliebiges Zeichen im entsprechenden Satz ansteuern); dann Erweiterungstaste <F6> und Satzende mit Richtungstaste ansteuern;

4. Absatzmarkierung mit <F10> (vorher ein beliebiges Zeichen im entsprechenden Absatz ansteuern);

5. Wortmarkierung <F8> oder <F7> für "und";

6. Zeichen "n" ansteuern;

7. Satzmarkierung mit <UMSCHALT> + <F8>.

c) Ergebnis muß dann der folgende Text sein, der mit dem Befehl DRUCK DRUCKER auszudrucken ist:

> Die Bundespost hat Teletex 1982 als erste Postverwaltung der Welt
> mit nationalem Standard eingeführt. Zwischenzeitlich sind eine
> Vielzahl weiterer Länder gefolgt; gleichzeitig wurden erste
> Verbindungen auf europäischer und interkontinentaler Ebene
> aufgenommen.
>
> Voraussetzung zur Nutzung von Teletex ist, daß Sender und
> Empfänger über ein entsprechendes Endgerät verfügen. Teletex-
> Endgeräte sind keine eigenständigen Anlagen, sondern elektronische
> Speicherschreibmaschinen, Textautomaten oder EDV-Anlagen, die über
> einen gesonderten Kommunikationsteil verfügen, der den von der
> Bundespost festgelegten Anforderungen für den Teletex-Dienst
> genügt (sogenannter Teletex-Anschluß). Durch die Tatsache, daß
> bereits mit kommunikationsfähigen Speicherschreibmaschinen die
> Vorteile von Teletex genutzt werden können, bietet sich die
> Anwendung dieses Dienstes bereits für kleinere Organisationen an.

Lösung zu Übungsaufgabe 3-2

Nach Aufruf des Textes mit dem Befehl ÜBERTRAGEN LADEN können Sie für die einzelnen Löschvorgänge die jeweilige Markierungsfunktion wählen und dann die Löschtaste betätigen. Einfügungen können unmittelbar vorgenommen werden vor der Stelle, wo der Cursor positioniert ist. Ergebnis muß dann der folgende Text sein:

> Bewerbung
>
> Sehr geehrte Damen und Herren,
>
> ich beziehe mich auf Ihre Anzeige in der Kölnischen Rundschau vom 28.02.88, mit der Sie einen Auszubildenden zum Bürokaufmann suchen. Weil ich glaube, die gestellten Anforderungen zu erfüllen, bewerbe ich mich um die ausgeschriebene Ausbildungsstelle.
>
> Zur Zeit besuche ich die Oberstufe der Zweijährigen Höheren Handelsschule der kaufmännischen Schule III in Köln-Lindenthal. Der Abschlußprüfung, womit ich die eingeschränkte Fachhochschulreife nachweise, werde ich mich im Sommer 1988 unterziehen.
>
> Im Unterricht gilt mein Interesse insbesondere den Fächern Wirtschafts- und Soziallehre, Mathematik, sowie Rechnungswesen.
>
> Alles Nähere über meinen persönlichen Werdegang finden Sie in dem beigefügten Lebenslauf. Außerdem habe ich ein Lichtbild sowie eine Fotokopie des letzten Zwischenzeugnisses beigefügt.
>
> Ich würde mich sehr freuen, wenn Sie meine Bewerbung in die engere Wahl zögen und ich mich bei Ihnen vorstellen dürfte.
>
> Mit freundlichen Grüßen
>
> Anlagen

Nach Vornahme der Inhaltskorrekturen ist der Befehl ÜBERTRAGEN SPEICHERN zu wählen und der vorgeschlagene Dateiname zu übernehmen. Abschließend sollten Sie den Befehl DRUCK DRUCKER auslösen.

Lösung zu Übungsaufgabe 3-3

a)   Nach Aufruf der Datei mit dem Befehl ÜBERTRAGEN LADEN ist zunächst der zweite Absatz anzusteuern. Markieren Sie danach mit der Taste <F10> den gesamten Absatz und lösen Sie den Befehl KOPIE aus (ESC-Taste betätigen, Eingabe <K> und RETURN-Taste betätigen).

b)   Befehl ÜBERTRAGEN LADEN auslösen und Dateinamen "UEBUNG33" eingeben oder auswählen.

c) Bewegen des Cursors an das Textende, wo der Text aus dem Zwischenspeicher eingefügt werden soll, und die Betätigung der Einfügetaste (Taste <INS>).

d) Steuern Sie den letzten Satz des Textes an und markieren Sie diesen mit der Tastenkombination <UMSCHALT>+<F8>. Betätigen Sie danach die Löschtaste <DEL>. Anschließend ist der Cursor auf die Einfügeposition zu steuern und dann die Einfügetaste <INS> zu drücken.

e) Ergebnis des Ausdrucks, der über den Befehl DRUCK DRUCKER realisiert wird, sollte der folgende Text sein:

Die grafische Datenverarbeitung hat sich nur langsam entwickelt, obwohl sich bereits in den sechziger Jahren erste Ansätze finden. Als Pionieranwender gelten die Automobil- und Flugzeugindustrie, wo Bildschirmgeräte eingesetzt wurden, um im interaktiven Dialog mit dem Computer Grafiken für Entwurf und Konstruktion zu erstellen. Erforderlich hierfür waren allerdings Großanlagen mit hohen Speicherkapazitäten.

Im Mittelpunkt der Anwendungen im Büro und Verwaltung steht die sog. Management-Grafik. Aufgabe der Management-Grafik ist deshalb die Verdichtung des im Computersystem gespeicherten Zahlenmaterials in übersichtliche Schaubilder (mögliche Darstellungsformen sind Säulendiagramme, Balkendiagramme, Kreisdiagramme sowie Linien- und Kurvendiagramme). Grundidee der Erstellung von Management-Grafiken über Bürosysteme war die Feststellung, daß die von herkömmlichen Computerprogrammen dem Anwender bereitgestellten Daten lediglich in Form umfassender Listen vorliegen. Für die Wahrnehmung von Dispositions- und Präsentationsaufgaben ist es von Vorteil, wenn die Ergebnisse auf einen Blick übersehbar sind.

Lösung zu Übungsaufgabe 3-4

Nach Aufruf der Datei mit dem Befehl ÜBERTRAGEN LADEN ist folgendes Vorgehen erforderlich:

Reihenfolge der Bearbeitung	Tastenfolge
1. Textanfang ansteuern	<CTRL>+<PgUp>
2. Befehl SUCHEN wählen	<ESC> <S>
3. Suchbegriff eingeben	Teletex
4. Prüfen und ggf. Ändern weiterer Optionen	......
5. Befehl ausführen	<RETURN>

Nach Ausführung des Befehls ist das Wort Teletex in der ersten Zeile markiert. Soll der Suchbefehl wiederholt werden, brauchen Sie nur die Tastenkombination <UMSCHALT>+<F4> betätigen, und schon wird die nächste Stelle gesucht und markiert, wo der Suchbegriff auftaucht.

Lösung zu Übungsaufgabe 3-5

a) Befehl ÜBERTRAGEN LADEN auslösen und Dateinamen "UEBUNG35"
    eingeben oder auswählen.

b) Die Anwendung des Befehls WECHSELN muß dann in folgenden Teil-
    schritten erfolgen:

Reihenfolge der Bearbeitung	Tastenfolge
1. Textanfang ansteuern	<CTRL> + <PgUp>
2. Befehl WECHSELN wählen	<ESC> <W>
3. Befehlsfeld "Ersetze:" ausfüllen	Meier
4. Befehlsfeld "Durch:" ausfüllen	<TAB> Dr. Maier
5. "Mit Bestätigung:" evtl. ändern	<TAB> <Leertaste>
6. Befehlsfeld "Graphie:" auf "Nein" lassen	<TAB>
7. Befehlsfeld "Nur Wort:" auf "Ja" ändern	<TAB> <Leertaste>
8. Befehl ausführen	<RETURN>

c) Befehl DRUCK DRUCKER wählen. Danach Befehl ÜBERTRAGEN
    SPEICHERN wählen und Dateinamen bestätigen.

Lösung zu Übungsaufgabe 3-6

a) Befehl ÜBERTRAGEN LADEN auslösen und Dateinamen "UEBUNG36"
    eingeben oder auswählen.

b) Die Anwendung des Befehls WECHSELN muß dann in folgenden Teil-
    schritten erfolgen:

Reihenfolge der Bearbeitung	Tastenfolge
1. Textanfang ansteuern	<CTRL> + <PgUp>
2. Befehl WECHSELN wählen	<ESC> <W>
3. Befehlsfeld "Ersetze:" ausfüllen	z. B.
4. Befehlsfeld "Durch:" ausfüllen	<TAB> zum Beispiel
5. "Mit Bestätigung:" evtl. ändern	<TAB> <Leertaste>
6. Befehlsfeld "Graphie:" auf "Nein" lassen	<TAB>
7. Befehlsfeld "Nur Wort:" auf "Nein" lassen	<TAB>
8. Befehl ausführen	<RETURN>

c) Befehl DRUCK DRUCKER wählen.

Lösung zu Übungsaufgabe 3-7

a) Die Lösung sollte in folgender Reihenfolge vorgenommen werden:

1. Befehl ÜBERTRAGEN LADEN auslösen und Dateinamen "UEBUNG30" eingeben oder auswählen.

2. Ansteuern der Korrekturposition und Wahl der Befehlsfolge FORMAT ÜBERARBEITUNG OPTIONEN. Stellen Sie hier die Korrekturleiste auf "Ja" und im Befehlsfeld "Position:" die Option auf "Links".

3. Nehmen Sie nun die gewünschten Löschungen und Überarbeitungen in der vorgesehenen Form vor.

4. Desaktivieren Sie den Befehl FORMAT ÜBERARBEITUNG OPTIONEN und speichern Sie den Text mit dem Befehl ÜBERTRAGEN SPEICHERN unter dem Dateinamen "UEBUNG37".

b) Wählen Sie zunächst den Befehl FORMAT ÜBERARBEITUNG SUCHEN. Hier ist für die ersten beiden Fälle die Option AUFNEHMEN zu wählen. Demgegenüber müssen Sie den letzten Korrekturvorschlag ignorieren.

Lösung zu Übungsaufgabe 3-8

a) Nach Laden des Textes mit dem Befehl ÜBERTRAGEN LADEN ist der Befehl BIBLIOTHEK RECHTSCHREIBUNG zu wählen und danach die Option PRÜFEN zu aktivieren.

b) Das Prüfprogramm moniert insgesamt folgende Rechtschreibfehler:

- wesntlichen

- Textfunktionen

- Erfasen

- unmitelbar

- Sofortkorektur

- Arbeitsschriten

- Teytes.

Mit Ausnahme des Wortes "Textfunktionen", das richtig geschrieben wurde, handelt es sich sämtlich um Rechtschreibfehler. Wählen Sie bei Anzeige des Wortes Textfunktionen die Option IGNORIEREN. In allen anderen Fällen ist die Option KORREKTUR zu wählen. Bei den Wörtern "wesntlichen", "Erfasen", "unmitelbar" und "Teytes" kann dann ein unterbreiteter Vorschlag übernommen werden. Bei den Wörtern "Sofortkorektur" und "Arbeitsschriten" ist kein Korrekturvorschlag verfügbar, so daß das korrekte Wort einzugeben ist. Führen Sie dies entsprechend durch, ohne allerdings eine Übernahme in das Wörterbuch zu bewirken (bei der Abfrage ist also ein <N> einzugeben).

c)　Ist der gesamte Korrekturvorgang abgelaufen erscheint der Hinweis, daß insgesamt 111 Wörter überprüft wurden, wobei 7 Wörter dem Programm unbekannt waren. Wenn Sie nun mit <J> die Übernahme der Korrekturen bestätigen, ergibt sich auf dem Bildschirm der fehlerfreie Text.

d)　Bei Ausdruck des fehlerfreien Textes ergibt sich folgendes Ergebnis:

Textverarbeitungsprogramme stellen dem Benutzer alle wesentlichen Textfunktionen zur Verfügung. Hierzu zählen das Erfassen, das Speichern und das Drucken von Texten.

Ca. 80 % der Fehler bei der Texteingabe werden unmittelbar entdeckt. Von Vorteil ist deshalb die Nutzung von Geräten der Textverarbeitung, die eine komfortable Sofortkorrektur ermöglichen. Hierzu zählen z.B. das Löschen, Einfügen und Überschreiben von Zeichen.

In der beruflichen Praxis entstehen viele Texte außerdem nicht selten in mehreren Abschnitten. An der "Roh-Fassung" werden vom Autor Korrekturen, Einfügungen, Umformatierungen und Kürzungen vorgenommen, die im dann folgenden Arbeitsgang in den Text eingearbeitet werden müssen. Im Rahmen der nachträglichen Überarbeitung eines Textes sind häufig auch größere Textteile zu löschen oder einzufügen. Dies ist meist problemlos möglich.

Lösungen zu den Übungsaufgaben von Kapitel 4

Lösung zu Übungsaufgabe 4-1

a)

Wählen Sie - nachdem Sie die Endemarke eine Zeile nach unten plaziert haben - zunächst den Befehl FORMAT ZEICHEN. Verändern Sie dann in den Befehlsfeldern "Fett:" und "Unterstrichen:" die Einstellung auf "Ja" und geben Sie die Zahl "16" in das Befehlsfeld "Schriftgrad:" ein. Danach kann die Überschrift erfaßt werden.

Wählen Sie dann erneut den Befehl FORMAT ZEICHEN. Stellen Sie in den Befehlsfeldern "Fett:" und "Unterstrichen:" die Einstellung wieder auf "Nein"; wählen Sie im Befehlsfeld "Großbuchstaben:" die Antwort "Ja" und geben Sie für den Schriftgrad die Zahl "12" ein. Anschließend kann das Zitat geschrieben werden.

Wählen Sie anschließend erneut den Befehl FORMAT ZEICHEN. Stellen Sie im Befehlsfeld "Großbuchstaben:" die Option "Nein" ein sowie im Befehlsfeld "Kapitälchen:" die Option "Ja". Danach kann der Name geschrieben werden.

b)

Markieren Sie nach der Erfassung zunächst die Überschrift "Grundsätze" (z. B. mit der Funktionstaste <F8>) und wählen Sie den Befehl FORMAT ZEICHEN. In den Befehlsfeldern "Fett:" und "Doppelt unterstrichen:" ist die Antwort "Ja" zu wählen und im Befehlsfeld "Schriftgrad:" ist die Ziffer "16" einzugeben oder auszuwählen.

Markieren Sie danach das Zitat und wählen Sie erneut den Befehl FORMAT ZEICHEN. Geben Sie im Feld "Schriftgrad:" die Ziffer "14" ein.

Markieren Sie nun den Namen und wählen Sie dann den Befehl FORMAT ZEICHEN. Geben Sie die Ziffer "8" im Befehlsfeld "Schriftgrad:" ein und führen Sie den Befehl mit <RETURN> aus.

Ergebnis muß die folgende Darstellung sein:

Grundsätze

Ohne Grundsätze ist der Mensch
wie ein Schiff ohne Steuer und Kompaß,
das von jedem Winde hin und her getrieben wird.

Samuel Smiles

c)
Schreiben Sie zunächst den Text und markieren Sie dann die Überschrift. Zur Auszeichnung müssen Sie die Tastenkombinationen <ALT>+<F> und <ALT>+<U> betätigen.

Markieren Sie die jeweils angegebenen Wörter und betätigen Sie danach jeweils die Tastenkombination <ALT>+<F>.

Markieren Sie den Namen "John Steinbeck" und betätigen Sie die Tastenkombination <ALT>+<D>.

Ergebnis muß die folgende Darstellung sein:

> **Stress**
>
> **Managerkrankheit** ist eine **Epidemie,**
> die durch den **Uhrzeiger** hervorgerufen und durch
> den **Terminkalender** übertragen wird.
>
> nach John Steinbeck

d)
Der Ausdruck erfolgt durch Wahl des Befehls DRUCK DRUCKER.

Lösung zu Übungsaufgabe 4-2

Die Lösung kann nach Laden des Textes unter Beachtung folgender Teilschritte erfolgen:

a) Nach Markieren der Überschrift kann die Tastenkombination <Alt>+ <F> betätigt werden.

b) Wort "Modifikationen" markieren und dann die Tastenkombination <Alt>+<U> betätigen.

c) Wort "Diamand" markieren und dann die Tastenkombination <ALT>+ <F> betätigen.

d) Wort "Ruß" markieren und dann die Tastenkombination <Alt>+<U> betätigen.

e) Ziffer "6" markieren und Tiefstellung durch zweimaliges Betätigen der Tastenkombination <Alt>+<T> bewirken.

f) Zeichen "o" markieren und Hochstellung durch zweimaliges Betätigen der Tastenkombination <Alt>+<H> bewirken.

g) Speichern des Textes durch Wahl des Befehls ÜBERTRAGEN SPEI-CHERN und Eingabe des Dateinamens "UEBUNG42".

Lösung zu Übungsaufgabe 4-3

Um den Vorgang der automatischen Silbentrennung durchzuführen, laden Sie
bitte zunächst die Datei "UEBUNG42". Nach Wahl des Befehls BIBLIOTHEK
TRENNHILFE kann der Befehl dann direkt mit <RETURN> ausgeführt werden, sofern im Feld "Trennvorschlag bestätigen:" die Option auf "Nein" eingestellt ist. Das System führt dann die Trennungen automatisch durch und macht
am Ende die Vollzugsmeldung: "7 Wörter habe ich getrennt!".

Lösung zu Übungsaufgabe 4-4

Die Lösung kann unter Beachtung folgender Teilschritte erfolgen:

a)   Befehl ÜBERTRAGEN LADEN wählen und Dateinamen "UEBUNG43"
     eingeben oder auswählen.

b)   Überschrift mit der Funktionstaste <F9> markieren und danach hinter-
     einander die Tastenkombination <Alt>+<U> und die Tastenkombina-
     tion <Alt>+<Z> betätigen.

c)   Zweiten Satz mit der Cursortaste ansteuern und mit der Tastenkombination
     <Umschalt>+<F8>   markieren.   Danach   die   Tastenkombination
     <Alt>+<F> betätigen.

d)   Wort "Uninformiertheit" markieren (mit der Funktionstaste <F8>) und
     anschließend die Tastenkombination <Alt>+<U> betätigen.

e)   Wort "emotionale" markieren (mit der Funktionstaste <F8>), danach die
     Funktionstaste <F6> betätigen und noch einmal <F8> drücken. Ab-
     schließend die Tastenkombination <Alt>+<U> betätigen.

f)   Übrige Auszeichnungen analog der bisherigen Beschreibung der Vorge-
     hensweise vornehmen.

g)   Befehl ÜBERTRAGEN SPEICHERN wählen und Dateinamen "UE-
     BUNG44" eingeben.

Lösung zu Übungsaufgabe 4-5

Die Lösung der Aufgabe kann in folgenden Teilschritten erfolgen:

a)   Wahl des Befehls ÜBERTRAGEN LADEN und Eingabe oder Auswahl
     des Dateinamens "UEBUNG45".

b)   Markieren der Überschrift und Betätigen der Tastenkombination <Alt>+
     <Z>.

c)   Wahl des Befehls BIBLIOTHEK TRENNHILFE und Ausführung des Befehls. Markieren Sie anschließend die Absätze und betätigen Sie danach die
Tastenkombination <Alt> + <B>.

d)   Markieren Sie zunächst den gesamten Text mit der Tastenkombination
<UMSCHALT> + <F10>. Wählen Sie danach den Befehl FORMAT
ABSATZ, und geben Sie die Zahl 1,5 im Befehlsfeld "Zeilenabstand:" ein.
Der Ausdruck kann mit dem Befehl DRUCK DRUCKER erfolgen. Die
Speicherung wird mit dem Befehl ÜBERTRAGEN SPEICHERN unter
Eingabe des Dateinamens "UEBUNG46" vorgenommen.

Lösung zu Übungsaufgabe 4-6

Erfassen Sie den Text in der vorgesehenen Form. Sobald Sie an die Stelle
kommen, wo die Einrückung erfolgen soll, wählen Sie den Befehl FORMAT
ABSATZ. Stellen Sie im Befehlsfeld "Linker Einzug:" die gewünschte Option
(z. B. 3 cm) ein.

Speichern Sie die Datei unter dem Namen "UEBUNG47".

Lösung zu Übungsaufgabe 4-7

Zur Aufgabenlösung ist in folgenden Teilschritten vorzugehen:

a)   Befehl ÜBERTRAGEN LADEN wählen und Dateinamen "UEBUNG45"
eingeben oder auswählen.

b)   Befehl FORMAT BEREICH SEITENRAND wählen und Maßeinheiten
gemäß Vorlage in den Befehlsfeldern eingeben. Ergebnis ist, daß eine Bereichsmarke am Textende eingefügt wird.

c)   In der Übungsaufgabe sollen Sie zunächst einen längeren Text erzeugen.
Markieren Sie den geladenen Text (mit Ausnahme der Überschrift), indem
Sie zunächst den ersten Absatz mit der Funktionstaste <F10> markieren
und dann die Markierung bis zum Textende durch die Erweiterungstaste
<F6> und Richtungstasten vornehmen. Danach ist der Befehl KOPIE zu
wählen und unmittelbar auszuführen. Bewegen Sie dann den Cursor ans
Textende und betätigen Sie 5 x hintereinander die Einfügetaste <INS>.

d)   Wählen Sie den Befehl FORMAT BEREICH PAGINIERUNG. Nach ent-
sprechender Einstellung in den Befehlsfeldern kann der Befehl DRUCK
DRUCKER ausgelöst werden. Speichern Sie die Datei dann unter dem
Dateinamen "UEBUNG48".

Lösungen zu den Übungsaufgaben von Kapitel 5

Lösung zu Übungsaufgabe 5-1

a) Wahl des Befehls FORMAT TABULATOR SETZEN durch Eingabe der Tastenfolge <ESC> <F> <T> <S> oder Betätigen der Tastenkombination <ALT> + <F1>.

b) Ausfüllen des Befehlsfeldes "Position:" durch Eingabe des Wertes 2,79 cm oder Auswahl durch Betätigen der Funktionstaste <F1> und Ansteuern mit der Pfeiltaste <Nach Rechts>. Anschließend kann der Befehl unmittelbar bestätigt werden, da die Ausrichtung "Links" übernommen werden kann.

c) Gliederung erfassen: numerische Kennzeichnung eingeben; Spalte für den Gliederungstext mit der TAB-Taste anspringen; Text eingeben und Zeilenschaltung betätigen.

d) Speichern der Gliederung mit dem Befehl ÜBERTRAGEN SPEICHERN unter dem Dateinamen "UEBUNG50".

e) Ausdruck der Gliederung mit dem Befehl DRUCK DRUCKER.

Lösung zu Übungsaufgabe 5-2

a) Schreiben der Überschriftszeile "CASH FLOW VORAUSSCHAU - BASIS 1988".

b) Wahl des Befehls FORMAT TABULATOR SETZEN; Ausfüllen der Befehlsfelder (Position z. B. auf 5,08 cm; Ausrichtung: Dezimal) und Einfügetaste <INS> betätigen.

c) Funktionstaste <F1> betätigen und Richtungstaste nach rechts drücken. Anschließend nächste Tabulatorposition für das Jahr 1989 festlegen: Position z. B. auf 8,38 cm. Nach Festlegung der Ausrichtung auf "Dezimal" ist erneut die Einfügetaste <INS> bestätigen.

d) Funktionstaste <F1> betätigen und Richtungstaste nach rechts drücken. Anschließend nächste Tabulatorposition für das Jahr 1990 festlegen: Position z. B. auf 12,7 cm. Nach Festlegung der Ausrichtung auf "Dezimal" ist der Befehl mit der Taste <RETURN> auszulösen.

e) Erfassen der Tabelle.

f) Ausdruck der Tabelle mit dem Befehl DRUCK DRUCKER.

g) Speichern der Tabelle mit dem Befehl ÜBERTRAGEN SPEICHERN unter dem Dateinamen "UEBUNG51".

Lösung zu Übungsaufgabe 5-3

a) Schreiben der ersten vier Wörter: "Zur Einrichtung des Buches".

b) Befehl FORMAT TABULATOR SETZEN wählen; Ausfüllen des Befehlsfeldes "Position" bzw. Auswahl für die beiden anderen Befehlsfelder treffen:

   - Position: z. B. auf 13,2 cm

   - Ausrichtung: Rechts wählen

   - Füllzeichen: Punkt wählen.

   Befehl mit <RETURN> bestätigen.

c) Tabulatortaste betätigen und Seitenzahl 9 eingeben. Absatzschaltung durchführen und weiteren Text unter Nutzung der TAB-Taste erfassen.

d) Text mit dem Befehl ÜBERTRAGEN SPEICHERN unter dem Dateinamen "UEBUNG52" abspeichern und mit dem Befehl DRUCK DRUKKER ausdrucken.

Lösung zu Übungsaufgabe 5-4

a) Laden der Tabelle "UEBUNG51.TXT" mit dem Befehl ÜBERTRAGEN LADEN und Eingabe bzw. Auswahl des Dateinamens "UEBUNG51". Anschließend steuern Sie mit einer Richtungstaste die Zeile an, in der die Spaltenüberschrift steht. Wählen Sie danach den Befehl FORMAT TABULATOR SETZEN und betätigen Sie danach die Funktionstaste <F1>. Durch Drücken der Pfeiltaste nach unten steuern Sie nun den dritten Dezimaltabulator an und betätigen dann die Löschtaste <DEL>. Wenn Sie nun die Pfeiltaste solange nach links betätigen, bis die gewünschte Angabe von 11,68 cm erscheint, können Sie den Befehl mit <RETURN> bestätigen, und die Spalte wird entsprechend nach links verschoben.

b) Wählen Sie nun erneut den Befehl FORMAT TABULATOR SETZEN, und betätigen Sie danach die Funktionstaste <F1>. Steuern Sie dann auf die gewünschte Position von 14,98 cm zu und wählen Sie im folgenden Befehlsfeld "Ausrichtung:" die Option "Dezimal". Nach Bestätigen des Befehls mit <RETURN> können Sie die angegebenen Werte für das Jahr 1991 erfassen.

c) Um die Spalte mit der Überschrift "1988" zu löschen, muß diese Spalte zunächst wie gehabt markiert werden. Wichtig ist dabei, daß Sie bei der Markierung darauf achten, daß auch das nachfolgende Tab-Zeichen der Spalte "1988" mit in die Markierung einbezogen wird. Wenn Sie nun nach Vornahme der Markierung die Löschtaste betätigen, wird die gesamte Spalte gelöscht.

Lösung zu Übungsaufgabe 5-5

a) Erfassen der beiden Überschriftszeilen. Anschließend Befehl FORMAT TABULATOR SETZEN wählen; das Befehlsfeld Position ausfüllen (Tabulator auf 2,54 cm setzen); Tabulator durch Betätigen der Einfügetaste <INS> setzen. Danach können Sie direkt den nächsten Tabulator bei der Position 14,73 cm setzen sowie hierfür die Ausrichtung "Dezimal" festlegen. Bestätigen Sie abschließend den Befehl mit der Taste <RETURN>.

b) Daten der Wechselrechnung gemäß Vorlage erfassen.

c) Ziffer 1 in der Zahlenspalte beim Betrag für die Wechselsumme ansteuern und anschließend mit <UMSCHALT>+<F6> die Option Spaltenmarkierung wählen. Danach kann mit der Richtungstaste die gesamte Spalte markiert werden. Lösen Sie die Addition durch Betätigen der Taste Rechnen <F2> aus. Nach Ansteuern der Ergebnisposition ist die Einfügetaste <INS> zu betätigen.

d) Nach Speichern des Textes mit dem Befehl ÜBERTRAGEN SPEICHERN unter dem Dateinamen "UEBUNG54" können Sie den Text mit dem Befehl DRUCK DRUCKER ausdrucken.

Lösung zu Übungsaufgabe 5-6

a) Erfassen Sie zunächst den Briefkopf sowie die ersten Zeilen des Brieftextes. Setzen Sie für die Zeile, in der die Teilbeträge und der Gesamtrechnungsbetrag stehen, mit dem Befehl FORMAT TABULATOR SETZEN an Position 13,71 cm einen Dezimaltabulator.

b) Schreiben Sie die Zeile zum Honorar bis zum Schließen der Klammer in der vorliegenden Form unter Angabe des Zeichens "*" für Multiplikation. Positionieren sie danach den Cursor auf die Ziffer 9 und markieren Sie dann mit der Erweiterungstaste bis einschließlich der Stellen hinter dem Dezimalkomma. Nach Auslösen des Rechenvorgangs mit der Funktionstaste <F2> müssen Sie die eingestellte Erweiterungsfunktion durch Betätigen der Taste <F6> wieder herausnehmen. Wenn Sie am Ende der Erfassung nun die Tab-Taste drücken und damit die gewünschte Position für den Ausweis des Betrages angesteuert haben, muß nur noch die Einfügetaste <INS> betätigt werden. In gleicher Form können Sie die beiden folgenden Zeilen erfassen. Um den Wert für die Summe zu ermitteln, muß zunächst mit der Tastenkombination <UMSCHALT>+<F6> die Spalte markiert werden und danach der Rechenvorgang mit <F2> ausgelöst werden.

c) Erfassen Sie anschließend den restlichen Text, und speichern Sie das Ergebnis mit dem Befehl ÜBERTRAGEN SPEICHERN unter dem Dateinamen "UEBUNG55".

Lösung zu Übungsaufgabe 5-7

a)   Das Laden der Tabelle erfolgt mit dem Befehl ÜBERTRAGEN LADEN und durch Eingabe oder Auswahl des Dateinamens.

b)   Als Sortierschlüsselspalte dient hier die 2. Spalte. Diese ist zunächst entsprechend zu markieren und dann der Befehl BIBLIOTHEK SORTIEREN auszulösen. Im einzelnen ist folgendes Vorgehen notwendig:

Reihenfolge der Bearbeitung	Tastenfolge
1. Cursorzeichen in Sortierspalte setzen	<Richtungstasten>
2. Markierungsfunktion wählen	<UMSCHALT> + <F6>
3. Endposition der Markierung ansteuern	<Richtungstasten>
4. Befehl BIBLIOTHEK SORTIEREN wählen	<ESC> <B> <S>
5. Sortiermerkmal "Numerisch" wählen	<N>
6. Sortierfolge "Fallend" wählen	<TAB> <F>
7. Option "Nur Spalte: (Nein)" wählen	2 x <TAB> <N>
8. Befehl ausführen	<RETURN>

c)   Abschließend ist die Lösung mit dem Befehl ÜBERTRAGEN SPEICHERN unter dem Dateinamen "UEBUNG57" zu sichern.

Lösung zu Übungsaufgabe 5-8

a)   Das Laden der Tabelle erfolgt mit dem Befehl ÜBERTRAGEN LADEN und durch Eingabe oder Auswahl des Dateinamens.

b)   Als Sortierschlüsselspalte dient hier zunächst die 3. Spalte. Diese ist deshalb entsprechend zu markieren und dann der Befehl BIBLIOTHEK SORTIERN auszulösen. Im einzelnen ist folgendes Vorgehen notwendig:

Reihenfolge der Bearbeitung	Tastenfolge
1. Cursorzeichen in Sortierspalte setzen	<Richtungstasten>
2. Markierungsfunktion wählen	<UMSCHALT> + <F6>
3. Endposition der Markierung ansteuern	<Richtungstasten>
4. Befehl BIBLIOTHEK SORTIEREN wählen	<ESC> <B> <S>
5. Sortiermerkmal "Alphabetisch" wählen	<A>
6. Sortierfolge "Steigend" wählen	<TAB> <S>
7. Option "Nur Spalte: (Nein)" wählen	2 x <TAB> <N>
8. Befehl ausführen	<RETURN>

Danach sind in der 1. Spalte, die die Firmenbezeichnungen enthält, die einzelnen Artikelgruppen der Reihe nach gesondert zu markieren und der Befehl BIBLIOTHEK SORTIEREN jeweils wie im ersten Sortiervorgang auszuführen.

Lösung zu Übungsaufgabe 5-9

a) Schreiben Sie zunächst die Überschrift und positionieren Sie dann mit dem Befehl FORMAT TABULATOR SETZEN das erste Feld des Formulars. Danach können Sie den Feldtitel eingeben und anschließend das schließende Steuerzeichen mit der Tastenkombination <CTRL> + <S> erzeugen. Dies ist für die anderen Felder des Formulars in ähnlicher Form durchzuführen. Abschließend sind sämtliche Steuerzeichen mit der Tastenkombination <ALT> + <V> als verborgener Text zu formatieren.

b) Speichern Sie das Formular zunächst mit dem Befehl ÜBERTRAGEN SPEICHERN. Gehen Sie danach an den Formularanfang durch Betätigen der Tastenkombination <CTRL> + <Home>. Nun können Sie mit der Tastenkombination <CTRL> + <B> der Reihe nach die einzelnen Feldpositionen anspringen und die jeweiligen Eingaben vornehmen.

c) Der Ausdruck erfolgt abschließend mit dem Befehl DRUCK DRUCKER.

Lösungen zu den Übungsaufgaben von Kapitel 6

Lösung zu Übungsaufgabe 6-1

a)

1. Schreiben des ersten Textbausteins; Markieren des Textes (mit der Funktionstaste <F10>; Wahl des Befehls LÖSCHEN; Eingabe der Bausteinnummer "1"; Ausführen des Befehls durch Betätigen der Taste <RETURN>.

2. Erfassen der weiteren neun Textbausteine in der gleichen Weise wie oben beschrieben.

3. Wahl des Befehls ÜBERTRAGEN TEXTBAUSTEINE SPEICHERN und Eingabe des Dateinamens "Personal.TBS"; Ausführen des Befehls.

b) Im Kopfteil des Schreibauftrages ist die Anschrift der Frau Müller einzutragen. Danach sind im einzelnen folgende Sel.-Nummern und Einfügungen anzugeben:

Sel.Nr.	Einfügen
1	06.05.88
3	Frau Müller
4	Sekretärin
8	Neumann ..Montag ..30.05.88
9	-
10	-

c) Die Erfassung kann in folgender Reihenfolge vorgenommen werden:

1. Erfassen der Anschrift.

2. Laden der Bausteindatei mit dem Befehl ÜBERTRAGEN TEXTBAUSTEINE ZUSAMMENFÜHREN und Eingabe des Dateinamens "Personal.TBS".

3. Ansteuern der Stelle, wo die Erfassung fortgesetzt werden soll; Eingabe der Bausteinnumer "1" und Betätigung der Funktionstaste <F3>; Variable einfügen (hier 06.05.88).

4. Erfassen der weiteren Bausteine gemäß Schreibauftrag in gleicher Form wie unter 3. beschrieben.

5. Ausdruck des Textes durch Wahl des Befehls DRUCK DRUCKER.

d)   Wahl des Befehls ÜBERTRAGEN SPEICHERN und Eingabe des Datei-
     namens "UEBUNG60".

e)   Wahl und Ausführung des Befehls DRUCK TEXTBAUSTEIN.

Lösung zu Übungsaufgabe 6-2

a)   Befehl ÜBERTRAGEN TEXTBAUSTEINE ZUSAMMENFÜHREN
     wählen und Dateinamen "Mandat.TBS" eingeben oder auswählen.

b)   Im Kopfteil des Schreibauftrages ist die Anschrift des Herrn Pietsch ein-
     zutragen. Danach sind im einzelnen folgende Sel.-Nummern und Einfü-
     gungen anzugeben:

Sel.Nr.   Einfügen

31   23483   10 Pietsch./.Bach

                      r Herr Pietsch

                      telefonisch

321   -

322   -

332   -

34   -

36   -

c)   Die Erfassung kann in folgender Reihenfolge vorgenommen werden:

     1.   Erfassen der Anschrift.

     2.   Ansteuern der Stelle, wo die Erfassung fortgesetzt werden soll; Ein-
          gabe der Bausteinnumer "31" und Betätigung der Funktionstaste
          <F3>; Variable einfügen.

     3.   Erfassen der weiteren Bausteine gemäß Schreibauftrag in gleicher
          Form wie unter 2. beschrieben.

     5.   Ausdruck des Textes durch Wahl des Befehls DRUCK DRUCKER.

d)   Wahl des Befehls ÜBERTRAGEN SPEICHERN und Eingabe des Datei-
     namens "UEBUNG61".

Lösung zu Übungsaufgabe 6-3

a)   Befehl ÜBERTRAGEN TEXTBAUSTEINE ZUSAMMENFÜHREN
     wählen und Dateinamen "Skonto.TBS" eingeben oder auswählen.

b) Die Erfassung kann in folgender Reihenfolge vorgenommen werden:

1. Erfassen der Anschrift.

2. Ansteuern der Stelle, wo die Erfassung fortgesetzt werden soll; Eingabe des Bausteinnamens "Stichwort" und Betätigung der Funktionstaste <F3>; Variable einfügen.

3. Erfassen der weiteren Bausteine gemäß Schreibauftrag in gleicher Form wie unter 2. beschrieben.

4. Ergebnis muß der folgende Brief sein:

Herrn
Manfred Kreuzer
Hüttenstr. 12

4000 Düsseldorf 1

Unsere Rechnung Nr. 3364 vom 11.08.88

Sehr geehrter Herr Kreuzer,

Für Ihre Zahlung danken wir Ihnen. Sie haben jedoch nicht den
vollen Rechnungsbetrag überwiesen, sondern 3 % Skonto abgezogen.
Dies ist sicher nur ein Versehen, denn die für einen solchen Abzug
vereinbarte Frist war deutlich überschritten.

Bitte überweisen Sie doch die restlichen DM 89,70 in den nächsten
Tagen, damit Ihr Konto ausgeglichen ist.

Mit freundlichen Grüßen

ARGUS GMBH

c)
1. Wahl des Befehls ÜBERTRAGEN SPEICHERN und Eingabe des Dateinamens "UEBUNG62".

2. Brief mit dem Befehl DRUCK DRUCKER ausdrucken.

Lösung zu Übungsaufgabe 6-4

a) Im Schreibauftrag sind im einzelnen folgende Sel.-Nummern und Einfügungen anzugeben:

Sel.Nr.	Einfügen
Betreff	6743
allgemAnrede	-
nettovereinbart	3
Einverstanden	-
Gruß	-

b) Die Erfassung kann in folgender Reihenfolge vorgenommen werden:

1. Erfassen der Anschrift.

2. Laden der Bausteindatei mit dem Befehl ÜBERTRAGEN TEXT-BAUSTEINE ZUSAMMENFÜHREN und Eingabe des Dateinamens "Skonto.TBS".

3. Ansteuern der Stelle, wo die Erfassung fortgesetzt werden soll; Eingabe de Bausteinnamens (zunächst das Stichwort "Betreff" und Betätigung der Funktionstaste <F3>; Variable einfügen (hier 6743).

4. Erfassen der weiteren Bausteine gemäß Schreibauftrag in gleicher Form wie unter 3. beschrieben.

5. Wahl des Befehls DRUCK DRUCKER.

c) Wahl des Befehls ÜBERTRAGEN SPEICHERN und Eingabe des Dateinamens "UEBUNG63".

Lösungen zu den Übungsaufgaben von Kapitel 7

Lösung zu Übungsaufgabe 7-1

a) Bei der Erfassung des Serientextes müssen Sie zunächst den Namen der Steuerdatei angeben, worauf sich die Variablen des Grundtextes beziehen. Zur Aufgabenlösung ist also folgende Eingabe erforderlich:

«Steuerdatei Kunden.Txt»

b) Anschließend können Sie den Grundtext eingeben, wobei die Einfügepositionen durch die entsprechenden Steuerzeichen gekennzeichnet werden. Insgesamt ergibt sich dann gewünschte Serientext mit folgendem Anfang:

«Steuerdatei Kunden.Txt»
«Firmenname»
«Ansprechpartner» usw.

c) Wahl des Befehls ÜBERTRAGEN SPEICHERN und Eingabe des Dateinamens "UEBUNG70".

d) Anlegen der Steuerdatei. Sie hat im Beispielfall folgendes Aussehen:

Firmenname;Ansprechpartner;Strasse;PLZ;Ort;Anrede
Franz Müller & Co.;z. H. Herrn Schmitz;Wacholderweg 7;5000;Köln 41;er
Herr Schmitz
Chemica AG;z. H. Frau Ursula Drews;Trottelgasse 15;4000;Düsseldorf 1;e
Frau Drews
Fructus GmbH;z. H. Herrn Walter Meier;Kastanienallee 4;4220;Dinslaken 1;er
Herr Meier
Wilhelm Brause GmbH & Co KG;z. H. Herrn Wilhelm Brause; Universitätsstr.
45;5000;Köln 41;er Herr Brause

Die Steuerdatei ist anschließend mit dem Befehl ÜBERTRAGEN SPEICHERN unter dem Dateinamen "Kunden" zu speichern.

e) Auslösen des Druckvorganges durch Laden des Serientextes mit dem Befehl ÜBERTRAGEN LADEN und Eingabe des Dateinamens "UEBUNG70.txt" und anschließender Aktivierung des Befehls DRUCK SERIENBRIEF DRUCKER. Ergebnis sind dann vier auf die jeweiligen Adressaten bezogenen Briefe.

Lösung zu Übungsaufgabe 7-2

Zur Lösung der Teilaufgabe a) ist ergänzend eine AWENN-Bedingung einzufügen. Der Serientext muß dann folgendes Aussehen haben:

«Firmenname»
«Ansprechpartner»

«Strasse»

«PLZ» «Ort»

01.06.1988

Sonderangebot über Orangen

Sehr geehrte«Anrede»,

es ist uns gelungen, einen großen Posten Orangen einzukaufen. Der
günstige Preis von

3000,00 DM

je Tonne dürfte auch für Ihre Unternehmung, der «Firmenname»,
interessant sein. Bei Abnahme von mehr als 5 Tonnen erhalten Sie
außerdem 3 % Mengenrabatt. «AWENN PLZ> = "5000"»Als weiterer Service
bieten wir Ihnen die Lieferung frei Haus an.«EWENN»«AWENN
PLZ< "5000"»Bezüglich der Transportkosten gilt die Regelung "frei
Bahnhof dort".«EWENN»

Bestellen Sie deshalb rasch.

Mit freundlichen Grüßen

Franzen

b) Das Speichern der Datei erfolgt mit dem Befehl ÜBERTRAGEN SPEI-
CHERN. Erstellen Sie zunächst eine Testdatei mit dem Befehl DRUCK
SERIENBRIEF TEST-DATEI und geben Sie den gewünschten Dateinamen ein. Laden Sie dann die Datei und prüfen Sie, ob der Serienbriefdruck korrekt erfolgen würde.

c) Zur Durchführung des selektierten Serienbriefdrucks ist zunächst der Befehl DRUCK SERIENBRIEF OPTIONEN zu wählen. Hier ist zunächst
die Option "Datensatz" auszuwählen und dann im folgenden Befehlsfeld
die Angabe 2-4 einzugeben. Nach Ausführung des Befehls mit
<RETURN> müssen Sie für das Drucken der Serienbriefe lediglich noch
einmal die Taste <RETURN> betätigen.

Lösungen zu den Übungsaufgaben von Kapitel 8

Lösung zu Übungsaufgabe 8-1

Zur Erstellung des dargestellten Dokumentes kann im Falle der Integration folgendermaßen vorgegangen werden:

a) Erstellen und Speichern des Textes mit dem Textprogramm MS-Word
   (ohne Tabellen)

   Nach Aufrufen des Textprogramms kann der Text unmittelbar eingegeben
   werden. Das Speichern des Textes erfolgt mit dem Befehl ÜBERTRAGEN
   SPEICHERN und durch Eingabe des gewünschten Dateinamens (hier:
   "UEBUNG80").

b) Vorbereiten der Tabelle mit dem Namen "Kosten1.MP"

   Im einzelnen ist wie folgt vorzugehen:

   - Laden der Tabelle "Kosten1.MP" mit dem Befehl ÜBERTRAGEN
     LADEN

   - Anpassung des Dateiformates mit dem Befehl ÜBERTRAGEN OP-
     TIONEN und Wahl der Antwort "Symbolisch".

   - Anpassung der Tabelle an einen definierten Textrahmen über den Be-
     fehl DRUCK RANDBEGRENZUNG (z. B. um etwaige Leerzeilen zu
     beseitigen). Mögliche Eingaben sind: links: 2; oben: 3; Druckbreite:
     70; Drucklänge: 22 und Seitenlänge: 25.

   - Speichern der Tabelle als Druckdatei mit der Erweiterung ".Txt".
     Nach Wahl des Befehls DRUCK PLATTE/DISKETTE ist der Da-
     teiname (z. B. "Int1.Txt") einzugeben und der Befehl auszuführen.

c) Vorbereiten der Tabelle mit dem Namen "Rentabi.MP"

   Im 2. Fall (Tabelle "Rentabi.MP") ist in ähnlicher Form vorzugehen. Die
   Abspeicherung soll mit dem Namen "Int2.Txt" erfolgen.

d) Zusammenführung des Textes mit den beiden Tabellen

   Nach der Vorbereitung der Tabellen kann schließlich das Textprogramm
   geladen und der Text "UEBUNG80.Txt" aufgerufen werden (mit dem Befehl ÜBERTRAGEN LADEN). Anschließend ist die erste Einfügestelle
   anzusteuern und der Befehl ÜBERTRAGEN ZUSAMMENFÜHREN zu
   wählen. Nach Auswahl der Datei "Int1.Txt" und Betätigen der Taste

<RETURN> wird die Tabelle positionsgerecht in den Berichtstext einge-
fügt.

In gleicher Form kann anschließend die Datei "Int2.Txt" in den Berichtstext eingefügt werden. Das Speichern des Dokumentes erfolgt durch Wahl
des Befehls ÜBERTRAGEN SPEICHERN und Eingabe des Dateinamens
"UEBUNG81".

Lösungen zu den Übungsaufgaben von Kapitel 9

Lösung zu Übungsaufgabe 9-1:

Lösen Sie die Teilaufgabe a) in folgenden Teilschritten:

- Erfassen Sie zunächst den ersten Satz, und wählen Sie danach den Befehl FORMAT FUSSNOTE und betätigen Sie anschließend die Taste <RETURN>. In diesem Fall wird das Fußnotenzeichen automatisch gesetzt.

- Geben Sie nun den Fußnotentext ein. Nach Beendigung der Texteingabe ist der Befehl GEHEZU FUSSNOTE zu wählen, so daß der Cursor wieder an die Stelle zurückspringt, wo sich das Fußnotenzeichen befindet.

- Geben Sie hinter dem Fußnotenzeichen eine schließende Klammer ein, und stellen Sie diese ebenso wie das Fußnotenzeichen durch Betätigen der Tastenkombination <Alt>+<H> hoch.

- Die übrigen Fußnoten sind in ähnlicher Form wie zuvor beschrieben zu setzen und zu erfassen.

b) Positionieren Sie den Cursor an den Textanfang, und und fügen Sie durch Wahl des Befehls ÜBERTRAGEN ZUSAMMENFÜHREN die Datei "Text94.Txt" ein. Nach der Speicherung kann zunächst der Ausdruck mit dem Befehl DRUCK DRUCKER erfolgen. Um die Fußnoten geschlossen am Textende drucken zu können, müssen Sie zunächst im Bcfchl FORMAT BEREICH LAYOUT eine Änderung beim Befehlsfeld "Fußnoten:" vornehmen und die Antwort "Ende" wählen.

Lösung zu Übungsaufgabe 9-2

a) Zur Erfassung der Aktivitätenliste müssen Sie zunächst in den Gliederungsbildschirm umschalten. Dies erfolgt durch Betätigen der Tastenkombination <UMSCHALT>+<F2>.

b) Erfassen Sie die fünf Hauptpunkte und ordnen Sie diesen die einzelnen Unterpunkte zu. Die Unterordnung erfolgt durch Betätigen der Tastenkombination <ALT>+<0>.

Lösung zu Übungsaufgabe 9-3

Zur Lösung der Aufgabe sind zunächst die einzelnen Linien mit der Funktion Linienzeichnen zu erzeugen. Dabei ist das folgende Vorgehen zu beachten:

Reihenfolge der Bearbeitung	Tastenfolge
1. Befehl ZUSÄTZE wählen	<ESC> <Z>
2. Linienzeichen auswählen	<Richtungstasten>
3. Befehl ausführen	<RETURN>
4. Ausgangspunkt für das Zeichnen ansteuern	<Richtungstasten>
5. Betriebsart "Linienzeichnen" einschalten	<CTRL> + <F5>
6. Ziehen der Linien	<Richtungstasten>
7. Betriebsart "Linienzeichnen" ausschalten	<CTRL> + <F5>

Anschließend können Sie die gewünschten Textinformationen eintragen und die Datei dann unter dem Dateinamen "UEBUNG93" speichern.

Lösungen zu den Übungsaufgaben von Kapitel 10

Lösung zu Übungsaufgabe 10-1

a) Wahl des Befehls ÜBERTRAGEN LADEN und Auswahl oder Eingabe des Dateinamens "UEBUNG21".

b) Wahl des Befehls FORMAT BEREICH LAYOUT; Befehlsfeld "Spalten-zahl:" ansteuern und eine "2" eingeben; Befehlsfeld "Spaltenabstand:" ansteuern und "1,7" eingeben.

c) Nach Bestätigung des Befehls FORMAT BEREICH LAYOUT können Sie eine automatische Silbentrennung mit dem Befehl BIBLIOTHEK TRENNHILFE vornehmen. Danach können Sie den Text mit dem Befehl ÜBERTRAGEN SPEICHERN unter dem Dateinamen UEBUNG10 speichern. Das folgende Auslösen des Befehls DRUCK DRUCKER führt zu dem in Bild 10-9 gezeigten Ergebnis.

```
Neue Chancen durch intensive
Schulung

Die Einführung neuer Techniken      o Sachbearbeiter
führt häufig nicht zu den er-        o Sekretärinnen
hofften Wirkungen. Vielfach         o Fach- und Führungskräfte
werden die neuen Möglichkeiten
nicht im wünschenswerten Um-        Was muß die Sekretärin von der
fang genutzt. Uninformiertheit      modernen Büro- und Informati-
aber auch emotionale Abwehr-        onstechnik wissen?
haltungen können in der be-
trieblichen Praxis zu ernst-        Auswirkungen durch den Einsatz
haften Barrieren für einen er-      moderner Computersysteme erge-
folgreichen Einsatz von Com-        ben sich zunehmend auch an den
putersystemen werden.               Sekretariatsplätzen, wo primär
                                    Assistenzfunktionen wahrgenom-
Diese Probleme lassen sich          men werden (z. B. Terminpla-
vermeiden durch eine intensive      nung und -überwachung, Ablage
Schulung, in der die Neuerun-       und Archivierung, Abwicklung
gen erläutert und eingeordnet       von Telefonaten, Postbearbei-
werden.                             tung, Vorbereitung von Reisen
                                    und Konferenzen sowie die Be-
Sollen betriebliche Schulungs-      treuung von Besuchern).
maßnahmen erfolgreich sein,
dann ist es von Vorteil und         In der Regel sind diese Ar-
häufig sogar unbedingt notwen-      beitsplätze dezentral organi-
dig, diese auf genau defi-          siert, d. h. es besteht eine
nierte Zielgruppen zuzuschnei-      feste Zuordnung zwischen Sach-
den. Dabei können Sie im we-        bearbeitern bzw. Führungskräf-
sentlichen drei typische Ziel-      ten und ihrer Sekretärin. Nur
gruppen unterscheiden:              im Ausnahmefall werden zen-
```

```
trale Service-Bereiche für          ausgehen, daß sich der Aufga-
"Verwaltungsassistenz" einge-       benbereich der Verwaltungsse-
richtet, die dann mehrere Ab-       kretärin in den nächsten Jah-
teilungen bedienen.                 ren enorm wandeln wird. In Zu-
                                    kunft wird eine Sekretärin
Unter dem Einfluß der neuen         sinnvollerweise vermehrt auto-
Informations- und Kommunikati-      nom tätig sein und sehr stark
onstechnologien im Büro soll-       kommunikative Aufgaben wahr-
ten Sie allerdings heute davon      nehmen.
```

Bild 10-9: Mehrspaltentext (Lösung)

d) Steuern Sie zunächst mit dem Cursor die Zeile an, wo der Spaltenumbruch
    erfolgen soll, und positionieren Sie den Cursor auf das erste Zeichen in der
    Zeile. Anschließend ist die Tastenkombination <CTRL>+<RETURN>
    zu betätigen. Wenn Sie danach den Befehl FORMAT BEREICH LAYOUT
    wählen, müssen Sie hier lediglich im Feld "Bereichswechsel:" die Option
    "Spalte" wählen. Danach können Sie den Druck mit dem Befehl DRUCK
    DRUCKER realisieren.

Lösung zu Übungsaufgabe 10-2

a) Wahl des Befehls ÜBERTRAGEN LADEN und Auswahl oder Eingabe
    des Dateinamens "UEBUNG48".

b) Nehmen Sie eine Absatzschaltung am Textanfang vor. Schreiben Sie dann
    den gewünschten Text für die Kopfzeile: "Bürosysteme im Vormarsch".
    Nachdem Sie wiederum eine Absatzschaltung mit <RETURN> vorge-
    nommen haben, müssen Sie den Cursor erneut in der erfaßten Zeile posi-
    tionieren und diese dann mit der Funktionstaste <F10> markieren. Da-
    nach ist dann der Befehl FORMAT KOPF-/FUSSZEILE zu wählen und
    hier die Option "Oben" zu wählen, um eine Kopfzeile zu definieren.

c) Positionieren Sie den Cursor in der zweiten Zeile und schreiben Sie den
    Text der Fußzeile. Nachdem Sie den Fußzeilentext markiert haben, ist der
    Befehl FORMAT KOPF-/FUSSZEILE zu wählen und hier im ersten Feld
    die Option "Unten" zu wählen. Stellen Sie dann im Befehlsfeld "Erste
    Seite:" die Option auf "Ja". Führen Sie danach den Befehl aus.

d) Zur automatischen Paginierung in der Fußzeile ist der Standard-Textbau-
    stein SEITE an der gewünschten Position nach dem Fußzeilentext mit dem
    Befehl EINFÜGEN zu ergänzen.

e) Denken Sie vor Speicherung des Textes daran, daß die Positionierung der
    Kopf-/Fußzeilen mit dem Befehl FORMAT ABSATZ und im Beispielfall
    durch Eingabe der Einrückung von 4,5 cm erst ermöglicht, daß der Text
    mit den Zeilen bündig ausgedruckt wird. Nach Speicherung kann der Text
    mit dem Befehl DRUCK DRUCKER ausgegeben werden.

Lösungen zu den Übungsaufgaben von Kapitel 11

Lösung zu Übungsaufgabe 11-1

Die Lösung kann in folgenden Teilschritten in Angriff genommen werden:

a) Eingabe der Besprechungsnotiz gemäß der Vorlage.

b) Wahl des Befehls DRUCK OPTIONEN und Ansteuern des Befehlsfeldes "Exemplare:". Hier ist die Zahl 3 einzugeben.

c) Auslösen des Befehls DRUCKER.

Lösung zu Übungsaufgabe 11-2

Die Lösung der Teilaufgaben kann in folgender Form vorgenommen werden:

a) Laden des Textes "UEBUNG48.Txt" mit dem Befehl ÜBERTRAGEN LADEN und Eingabe oder Auswahl des Dateinamens.

b) Befehl DRUCK UMBRUCH-SEITE wählen. Nach Bestätigung des Befehls formatiert das System dann 4 Seiten.

c) Befehl DRUCK UMRUCH-SEITE (mit Bestätigung) wählen: zu diesem Zweck müssen Sie im Antwortfeld "Seitenwechsel bestätigen:" mit der Rücktaste die Antwort "JA" wählen. Um den Seitenumbruch zu verändern, müssen Sie mit der Richtungstaste die entsprechenden Zeilen nach oben gehen und dann die Taste <J> betätigen.

Lösung zu Übungsaufgabe 11-3

a) Laden des Textes "UEBUNG48.Txt" mit dem Befehl ÜBERTRAGEN LADEN und Auswahl des Dateinamens.

b) Wahl des Befehls DRUCK OPTIONEN und Ansteuern des Befehlsfeldes "Warteschlange:". Auswahl der Antwort "JA" mit der Rücktaste. Bestätigen des Befehls mit der Return-Taste. Befehl DRUCKER auslösen.

c) Laden des Textes "UEBUNG20" mit dem Befehl ÜBERTRAGEN LADEN und Auswahl des Dateinamens. Löschen des Absatzes durch Ansteuern eines beliebigen Zeichens im Absatz (mit dem Cursor), Betätigen der Taste <F10> (zwecks Absatz-Markierung) und abschließend Betätigen der Löschtaste <DEL>.

d)   Befehl DRUCK WARTESCHLANGE wählen. Befehlsfeld "Pause:" aus-
     wählen und Befehl mit der Return-Taste bestätigen (Folge: der Druckvor-
     gang wird unterbrochen).

e)   Beim Befehl DRUCK WARTESCHLANGE ist das Befehlsfeld "Weiter:"
     zu wählen und der Befehl mit der Return-Taste zu bestätigen.

Lösung zu Übungsaufgabe 11-4

a)   Wahl des Befehls DRUCK SOFORT.

b)   Eingabe des Textes und Betätigen der Taste <RETURN>, um den So-
     fortdruck zu realisieren. Rückkehr in den Bildschirmmodus durch Betäti-
     gen der Taste <ESC>.

Lösungen zu den Übungsaufgaben von Kapitel 12

Lösung zu Übungsaufgabe 12-1

Im einzelnen sind bei den jeweiligen Teilaufgaben folgende Einstellungen in den jeweiligen Befehlen und Befehlsfeldern notwendig (Hinweis: die Lösung der Teilschritte a) bis f) kann natürlich durch einmalige Wahl des Befehls ZU-SÄTZE und Einstellung sämtlicher Optionen in einem Arbeitsgang bewirkt werden):

a)　Wahl des Befehls ZUSÄTZE und Einstellen der Option "Nein" im Befehlsfeld "Sonderzeichen sichtbar:".

b)　Wahl des Befehls ZUSÄTZE und Einstellen der Option "Normal" im Befehlsfeld "Darstellungsform:".

c)　Wahl des Befehls ZUSÄTZE und Einstellen der Option "Ja" im Befehlsfeld "Hauptbefehlsmenü sichtbar:".

d)　Wahl des Befehls ZUSÄTZE und Einstellen der Option "Ja" im Befehlsfeld "Ausschnittrahmen:".

e)　Wahl des Befehls ZUSÄTZE und Einstellen der Option "Graphik" im Befehlsfeld "Bildschirm:".

f)　Wahl des Befehls ZUSÄTZE und Eingabe der Ziffer 3 im Befehlsfeld "Geschwindigkeit:".

g)　Wahl des Befehls AUSSCHNITT OPTIONEN und Wahl der Option "Nein" im Befehlsfeld "Druckformatspalte:".

Lösung zu Übungsaufgabe 12-2

a)　Laden Sie die Datei "UEBUNG20" mit dem Befehl ÜBERTRAGEN LADEN unter Angabe des Dateinamens.

b)　Wählen Sie dann die Befehlsfolge AUSSCHNITT TEILEN WAAGE-RECHT. Geben Sie im Befehlsfeld "Bei Zeile:" die Ziffer 13 ein. Da der neu einzurichtende untere Ausschnitt zunächst keinen Text enthalten soll, stellen Sie im folgenden Befehlsfeld "Bildschirmlöschen im neuen Ausschnitt:" die Option auf "Ja". Führen Sie dann den Befehl mit <RETURN> aus.

c)   Der untere Ausschnitt ist nun aktiviert. Laden Sie in diesen Ausschnitt die
     Datei "UEBUNG21" mit dem Befehl ÜBERTRAGEN LADEN unter An-
     gabe des Dateinamens.

d)   Markieren Sie nun den zweiten Absatz im geladenen Text und wählen Sie
     den Befehl KOPIE. Nach Ausführung des Befehls kann der obere Aus-
     schnitt mit der Funktionstaste <F1> angesteuert werden. Nach Ansteuern
     der   Einfügestelle   durch   Drücken   der   Tastenkombination
     <CTRL>+<PgDn> ist die Einfügetaste <INS> zu betätigen.

e)   Das Speichern der Datei erfolgt durch Wahl des Befehls ÜBERTRAGEN
     SPEICHERN und Angabe des Dateinamens "UEBUNG12".

Lösung zu Übungsaufgabe 12-3

a) und b)
Im einzelnen ergibt sich folgender Ablauf für das Schreiben und Benennen eines
Makrobefehls unter Nutzung des Makrorecorders:

Reihenfolge der Bearbeitung	Tastenfolge
1. Makro-Recorder aktivieren	<UMSCHALT>+<F3>
2. Tasten-/Befehlsfolgen eingeben	.....
3. Makro-Recorder ausschalten	<UMSCHALT>+<F3>
4. Makronamen eingeben	Bildschirm.mak
5. Steuercode eingeben	^<CTRL I>D
6. Befehl ausführen	<RETURN>

c)   Das Speichern erfolgt unter Wahl des Befehls ÜBERTRAGEN TEXT-
     BAUSTEINE SPEICHERN und Eingabe des Dateinamens "UE-
     BUNG12.TBS". Löschen Sie danach den Bildschirm durch Wahl des Be-
     fehls ÜBERTRAGEN BILDSCHIRMLÖSCHEN GESAMT. Stellen Sie
     außerdem zum Test des Makros die Optionen auf den Ausgangszustand
     durch Wahl des Befehls ZUSÄTZE sowie des Befehls AUSSCHNITT
     OPTIONEN.

d)   Zur Ausführung des Makros müssen Sie zunächst mit dem Befehl ÜBER-
     TRAGEN TEXTBAUSTEINE ZUSAMMENFÜHREN die Datei "UE-
     BUNG12.TBS" verfügbar machen. Danach ist folgendes Vorgehen mög-
     lich:

Reihenfolge der Bearbeitung	Tastenfolge
1. Ansteuern der Textstelle, an der das Makro ausgeführt werden soll	<Richtungstasten>
2. Wahl des Befehls EINFÜGEN	<ESC> <E>
3. Liste der Makronamen anzeigen lassen	<F1>
4. Gewünschten Makronamen markieren	<Richtungstasten>
5. Befehl ausführen	<RETURN>

Nach Ausführung des Befehls wird automatisch der Bildschirm in individualisierter Form eingerichtet.

Alternativ können Sie nach Ansteuern einer bestimmten Textstelle auch für die Makroausführung die Tastenkombination <CTRL> +ID betätigen.

e)   Dazu muß der Befehl EINFÜGEN gewählt werden und unbedingt nach Angabe des Makronamens "Bildschirm.mak" das Zeichen ^ eingegeben werden. Ergebnis muß die folgende Darstellung auf dem Bildschirm sein:

<unt>za<tab>d<tab>n<tab

3>t<tab> <leertaste> <tab> <leertaste> <return> <unt>ao<unten

2> <rechts>j<return>

Lösung zu der Übungsaufgabe von Kapitel 13

a) Um eine Druckformatvorlage erstellen zu können, muß diese zunächst benannt werden. Gehen Sie dazu in das Menü MUSTER, und wählen Sie den Befehl EINFÜGEN. Dann sind zwei Zeichenformate sowie ein Absatz- und ein Bereichsformat mit Namen zu versehen.

Im Anwendungsbeispiel können die Befehlsfelder der Reihe nach z. B. wie folgt ausgefüllt werden:
- Benennen des 1. Zeichendruckformates:
  Tastenschlüssel: ZA; Verwendung: Zeichen; Variante: 1; Anmerkung: Zeichen fett 16 Grad.

- Benennen des 1. Zeichendruckformates:
  Tastenschlüssel: ZB; Verwendung: Zeichen; Variante: 2; Anmerkung: Zeichen fett 14 Grad.

- Benennen des Absatzdruckformates:
  Tastenschlüssel: AF; Verwendung: Absatz; Variante:1; Anmerkung: Einrückung 2 cm.

- Benennen des Bereichdruckformates:
  Tastenschlüssel: BF; Verwendung: Bereich; Variante: 1; Anmerkung: 30,5; Pagina.

Wählen Sie anschließend den Befehl FORMAT, und geben Sie der Reihe nach die Formate an. Danach kann der Befehl ÜBERTRAGEN SPEICHERN eingegeben und das Druckformat unter dem Dateinamen "UEBUNG1.DFV" gespeichert werden.

b) Laden Sie die Datei "UEBUNG21.Txt" mit dem Befehl ÜBERTRAGEN LADEN im Text-Bildschirm. Anschließend ist der Befehl FORMAT DRUCKFORMAT VERBINDEN zu wählen und hierbei die Datei "UEBUNG1.DFV" aufzurufen. Dann können Sie nach vorheriger Markierung die Gestaltung gemäß den vergebenen Tastenschlüsseln schnell und gezielt vornehmen.

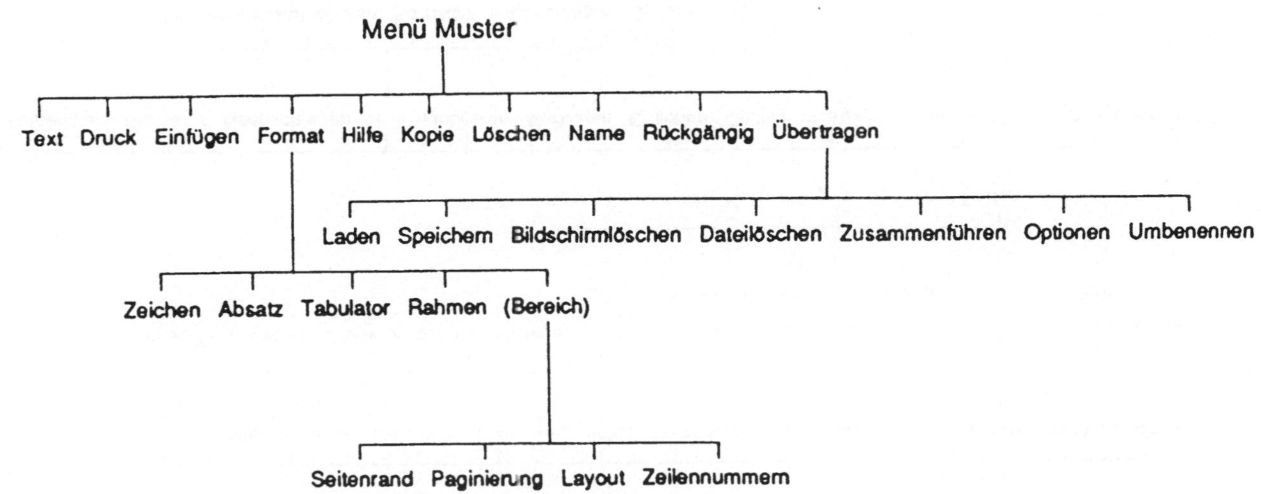

Menü Muster
Text Druck Einfügen Format Hilfe Kopie Löschen Name Rückgängig Übertragen
Laden Speichern Bildschirmlöschen Dateilöschen Zusammenführen Optionen Umbenennen
Zeichen Absatz Tabulator Rahmen (Bereich)
Seitenrand Paginierung Layout Zeilennummern

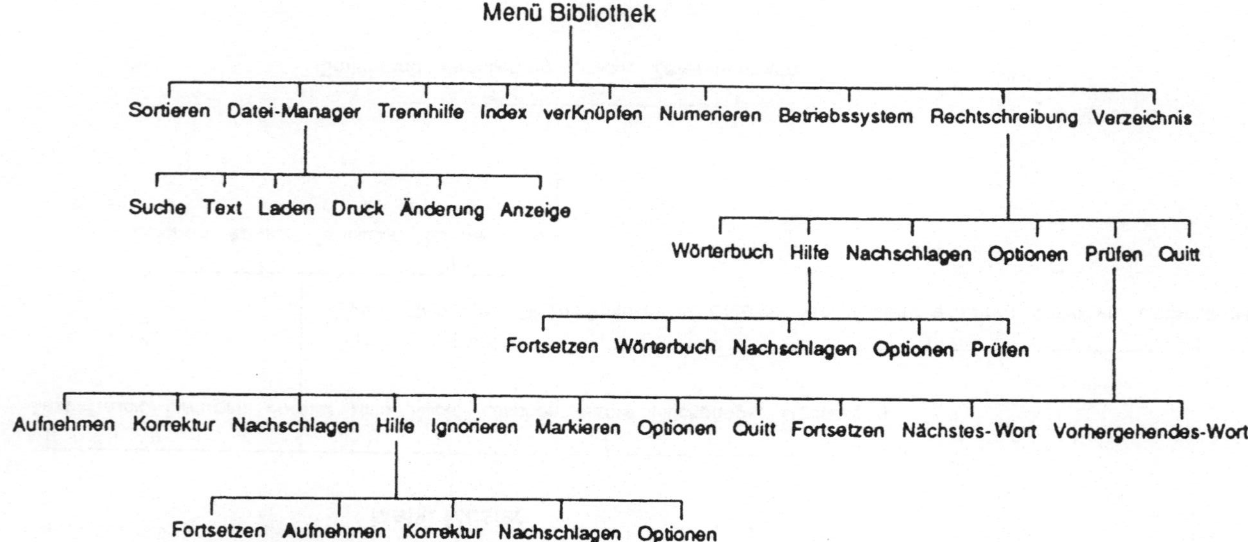
Menü Bibliothek
Sortieren Datei-Manager Trennhilfe Index verKnüpfen Numerieren Betriebssystem Rechtschreibung Verzeichnis
Suche Text Laden Druck Änderung Anzeige
Wörterbuch Hilfe Nachschlagen Optionen Prüfen Quitt
Fortsetzen Wörterbuch Nachschlagen Optionen Prüfen
Aufnehmen Korrektur Nachschlagen Hilfe Ignorieren Markieren Optionen Quitt Fortsetzen Nächstes-Wort Vorhergehendes-Wort
Fortsetzen Aufnehmen Korrektur Nachschlagen Optionen

Sachwortverzeichnis

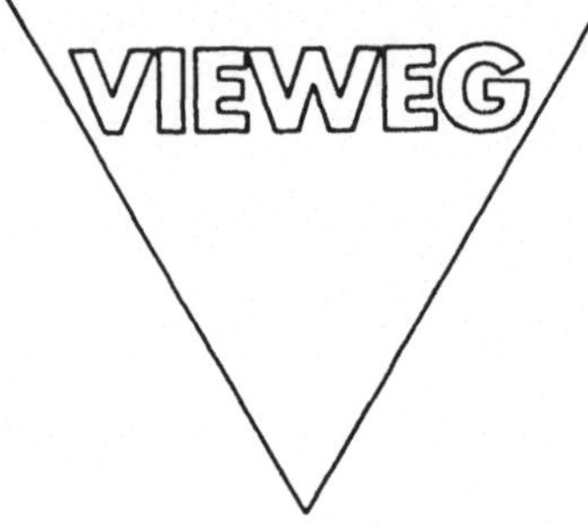

Bad Command or File Name?

In diesem Fall sollten Sie besser nachlesen:

Van Wolverton
MS DOS

Das optimale Benutzerhandbuch von Microsoft für das Standardbetriebssystem des IBM PC und mehr als 50 anderen Personal-Computern. (Running MS-DOS, dt.) Aus dem Amerik. übers. von Gerald Pommranz. Ein Microsoft Press / Vieweg-Buch. 3., überarb. und erw. Aufl. 1988. Für alle MS-DOS-Versionen bis 3.3. Ca. XXII, 408 S. 18,5 x 23,5 cm. Kart.
Nunmehr liegt die 3., überarbeitete und erweiterte Auflage des erfolgreichen Benutzerhandbuches zum Betriebssystem MS-DOS von Microsoft Press vor. Die Presse schreibt zur 1. Auflage des Buches:

„Die ausführliche Beschreibung aller Problembereiche und der dazugehörigen Befehle, zahlreiche Anregungen und viele Beispiele machen auch die deutsche Ausgabe des hervorragend ausgestatteten Buchs zu einem Lesevergnügen, wie es nicht allzuoft im Mikrocomputerbereich zu finden ist."
(micro)

„Der Unterschied dieses Buches zu den mit den Systemen mitgelieferten Handbüchern? Keine Befehlsauflistung, sondern ein strukturierter Aufbau mit didaktischem Flair. Kein Buch zum Lesen – ein Buch zum Anwenden!"
(Faszination)

Aufbaukurs MS-DOS

Das Microsoft-Handbuch zum professionellen Programmieren für den fortgeschrittenen Anwender. (Supercharging MS-DOS, dt.) Aus dem Amerik. übers. und bearb. von G. Pommranz. Ein Microsoft Press / Vieweg-Buch. 1988. XIV, 369 S. 18,5 x 23,5 cm. Kart.
Nach den beiden Erfolgsbüchern zu MS-DOS (MS-DOS, MS-DOS griffbereit) hat V. Wolverton nun ein Buch geschrieben, das dem fortgeschrittenen DOS-Benutzer eine umfangreiche Tool-Bibliothek mit Routinen liefert, die zu einer optimalen Anwendungsumgebung zusammengefügt werden können. Die Programme sind unverzichtbare Hilfsmittel für eine effiziente Arbeit unter MS-DOS. Das Buch „MS-DOS Aufbaukurs" ist die Fortsetzung des Erfolgstitels „MS-DOS" von V. Wolverton.

Die Software zum Buch:
5 1/4"-Diskette für IBM PC und Kompatible unter MS-DOS.

MS-DOS griffbereit

(Quick Reference Guide to MS-DOS Commands, dt.) Aus dem Amerik. übers. von Andreas Dripke und Angelika Schätzel. Ein Microsoft Press / Vieweg-Buch. 2., verb. und erw. Aufl. 1987. X, 44 S. 10,8 x 27,8 cm. Kart.
Für alle Versionen 2.0 bis 3.2 des Betriebssystems MS-DOS wird ein alphabetisches Nachschlagewerk in Kurzform vorgelegt. Jeder Eintrag umfaßt die vollständige Form des Befehls, eine Beschreibung mit Erläuterungen zu den Parameterangaben und schließt mit einer Beispielanwendung ab. Diese jederzeit griffbereite Kurzübersicht über alle wichtigen MS-DOS Befehle ist ein unverzichtbarer Begleiter für jeden PC-Benutzer.